Windows 10

Leichter Einstieg für Senioren

GÜNTER BORN

Dieses Werk einschließlich aller Inhalte ist urheberrechtlich geschützt. Alle Rechte vorbehalten, auch die der Übersetzung, der fotomechanischen Wiedergabe und der Speicherung in elektronischen Medien.

Bei der Erstellung von Texten und Abbildungen wurde mit größter Sorgfalt vorgegangen. Trotzdem sind Fehler nicht völlig auszuschließen. Verlag, Herausgeber und Autoren können für fehlerhafte Angaben und deren Folgen weder eine juristische Verantwortung noch irgendeine Haftung übernehmen. Für Anregungen und Hinweise auf Fehler sind Verlag und Autoren dankbar.

Die Informationen in diesem Werk werden ohne Rücksicht auf einen eventuellen Patentschutz veröffentlicht. Warennamen werden ohne Gewährleistung der freien Verwendbarkeit benutzt. Nahezu alle Hard- und Softwarebezeichnungen sowie weitere Namen und sonstige Angaben, die in diesem Buch wiedergegeben werden, sind als eingetragene Marken geschützt. Da es nicht möglich ist, in allen Fällen zeitnah zu ermitteln, ob ein Markenschutz besteht, wird das ®-Symbol in diesem Buch nicht verwendet.

ISBN 978-3-945384-60-2

© 2015 by Markt+Technik Verlag GmbH
Espenpark 1a
90559 Burgthann

Produktmanagement Christian Braun
Bearbeitung Martha Born
Korrektorat Alexandra Müller
Herstellung Jutta Brunemann, j.brunemann@mut.de
Einbandgestaltung David Haberkamp
Coverfoto © goodluz – Fotolia.com
Satz inpunkt[w]o, Haiger, www.inpunktwo.de
Druck Media-Print, Paderborn
Printed in Germany

Inhaltsverzeichnis

Liebe Leserin, lieber Leser   7

1 Grundlagen   9

Ein erster kurzer Überblick 10
Sie können loslegen! 13
Arbeiten mit dem Desktop.................. 18
Der Umgang mit Fenstern....................36
Weitere Desktop-Funktionen 44
Windows beenden 49

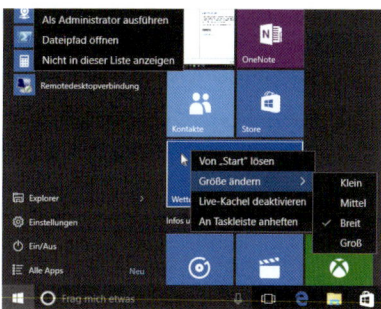

2 Tablet-PC-Bedienung, Apps und Hilfe   53

Tablet-PC-Bedienung.......................................54
App-Käufe im Windows Store 66
Hilfe gefällig? 82

3 Laufwerke, Ordner und Dateien   85

Grundwissen zu Laufwerken................86
Was sind Ordner und Dateien? 92
Umgang mit Ordnerfenstern 97
Mit Ordnern und Dateien arbeiten 113
Der Onlinespeicher OneDrive............ 133

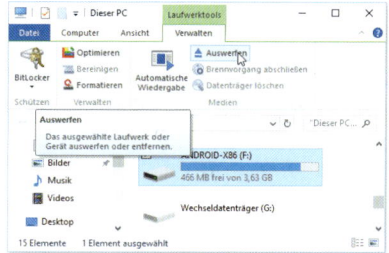

4 Inhaltsverzeichnis

4 Fotos verwalten — 141

Fotos importieren 142
Bilder per Fotos-App verwalten 146
Fotos und Videos bearbeiten........................ 155
Kamera- und Fotofunktionen 170
Windows-Fotoverwaltung 177

5 Spiel und Unterhaltung — 183

Spielen unter Windows 184
Apps für Musik und Video nutzen 194
Der Windows Media Player 209

6 Internet und E-Mail — 227

Surfen mit Microsoft Edge............................ 228
Arbeiten mit der Mail-App............................ 249

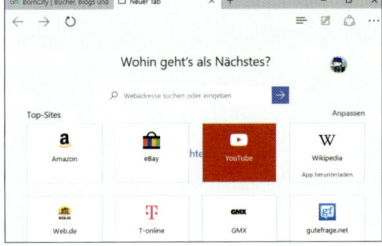

7 Kontakte, Termine und mehr — 271

Kontakte verwalten............................ 272
Arbeiten mit dem Kalender................ 277
Telefonieren mit Skype....................... 285
Texte mit WordPad erfassen 292
Nützliche Apps im Überblick 299

8 Windows anpassen 305

Einstellungen anpassen.................................306
Weitere Optionen anpassen 311
Programme (de-)installieren........................ 319
Benutzerkonten verwalten 322
Windows-Sicherheit 324

Kleine Hilfen 331

Einschalt- und Startprobleme 331
Probleme mit Tastatur und Maus 332
Probleme mit Apps und Windows...............334
Probleme mit Geräten..................................336
Internetprobleme...337
Weitere Probleme 338

Tastatur und Maus 339

Die Maus 339
Touchscreen-/Touchpad-Bedienung 340
Schreibmaschinen-Tastenblock,
Navigationstasten 341
Sondertasten, Funktionstasten,
Kontrollleuchten, Zahlenblock.....................342
Bildschirmtastatur 343

Stichwortverzeichnis 344

Liebe Leserin, lieber Leser

Windows 10 ist Microsofts aktuelles Betriebssystem, das auf Computern, Notebooks, Tablet-PCs, Handys oder Spielkonsolen läuft. Dieses Windows ist in vielem »sehr anders« als frühere Windows-Versionen. Dieses Buch zeigt Ihnen auf den folgenden Seiten Schritt für Schritt, wie Sie Windows 10 auf Computern oder Tablet-PCs einsetzen. Sie lernen, dessen Funktionen zu verwenden, mit Tastatur und Maus umzugehen oder mit einem berührungsempfindlichen Bildschirm zu arbeiten. Auch das Arbeiten mit Apps oder Windows-Anwendungen lernen Sie kennen.

Dann ist es einfach, Fotos zu verwalten, im Internet zu surfen, E-Mails zu schreiben, Musik zu hören, Videos anzusehen und vieles mehr. Mit den richtigen Informationen und Anleitungen gelingt Ihnen der Einstieg in Windows. Gehen Sie die Sache locker an, dann bekommen Sie schnell Lust auf mehr. Und vieles lernen Sie durch Wiederholen quasi nebenbei. Nehmen Sie sich die Zeit, Windows zu erkunden – es lohnt sich!

In diesem Sinne wünsche ich Ihnen viel Erfolg im Umgang mit Windows und diesem Buch!

G. Born

www.borncity.de

So arbeiten Sie mit diesem Buch

In Windows 10 hat Microsoft vieles anders als bei früheren Windows-Versionen gelöst. Selbst Windows 8/8.1 unterscheidet sich in vielen Details. Brauchen Sie Hilfe? Genau hier setzt dieses Buch an und erleichtert Ihnen den Einstieg in den Umgang mit Windows 10 auf Computern/Notebooks und Tablet-PCs. Lesen Sie das Buch komplett durch, oder picken Sie sich (bei Bedarf) einzelne Kapitel heraus, die Sie interessieren. Sie legen selbst fest, wie schnell Sie vorgehen und was Sie lernen möchten.

Das Buch möchte absolute Anfänger(innen) an die Bedienung von Windows heranführen, aber auch Leser(innen) mit Vorkenntnissen soll es einen roten Faden an die Hand geben. Selbst wenn Ihre Kenntnisse mit der Zeit zugenommen haben, soll das Buch noch Helfer oder Ratgeber sein. Daher wurde das Buch in mehrere Kapitel gegliedert, die unterschiedlichen Interessen gerecht werden. In den Kapiteln 1 und 2 lernen Sie die Grundlagen kennen, und in Kapitel 3 eignen Sie sich das Wissen an, um mit Laufwerken, Dateien und Ordnern umzugehen. Die restlichen Kapitel zeigen, wie Sie Fotos verwalten, Musik oder Videos wiedergeben, im Internet surfen und mehr.

Und noch etwas! Microsoft will Windows 10 kontinuierlich verbessern und mit neuen Funktionen ausstatten. Beachten Sie daher, dass sich die Funktionen von Windows und den beschriebenen Apps durch Microsoft-Updates (Aktualisierungen) ändern können, was mit der Zeit ebenfalls zu Abweichungen hinsichtlich der Beschreibungen im Buch führen kann.

Grundlagen

Wer mit älteren Windows-Versionen wie Windows 7 oder Windows 8.1 gearbeitet hat, wird in Windows 10 vielen Neuerungen begegnen. Dieses Kapitel vermittelt Ihnen die Grundlagen zum Umgang mit Windows 10 auf Desktop-PCs. Nach der Lektüre kennen Sie die wichtigsten Bedienfunktionen und können mit Windows 10 umgehen. Sie werden sehen, im Grunde genommen ist das alles gar nicht so schwer.

Das lernen Sie in diesem Kapitel
- Ein erster kurzer Überblick
- Sie können loslegen!
- Arbeiten mit dem Desktop
- Der Umgang mit Fenstern
- Weitere Desktop-Funktionen
- Windows beenden

Ein erster kurzer Überblick

Dieses Buch befasst sich mit Microsoft Windows 10 als Betriebsprogramm (der Fachbegriff dafür ist **Betriebssystem**). Dieses ist auf vielen Computern, Notebooks oder Tablet-PCs vorhanden. Windows sorgt dafür, dass der Computer überhaupt funktioniert und Sie andere Funktionen (z. B. zum Betrachten von Fotos, zum Surfen im Internet etc.) verwenden können. Bevor wir starten, möchte ich noch einige Dinge klären.

Windows 10 für viele Geräte

Microsoft hat Windows 10 für den Betrieb mit verschiedenen Geräten vorgesehen. So kann Windows auf normalen Desktop-Computern, auf (Mini-)Notebooks, aber auch auf Tablet-PCs verwendet werden. Hier sehen Sie ein modernes (Kombi-)Gerät von Medion, das als Notebook mit Tastatur, aber auch abgekoppelt als Tablet-PC verwendet werden kann.

- Bei Desktop-Computern und (Mini-)Notebooks erfolgt die Bedienung per Tastatur und Maus bzw. über das bei Notebooks vorhandene Touchpad als Mausersatz.
- Auf Tablet-PCs mit ihren berührungsempfindlichen Bildschirmen (als **Touchscreens** bezeichnet) wird Windows dagegen per Finger bedient (siehe Kapitel 2).

Auf die Bedienung dieser unterschiedlichen Gerätevarianten mittels Tastatur, Maus und Fingereingabe kommen wir auf den folgenden Seiten noch zu sprechen.

Notebook, Netbook, Ultrabook, All-in-one-PC, Hybrid-PC

Tragbare Computer werden in verschiedene Kategorien unterteilt. Ein **Notebook** (auch als Laptop bezeichnet) besteht aus einem Gehäuse mit Tastatur und einem Bildschirm. Notebooks, deren Bildschirm in der Diagonalen kleiner als 12 Zoll (ca. 30 cm) ist, werden als **Netbooks** bezeichnet. Als **Ultrabooks** dürfen Hersteller ihre Notebooks bezeichnen, wenn diese bestimmte Vorgaben des Herstellers Intel (z. B. besonders dünn und leicht) erfüllen. **Hybrid-Geräte** oder **Convertibles** (wie etwa das **Microsoft Surface**) bestehen aus einem Tablet-PC-Teil mit **Touchscreen** und einer ankoppelbaren Tastatur- bzw. Basiseinheit. Bei den sogenannten **All-in-one-PCs** sind alle Komponenten des Computers im Bildschirmgehäuse untergebracht. Meist sind eine Tastatur und eine Maus zur Bedienung vorhanden, oft ist wahlweise auch eine Fingerbedienung über einen Touchscreen möglich.

Verschiedene Windows-Varianten

Microsoft bietet verschiedene Varianten von Windows 10 an. **Windows 10 Home** wird auf Endverbrauchergeräten installiert. Im geschäftlichen Umfeld kommen noch im Funktionsumfang erweiterte Varianten wie **Windows 10 Pro** oder **Enterprise** hinzu. Microsoft hat Windows 10 auch als Betriebssystem für Smartphones (**Windows 10 Mobile**) sowie die Spielkonsole Xbox vorgesehen. Diese Geräte werden im Buch allerdings nicht behandelt. Die Bedienung ist aber in allen Varianten ähnlich.

Wissen zu Maus und Touchpad

Zur Bedienung von Desktop-Computern und Notebooks kommen neben einer Tastatur auch Zeigegeräte wie Maus, Trackpad oder Touchpad zum Einsatz.

- Mit der – per Kabel oder per Funk mit dem Rechner verbundenen – **Maus** ist die Bedienung von Windows aus meiner Sicht am einfachsten. Die Maus lässt sich über den Schreibtisch bewegen und verschiebt dann den sogenannten Mauszeiger anhand der erkannten Bewegungen auf dem Bildschirm. Für die Windows-Bedienung werden nur die beiden äußeren Maustasten sowie ggf. das Mausrädchen verwendet.

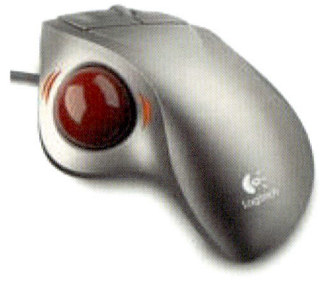

- Eine Alternative zur Maus ist der hier gezeigte sogenannte **Trackball**. Mit dem Daumen lässt sich die an der Oberseite sichtbare Kugel drehen, die Bewegungen der Maus werden simuliert. Ein Trackball bietet Vorteile, falls kein Platz für die Bewegungen der Maus vorhanden ist oder die Handhabung der Maus Probleme bereitet (z. B. bei zittrigen Händen).

(Foto: Logitech)

- Bei Notebooks ist ein sogenanntes **Touchpad** unterhalb der Tastatur im Gehäuse untergebracht. Streichen Sie mit dem Finger über die Sensorfläche des Touchpads, wird der Mauszeiger auf dem Bildschirm bewegt.

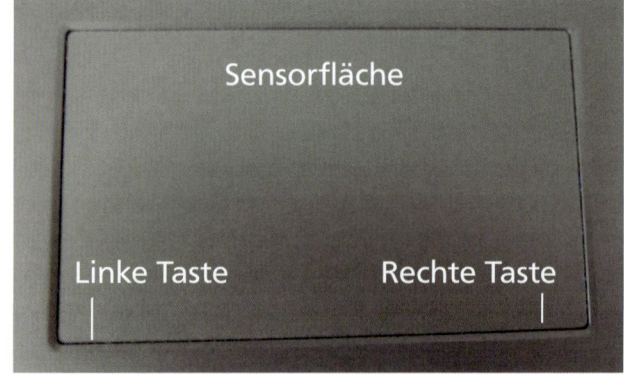

Manche Touchpads besitzen Tasten, die Sie wie Maustasten drücken können. Ist nur eine Fläche, die über die gesamte Breite reicht, sichtbar? Das Antippen der Sensorfläche mit dem Finger entspricht dem Drücken der linken Touchpad-Taste. Dann lässt sich diese am linken oder rechten Rand drücken, um die linke bzw. rechte Taste zu simulieren.

> **TIPP**
>
> Es ist nur ein leichter Druck auf die Sensorfläche des Touchpads erforderlich – starker Druck oder spitze Gegenstände erhöhen keinesfalls die Reaktionsfähigkeit, können aber zur Beschädigung des Sensors führen! Sie sollten nur mit trockenen und sauberen Fingern die Fläche des Touchpads berühren. Ein verschmutztes Touchpad wird unter Umständen nicht mehr reagieren. Reinigen Sie dann die Fläche mit einem feuchten Tuch, am besten aus Mikrofaser.
>
> Bei Notebooks kann es vorkommen, dass man beim Eintippen von Texten ungewollt das Touchpad mit dem Handballen berührt. Dann **springt der Mauszeiger** auf dem Bildschirm. Im Gerätehandbuch ist meist eine Tastenkombination beschrieben, mit der sich das Touchpad zeitweilig abschalten lässt. Zudem können Sie zur erleichterten Bedienung eine externe Maus an das Notebook anschließen.

Ob Sie Maus, Touchpad oder Trackball einsetzen, ist eine persönliche Entscheidung. Die Details zur Verwendung eines Touchscreens bei Windows-10-Tablet-PCs lernen Sie in Kapitel 2 kennen.

Sie können loslegen!

Genug der Vorrede, jetzt geht es mit dem Erkunden von Windows los. Schalten Sie das Gerät nach den Anweisungen des Gerätehandbuches ein, und warten Sie, bis Windows gestartet ist. Nach dem Einschalten passiert zunächst einmal alles automatisch! Sie sehen vielleicht einen Hinweis, dass Windows gestartet wird. Sobald Windows 10 arbeitsbereit ist, befolgen Sie die Hinweise in den folgenden Abschnitten.

Sperrbildschirm und Anmeldung

Nach dem Start – oder falls das Gerät für einige Zeit nicht benutzt wurde – zeigt Windows einen sogenannten **Sperrbildschirm** mit Datum/Uhrzeit, einem einstellbaren Motiv und eventuell Statusinformationen (E-Mails, Akku-Ladestand, Termine, Netzwerkstatus etc.) an.

Um vom Sperrbildschirm zur Windows-Anmeldeseite zu gelangen, gibt es folgende Möglichkeiten:

- Schieben Sie auf einem Touchscreen den Sperrbildschirm mit dem Finger zum oberen Bildschirmrand hoch.
- Drücken Sie kurz die linke Maus- bzw. Touchpad-Taste, oder drücken Sie eine beliebige Taste auf der Tastatur.

> **HINWEIS**
>
> Was Gesten wie Zeigen, Klicken oder Ziehen mit der Maus bzw. einem Touchpad etc. genau bedeuten oder wie Sie mit der Tastatur und einem Touchscreen arbeiten, ist im Anhang dieses Buches beschrieben.

Sie können loslegen! **15**

Die Darstellung der angezeigten **Anmeldeseite** hängt davon ab, wie Windows eingerichtet oder was vorher gemacht wurde.

- Auf der Anmeldeseite ist das Symbol eines Benutzerkontos zu sehen. Gegebenenfalls sind auch Symbole für mehrere Benutzerkonten vorhanden.
- Das Symbol (stilisierter Kreis) in der rechten unteren Ecke der Anmeldeseite ermöglicht es, Funktionen zur erleichterten Bedienung (z. B. Sprachausgabe, Bildschirmlupe etc.) abzurufen.
- In der rechten unteren Ecke befindet sich auch ein Symbol (stilisierter Ausschaltbutton), um Windows zu beenden und den Computer herunterzufahren.

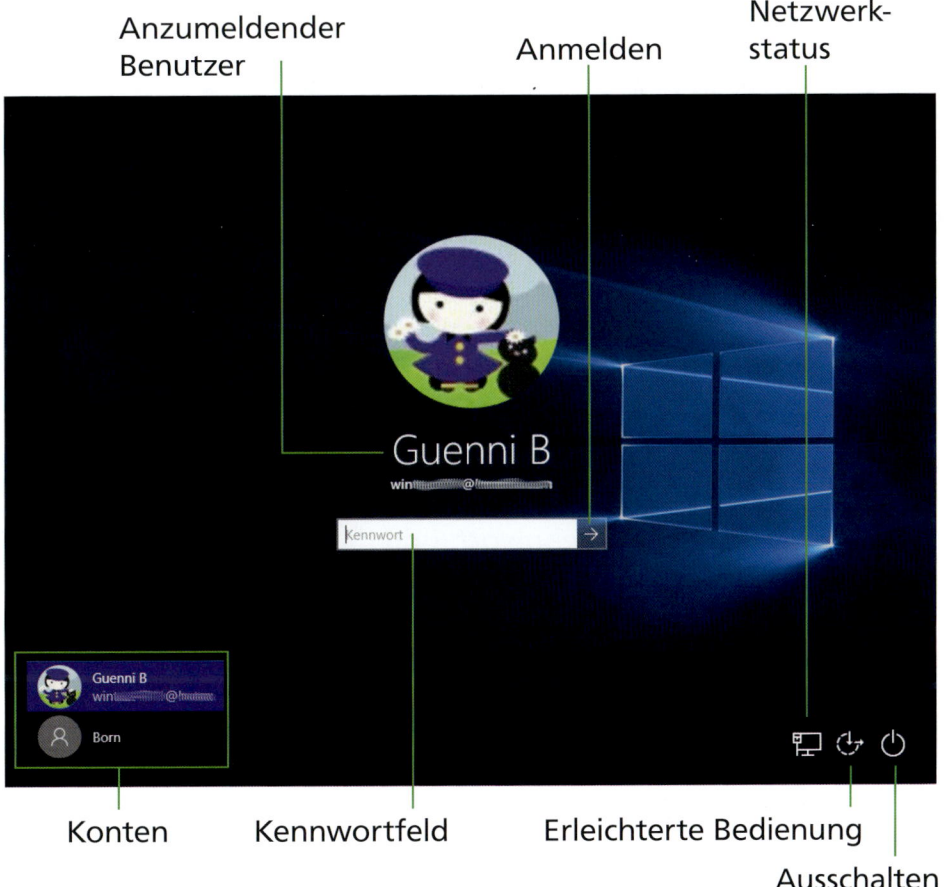

Auf manchen Systemen werden daneben auch ein Text wie etwa *DEU* für die eingestellte (Tastatur-)Sprache oder der Netzwerkstatus etc. angezeigt. Um mit Windows zu arbeiten, ist eine Anmeldung am Benutzerkonto erforderlich.

> **Benutzerkonto**
>
> Das Benutzerkonto stellt dem Benutzer des Gerätes eine eigene Arbeitsumgebung zur Verfügung, in der er seine Fotos, Musik, Filme oder andere Dokumente speichern und individuelle Einstellungen vornehmen kann. Dabei werden **lokale Benutzerkonten** oder sogenannte **Microsoft-Konten** unterschieden. Ein Microsoft-Konto dient der Onlineverwaltung von Einstellungen und wird für viele Windows-10-Funktionen benötigt. Das Konto lässt sich beim Einrichten des Benutzers kostenlos bei Microsoft registrieren.

1 Sind mehrere Benutzerkonten zu sehen, bewegen Sie die Maus, bis sich der Mauszeiger auf dem Symbol des gewünschten Benutzerkontos befindet.

2 Drücken Sie die linke Maustaste (das bezeichnet man als »Klicken«). Bei einem Touchscreen tippen Sie das Symbol mit dem Finger an.

3 Tippen oder klicken Sie auf das beim Benutzerkonto angezeigte Textfeld *Kennwort*, und geben Sie das zugehörige Kennwort in diesem Feld ein.

Arbeiten Sie mit einem Touchscreen, tippen Sie einfach mit dem Finger auf die angezeigten Tasten der automatisch eingeblendeten Bildschirmtastatur. Andernfalls tippen Sie das Kennwort auf der angeschlossenen Tastatur ein.

4 Zum Abschließen der Anmeldung drücken Sie die ⏎-Taste oder tippen bzw. klicken mit der Maus auf die *Anmelden*-Schaltfläche.

Bei korrekt eingegebenem Kennwort gelangen Sie zum **Desktop** (siehe die folgenden Seiten) oder zur sogenannten **Startseite** (bei Tablet-PCs). Ein fehlerhaftes Kennwort weist Windows in der Anmeldung ab. Die in diesem Fall angezeigte Fehlermeldung müssen Sie anschließend durch Anklicken (oder Antippen) der *OK*-Schaltfläche zunächst bestätigen. Wiederholen Sie anschließend die Anmeldeschritte. Bei der Kennworteingabe müssen Sie übrigens Groß- und Kleinschreibung beachten.

Neben einer Kennworteingabe unterstützt Windows 10 auch eine Benutzeranmeldung per PIN-Code oder (bei geeigneten Geräten) über eine Gesichtserkennung, was hier aber nicht behandelt wird.

TIPP

Windows zeigt bei Kennwortfeldern anstelle der eingegebenen Zeichen nur Punkte an.

Über das Symbol des stilisierten Auges am rechten Rand des Textfeldes wird die Eingabe im Klartext eingeblendet. Bei der Touchbedienung drücken Sie dazu den Finger auf das Symbol. Verwenden Sie eine Maus, positionieren Sie den Mauszeiger auf dem Symbol und halten die linke Maustaste gedrückt.

Schaltfläche, Textfeld und Kennwortfeld

Dabei handelt es sich um Bedienelemente. Eine **Schaltfläche** kann viereckig oder rund sein und eine Beschriftung oder ein Symbol aufweisen. Bei der Anwahl wird die zugehörige Funktion ausgeführt. Ein **Textfeld** ist ein viereckiger Bereich, in den der Benutzer einen Text eingeben kann. Ein **Kennwortfeld** ist ein spezielles Textfeld, bei dem das eingegebene Kennwort in der Anzeige durch Punkte ersetzt wird.

Arbeiten mit dem Desktop

Bei allen Computern, die mit Maus und Tastatur versehen sind, erscheint nach der Benutzeranmeldung der Windows-Desktop zum Arbeiten. Im Folgenden erhalten Sie einige Informationen zum Desktop, zum Startmenü und erfahren, wie Sie mit den Elementen des Desktops arbeiten.

Der Desktop – das sollten Sie wissen

Der Windows-Desktop (»Däsktopp« ausgesprochen, das englische Wort für Schreibtisch) dient als Arbeitsbereich zum Umgang mit Apps und zum Aufruf von Funktionen. Der Desktop besteht typischerweise aus einem Hintergrundbild und verschiedenen Elementen. Folgendes Bild zeigt den (etwas in der Höhe beschnittenen) Desktop, wobei ich für dieses Buch einen weißen Hintergrund verwende.

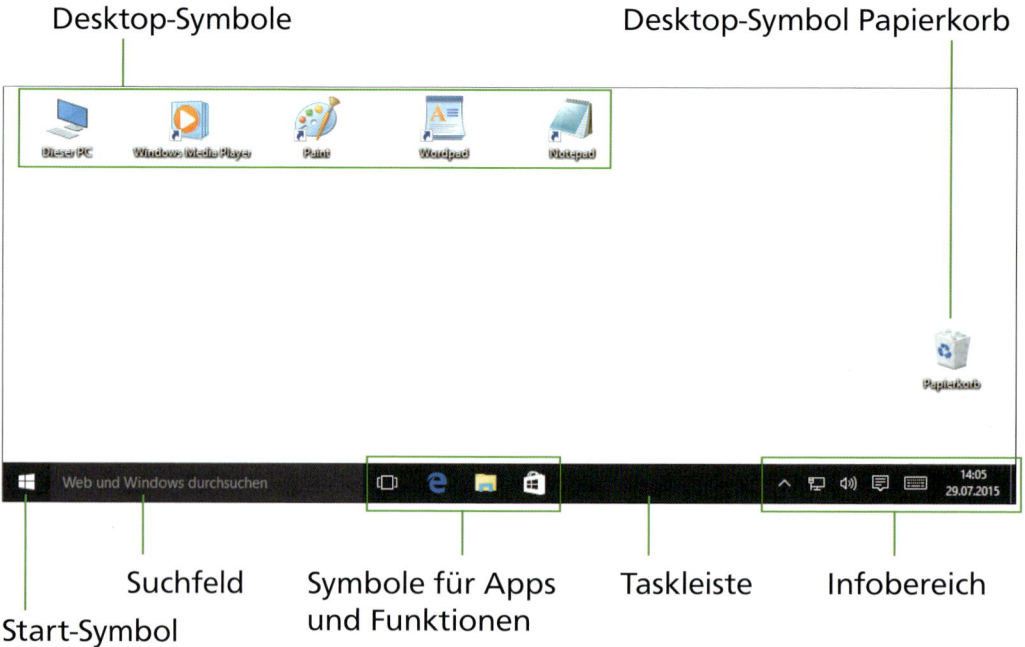

- Auf dem Desktop werden ggf. verschiedene Symbole angezeigt. Sie sehen mindestens das Symbol *Dieser PC* sowie den Papierkorb (dient zum Löschen nicht mehr benötigter Dateien und Ordner, siehe Kapitel 3). Über die Desktop-Symbole lassen sich Apps und Windows-Programme sowie -Funktionen aufrufen.

- Der »Balken« am unteren Rand des Bildschirms wird als **Taskleiste** bezeichnet. In dieser Leiste zeigt Ihnen Windows verschiedene Informationen an und stellt zudem Schaltflächen zum Aufrufen von Apps oder zum Zugriff auf Fenster bereit.

- Ganz links in der Taskleiste finden Sie die Schaltfläche *Start*, mit der Sie auf Desktop-Systemen das Startmenü öffnen. Alternativ können Sie auch die ⊞-Taste zum Öffnen verwenden.

- Rechts neben dem Symbol *Start* enthält die Taskleiste ein Suchfeld, in dem Sie Suchbegriffe zur Suche nach Apps, Programmen, Dokumenten oder Themen in Windows und im Internet (Web) eingeben können.

- Die Taskleiste enthält zudem meist weitere Symbole, über die Sie auf Apps (sowie Windows-Anwendungen) und Funktionen zugreifen können. Optional können auch Symbole geöffneter App- und Programmfenster angezeigt werden.

- Rechts in der Taskleiste sehen Sie den **Infobereich**, der neben dem aktuellen Datum und der Uhrzeit auch Symbole mit dem Status verschiedener Geräte (z. B. Netzwerk und Lautsprecher) oder zum Zugriff auf den Benachrichtigungsbereich (Info-Center) enthält.

Werden auf Ihrem Desktop weniger oder mehr Symbole, Fenster oder ein anderer Hintergrund angezeigt? Dies ist nicht weiter tragisch. Jeder Benutzer kann den Desktop entsprechend seinen Bedürfnissen anpassen, und bei der Installation von Programmen legen diese häufig Symbole auf dem Desktop ab. Auch die in der Taskleiste auftauchenden Symbole richten sich nach den installierten bzw. aktuell ausgeführten Apps und Programmen.

Mausübungen zur Auflockerung

Der Windows-Desktop wird wohl bevorzugt bei Geräten, die über eine Maus oder ein Touchpad verfügen, eingesetzt. Zur Übung experimentiere ich mit Ihnen ein wenig mit dem Windows-Desktop und zeige Ihnen, wie bestimmte Sachen funktionieren.

1 Zeigen Sie mit der Maus in der rechten unteren Ecke des Bildschirms auf das Feld mit dem Datum und der Uhrzeit.

2 Bewegen Sie danach die Maus wieder weg.

Zum Zeigen verschieben Sie einfach die Maus, bis der Mauszeiger über der Uhrzeit steht. Bei einem Touchpad streichen Sie mit dem Finger über die Sensorfläche, um den Mauszeiger zu positionieren.

Beim Zeigen auf einige Elemente (wie hier der Uhrzeit) erscheint ein kleines Textfenster mit Zusatzinformationen, das als **QuickInfo** bezeichnet wird. Im aktuellen Beispiel blendet Windows den Wochentag und das Datum ein. Sobald die Maus nicht mehr auf das Element zeigt, schließt Windows das QuickInfo-Fenster automatisch.

> **TIPP**
>
> Solche QuickInfo-Fenster lassen sich auch bei vielen anderen Elementen abrufen, indem Sie auf das Element zeigen. Das ist ganz hilfreich, wenn Sie einmal nicht genau wissen, wozu ein bestimmtes Element verwendet wird.

Arbeiten mit dem Desktop **21**

3 Klicken Sie nun mit der linken Maustaste (oder der linken Touchpad-Taste) auf das Uhrzeit-/Datumsfeld.

Windows zeigt ein Kalenderblatt mit dem aktuellen Datum und der Uhrzeit an. Das Fenster verschwindet, sobald Sie auf eine andere Stelle des Desktops klicken.

4 Klicken Sie mit der Maus (oder dem Touchpad) auf das Ordnersymbol in der Taskleiste, indem Sie die linke Maustaste drücken.

Windows öffnet nun das hier gezeigte Ordnerfenster auf dem Windows-Desktop.

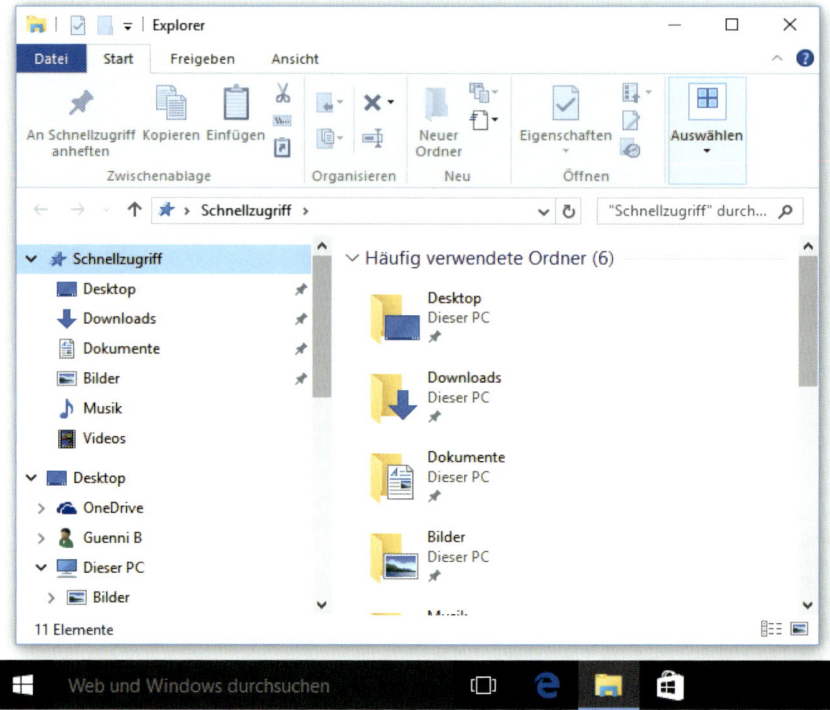

Gleichzeitig wird die Ordnerschaltfläche in der Taskleiste etwas hervorgehoben. Das signalisiert, dass dieser Schaltfläche ein geöffnetes Fenster zugeordnet ist.

5 Klicken Sie mit der Maus in der rechten oberen Fensterecke auf die Schaltfläche *Schließen*.

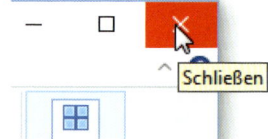

Bereits beim Zeigen auf die Schaltfläche blendet Windows die QuickInfo mit dem Text »Schließen« ein. Bei Anwahl der Schaltfläche schließt Windows das Fenster und beendet das zugehörige Programm, die App oder die Windows-Funktion.

6 Doppelklicken Sie mit der Maus auf ein Desktop-Symbol (z. B. *Papierkorb*, *Dieser PC* etc.).

Arbeiten mit dem Desktop

Doppelklick bedeutet, dass Sie zweimal kurz hintereinander die linke Maustaste (oder Touchpad-Taste) drücken. Wichtig ist, dass dieses zweimalige Drücken der Maustaste ganz schnell aufeinanderfolgt. Dann öffnet sich das zugehörige Programmfenster (z. B. das Fenster *Dieser PC*).

> **HINWEIS**
>
> Das Verhalten beim Anklicken mit der linken Maustaste hängt vom gewählten Element ab. Bei einem Taskleistensymbol öffnet sich ein Fenster. Wählen Sie ein Desktop-Symbol z. B. per Mausklick an, wird dieses (farbig) markiert. Klicken Sie auf eine freie Stelle des Desktops, hebt dies die Markierung wieder auf. Erst ein Doppelklick auf das Desktop-Symbol öffnet das zugehörige Fenster.

Menü, Kontextmenü, Eigenschaftenfenster, Registerkarte

Ein **Menü** zeigt verschiedene Befehle zur Auswahl an. Das mit der rechten Maustaste geöffnete **Kontextmenü** enthält dagegen nur solche Befehle, die Windows (oder ein Programm) als momentan – im direkten Zusammenhang mit der Situation – passend zusammengestellt hat. Ein Menü bzw. Kontextmenü wird bei Auswahl (mit der linken Maustaste) eines Befehls automatisch geschlossen. Oder Sie drücken die [Esc]-Taste bzw. klicken auf eine Stelle außerhalb des Menüs.

Ein **Eigenschaftenfenster** ist eine besondere Fenstervariante, die eine oder mehrere Registerkarten aufweisen kann. Auf einer **Registerkarte** lassen sich Eigenschaften einsehen und ändern. Ein **Kontrollkästchen** ist ein als Viereck dargestelltes Auswahlelement, um eine Option zu setzen oder zu löschen. Ein Häkchen signalisiert die gesetzte Option.

Desktop-Symbole einblenden

Windows ermöglicht es, bestimmte Desktop-Symbole wie *Papierkorb*, *Dieser PC* etc. ein-/auszublenden. Falls die Symbole fehlen, klicken Sie mit der rechten Maustaste (oder der entsprechenden Taste auf dem Touchpad) auf eine freie Stelle des Desktops und wählen im angezeigten Kontextmenü *Anpassen*. Anschließend wählen Sie im Fenster *Einstellungen* die Kategorie *Designs* und klicken dann auf *Desktopsymboleinstellungen*.

Klicken Sie im Eigenschaftenfenster *Desktopsymboleinstellungen* auf der Registerkarte *Desktopsymbole* das Kontrollkästchen des einzublendenden Symbols (z. B. *Computer*) an, sodass dieses mit einem Häkchen markiert ist. Klicken auf der Registerkarte *Desktopsymbole* auf die *OK*-Schaltfläche. Das Eigenschaftenfenster wird geschlossen, und auf dem Desktop wird neben dem Papierkorb zusätzlich das Symbol (z. B. *Dieser PC*) eingeblendet. Auf die gleiche Weise können Sie weitere Symbole (z. B. *Benutzerdateien*) anwählen, um diese auf dem Desktop einzublenden. Zum Ausblenden gehen Sie genauso vor, löschen aber im Eigenschaftenfenster *Desktopsymboleinstellungen* die Markierung der betreffenden Kontrollkästchen.

Desktop-Symbole anordnen

Befinden sich mehrere Symbole auf dem Desktop, können Sie diese auf dem Desktop anordnen. Das geht ganz einfach – und nebenbei üben Sie jetzt noch das **Ziehen mit der Maus**. Wir verwenden dazu das Symbol des Papierkorbs auf Ihrem Windows-Desktop.

1 Zeigen Sie mit dem Mauszeiger auf das Symbol des Papierkorbs.

2 Drücken Sie die linke Maustaste, halten Sie diese weiterhin gedrückt, und bewegen Sie die Maus auf der Unterlage.

Der Mauszeiger wandert über den Bildschirm. Unter dem Mauszeiger wird gleichzeitig ein zweites Symbol des Papierkorbs angezeigt, das am Mauszeiger mitgeführt wird.

3 Sobald Sie das Symbol des Papierkorbs in die rechte untere Ecke des Desktops gezogen haben, lassen Sie die linke Maustaste wieder los.

Windows legt jetzt das Symbol des Papierkorbs an der Stelle, an der Sie die linke Maustaste losgelassen haben, ab. Nach dem Ziehen eines Symbols oder Fensters ist dieses noch markiert.

4 Um die Markierung des Symbols nach dem Ziehen aufzuheben, klicken Sie mit der Maus auf eine freie Stelle auf dem Desktop.

Falls bei Ihnen weitere Symbole installierter Programme auf dem Windows-Desktop zu sehen sind, können Sie ja jetzt etwas üben und den Windows-Desktop aufräumen. Ordnen Sie die Symbole so an, wie sie Ihnen am besten passen.

> **Wenn es nicht klappt**
>
> Springen bei Ihnen die Symbole nach dem Ziehen sofort an die letzte Position zurück? **Klicken Sie** in diesem Fall **mit der rechten Maustaste** auf eine freie Stelle des Desktops.
>
>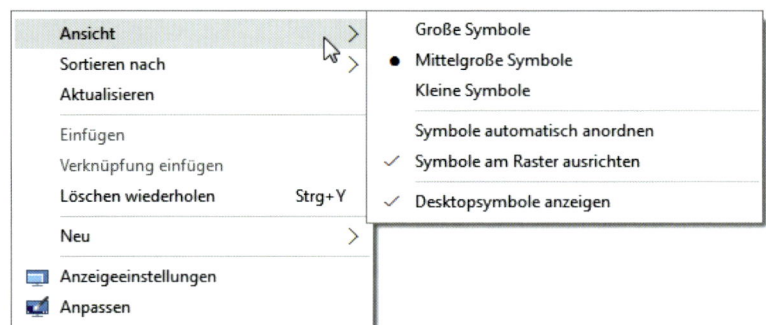
>
> Sobald Windows das sogenannte **Kontextmenü** öffnet, zeigen Sie auf den Befehl *Ansicht*. In dem sich dann öffnenden Untermenü darf der Befehl *Symbole automatisch anordnen* kein Häkchen aufweisen. Das Häkchen vor dem Befehl zeigt an, dass die zugehörige Option eingeschaltet ist. Ein vorhandenes Häkchen löschen Sie, indem Sie mit der linken Maustaste auf den Befehl *Symbole automatisch anordnen* klicken. Das Menü wird geschlossen. Anschließend lassen sich die Symbole auf dem Desktop anordnen.

Arbeiten mit dem Startmenü

In Windows 10 hat Microsoft bei Desktop-Systemen wieder das Startmenü eingeführt. Dieses Startmenü ist die zentrale Stelle, um Apps, Windows-Anwendungen und Funktionen aufzurufen. Die Abläufe zum Aufrufen einer App, einer Windows-Anwendung oder -Funktion sind gleich.

Arbeiten mit dem Desktop **27**

1 Klicken Sie in der linken unteren Ecke des Desktops in der Taskleiste auf die Schaltfläche *Start*.

Windows öffnet das **Startmenü**, in dem Sie die Symbole zum Aufruf verschiedener Apps, Windows-Funktionen und -Anwendungen finden.

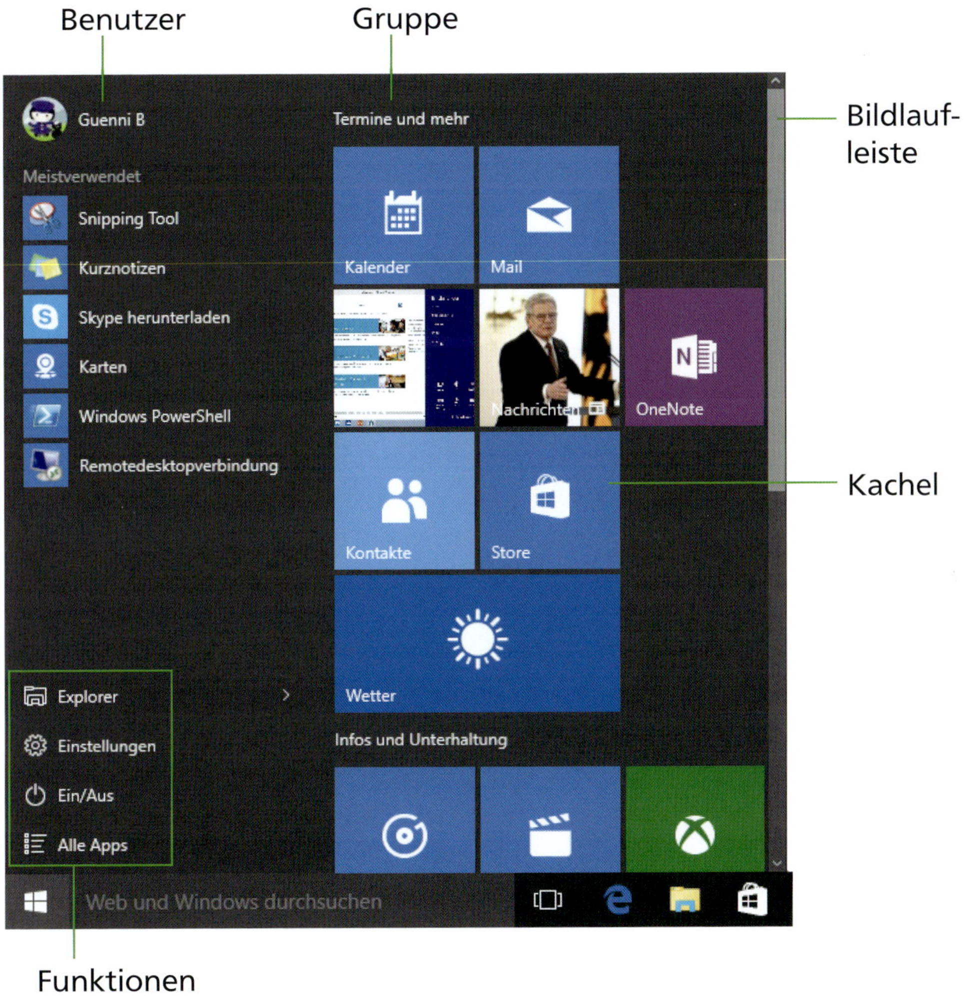

Benutzer — Gruppe — Bildlaufleiste — Kachel — Funktionen

2 Klicken Sie nun auf den gewünschten Eintrag im Startmenü.

Das Startmenü ist in verschiedene Spalten unterteilt. Für das Startmenü gilt Folgendes:

- In der linken Spalte finden Sie am oberen Rand das Symbol für den aktuell angemeldeten Benutzer. Über das Symbol erfolgt der Zugriff auf Befehle zum Abmelden vom Benutzerkonto etc.

- Unter *Meistverwendet* werden die Symbole zum Aufruf häufig verwendeter Elemente eingeblendet. Diese Liste wird dynamisch durch Windows erstellt.

- Besitzt ein Eintrag ein kleines Dreieck am rechten Rand des Befehls? Das Dreieck öffnet beim Anklicken ein Untermenü zum Zugriff auf Dokumente dieses Programms.

- Im unteren Bereich der linken Spalte sind die Einträge zum Zugriff auf den Explorer (Kapitel 3), auf Einstellungen, die Funktionen zum Herunterfahren sowie zur Anzeige aller installierten Apps zu finden.

- In der rechten Spalte sehen Sie die als **Kacheln** bezeichneten Symbole von Apps, Anwendungen und Funktionen. Auf manchen Kacheln werden dynamisch Informationen wie Nachrichten, Wetterdaten etc. angezeigt. Das ist einstellbar.

Klicken Sie auf einen solchen Startmenüeintrag, wird die betreffende Funktion oder das zugehörige Programm aufgerufen.

> **HINWEIS**
>
> Die Kacheln werden in Gruppen zusammengefasst – am rechten Rand finden Sie ggf. eine Bildlaufleiste, um in der Kachelliste zu blättern. Zudem lässt sich die Breite des Startmenüs durch Ziehen am rechten Rand verändern. Diese Techniken lernen Sie weiter unten, im Abschnitt zum Umgang mit Fenstern, kennen.

Zugriff auf »Alle Apps«

Im Startmenü werden nur ausgesuchte Kacheln und Einträge aufgeführt. Eine Liste aller installierten Apps und Anwendungen erhalten Sie unter *Alle Apps*.

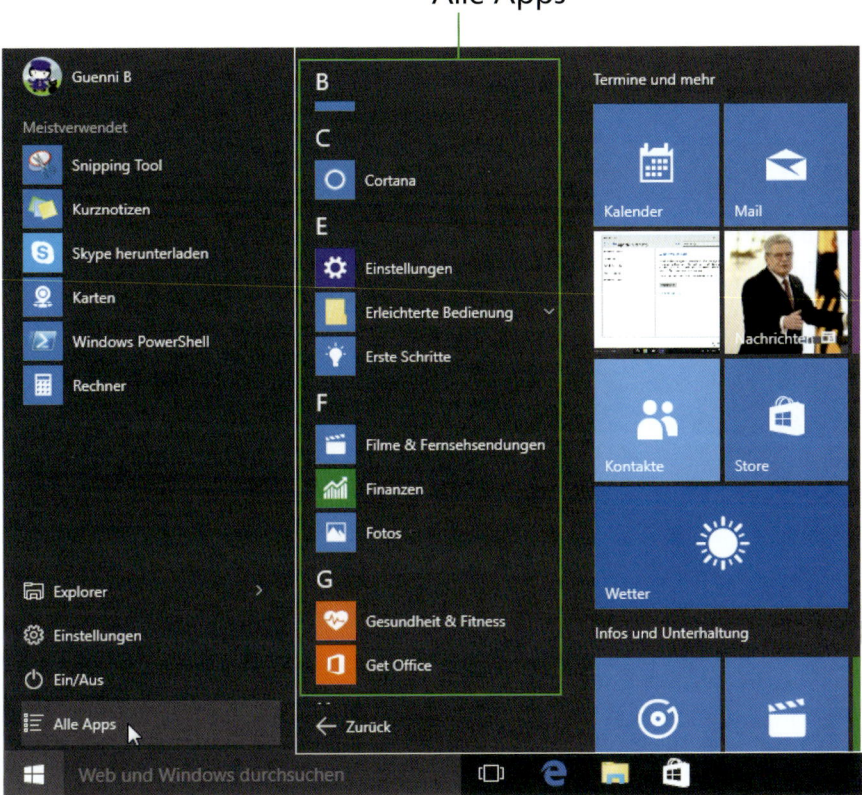

- Es reicht, in der linken Spalte des Startmenüs auf den Eintrag *Alle Apps* zu klicken. Dann wird die Liste aller Apps in dieser Spalte eingeblendet.

- Mit einem Klick auf *Zurück* am unteren Rand gelangen Sie zur vorherigen Darstellung des Startmenüs zurück.

Innerhalb der Liste können Sie über eine Bildlaufleiste nach oben oder unten blättern. Wird der Schriftzug *Neu* rechts neben *Alle Apps* eingeblendet, wurden neue Apps installiert.

> **HINWEIS**
>
> Unter dem Buchstaben W finden Sie diverse Ordnersymbole wie *Windows-System* und *Windows-Zubehör*, die im Startmenü als sogenannte Programmgruppen fungieren. Klicken Sie auf das Symbol einer Programmgruppe, finden Sie einige ganz nützliche Windows-Programme wie den Rechner, das Malprogramm Paint oder das Schreibprogramm WordPad.

> **Das Schnellstart-Menü**
>
> Klicken Sie mit der rechten Maustaste auf das Symbol *Start*, öffnet Windows das Schnellstart-Menü. Über dessen Einträge können Sie direkt auf verschiedene Windows-Funktionen wie den Explorer, die Suche etc. zugreifen.
>
> Programme und Features
> Energieoptionen
> Ereignisanzeige
> System
> Geräte-Manager
> Netzwerkverbindungen
> Datenträgerverwaltung
> Computerverwaltung
> Eingabeaufforderung
> Eingabeaufforderung (Administrator)
> Task-Manager
> Systemsteuerung
> Explorer
> Suchen
> Ausführen
> Herunterfahren oder abmelden
> Desktop

Das Startmenü anpassen

Bei Bedarf können Sie den Inhalt des Startmenüs an Ihre eigenen Bedürfnisse anpassen.

- Klicken Sie in der rechten Spalte des Startmenüs auf eine der Kacheln, und halten Sie die linke Maustaste gedrückt. Dann lässt sich die **Kachel** durch Ziehen per Maus an eine andere Position in der betreffenden Spalte **verschieben**.

- Klicken Sie in der linken Spalte einen Eintrag oder in der rechten Spalte eine Kachel mit der rechten Maustaste an, öffnet sich ein Kontextmenü. Dort finden Sie Einträge, um einen Eintrag als Kachel in der rechten Spalte anzuheften (*An „Start" anheften*) oder aus der rechten Spalte wieder zu entfernen. Bei Kacheln von Apps ermöglicht es der Befehl *Größe*, die Kachelgröße zu wählen. Über *Live-Kachel deaktivieren* bzw. *Live-Kachel aktivieren* schalten Sie die Anzeige dynamischer Inhalte wie Nachrichtenschlagzeilen auf den Kacheln von Apps ein oder aus. Welche Kontextmenübefehle angezeigt werden, hängt vom gewählten Element ab.

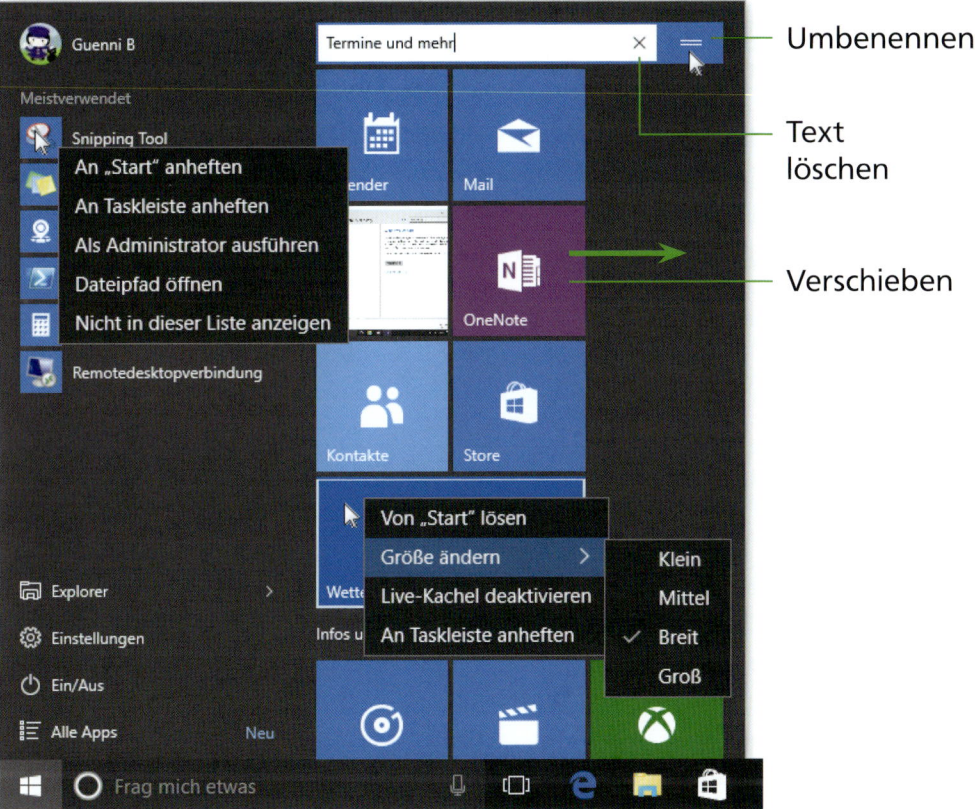

- Um den **Titel** einer **Kachelgruppe** zu **ändern**, klicken Sie auf diesen Titeltext oder auf das (beim Zeigen auf den Gruppennamen eingeblendete) Symbol *Umbenennen*. Anschließend ändern Sie im Textfeld *Gruppe benennen* den Gruppennamen. Die Änderung wird übernommen, sobald Sie auf eine Stelle außerhalb des Textfeldes klicken oder die ⏎-Taste drücken.

> **HINWEIS**
>
> Die Schreibmarke (blinkender, senkrechter Strich) zeigt an, wo Zeichen geändert werden können. Die Schreibmarke positionieren Sie im Text, indem Sie die gewünschte Stelle anklicken oder indem Sie die Marke mit den Cursortasten → und ← verschieben. Mit der ⌫-Taste werden Zeichen links und mit Entf Zeichen rechts von der Schreibmarke gelöscht. Zudem gibt es die Möglichkeit, über die Schaltfläche *x* den kompletten Inhalt des Textfeldes zu löschen.

Die Änderungen am Startmenü wirken sich (wie beim Desktop) nur auf das aktuelle Benutzerkonto aus.

Suchen in Windows

In der linken unteren Ecke des Startmenüs finden Sie das **Suchfeld** *Web und Windows durchsuchen*. Erfahrene Benutzer können auf dieses Textfeld klicken und einen Begriff (z. B. »Rechner«) oder einen Befehl eintippen. Windows durchsucht das Startmenü (und das Internet) nach Einträgen, die den Begriff enthalten.

Die Treffer werden dann in einer eigenen Spalte angezeigt. Klicken Sie per Maus auf einen solchen Treffer, wird die App, die Anwendung oder die Webseite des Treffers geöffnet. Auf diese Weise rufen Sie Apps oder Programme sehr schnell auf, ohne im Startmenü den jeweiligen Eintrag suchen zu müssen.

> **HINWEIS**
>
> Ein Kreis am linken Rand des Suchfeldes signalisiert, dass die Sprachassistentin Cortana eingerichtet ist.

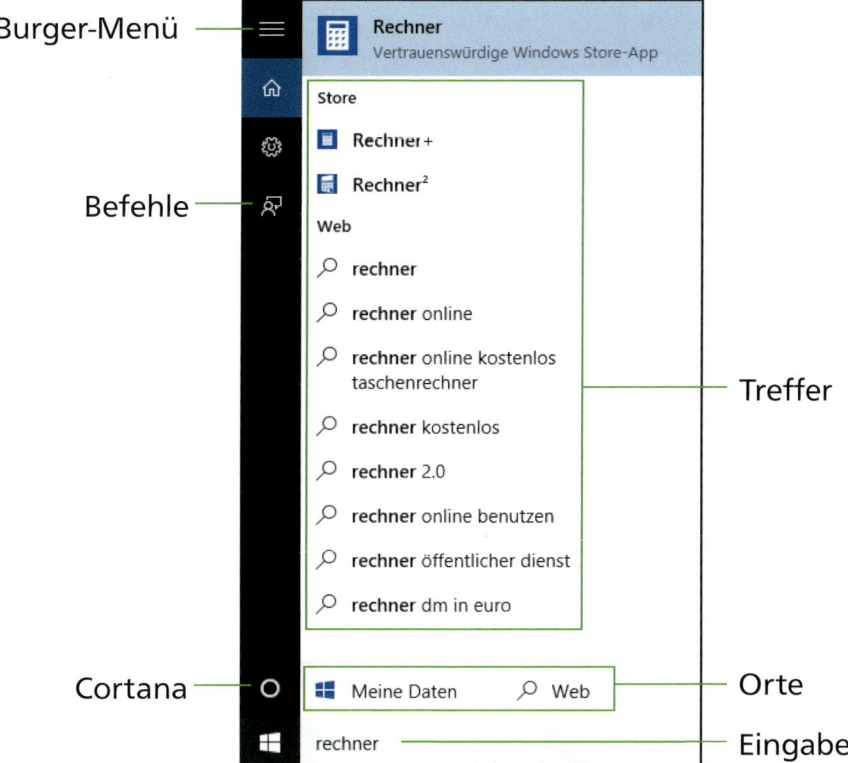

Die Sprachassistentin Cortana

Cortana ist die in Windows 10 enthaltene lernfähige Sprachassistentin. Diese kann Sie bei der Suche im Web und auf dem PC unterstützen, Ihren Terminkalender im Blick behalten und mehr. Die Sprachassistentin lässt sich über ein Symbol des Suchfensters oder über eine App im Startmenü aufrufen.

- Nachdem Sie Cortana aktiviert haben, klicken Sie auf das Textfeld und formulieren eine Frage als Text.

- Klicken Sie auf das Mikrofonsymbol, ist auch eine Spracheingabe der Frage möglich. Die erkannte Spracheingabe wird im Textfeld angezeigt.

Cortana zeigt anschließend die Ergebnisseite (hier die Antwort auf die Frage »Wie ist das Wetter in Frankfurt?«) an. Über die Symbole in der linken Spalte können Sie auf verschiedene Befehle zugreifen.

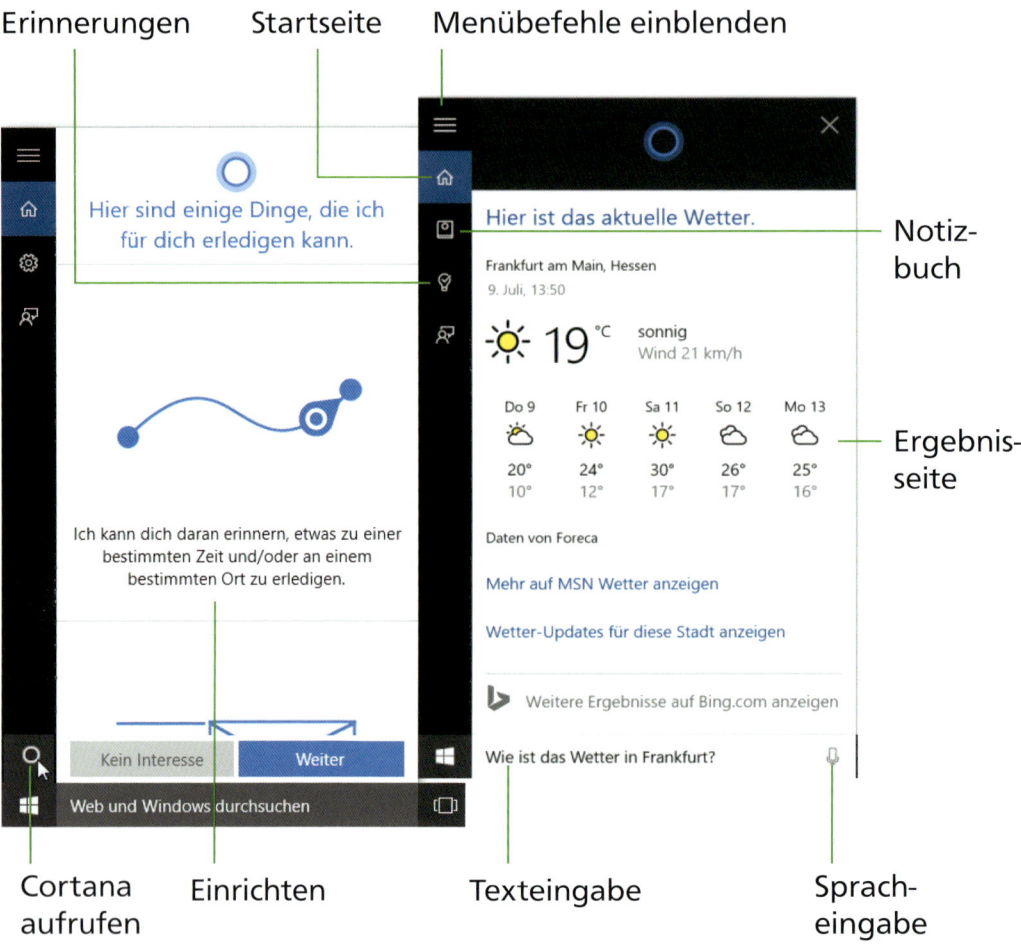

- Klicken Sie auf das **Symbol des Burger-Menüs**, um die Namen der Menübefehle rechts neben den Symbolen einzublenden.

- Über das **Home**-Symbol gelangen Sie zur Cortana-Startseite zurück.

- Das Symbol **Notizbuch** blendet eine Liste mit Einträgen (*Über mich, Verbundene Konten, Einstellungen, Nachrichten, Wetter* etc.) ein. Über diese Befehle können Sie Einstellungen und Optionen anpassen.

Arbeiten mit dem Desktop **35**

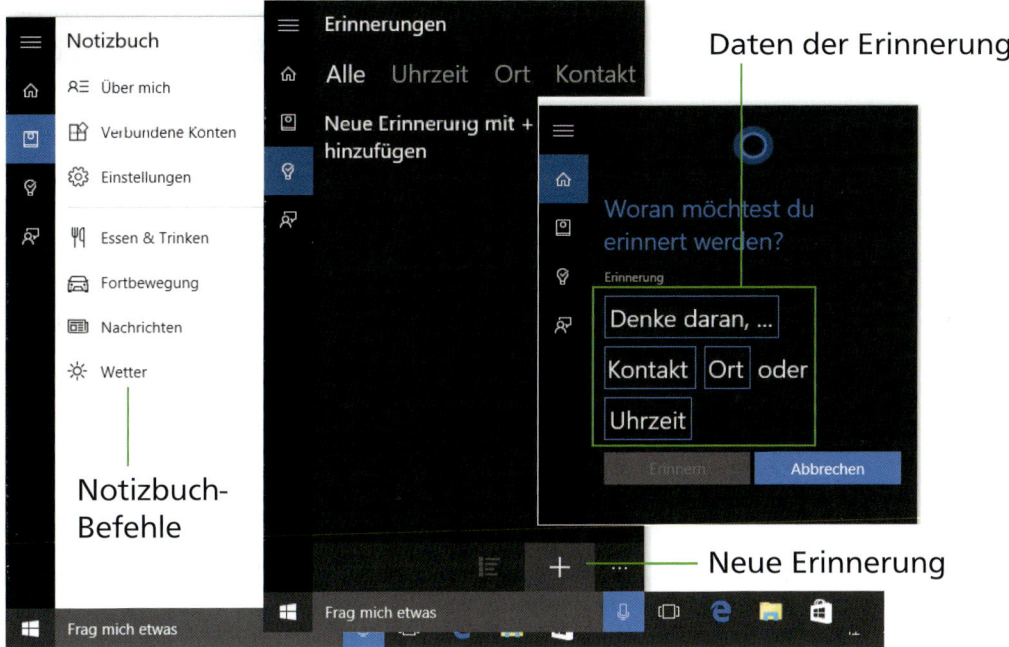

- Das Symbol **Erinnerungen** ermöglicht es Ihnen, Terminerinnerungen mit Uhrzeit und Ort hinzuzufügen. Klicken Sie auf die Schaltfläche *Neue Erinnerung*, füllen Sie die angezeigten Felder *Denke daran, …*, *Ort* etc. aus, und klicken Sie auf die Schaltfläche *Erinnern*. Cortana wird Sie bei Fälligkeit erinnern, indem die eingetragenen Erinnerungsdaten auf dem Desktop eingeblendet werden.

Die Anzeige von Cortana verschwindet, sobald Sie auf den Desktop oder die *Start*-Schaltfläche in der Taskleiste klicken.

> **HINWEIS**
>
> Beim ersten Aufruf ist eine Einrichtung von Cortana erforderlich. Ein Assistent führt Sie ggf. durch die Schritte, und Sie müssen die Standorterfassung des Gerätes zulassen und ggf. das Mikrofon einrichten. Cortana erfordert zudem eine Benutzeranmeldung unter einem Microsoft-Konto. Für die Auswertung der Anfragen benötigen Sie darüber hinaus eine Internetverbindung, was bei Mobilfunkverbindungen schnell das Datenvolumen ausschöpfen kann.

Der Umgang mit Fenstern

In Windows 10 öffnen nicht nur Desktop-Anwendungen (Programme), sondern auch Apps eigene Fenster. Sie sollten die wichtigsten Elemente eines Fensters und den richtigen Umgang damit kennen.

Die Elemente eines Fensters

Sehen wir uns zunächst an, aus welchen Elementen das Fenster einer App und einer Windows-Desktop-Anwendung besteht.

1 Öffnen Sie das Fenster *Dieser PC*, indem Sie auf das betreffende Desktop-Symbol doppelklicken.

2 Öffnen Sie das Startmenü, und wählen Sie in der rechten Spalte die Kachel einer App (z. B. *Wetter*) aus.

Es öffnen sich die Fenster der Windows-Anwendung und der gestarteten App. Unter Windows ist der grundlegende Aufbau der Fenster bei allen Desktop-Programmen und -Funktionen gleich. App-Fenster besitzen ebenfalls einen ähnlichen Aufbau. Wir können die hier gezeigten zwei Fenster quasi als Stellvertreter für (fast) alle Windows-Fenster nutzen, um die Grundlagen kennenzulernen.

- Am oberen Fensterrand findet sich die sogenannte **Titelleiste**, in der oft der App- oder Programmname und/oder der Name des geöffneten Dokuments erscheint.

- Die Schaltflächen in der rechten Ecke der Titelleiste dienen zum Abrufen bestimmter Fensterfunktionen. Die Schaltfläche *Schließen* haben Sie auf den vorangegangenen Seiten bereits kennengelernt.

- Manche Fenster von Windows-Anwendungen besitzen zudem in der linken Ecke der Titelleiste noch das sogenannte **Systemmenü** (beim Ordnerfenster ist dies, je nach gewähltem Inhalt, ein Computer- oder Ordnersymbol) mit Befehlen zum Schließen, Minimieren und Maximieren des Fensters. Zudem kann eine **Symbolleiste für den Schnellzugriff** mit weiteren Schaltflächen vorhanden sein.

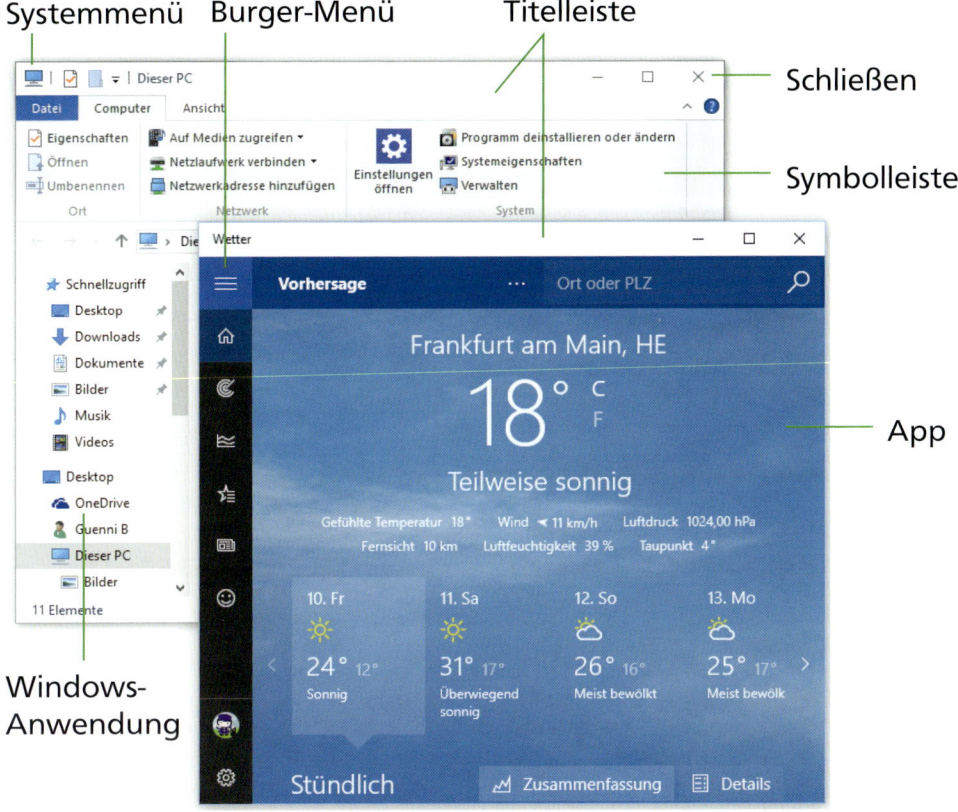

- Bei App-Fenstern findet sich in der linken oberen Ecke das sogenannte **Burger-Menü-Symbol**. Klicken Sie auf das Symbol, wird die am linken Rand mit Symbolen sichtbare Leiste um eine Anzeige der Symboltitel erweitert.

- Unterhalb der Titelleiste sind bei vielen Fenstern eine (oder mehrere) **Symbolleiste**(n) und/oder ein **Menüband** zu finden. Über deren Registerkarten und Elemente können Sie häufig genutzte Funktionen direkt anwählen. Beim hier gezeigten Ordnerfenster ist das Menüband standardmäßig ausgeblendet, lässt sich aber anzeigen (siehe Kapitel 3, Abschnitt »Das Ordnerfenster im Überblick«). Diese Symbolleiste ist auch bei manchen Apps (z. B. OneNote) zu finden.

- Im Fußbereich weisen viele Fenster von Windows-Anwendungen noch eine optionale Statusleiste zur Anzeige von Zusatzinformationen (Seitenzahl bei einem Brief, Elemente eines Ordnerfensters, Größe eines Fotos etc.) auf.

Innen im Fenster wird dann dessen Inhalt dargestellt. Details zu den einzelnen Funktionen lernen Sie im Verlauf dieses Buches noch kennen.

> **HINWEIS**
>
> Je nach Windows-Programm befindet sich bei manchen Fenstern unterhalb der Titelleiste noch eine Menüleiste mit Namen wie *Datei*, *Bearbeiten*, *Ansicht* etc. Über die Menüs lassen sich Funktionen aufrufen.

Fenster verschieben und die Größe anpassen

Gelegentlich gibt es die Notwendigkeit, ein Fenster auf dem Windows-Desktop zu verschieben, auszublenden oder in der Größe anzupassen.

- Zum Verschieben eines Fensters ziehen Sie einfach dessen Titelleiste (z. B. bei gedrückter linker Maustaste oder bei Touchscreens mit dem Finger) an die gewünschte Stelle auf dem Desktop.

- Ziehen Sie das Fenster per Maus zum rechten oder linken Desktop-Rand (der Mauszeiger muss den Rand berühren), dockt Windows das betreffende Fenster an diesem Rand an. Über die Titelleiste lässt sich das Fenster auch wieder abdocken.

- Für manche Aufgaben (z. B. das Schreiben eines Briefes, das Bearbeiten eines Fotos etc.) ist es ganz hilfreich, wenn das Fenster die gesamte Bildschirmgröße einnimmt. Klicken Sie in der rechten oberen Ecke auf die *Maximieren*-Schaltfläche.

Der Umgang mit Fenstern 39

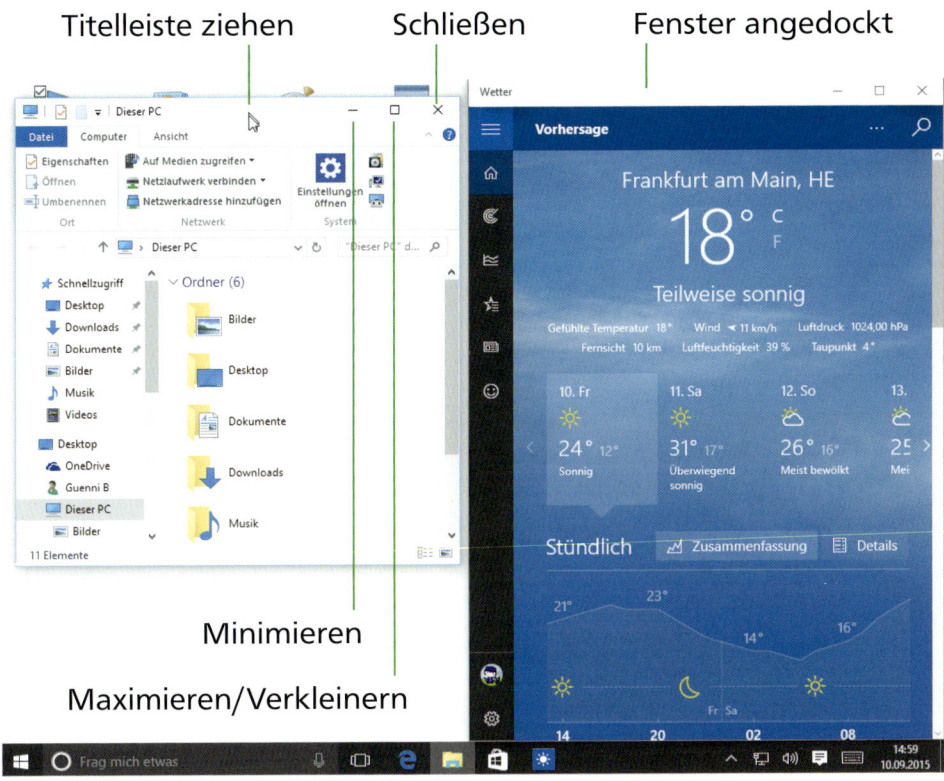

- Windows vergrößert das Fenster so weit, dass es den gesamten Bildschirm belegt (Vollbildansicht). Um das Fenster auf die vorherige Größe zurückzusetzen, wählen Sie in der rechten oberen Fensterecke die jetzt mit *Verkleinern* bezeichnete Schaltfläche.

HINWEIS

Das Vergrößern auf Vollbildmodus und das Reduzieren auf die vorherige Fensterdarstellung sind auch per Doppelklick auf die Titelleiste des Fensters möglich. Zudem können Sie die Tastenkombinationen ⊞+↑ und ⊞+↓ für diesen Zweck verwenden. Die Tastenkombinationen ⊞+→ und ⊞+← docken das Fenster am rechten/linken Desktop-Rand an bzw. wieder ab. Die Tastenkombinationen beziehen sich auf das gerade ausgewählte Fenster im Vordergrund – ggf. klicken Sie dessen Titelleiste zur Auswahl an.

- In anderen Situationen ist es besser, das Fenster ganz auszublenden (zu minimieren). Wählen Sie dazu die Schaltfläche *Minimieren* in der Titelleiste des geöffneten Fensters.

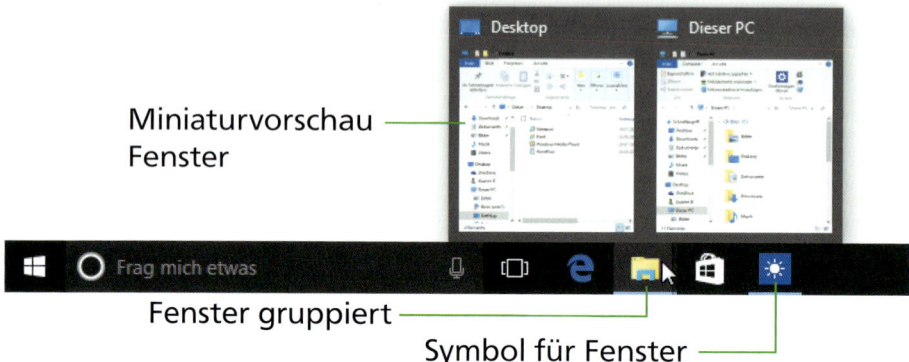

Miniaturvorschau Fenster
Fenster gruppiert
Symbol für Fenster

- Für jedes geöffnete App- oder Programmfenster zeigt Windows in der Taskleiste ein Symbol. Wurde ein Fenster minimiert, ist nur noch dessen Symbol sichtbar.

- Wählen Sie das Symbol (z. B. per Maus) in der Taskleiste an, stellt Windows das Fenster in der vorherigen Größe wieder her. Ein weiteres Anklicken des Symbols minimiert das geöffnete Fenster erneut.

- Sind mehrere Fenster der gleichen Windows-Anwendung (z. B. Ordnerfenster) geöffnet, gruppiert Windows diese unter dem gleichen Symbol in der Taskleiste. Beim Zeigen auf das betreffende Symbol der Taskleiste erscheint eine verkleinerte Miniaturansicht des Fensters oder der Fenster. Klicken Sie direkt auf die Miniaturansicht des gewünschten Fensters, um dieses zu öffnen bzw. in den Vordergrund zu holen.

Um ein Fenster zu schließen und die zugehörige App oder das Programm zu beenden, verwenden Sie die *Schließen*-Schaltfläche der Titelleiste.

Meine Tipps für Fortgeschrittene

»Schütteln« Sie ein Fenster über dessen Titelleiste mit der Maus, werden alle im Hintergrund geöffneten Fenster minimiert. Ein erneutes Schütteln über die Titelleiste des Fensters stellt die minimierten Fenster wieder her. Mit der Tastenkombination ⊞+M minimieren Sie alle Fenster, und ⊞+⇧+M stellt die minimierten Fenster wieder her.

Klicken Sie auf den rechten Rand der Taskleiste (also ganz rechts neben der Anzeige von Datum/Uhrzeit), blendet Windows ebenfalls alle Fenster aus. Ein zweiter Klick auf diese Stelle öffnet die Fenster erneut.

Die Fenstergröße stufenlos verändern

Bei den meisten Apps und Windows-Desktop-Anwendungen lassen sich deren Fenster stufenlos auf die gewünschte Größe einstellen:

1 Zeigen Sie mit der Maus auf den rechten oder unteren Rand oder auf die rechte untere Ecke eines geöffneten Fensters.

Daraufhin nimmt der Mauszeiger die Form eines Doppelpfeils an (in dem hier als Bildmontage sichtbaren Fenster am rechten und unteren Rand sowie in der rechten unteren Ecke).

2 Ziehen Sie den Rand (bei gedrückter linker Maustaste oder per Finger).

Windows passt bereits beim Ziehen die Größe des Fensters entsprechend an.

- Ziehen Sie den Fensterrand nach außen, wird das Fenster vergrößert.

- Schieben Sie den Rand nach innen, verkleinert Windows das Fenster.

Sie können auf diese Weise die Größe eines Fensters verändern.

3 Erreicht das Fenster die gewünschte Größe, lassen Sie die linke Maustaste los.

Windows fixiert dann die Größe des betreffenden Fensters.

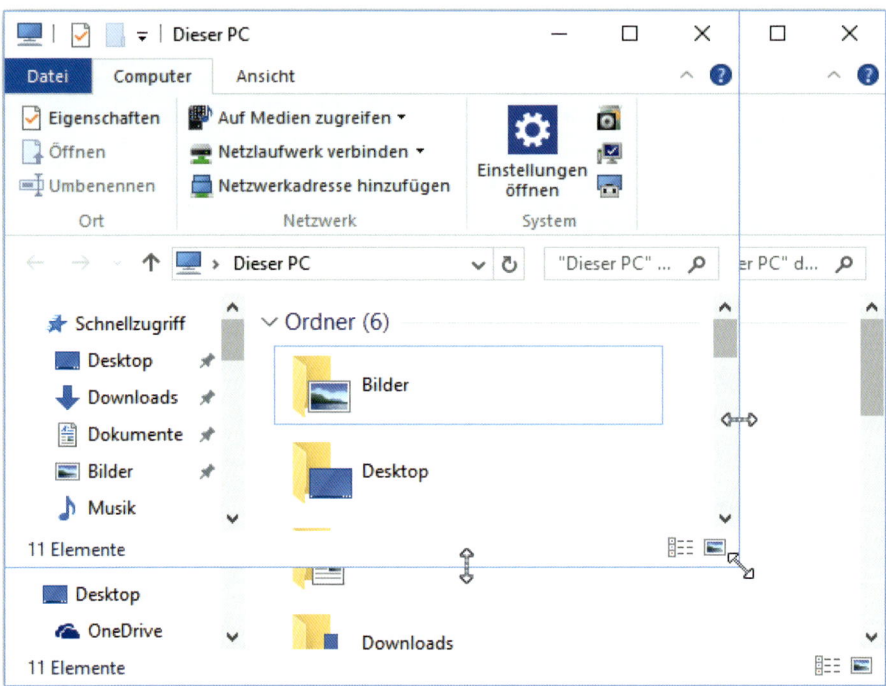

ACHTUNG

Sowohl Apps als auch Windows-Anwendungen begrenzen häufig die minimale Größe eines Fensters. Bei einigen Fenstern sowie bei Eigenschaftenfenstern und Dialogfeldern ist keine Größenänderung möglich. Zu erkennen ist dies an der fehlenden oder gesperrten Schaltfläche *Maximieren* in der Titelleiste.

Blättern im Fenster

Manchmal ist ein Fenster zu klein, um den Inhalt des geladenen Dokuments (z. B. ein mehrseitiger Brief, ein großes Foto) anzuzeigen. Dann enthält das Fenster am rechten oder manchmal auch am unteren Rand eine sogenannte Bildlaufleiste. Diese Bildlaufleiste ermöglicht Ihnen das Blättern im Fenster, um andere Dokumentteile anzuzeigen.

1 Öffnen Sie ein Ordnerfenster, und verkleinern Sie dieses so weit, dass die Bildlaufleisten zu sehen sind.

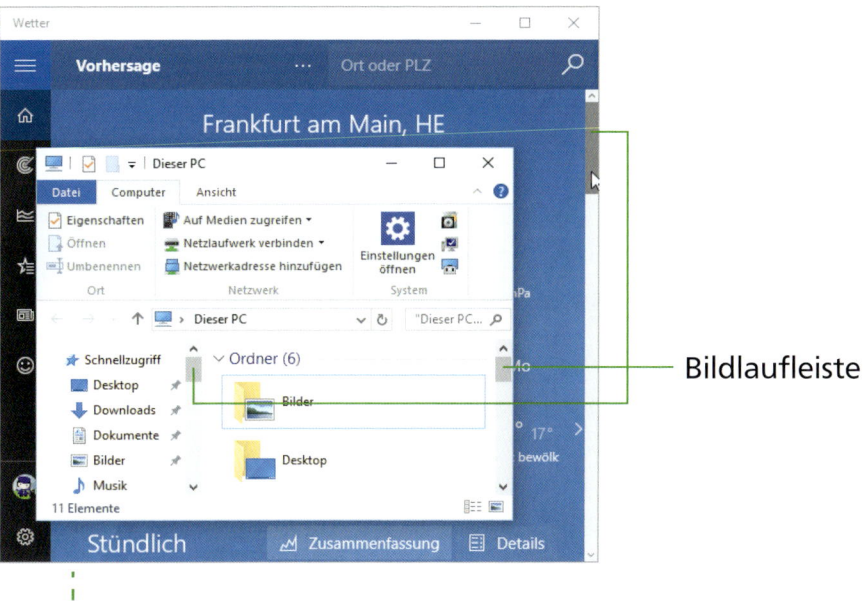

2 Ziehen Sie mit gedrückter linker Maustaste den Schieberegler (auch als Bildlauffeld bezeichnet) der rechten vertikalen Bildlaufleiste nach unten (bei einer angezeigten horizontalen Bildlaufleiste wird der Schieberegler nach rechts gezogen).

Beim Verschieben ändert Windows den sichtbaren Bildausschnitt, sodass Sie andere Teile des Fensterinhalts zu sehen bekommen. So können Sie auf einer Webseite vom Seitenanfang im Text nach unten blättern oder einen anderen Ausschnitt eines Fotos betrachten.

> **HINWEIS**
>
> An den Enden der Bildlaufleiste sehen Sie die Pfeilsymbole ∧ und ∨. Ist Ihnen das Blättern mit dem Schieberegler zu grob, blättern Sie mit einem Mausklick auf die jeweilige Schaltfläche schrittweise im Dokument. Die Spitze des Pfeils zeigt dann die Richtung an, in die geblättert wird.

Weitere Desktop-Funktionen

Mit dem Wissen aus den vorangegangenen Abschnitten kommen Sie in Windows bereits recht weit und können Apps, Windows-Anwendungen und -Funktionen aufrufen sowie mit den zugehörigen Fenstern umgehen. In diesem Abschnitt lernen Sie noch einige weitere nützliche Funktionen kennen.

Wechseln zwischen (Programm-)Fenstern

Eine der Stärken des Windows-Desktops liegt darin, dass Sie mehrere App- und/oder Anwendungsfenster gleichzeitig anzeigen und frei anordnen können. Arbeiten können Sie aber nur mit dem Fenster, das sich im Vordergrund befindet. Um zu einem anderen Fenster (und damit zum zugehörigen Programm oder zur jeweiligen App) zu wechseln, können Sie die auf den vorangegangenen Seiten vermittelten Techniken einsetzen und einen sichtbaren Teil der Titelleiste des Fensters oder das Symbol der App bzw. des Programms in der Taskleiste anklicken. Dann wird das zugehörige Fenster in den Vordergrund geholt, und Sie können mit der App, der Anwendung oder der Programmfunktion arbeiten.

Wer sich etwas besser mit Windows auskennt, verwendet die Tastenkombination [Alt]+[↹] zum Umschalten zwischen Programmen und Apps.

- Halten Sie die ⟨Alt⟩-Taste gedrückt, und drücken Sie die ⟨⇆⟩-Taste. Windows blendet dann eine Taskleiste mit den Symbolen aller geöffneten Programmfenster, Apps und Dialogfelder ein.

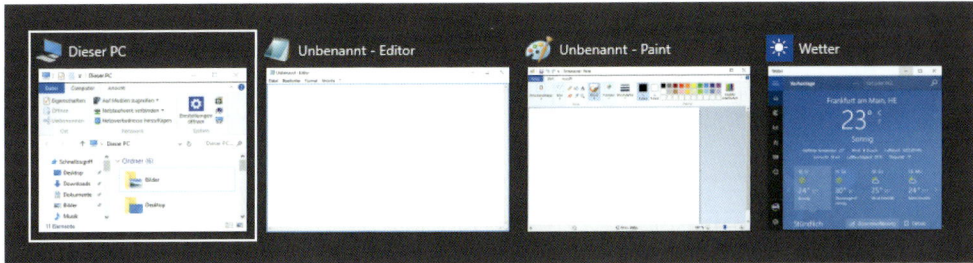

- Halten Sie die ⟨Alt⟩-Taste weiter gedrückt, und tippen Sie auf die ⟨⇆⟩-Taste, um schrittweise die Programmeinträge in der Liste zu markieren. Lassen Sie die ⟨Alt⟩-Taste los, wird das zuletzt gewählte Fenster in den Vordergrund geholt.

Welche Variante Sie zur Programmumschaltung verwenden, bleibt Ihnen überlassen.

Sprunglisten verwenden

Klicken Sie in der Taskleiste das Symbol einer laufenden Windows-Anwendung mit der rechten Maustaste an (oder schieben Sie das Symbol am Touchscreen leicht nach oben), öffnet sich eine sogenannte Sprungliste.

Sofern die Anwendung dies unterstützt, enthält die Sprungliste auch Einträge, um direkt auf zuletzt geöffnete Dokumente (z. B. Textdokumente) der Anwendung zuzugreifen.

Symbole an Taskleiste anheften/lösen

Windows 10 ermöglicht es Ihnen, Symbole häufig genutzter Programme (Apps oder Windows-Anwendungen) an die Taskleiste anzuheften.

- Klicken Sie mit der rechten Maustaste auf das Symbol eines gerade geöffneten Programms. Der Kontextmenübefehl *Programm an Taskleiste anheften* richtet das Symbol dauerhaft in der Taskleiste ein.

- Alternativ öffnen Sie das Startmenü (z. B. mit der ⊞-Taste). Dort klicken Sie eine Kachel oder einen Eintrag mit der rechten Maustaste an und wählen im Kontextmenü die Option *An Taskleiste anheften*.

- Der Befehl *Programm von Taskleiste lösen* im Kontextmenü eines angehefteten Symbols macht die Anheftung rückgängig.

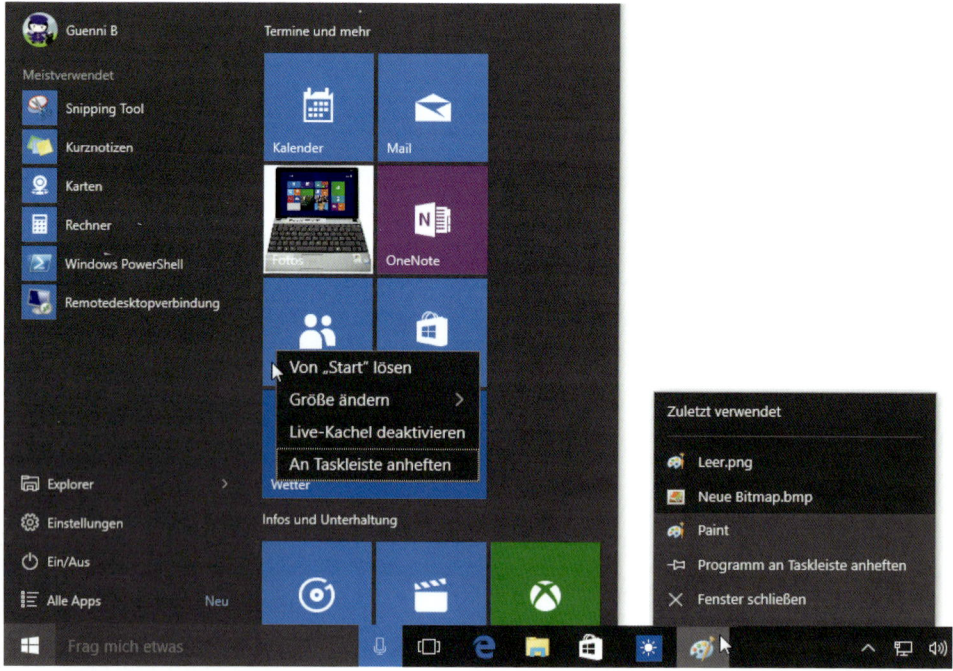

Zudem können Sie die Symbole in der Taskleiste per Maus (bei gedrückter linker Maustaste) nach links oder rechts ziehen und die Reihenfolge der Symbole nach Belieben sortieren.

Benachrichtigungen im Info-Center

Eine der Neuerungen gegenüber früheren Windows-Versionen ist das Info-Center, in dem Windows 10 Benachrichtigungen auflistet. Außerdem finden Sie dort Kacheln zum Abrufen verschiedener Funktionen.

- Zum Einsehen der Benachrichtigungen klicken Sie im Infobereich der Taskleiste auf das Benachrichtigungssymbol.

- Anschließend können Sie im Info-Center die Benachrichtigungen einsehen, diese ausblenden oder Funktionen aufrufen.

Die Benachrichtigungen werden im oberen Teil der Leiste angezeigt. Über den Befehl *Alle löschen* lässt sich der Bereich leeren. Klicken Sie auf das Symbol *Erweitern*, wird die *Löschen*-Schaltfläche zum Entfernen einer Benachrichtigung eingeblendet.

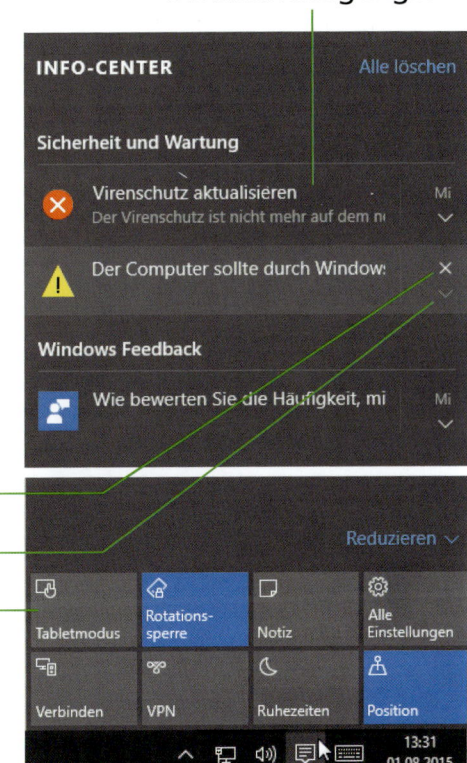

Im unteren Bereich der Leiste finden Sie Kacheln zum Zugriff auf bestimmte Funktionen. Mit *Notiz* wird z. B. die App *OneNote* zur Notizeingabe geöffnet. Über *Tabletmodus* schalten Sie den in Kapitel 2 beschriebenen Modus für die Touchbedienung ein.

Welche Kacheln im unteren Bereich der Leiste eingeblendet werden, hängt aber von den Fähigkeiten des Gerätes ab.

Taskansicht: mehrere Desktops verwenden

Windows 10 besitzt noch eine Funktion, die man als Einsteiger eher seltener verwendet, die ich Ihnen aber nicht verschweigen möchte. Sie können mit mehreren Desktops arbeiten.

- Wählen Sie in der Taskleiste das Symbol *Taskansicht* an, öffnet sich eine Miniaturvorschau der erstellten Desktops.

- Über das Symbol *Neuer Desktop* lassen sich zusätzliche (virtuelle) Desktops öffnen.

- Bei Anwahl des Symbols *Taskansicht* blendet Windows die Miniaturansichten der vorhandenen Desktops auf dem Bildschirm ein.

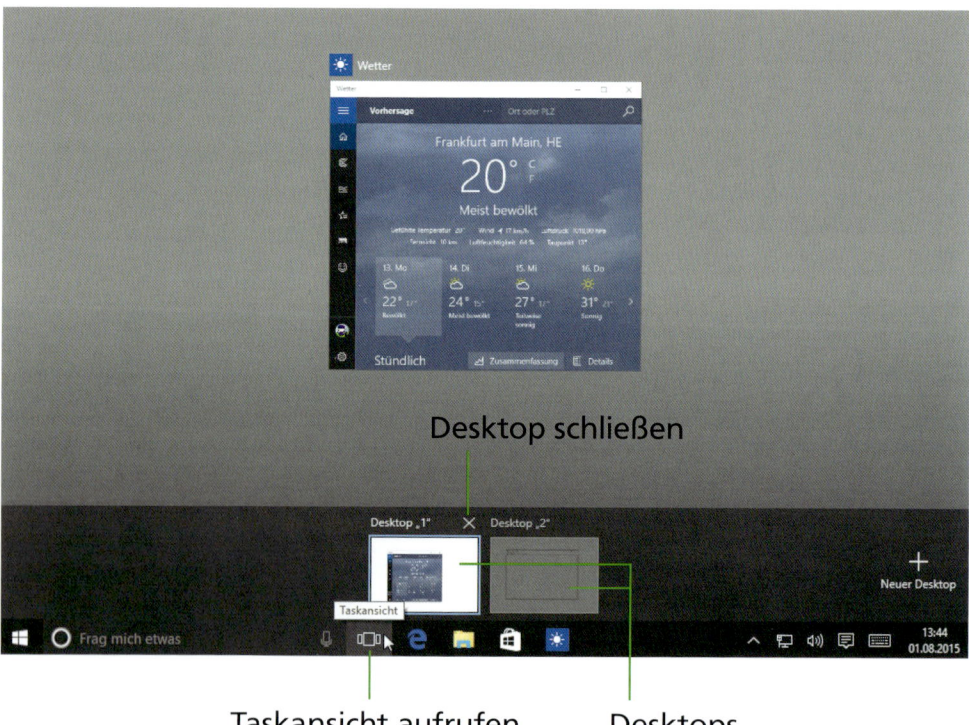

- Eine Miniaturansicht ist hell hervorgehoben und gehört zum aktuell angezeigten Desktop.

- Wählen Sie eine andere Miniaturansicht an, wird der zugehörige Desktop angezeigt.

- Die Schaltfläche *Desktop schließen* neben einer Miniaturansicht ermöglicht es, einen virtuellen Desktop zu schließen – die Fenster wandern dann zum nächsten geöffneten Desktop.

Öffnen Sie nun Apps und Anwendungen, werden diese dem aktuellen Desktop zugeordnet. Schalten Sie über die Taskansicht zu einem anderen Desktop, verschwinden die geöffneten Fenster. Sie sehen also immer nur einen Desktop und die dort geöffneten Fenster.

Der Ansatz hat bei sehr kleinen Displays Vorteile, wenn man viele Fenster geöffnet hat. Dann lassen sich diese auf mehrere Desktops verteilen.

Windows beenden

Bevor Sie sich mit den nächsten Aufgaben befassen, soll noch eine wichtige Frage geklärt werden: Wie wird Windows eigentlich beendet? Sie können die Einschalttaste am Gerät drücken, um Windows herunterzufahren und das Gerät auszuschalten. Es gibt aber weitere Möglichkeiten, die Sie kennen sollten.

1 Öffnen Sie das Startmenü über die Schaltfläche *Start*, und wählen Sie den Eintrag *Ein/Aus*.

2 Wählen Sie anschließend den gewünschten Eintrag aus dem angezeigten Menü.

Über die Befehle des angezeigten Menüs können Sie dann genau steuern, was passieren soll.

- Wählen Sie im eingeblendeten Menü den Eintrag *Herunterfahren*, beendet Windows alle geöffneten Apps und Desktop-Anwendungen, fährt herunter und schaltet das Gerät ab.

- *Neu starten* beendet ebenfalls Windows (und die geladenen Apps bzw. Anwendungen), schaltet den Computer aber nicht aus, sondern startet sofort wieder. Dies ist manchmal nach dem Installieren von Geräten, Updates oder Windows-Programmen erforderlich.

- Beim Befehl *Energie sparen* schaltet Windows in den Stromsparmodus, lässt aber alle Apps und Fenster geöffnet. Sie können nach dem erneuten Einschalten des Gerätes sofort weiterarbeiten.

In Arbeitspausen melden Sie sich vom Benutzerkonto ab, anstatt Windows zu beenden. Es reicht, das Benutzerkontensymbol in der linken oberen Ecke des Startmenüs anzuklicken oder anzutippen und den Befehl *Abmelden* oder *Sperren* zu wählen. Sie gelangen zum Sperrbildschirm und können sich erneut an einem Benutzerkonto anmelden.

> **HINWEIS**
>
> Beim Abmelden werden alle Apps und Programme beendet, während über *Sperren* alle Apps und Fenster geöffnet bleiben.

Zusammenfassung

In diesem Kapitel haben Sie den Desktop, das Startmenü und den Umgang mit Fenstern kennengelernt. Außerdem können Sie sich an Windows an- und wieder abmelden. Wenn mal nicht alles auf Anhieb klappt, ist das nicht schlimm. Viele der hier gezeigten Schritte wiederholen sich in den nächsten Kapiteln. Außerdem können Sie ja bei Bedarf in diesem Kapitel nachlesen, wenn Ihnen mal etwas entfallen ist.

Kleiner Wissenstest

Zur Überprüfung Ihres Wissens können Sie die folgenden Aufgaben lösen.

- **Was macht das Startmenü?**
  (Das über das Symbol *Start* einblendbare Startmenü ermöglicht es Ihnen, unter Windows vorhandene Apps, Windows-Desktop-Anwendungen und eventuell eingerichtete Windows-Funktionen aufzurufen.)

- **Wie wird eine App oder Desktop-Anwendung aufgerufen?**
  (Klicken Sie die betreffende Kachel oder den Eintrag im Startmenü an.)

- **Wie lässt sich auf dem Desktop suchen?**
  (Klicken Sie in der Taskleiste auf das Feld *Frag mich etwas* zur Suche, und geben Sie den Suchbegriff ein.)

- **Was zeigt die Seite »Alle Apps«?**
  (Die über den Startmenübefehl *Alle Apps* einblendbare Seite listet die Kacheln aller installierten Apps und Desktop-Anwendungen nach Namen auf.)

- **Wie lässt sich zwischen Fenstern umschalten?**
  (Klicken Sie auf die Titelleiste oder das Taskleistensymbol des gewünschten Fensters, um dieses in den Vordergrund zu holen und dann damit zu arbeiten.)

- **Wie wird Windows heruntergefahren?**
  (Indem Sie z. B. auf *Start* klicken, dann *Ein/Aus* wählen und im eingeblendeten Menü den Befehl *Herunterfahren* wählen.)

Tablet-PC-Bedienung, Apps und Hilfe

Windows 10 unterstützt neben dem in Kapitel 1 vorgestellten Startmenü und dem Windows-Desktop auch einen Tablet-Modus mit einer Startseite für Tablet-PCs. In diesem Kapitel lernen Sie die Besonderheiten der Tablet-PC-Bedienung kennen. Außerdem zeige ich Ihnen, was Sie zum Kauf und zur Installation von Apps wissen müssen und wo es Hilfe gibt. Sofern Sie sich bereits mit den Funktionen auskennen oder mit dem Windows-Desktop arbeiten, blättern Sie einfach zum nächsten Kapitel weiter.

Das lernen Sie in diesem Kapitel
- Tablet-PC-Bedienung
- App-Käufe im Windows Store
- Hilfe gefällig?

Tablet-PC-Bedienung

Verwenden Sie einen Tablet-PC mit einem als **Touchscreen** bezeichneten berührungsempfindlichen Bildschirm? Dann ergeben sich ggf. einige Besonderheiten bei der Bedienung, die im Folgenden beschrieben werden.

Touchbedienung – das sollten Sie wissen

Bei einem Tablet-PC fehlen i. d. R. Maus und Tastatur, sodass die Bedienung ausschließlich über den Touchscreen erfolgt. Prinzipiell können Sie die in Kapitel 1 beschriebenen Funktionen auch per Touchscreen nutzen und so mit Startmenü und Desktop arbeiten. Verwenden Sie folgende Techniken als Mausersatz:

- **Tippen** Sie auf ein Element (Symbol *Start*, Desktop-Symbol, Fenster), entspricht dies einem **Klick mit der linken Maustaste**.

- **Doppeltippen** Sie z. B. auf ein Desktop-Symbol, um einen **Doppelklick per Maus** auszuführen und die Funktion aufzurufen.

- **Legen Sie** den **Finger auf ein Element** (Desktop-Symbol, Titelleiste eines Fensters), und ziehen Sie den Finger über den Touchscreen. Dies entspricht dem **Ziehen per Maus**, das Element wird auf dem Bildschirm verschoben.

- **Drücken Sie** mit dem **Finger** ein paar Sekunden **auf ein Element**, wird dieses mit einem Viereck markiert. Heben Sie den Finger ab, öffnet sich ein Kontextmenü. Diese Technik entspricht einem **Klicken mit der rechten Maustaste**.

Darüber hinaus können Sie durch Wischen mit dem Finger in Fenstern blättern oder diverse Funktionen abrufen und mit zwei Fingern die Vergrößerung (Zoom) ändern. Tastatureingaben erfolgen ausschließlich per Bildschirmtastatur. Die Bedientechniken sind im Anhang beschrieben.

So geht es zum Tablet-Modus

Bei Tablet-PCs, an denen keine Maus und keine Tastatur angeschlossen sind, unterstützt Windows 10 einen Tablet-Modus mit einer Startseite. Wird der Tablet-Modus nicht automatisch eingeschaltet (z. B. bei Hybrid-Geräten mit abkoppelbarem Tablet-Teil)?

1 Tippen Sie in der Taskleiste auf das Symbol *Benachrichtigung*.

2 Wählen Sie im Info-Center die Kachel *Tabletmodus*.

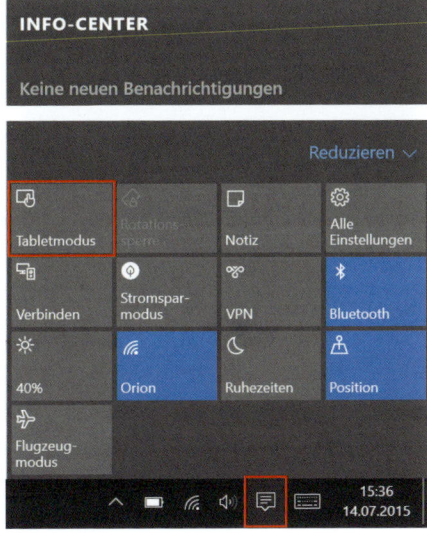

Wenn alles klappt, sollte der im Folgenden beschriebene Tablet-Modus angezeigt werden. Andernfalls führen Sie noch einen Neustart aus.

Die Startseite im Tablet-Modus

Nach einer erfolgreichen Anmeldung am Benutzerkonto gelangen Sie im Tablet-Modus zur Startseite. Über die Startseite erhalten Sie Zugriff auf die sogenannten Apps, Windows-Programme und Windows-Funktionen sowie die Taskleiste.

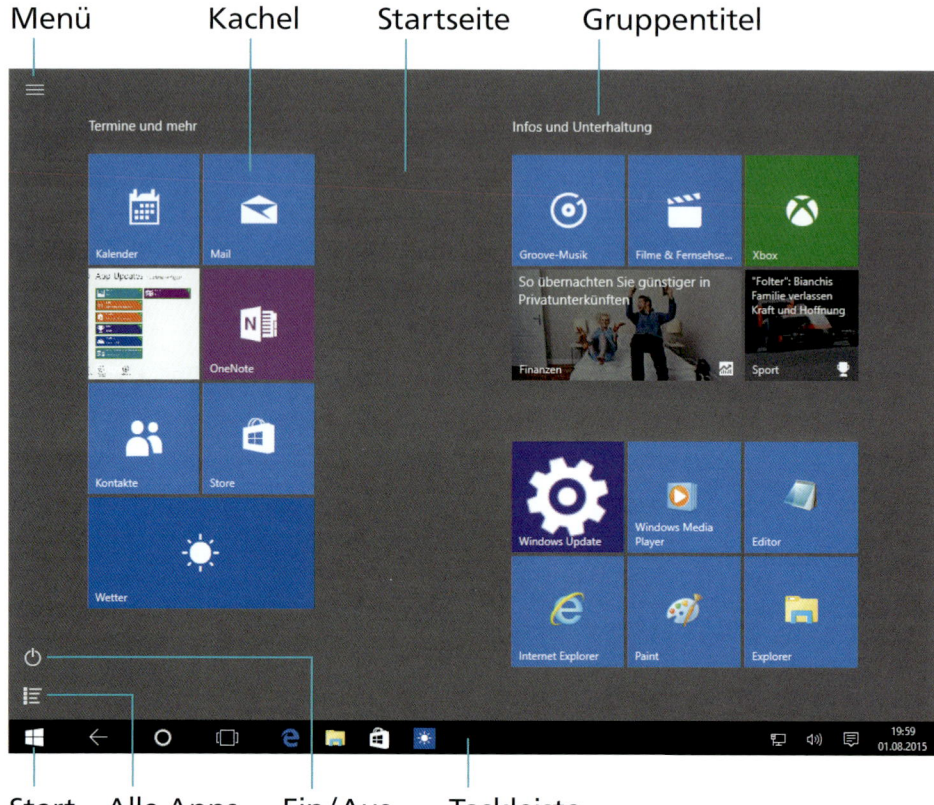

- Die Startseite verfügt über eine Reihe viereckiger Symbole – als **Kacheln** bezeichnet. Jede dieser Kacheln besitzt einen Titel und ein Symbol.

- Die Kacheln werden in Gruppen angeordnet – und oberhalb der jeweiligen Gruppe wird ggf. ein **Gruppentitel** angezeigt. Tippen Sie auf einen Titel, lässt sich dieser per Bildschirmtastatur anpassen (siehe auch Kapitel 1).

- Auf einer App-Kachel können Informationen (z. B. Fotos, Börsenkurse, Wetter, Schlagzeilen) angezeigt werden. Man spricht dann von **Live-Kacheln**.

- Über die Kacheln lassen sich die zugehörigen Apps oder Programme (Desktop-Anwendungen) aufrufen.

- Am unteren Rand der Startseite findet sich die (auch auf dem Desktop verwendete) Taskleiste mit den angehefteten App-Symbolen sowie den Symbolen geöffneter Fenster.

- In der linken unteren Ecke ist die in Kapitel 1 (Abschnitt »Windows beenden«) beschriebene Option *Ein/Aus* zu finden. Bei deren Anwahl öffnet sich ein Menü mit Befehlen zum Herunterfahren oder Neustarten von Windows.

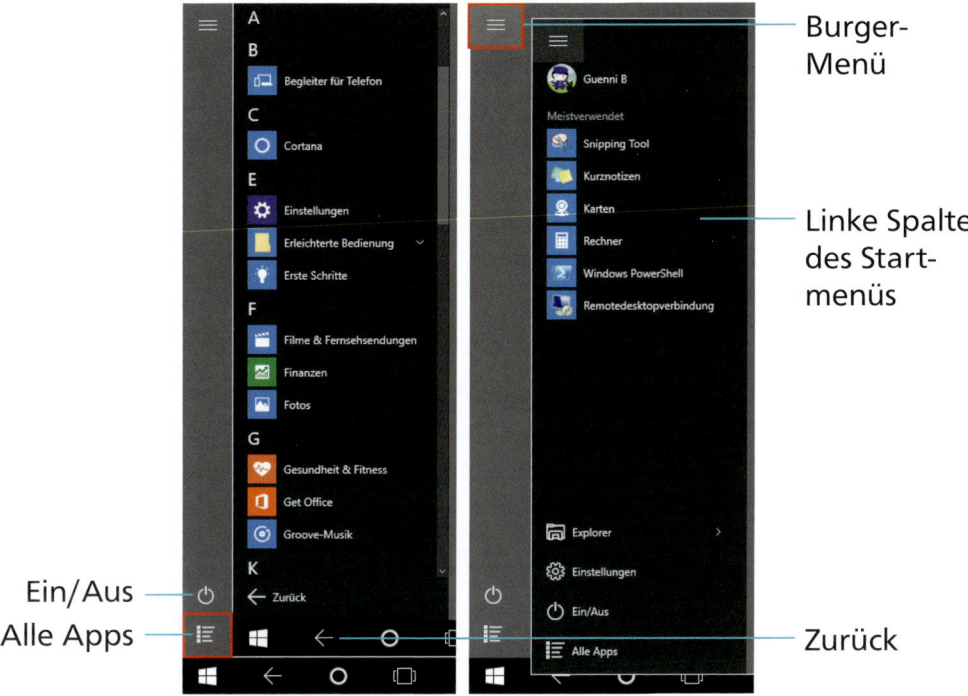

- Das Symbol *Alle Apps* blendet die Liste aller installierten Apps und Anwendungen, in alphabetischer Ordnung sortiert, als Liste am linken Bildschirmrand ein.

- Tippen Sie auf das Burger-Menü in der linken oberen Ecke, erscheint die linke Spalte des in Kapitel 1 beschriebenen Startmenüs auf der Startseite. Dort erhalten Sie (über das Symbol des Benutzerkontos) Zugriff auf die Befehle zum Abmelden vom Benutzerkonto, zum Zugriff auf häufig verwendete Programme oder auf die Befehle *Explorer* und *Einstellungen*.

Die eingeblendeten Leisten aller Apps oder der Startmenüspalte verschwinden, sobald Sie auf einen Punkt außerhalb der Spalte tippen.

Das Symbol *Start* in der linken unteren Ecke öffnet keinesfalls das Startmenü wie im Desktop-Betrieb. Vielmehr schaltet Windows beim Antippen von *Start* zur Anzeige der Startseite um. Das ist hilfreich, falls gerade eine App oder eine Windows-Anwendung geöffnet ist und die Startseite verdeckt. Das in obigem Bild mit *Zurück* beschriftete Symbol eines Pfeils ermöglicht es Ihnen, schrittweise die vorher eingeblendeten Apps und Anwendungen einzublenden.

> **TIPP**
>
> Enthält die Startseite bei Ihnen mehr Kacheln, als auf dem Bildschirm angezeigt werden können? Wischen Sie einfach mit dem Finger auf dem **Touchscreen** nach oben oder unten, um in der Kachelliste zu blättern.
>
> Die gleiche Wirkung wie das Symbol *Start* hat das Drücken der ⊞-Taste. Diese Taste finden Sie bei Tablet-PCs ggf. an der Gehäusefrontseite.

Kachel auf der Startseite anpassen

Markieren Sie auf der Startseite eine Kachel (z. B. indem Sie den Finger ein paar Sekunden am Touchscreen auf die Kachel drücken). Eine markierte Kachel weist in der rechten oberen Kachelecke eine stilisierte Pinnnadel und am unteren Rand einen Kreis mit drei Pünktchen auf.

- Durch Antippen des oberen Symbols mit dem stilisierten Pin wird die **Kachel** bei Touchbedienung von der Startseite **entfernt**.

- Um eine App oder Anwendung erneut an die Startseite anzuheften, tippen Sie auf das Symbol *Alle Apps*. In der eingeblendeten Liste aller installierten Apps und Anwendungen drücken Sie den Finger etwas länger auf den gewünschten Eintrag. Wenn Sie den Finger anheben, können Sie im Kontextmenü den Eintrag *An „Start" anheften* wählen.

Tippen Sie auf den Kreis mit den drei Pünktchen, öffnet sich ein Menü mit verschiedenen Befehlen.

- Über Einträge wie *Klein*, *Mittel*, *Breit* und *Groß* können Sie die Größe der App-Kachel anpassen.

- Mit *Live-Kachel deaktivieren* bzw. *aktivieren* legen Sie fest, ob die App Inhalte (z. B. Wetterangaben, Nachrichten etc.) dynamisch auf der Kachel anzeigen darf.

- Über *Weitere Optionen* öffnen Sie ein Untermenü. Dort finden Sie Befehle, um die App an die Taskleiste anzuheften, zu deinstallieren, den Dateipfad bei Anwendungen zu öffnen etc.

Die angezeigten Befehle hängen von der jeweiligen App oder Windows-Anwendung ab.

Apps/Anwendungen starten und beenden

Zum **Starten** einer **App** oder einer Windows-Anwendung (bzw. -Funktion) sowie zum Aufrufen weiterer Apps sind nur wenige Handgriffe erforderlich:

- Zum Starten einer App tippen Sie auf dem Touchscreen die Kachel (oder den Eintrag in *Alle Apps* bzw. in der Burger-Menü-Spalte) mit dem Finger an.

- Um bei Bedarf eine weitere App oder Anwendung zu öffnen, wählen Sie das Symbol *Start* in der linken unteren Bildschirmecke. Anschließend wählen Sie in der angezeigten Startseite die Kachel der gewünschten App oder Anwendung.

- Ist eine App oder Anwendung als Symbol in der Taskleiste angeheftet, reicht das Antippen dieses Symbols, um das zugehörige Programm zu öffnen.

Mehr müssen Sie zum Starten von Apps oder Anwendungen im Tablet-Modus eigentlich nicht wissen. Sowohl Apps als auch Windows-Anwendungen werden im Tablet-Modus in einer Vollbilddarstellung, die den gesamten Bildschirm ausfüllt, angezeigt.

Apps und Windows-Desktop-Anwendungen

Bei Programmen wird zwischen den sogenannten Apps und Windows-Anwendungen unterschieden. **Apps** sind entweder in Windows dabei oder werden über den von Microsoft betriebenen Windows Store (siehe folgende Abschnitte) bezogen. Eine **Windows-Anwendung** können Sie auch direkt vom Anbieter besorgen und unter Windows installieren. Auch einige Windows-Funktionen wie der Explorer sind als Windows-Anwendungen realisiert. Hinzu kommen weitere Windows-Anwendungen wie das Malprogramm Paint, das Textprogramm WordPad, der Windows Media Player etc. Das in Windows 8/8.1 bei Anwendungen verwendete Verhalten, dass sich ein Fenster auf dem Windows-Desktop öffnet, ist in Windows 10 entfallen. Die Anwendung wird im Tablet-Modus auf dem Bildschirm in Vollbilddarstellung geöffnet und lässt sich lediglich schließen oder minimieren.

Die zuletzt geöffnete App oder Anwendung ist auf dem Bildschirm sichtbar und kann verwendet werden. Wie man zwischen mehreren Apps umschaltet, erfahren Sie auf den folgenden Seiten. Möchten Sie eine App oder eine Anwendung gezielt beenden?

1 Wischen Sie mit dem Finger vom oberen Rand der App-Seite etwas nach unten.

2 Tippen Sie in der dann eingeblendeten Titelleiste auf die *Schließen*-Schaltfläche.

Windows beendet dann die App zwangsweise, und Sie gelangen zur Startseite zurück.

> **HINWEIS**
>
> Bei Windows-Anwendungen sehen Sie in der rechten oberen Ecke des Bildschirms immer die *Schließen*-Schaltfläche. Durch Antippen dieser Schaltfläche lässt sich die Anwendung beenden.
>
> Ist am System eine Maus angeschlossen? Im Tablet-Modus wird beim Zeigen mit der Maus auf den oberen Rand der App-Seite die Titelleiste mit dem App-Namen eingeblendet.

Apps und Anwendungen nebeneinander öffnen

Apps und Anwendungen belegen im Tablet-Modus normalerweise den gesamten Bildschirm. Gelegentlich ist es aber erwünscht, mehrere Apps oder Anwendungen nebeneinander auf dem Bildschirm zu zeigen. Windows 10 ermöglicht dazu eine geteilte Bildschirmdarstellung mit mehreren geöffneten Apps oder Anwendungen. Dies möchte ich Ihnen jetzt an einem Beispiel zeigen:

1 Wechseln Sie zur Startseite, rufen Sie z. B. die Wetter-App auf und warten Sie, bis die App-Seite angezeigt wird.

2 Ziehen Sie die App-Seite vom oberen Bildschirmrand (per Finger) ab und dann das verkleinerte App-Fenster zum rechten (oder linken) Bildschirmrand.

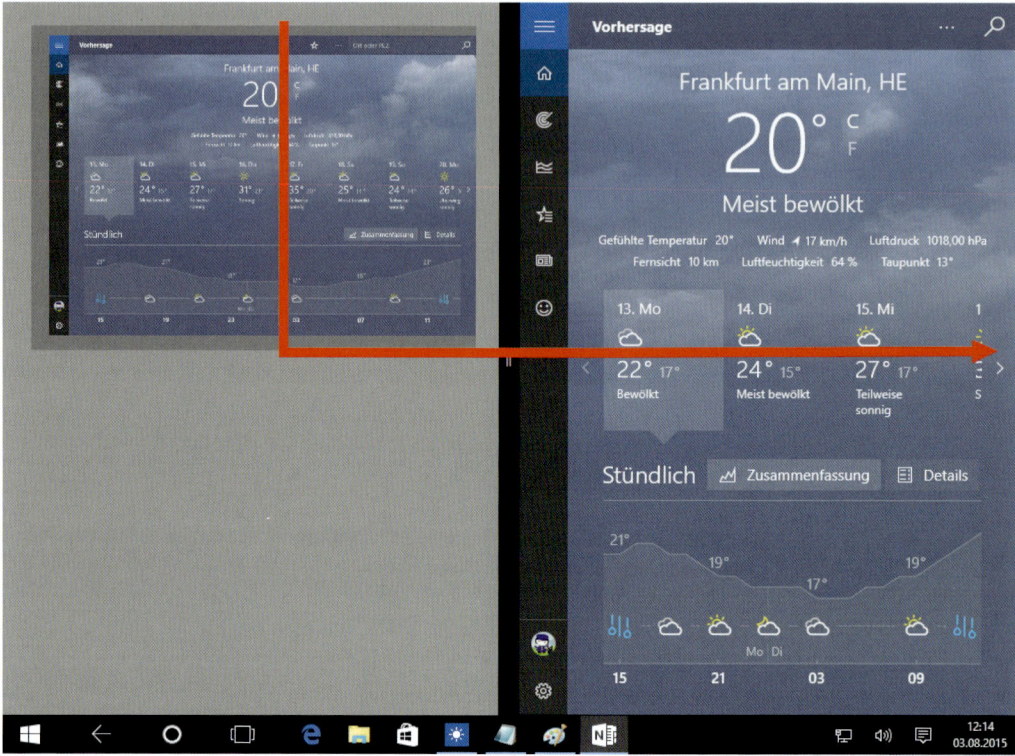

Das funktioniert alles, wie im vorangegangenen Abschnitt beschrieben. Der Finger muss lediglich auf dem App-Fenster (bzw. die linke Touchpad- oder Maustaste) gedrückt bleiben. Wenn Sie alles richtig machen, dockt Windows das App-Fenster (wie in der obigen Darstellung sichtbar) am Bildschirmrand an.

3 Nun können Sie auf *Start* tippen und eine zweite App oder Windows-Anwendung in der freien Fläche öffnen.

Wenn alles klappt, werden auf dem Bildschirm die Seiten beider Apps nebeneinander angezeigt. Sie können also bequem mit einer App arbeiten und Informationen aus der zweiten App im Auge behalten.

Die Teilung der Anzeige anpassen oder aufheben

Zwischen den beiden App-Seiten wird ein schwarzer Balken, das Teilerfeld, mit zwei senkrecht angeordneten Linien eingeblendet. Das Teilerfeld lässt sich per Finger oder Maus nach rechts oder links schieben, um wahlweise die linke oder rechte App-Seite verkleinert anzuzeigen.

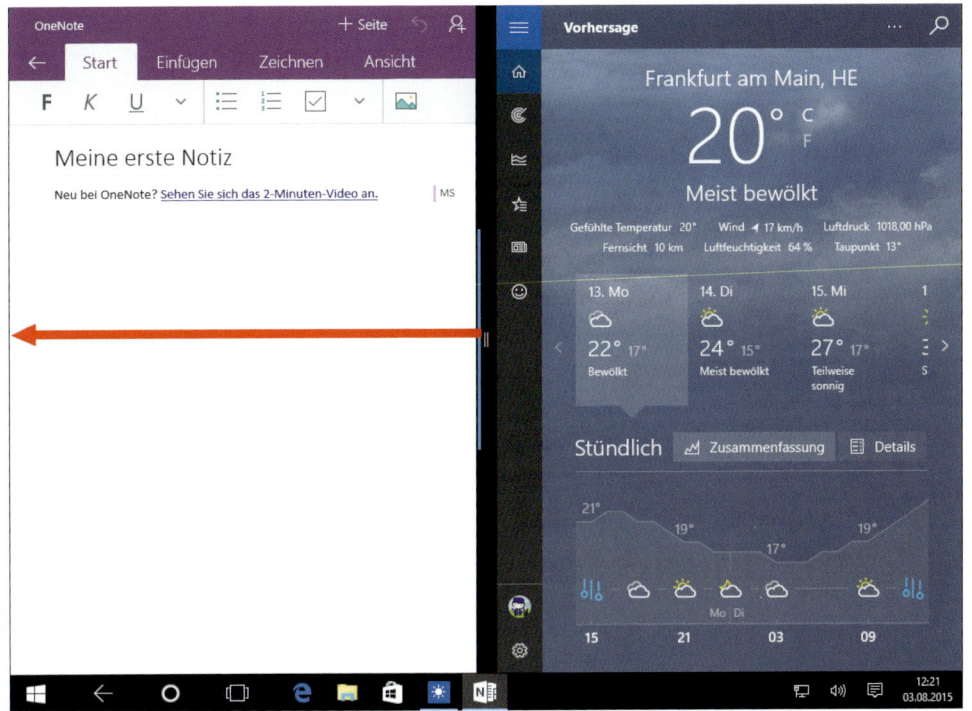

Schieben Sie das Teilerfeld bis zum linken oder rechten Bildschirmrand, hebt Windows die geteilte Anzeige auf. Es wird nur noch eine App bzw. das Anwendungsfenster auf dem gesamten Bildschirm angezeigt.

Auswahl der anzuzeigenden App/Anwendung

Sind mehrere Apps oder Windows-Anwendungen geöffnet? Dann blendet Windows beim Andocken einer App oder Anwendung die Miniaturen der restlichen geöffneten Fenster in der zweiten Spalte ein. Tippen Sie auf die gewünschte Miniatur, um diese in der zweiten Spalte als Vollbild einzublenden.

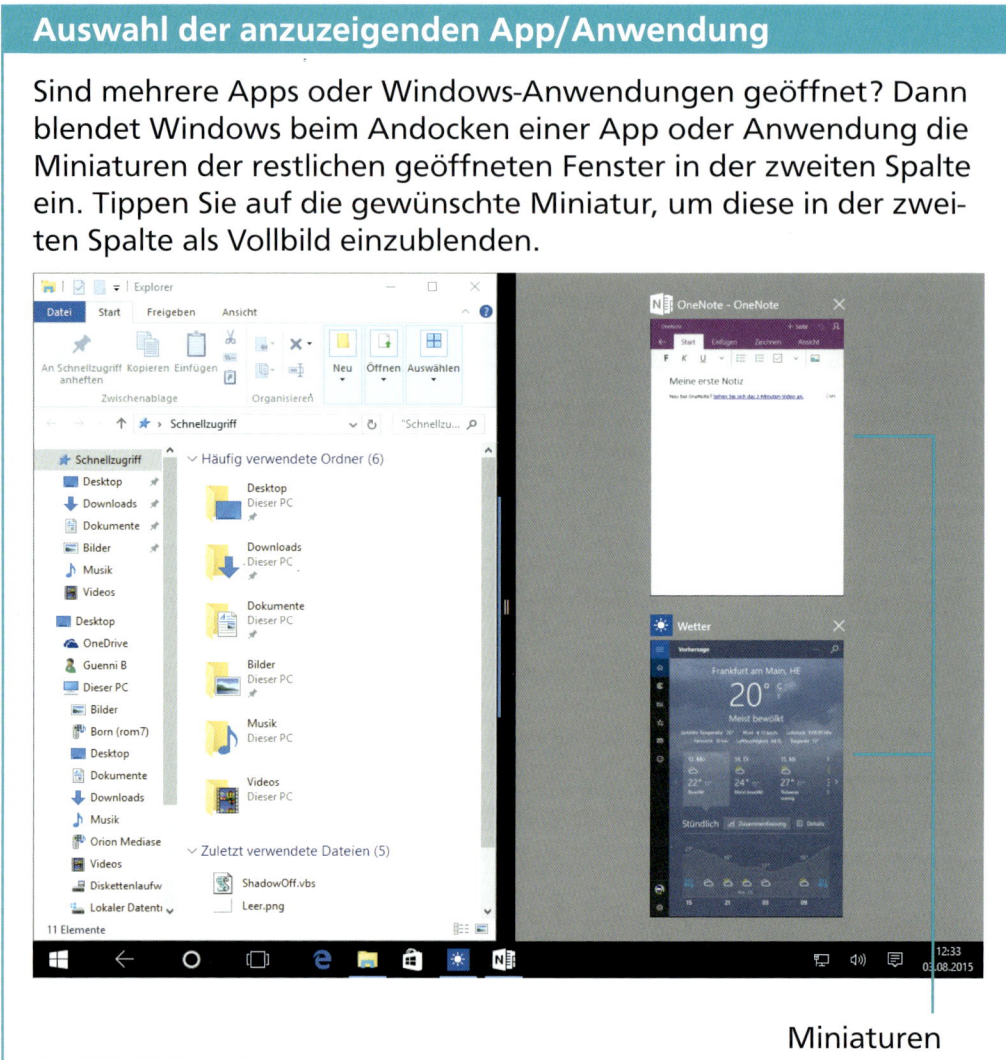

Miniaturen

Umschalten zwischen Apps/Anwendungen

Wie bereits erwähnt, belegen App- und Anwendungsfenster im Tablet-Modus immer den gesamten Bildschirm. Um schnell zu einer anderen (noch laufenden) App zu wechseln, bietet Windows 10 verschiedene Möglichkeiten.

Tablet-PC-Bedienung **65**

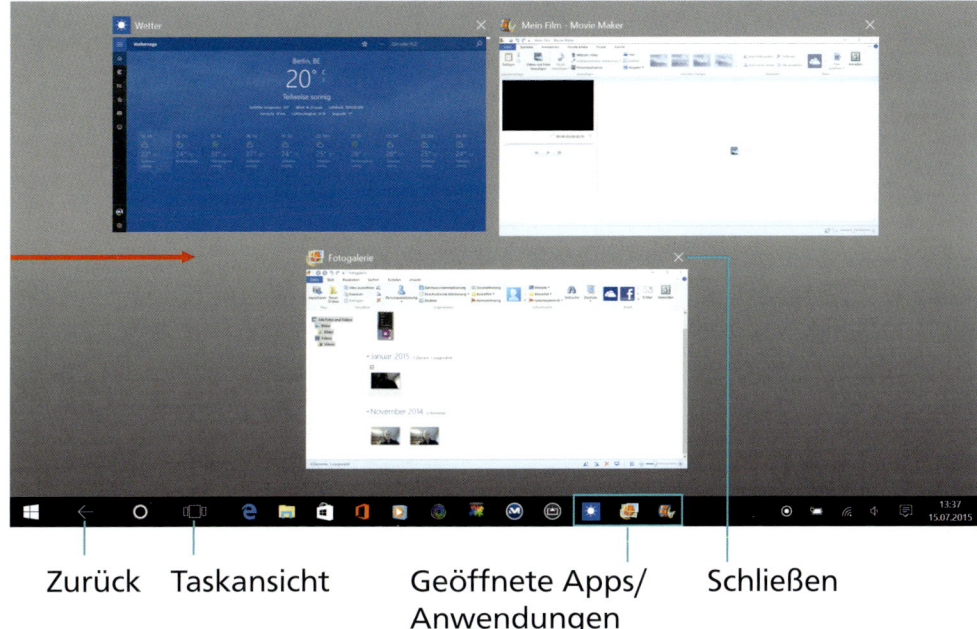

Zurück   Taskansicht   Geöffnete Apps/   Schließen
                       Anwendungen

- Wischen Sie bei einem Touchscreen vom linken Bildschirmrand zur Bildschirmmitte, oder tippen Sie in der Taskleiste auf das Symbol *Taskansicht*. Windows blendet die Miniaturansichten aller Fenster ein. Durch Antippen einer Miniaturansicht wird das Fenster zur Vollbilddarstellung in den Vordergrund geschaltet.

- Alternativ können Sie in der Taskleiste auf das Symbol des geöffneten Fensters tippen, um dieses in Vollbilddarstellung in den Vordergrund zu schalten. Die Symbole geöffneter Fenster erkennen Sie an einer blauen Linie am unteren Taskleistenrand.

Das in der Taskleiste sichtbare Symbol *Zurück* schaltet dagegen schrittweise zur vorangegangenen Darstellung zurück.

Zugriff auf das Info-Center

Das Info-Center lässt sich bei Touchbedienung über das *Benachrichtigungen*-Symbol der Taskleiste am rechten Rand einblenden. Oder Sie wischen mit dem Finger vom rechten Rand zur Mitte des Touchscreens.

Suchen in der Startseite

Die Suche in der Startseite funktioniert wie auf dem Windows-Desktop. Tippen Sie in der Taskleiste auf das Suchfeld oder das Cortana-Symbol. Anschließend geben Sie im Suchfeld *Frag mich etwas* den Suchbegriff ein. Danach können Sie den gewünschten Eintrag in der Ergebnisliste auswählen.

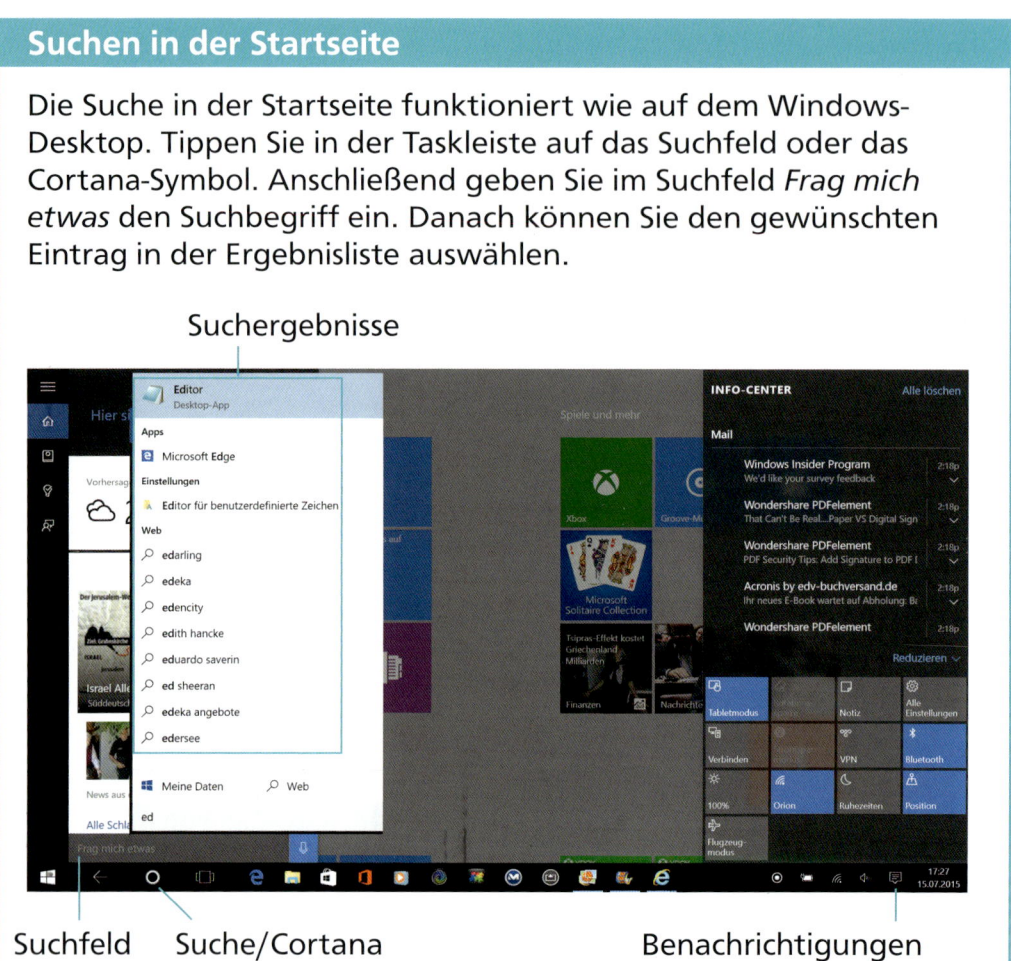

App-Käufe im Windows Store

Apps sind kleine Programme, die bestimmte Funktionen bereitstellen. Diese Apps können Sie ausschließlich über den von Microsoft betriebenen Windows Store beziehen. Manche Apps gibt es kostenlos, andere sind kostenpflichtig. In diesem Abschnitt lernen Sie den Windows Store kennen und erfahren, wie der Kauf und die Installation von Apps ablaufen.

Das sollten Sie zum Windows Store wissen

Eine Übersicht der verfügbaren Apps erhalten Sie im Windows Store. Der Zugriff erfordert eine Internetverbindung, und Sie benötigen für den Bezug von Apps (sowie Musik und Filmen) ein sogenanntes Microsoft-Konto, das aber bei der Windows-Installation standardmäßig eingerichtet wird.

- Zum Windows Store gelangen Sie, indem Sie das hier gezeigte Symbol der Store-App in der Taskleiste (oder die Kachel im Startmenü bzw. in *Alle Apps*) anwählen.

- Wenn alles klappt, öffnet sich die App-Seite des Windows Stores, auf der Sie sich (gemäß den folgenden Ausführungen) über die Apps informieren können.

Der genaue Aufbau der Store-Seite ändert sich immer mal wieder. Hier sehen Sie die Startseite des Stores, wie sie beim Schreiben dieses Buches aussah.

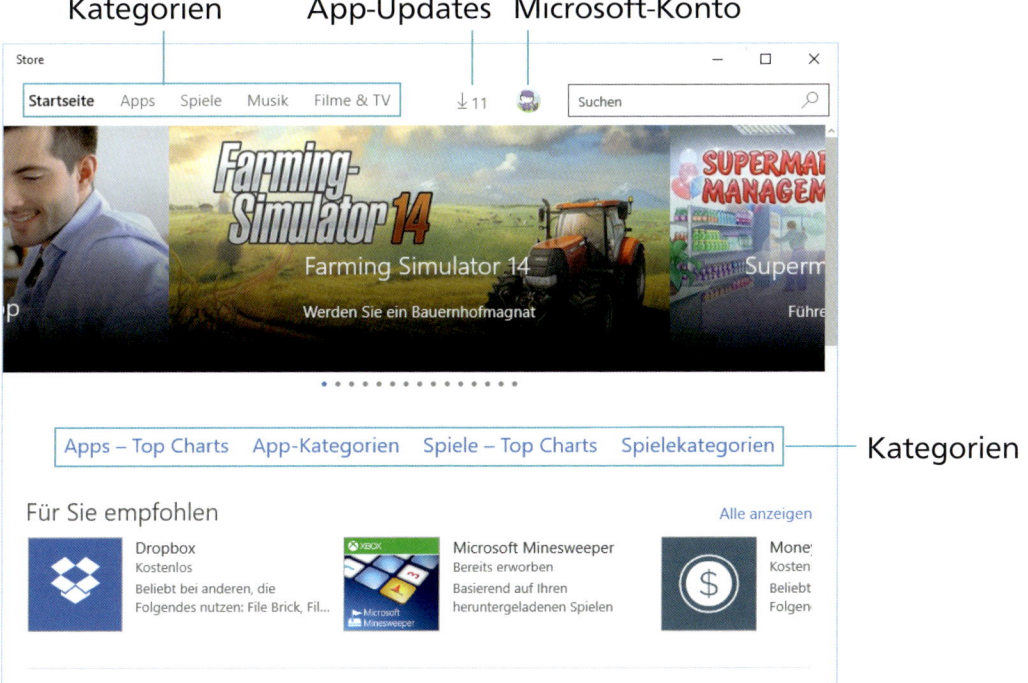

- Beim Start erscheint eine Übersichtsseite des Windows Stores mit prominent empfohlenen Apps. Über die Befehle im Kopfbereich können Sie auf verschiedene Kategorien (*Startseite*, *Apps*, *Spiele*, *Musik* und *Filme & TV*) zugreifen.

- Stehen App-Updates an, wird dies durch ein Symbol im Kopfbereich angezeigt. Darüber hinaus finden Sie das Symbol des Microsoft-Kontos des Benutzers sowie das Suchfeld in der Kopfzeile der App.

- Auf einem Touchscreen können Sie durch Wischen mit dem Finger im Store scrollen (blättern), um die verschiedenen Teile der Übersichtsseite einzusehen. Bei Mausbedienung drehen Sie zum Blättern am Mausrädchen oder verwenden die Bildlaufleiste.

- Beim Blättern werden Ihnen verschiedene Rubriken (z. B. *Apps Top Charts* oder *Kostenlose Top-Apps*) mit den zugehörigen Apps angezeigt.

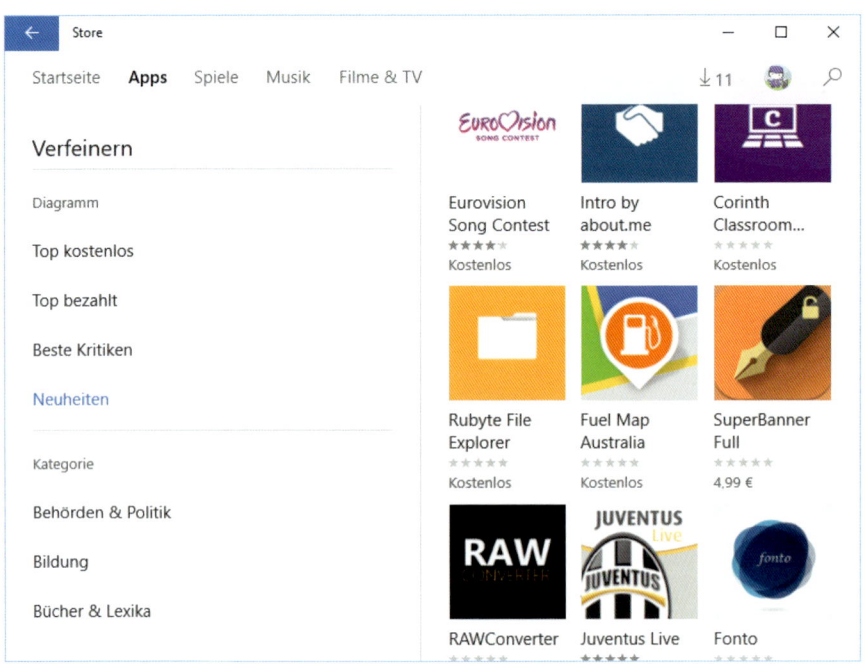

- Um die Details einer App-Kategorie einzusehen, wählen Sie einfach den Gruppentitel (z. B. *Apps Top Charts*) durch Antippen oder Anklicken an. Der Store zeigt dann die Liste mit den Kacheln der einzelnen Apps.

In der App-Liste finden Sie in der Kachel jeweils ein kleines Vorschaubild und den Namen der App. Sie sehen zudem an den fünf Sternchen, welche Bewertung andere Benutzer abgegeben haben. Es lässt sich auch erkennen, welche Apps kostenlos und welche kostenpflichtig sind. Die Angabe *Bereits erworben* zeigt an, dass Sie die App schon erworben haben.

Um zur übergeordneten Seite des Windows Stores zurückzukehren, wählen Sie die in der linken oberen Ecke der Seite angezeigte *Zurück*-Schaltfläche (Pfeil nach links).

Suchen im Windows Store

Tippen oder klicken Sie in der oberen rechten Ecke des Stores auf das Suchfeld. Geben Sie einen Begriff (z. B. »musik«) ein. Drücken Sie die ⏎-Taste oder wählen Sie die im Feld rechts sichtbare, stilisierte Lupe aus, listet Windows alle passenden Apps auf der Ergebnisseite auf.

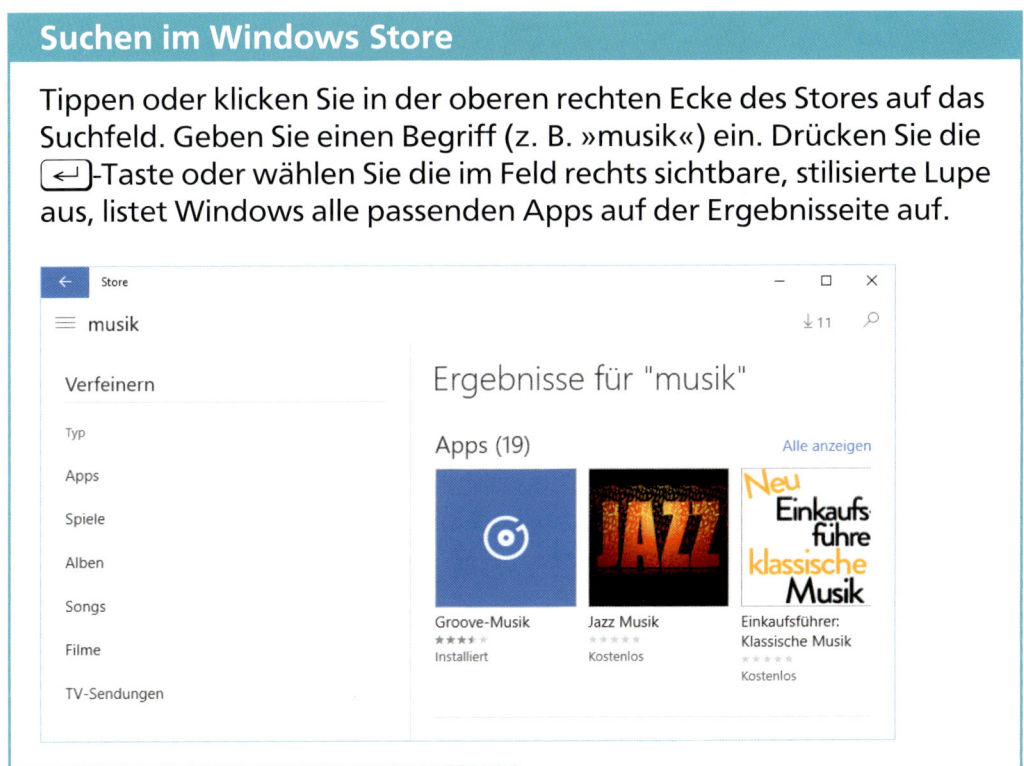

App-Details einsehen

Details einer App sehen Sie, indem Sie die betreffende Kachel im Windows Store anwählen. Sie gelangen zur Detailseite, die ähnlich aussieht, wie hier gezeigt.

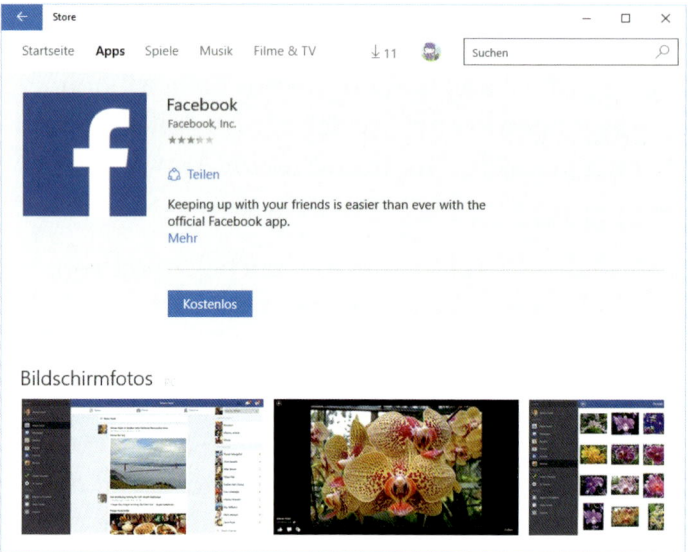

- Sie sehen den App-Namen, das App-Symbol sowie eine Beschreibung und erfahren, ob die App kostenlos oder kostenpflichtig ist. Es wird auch angezeigt, ob Sie diese bereits besitzen. Zudem erkennen Sie, mit wie vielen Sternen andere Benutzer die App bereits bewertet haben.

- Blättern Sie per Mausrädchen oder durch Wischen mit dem Finger, finden Sie z. B. Details der Nutzerbewertung und können weitere Informationen (wie etwa die unterstützte Sprache, die Altersfreigabe, die ungefähre App-Größe etc.) abrufen.

Über die Schaltfläche *Mehr* in der App-Detailseite können Sie sich eine erweiterte Beschreibung der App-Funktionen anzeigen lassen. Auch hier vielleicht der kurze Hinweis, dass sich die Aufteilung der App-Seite und die angebotenen Informationen durchaus ändern können.

Apps installieren

Um eine neue App aus dem Windows Store zu installieren, wählen Sie diese zunächst über die entsprechende Kachel aus. Achten Sie dabei unbedingt darauf, ob es sich um eine kostenpflichtige App handelt, die anschließend bezahlt werden muss, oder um eine kostenlose App.

1 Navigieren Sie, wie auf den vorangegangenen Seiten beschrieben, im Windows Store zur Detailseite einer App, und lesen Sie sich die Beschreibung und die Anforderungen der App durch.

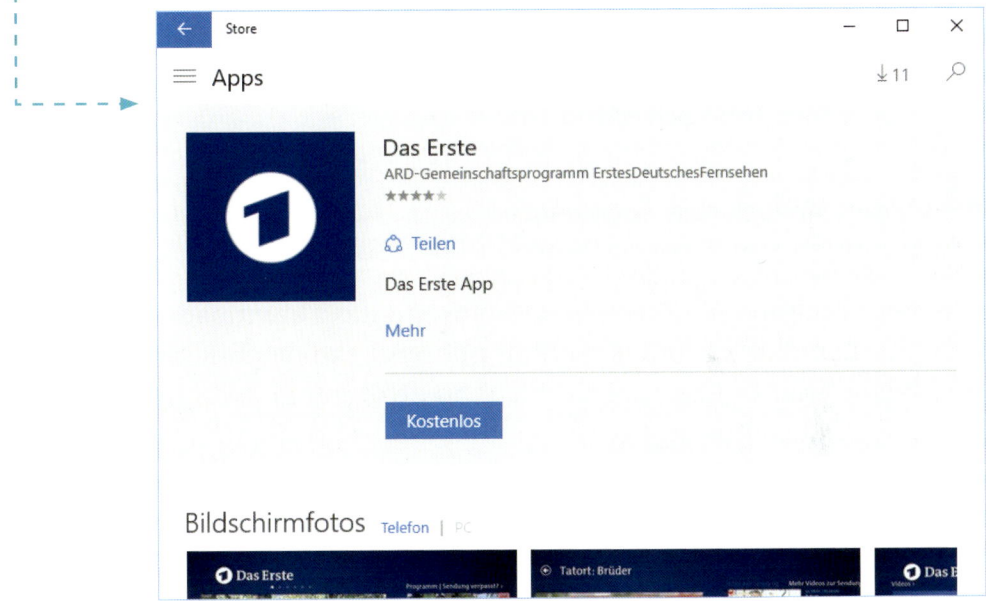

2 Wählen Sie die Schaltfläche mit dem Preis, oder klicken Sie auf *Kostenlose Testversion* oder *Kostenlos*, um ggf. den Kauf und die Installation aus dem Windows Store anzustoßen.

Anschließend befolgen Sie die Anweisungen im Fenster des Stores. Bei kostenlosen Apps wird der Download angestoßen und in eine Warteschlange übertragen. Das Gleiche gilt für die Schaltfläche *Kostenlose Testversion*. Sie können die Testversion der App dann für einen angegebenen Zeitraum testen.

3 Wird das Formular zur Anmeldung am Microsoft-Konto eingeblendet (siehe folgender Abschnitt), geben Sie dort Ihre Anmeldedaten ein.

4 Folgen Sie ggf. den angezeigten Anweisungen zum Kauf der App.

Das war's schon. Windows zeigt während des Downloads der App eine Statusmeldung in der rechten oberen Ecke des Bildschirms an und benachrichtigt Sie, sobald die App erfolgreich installiert wurde. Diese Benachrichtigung verschwindet automatisch, und Sie können die App über die Startseite aufrufen.

Microsoft-Konto-Anmeldung zum App-Kauf

Um Apps im Store kaufen und installieren zu können, ist eine Anmeldung an einem Microsoft-Konto erforderlich. Über dieses Microsoft-Konto werden die dem Windows-Gerät zugeordneten Apps und Kaufinformationen verwaltet. Microsoft stellt zwei Möglichkeiten zur Anmeldung bereit:

- Das **Benutzerkonto** kann **als Microsoft-Konto** eingerichtet werden. Durch die Anmeldung am Benutzerkonto erfolgt automatisch die Anmeldung am Microsoft-Konto. Dies ist wohl der Ansatz, den die meisten Windows-Nutzer standardmäßig verwenden.

- Sofern Sie ein **lokales Benutzerkonto** verwenden, können Sie sich ebenfalls **an** einem **Microsoft-Konto anmelden**. Windows wird in diesem Fall einmalig ein Formular zur Eingabe des Benutzernamens und des Kennworts des Microsoft-Kontos anzeigen.

Es wird nach einer Zahlungsmethode gefragt

Erscheint beim Kauf einer App dieses Formular auf dem Bildschirm? Dann fehlen Windows die Informationen zur Zahlungsmethode.

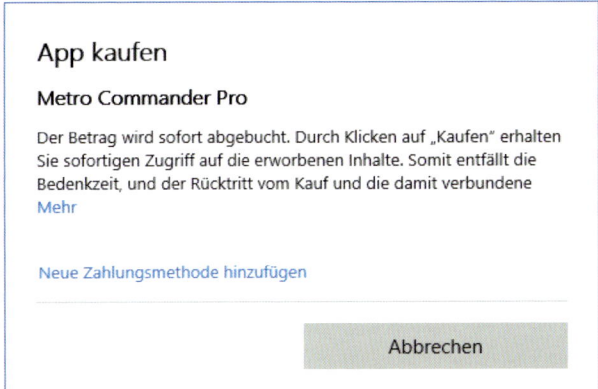

Über *Neue Zahlungsmethode hinzufügen* gelangen Sie zur Kontenseite, auf der Kreditkartendaten, ein Konto des Zahlungsdienstleisters PayPal etc. eingetragen werden können. Falls Sie keine Zahlungsmethode eintragen möchten, wählen Sie die Schaltfläche *Abbrechen*. Dann können Sie kostenlose Apps trotzdem beziehen.

Microsoft akzeptiert für App-Käufe eine Zahlungsabwicklung z. B. über den Dienstleister **PayPal** oder eine Bezahlung per **Kreditkarte**. Ob Sie eine Kreditkarte als Zahlungsmethode verwenden, bleibt Ihnen überlassen. Persönlich verzichte ich aus Sicherheitsgründen darauf, meine Kreditkartendaten in Stores bei Microsoft, Apple oder Google anzugeben. Zumindest beim Einstieg in Windows sollten Sie aus den oben genannten Gründen auf den Kauf kostenpflichtiger Apps verzichten.

Nur bei einem lokalen Benutzerkonto fordert Windows Sie bei Bedarf zur Anmeldung am Microsoft-Konto auf. Hier die erforderlichen Schritte:

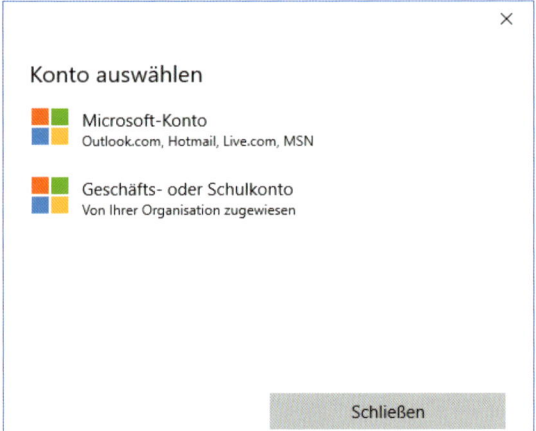

1 Erscheint in der Windows-Store-App das Formular *Konto auswählen*, wählen Sie *Microsoft-Konto*.

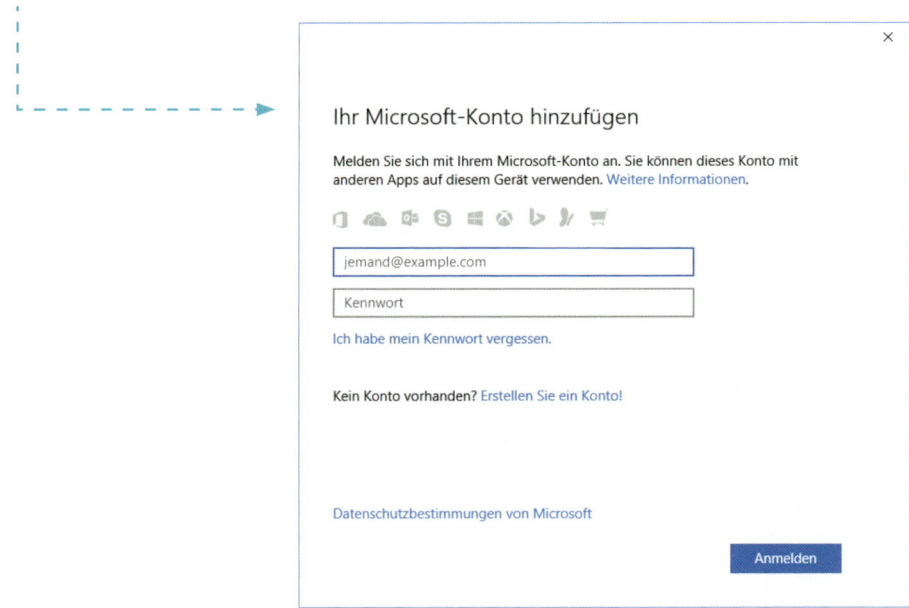

2 Sobald das Formular *Ihr Microsoft-Konto hinzufügen* erscheint, tragen Sie die E-Mail-Adresse Ihres Microsoft-Kontos (Live-ID-Konto) im betreffenden Feld ein.

3 Dann geben Sie das für das Microsoft-Konto vereinbarte Kennwort im zweiten Feld ein und bestätigen dies über die *Anmelden*-Schaltfläche.

Stimmen die eingetragenen Benutzerdaten, erscheint das im Folgenden gezeigte Formular *Ganz Ihrs!*.

4 Tragen Sie die gewünschten Angaben ein, und bestätigen Sie dies über die *Weiter*-Schaltfläche.

Das Formular *Ganz Ihrs!* ermöglicht es Ihnen, zwischen zwei Optionen zu wählen.

- Tippen Sie im Feld *Ihr Windows-Kennwort* das Kennwort des lokalen Benutzerkontos ein, wird das lokale Konto über die *Weiter*-Schaltfläche zu einem Microsoft-Konto umgestuft.

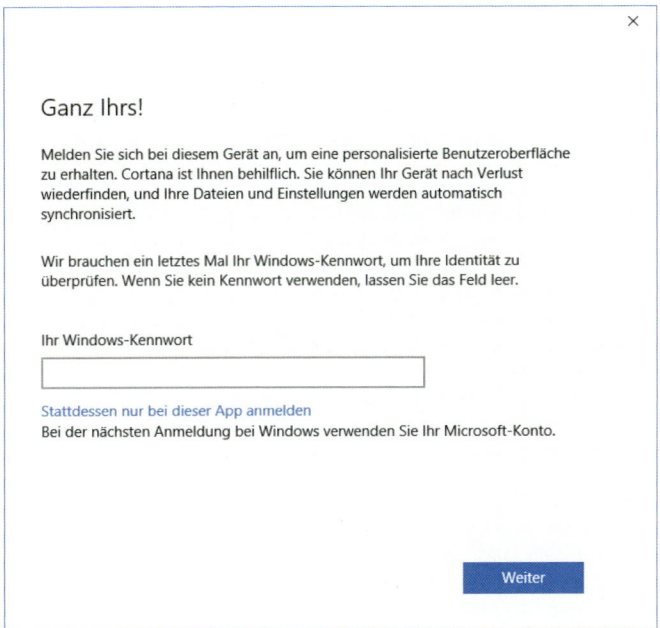

- Falls Sie weiter mit einem lokalen Benutzerkonto arbeiten möchten, wählen Sie *Stattdessen nur bei dieser App anmelden*. Dann wird das Microsoft-Konto nur der Windows-Store-App zugeordnet.

Nach erfolgreicher Anmeldung verschwindet das Formular, und Sie können auf die gewünschte Funktion des Windows Stores zugreifen und Apps erwerben.

> **Für ein neues Microsoft-Konto registrieren**
>
> Verfügen Sie noch nicht über ein Microsoft-Konto, wählen Sie im Formular *Ihr Microsoft-Konto hinzufügen* den Eintrag *Erstellen Sie ein Konto*. Dann erscheint ein Formular, in dem Sie ein neues (kostenloses) Konto beantragen können. In einem Registrierungsformular werden Name, Vorname und eine E-Mail-Adresse samt Kennwort abgefragt. Bei Bedarf können Sie im Formular über *Fordern Sie eine neue E-Mail-Adresse an* eine neue E-Mail-Adresse für das Microsoft-Konto in der Form *xyz@outlook.de* beantragen. Sie werden jeweils durch die Schritte zum Anlegen des Kontos oder der neuen E-Mail-Adresse geführt. Nehmen Sie in den angezeigten Feldern die geforderten Angaben vor, und klicken Sie auf die *Weiter*-Schaltfläche, um die Registrierungsschritte zu durchlaufen.
>
>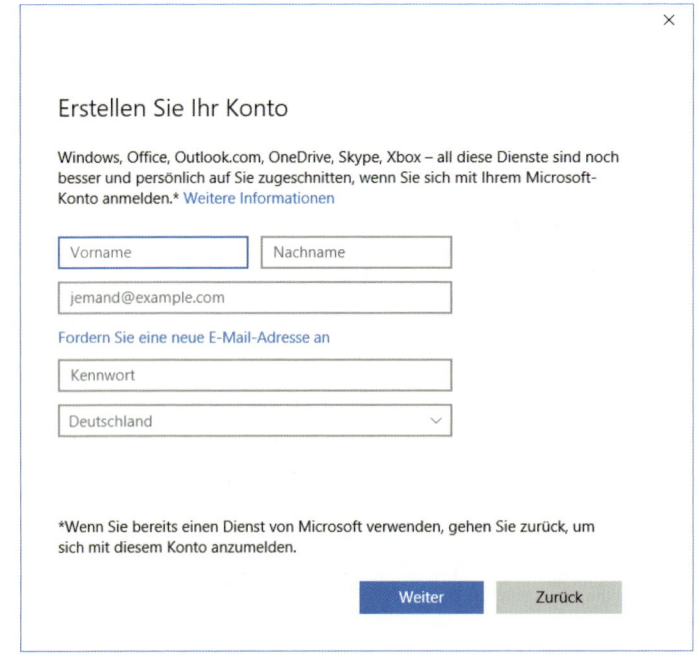

Windows-Store-Einstellungen verwalten

Alle Apps werden über das dem Windows Store zugeordnete Microsoft-Konto verwaltet.

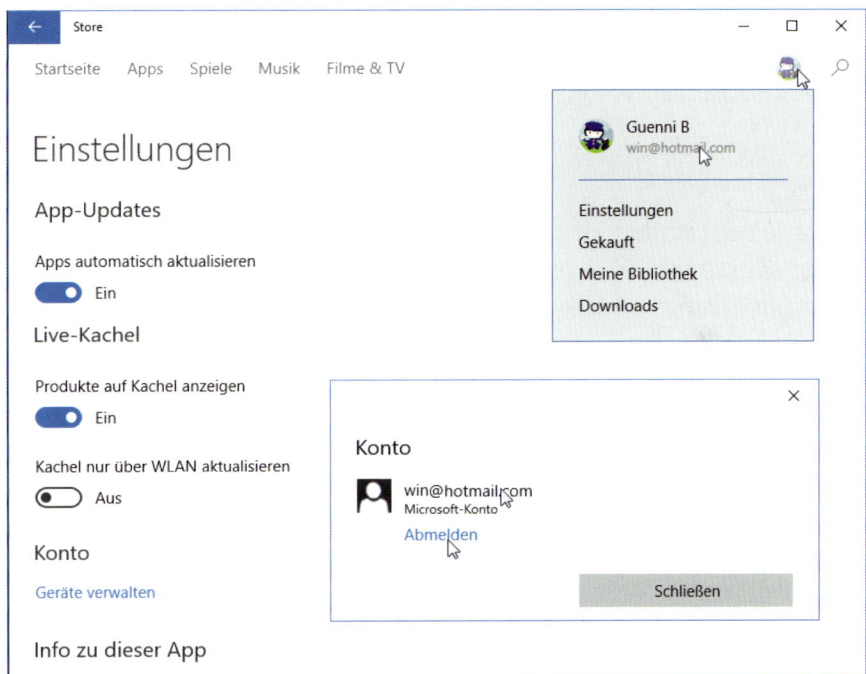

1 Um auf die Store-Einstellungen des Microsoft-Kontos zuzugreifen, wählen Sie das in der rechten oberen Ecke des Windows Stores eingeblendete Kontensymbol an.

2 Anschließend wählen Sie im eingeblendeten Menü den gewünschten Befehl aus und folgen den Anweisungen, die auf den Folgeseiten erscheinen.

Klicken Sie auf *Einstellungen*, um die hier im Hintergrund des Bildes sichtbaren Einstellungen für App-Updates, Live-Kachel und Konto einzublenden.

- Durch Anwahl des Schiebeschalters *Apps automatisch aktualisieren* legen Sie fest, ob Windows Apps automatisch per Store-Update aktualisieren darf.

- Der Schiebeschalter *Kachel nur über WLAN aktualisieren* steuert, ob die Aktualisierung der Anzeige von Live-Kacheln nur bei bestehender WLAN-Verbindung verfügbar sein soll.

> **FACHWORT**
>
> **Schiebeschalter** sind Einstellungselemente aus Windows 10, die den Zustand *Ein* oder *Aus* annehmen können. Die Umschaltung erfolgt durch Anklicken oder Antippen des Schiebeschalters.

Möchten Sie die **Windows-Store-App** wieder **vom Microsoft-Konto trennen**, führen Sie folgende Schritte aus:

1 Öffnen Sie das Menü des Benutzerkontos (siehe obige Anweisungen), und klicken Sie auf den Eintrag des Microsoft-Kontos (hier z. B. *win@hotmail.com*).

2 Wählen Sie im eingeblendeten Fenster *Konto* erneut den Eintrag des Microsoft-Kontos und dann den eingeblendeten Befehl *Abmelden* an.

Sind Sie vom Microsoft-Konto abgemeldet, zeigt die Windows-Store-App das Symbol eines stilisierten Menschen in der rechten oberen Ecke. Klicken Sie auf dieses Symbol, öffnet sich ein Menü, über dessen *Anmelden*-Befehl Sie die Zuordnung zum Microsoft-Konto erneut vornehmen können.

Welche Apps habe ich gekauft/installiert?

Möchten Sie vielleicht wissen, welche **Apps** aus dem Windows Store Sie **gekauft** haben? Gehen Sie vor, wie auf den vorangegangenen Seiten beschrieben, und wählen Sie in der rechten oberen Ecke des Windows Stores das Kontensymbol an. Wählen Sie im eingeblendeten Menü den Punkt *Gekauft*. Windows öffnet dann ein Browserfenster mit der Rechnungsübersicht. Dort werden die gekauften Apps aufgelistet.

Um eine **Liste aller Apps** einzusehen, wählen Sie im Menü des Kontensymbols *Meine Bibliothek*. Dann zeigt die Store-App die dem Benutzerkonto zugeordneten Apps.

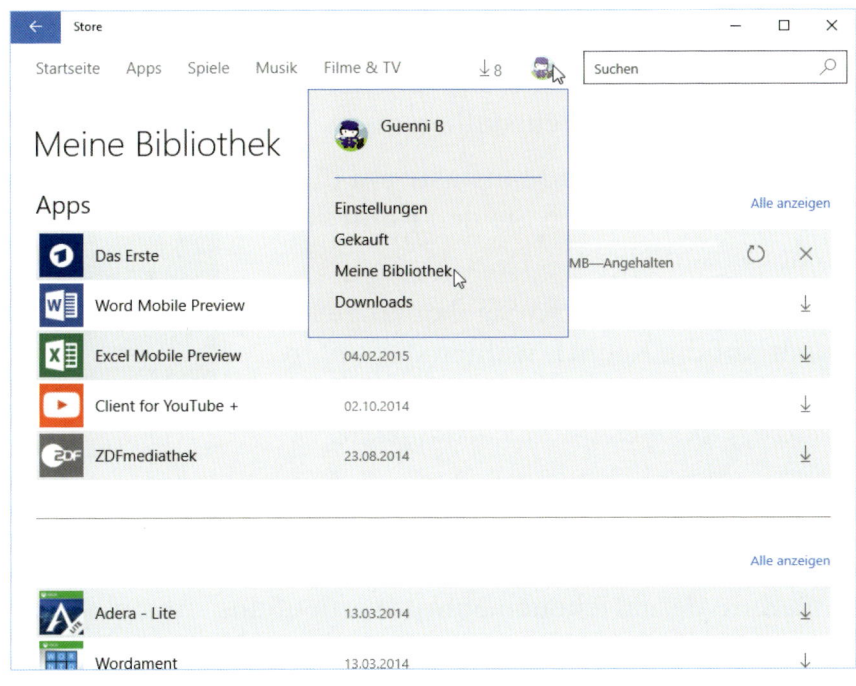

> **Eine App auf bis zu zehn Rechnern verwenden**
>
> Eine gekaufte App lässt sich auf bis zu zehn Windows-10-Systemen, die über das gleiche Microsoft-Konto verwaltet werden, verwenden. Melden Sie sich auf einem solchen Rechner am Microsoft-Konto an, lässt sich die App ohne Neukauf, wie oben beschrieben, installieren. Gehen Sie in der Windows-Store-App zur Seite *Einstellungen*. In der Rubrik *Konto* öffnet ein Klick auf *Geräte verwalten* ein Browserfenster. Sie können sich dann an Ihrem Microsoft-Konto anmelden und in einer Webseite die dem Konto zugeordneten Geräte verwalten (sie z. B. wieder entfernen).

Apps deinstallieren und erneut installieren

Eine nicht mehr benötigte App können Sie über die Kachel im Startmenü oder auf der Startseite deinstallieren:

- Klicken Sie mit der rechten Maustaste auf die Kachel der App, und wählen Sie den Kontextmenübefehl *Deinstallieren*.

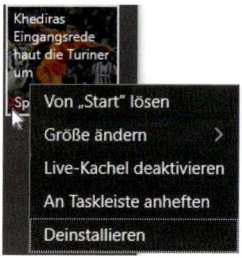

- Bei Touchbedienung drücken Sie den Finger etwas länger auf die Kachel, wählen das untere Symbol mit den drei Pünktchen, gehen zum Befehl *Weitere Optionen* und *Deinstallieren*.

Windows entfernt die App, die allerdings weiterhin dem Microsoft-Konto zugeordnet bleibt. Um die App bei Bedarf erneut zu installieren, rufen Sie den Store auf und führen die weiter oben im Abschnitt »Apps installieren« beschriebenen Schritte erneut aus. Anstelle der Schaltfläche zum Kaufen wird dann auf der App-Seite eine Schaltfläche *Installieren* oder mit einer ähnlichen Bezeichnung angeboten.

> **HINWEIS**
>
> Das Deinstallieren mit anschließendem Installieren ist hilfreich, falls die App nicht mehr richtig funktioniert. Beachten Sie aber, dass das Deinstallieren bei manchen Apps nicht möglich ist.

Updates für Apps

Gelegentlich stellen die Anbieter aktualisierte Versionen der App als Update zur Verfügung, um Fehler zu beheben oder neue Funktionen bereitzustellen. Windows überprüft automatisch, ob App-Updates anliegen.

- Klicken Sie auf das App-Updates-Symbol, gelangen Sie zur Übersichtsseite mit den Updates. Die Zahl der anstehenden Updates wird im Store in der Kopfzeile eingeblendet.

- Wählen Sie die Schaltfläche *Nach Updates suchen*, um die Warteschlange zu aktualisieren.

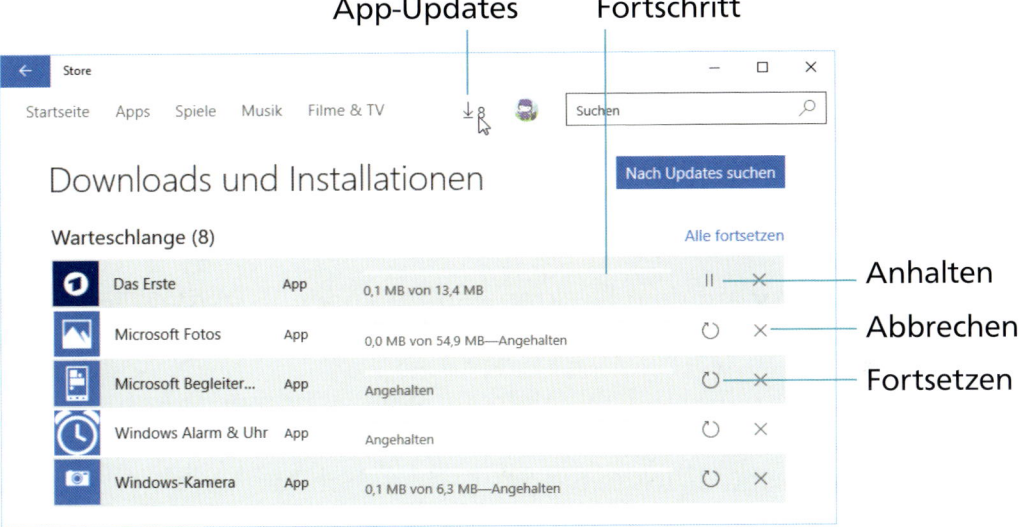

In der Warteschlange werden alle anstehenden Updates aufgeführt. Der Befehl *Alle fortsetzen* am Listenanfang startet den Download aller App-Updates. Über die am Zeilenende der App eingeblendeten Symbole lässt sich der Download anhalten, fortsetzen oder abbrechen.

> **HINWEIS**
>
> Es gibt weitere Funktionen rund um den Windows Store, die in diesem Buch aber ausgespart bleiben und zum Arbeiten mit Windows nicht unbedingt erforderlich sind.

Hilfe gefällig?

Dieses Buch kann Ihnen nur die wichtigsten Windows-Funktionen zeigen. Vielleicht benötigen Sie aber weitere Informationen oder arbeiten mit zusätzlichen Programmen. Windows und viele Programme geben Ihnen mit einer eingebauten Hilfe zusätzliche Informationen. Ich hatte dies bereits weiter oben am Beispiel des Rechners angedeutet.

Die Hilfe in Windows abrufen

Windows stellt eine Onlinehilfe bereit, die Sie per Tastatur aufrufen können:

- Ist kein Fenster auf dem Desktop geöffnet oder als aktives Fenster gewählt, drücken Sie die Funktionstaste [F1] auf der Tastatur.

- Ist ein Fenster oder ein Dialogfeld auf dem Windows-Desktop geöffnet und angewählt oder wird das Startmenü bzw. die Startseite gerade angezeigt, drücken Sie die Tastenkombination [⊞]+[F1].

Windows öffnet in allen Fällen ein Fenster des Edge-Browsers (siehe Kapitel 6), in dem Sie die Hilfethemen finden.

> **HINWEIS**
>
> Das Arbeiten in Hilfefenstern und der Zugriff auf Hilfethemen entspricht dem Navigieren in Webseiten (siehe Kapitel 6).

Die App »Erste Schritte«

Zum Einstieg in Windows 10 stellt Microsoft zudem noch die App *Erste Schritte* bereit. Sie finden die App im Startmenü oder auf der Startseite – ggf. müssen Sie unter *Alle Apps* nachsehen.

Bei Anwahl der Kachel öffnet sich eine App-Seite mit Hinweisen auf die Neuerungen in Windows. Über Symbole, die in der linken Spalte eingeblendet werden, können Sie sich verschiedene Kategorien anzeigen lassen. Bei Bedarf wählen Sie dann die Einträge im Fenster der App aus, um die Informationen abzurufen.

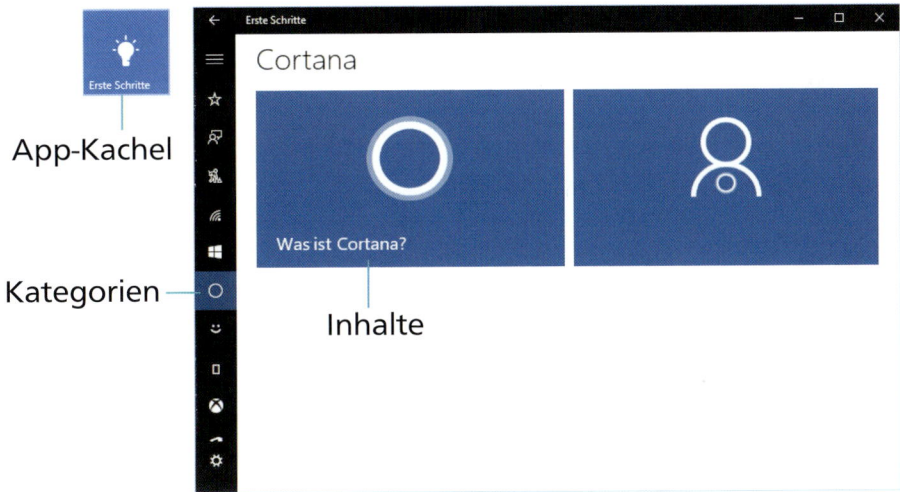

Hilfe für Programme anfordern

Auch für Programme steht in den meisten Fällen eine Hilfe zur Verfügung. Diese wird im Programmfenster entweder in der Menüleiste durch Anwahl des Hilfemenüs oder in der Symbolleiste bzw. im Menüband über die Hilfeschaltfläche aufgerufen.

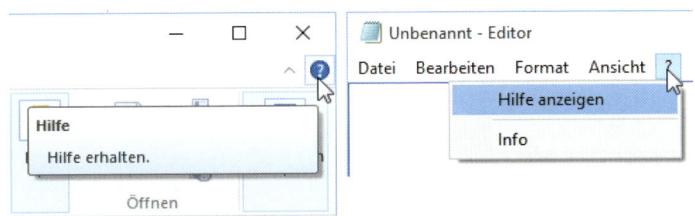

Bei den mit Windows mitgelieferten Programmen erscheint dann ein Hilfefenster, in dem Sie Informationen zu den Programmfunktionen erhalten.

Zusammenfassung

Dieses Kapitel hat Ihnen die nötigen Kenntnisse zum Umgang mit dem Tablet-Modus vermittelt. Außerdem wissen Sie jetzt, wie Sie Apps aus dem Windows Store beziehen können und wie Sie ggf. Hilfe zu Programmen erhalten.

Testen Sie Ihr Wissen

Zur Überprüfung Ihres Wissens können Sie die folgenden Aufgaben lösen:

- **Was sehen Sie auf der Startseite?**
  (Die angezeigten Vierecke nennt man Kacheln, die für die unter Windows vorhandenen Apps, Windows-Desktop-Anwendungen und eventuell eingerichtete Windows-Funktionen stehen.)

- **Wie wird eine App oder Desktop-Anwendung aufgerufen?**
  (Tippen oder klicken Sie die betreffende Kachel auf der Startseite an.)

- **Was zeigt das Symbol »Alle Apps«?**
  (Das Symbol blendet eine Liste aller installierten Apps und Desktop-Anwendungen nach Namen sortiert ein.)

- **Wie können Sie zwischen Apps umschalten?**
  (Wischen Sie mit dem Finger vom linken Fensterrand nach rechts, und tippen Sie in der Taskansicht auf die Miniaturansicht der gewünschten App. Oder tippen Sie das App-Symbol in der Taskleiste an.)

- **Wo bezieht man Apps?**
  (Apps können Sie nur über den Windows Store kaufen oder installieren.)

Laufwerke, Ordner und Dateien

Dieses Kapitel vermittelt Ihnen das Wissen, um mit Laufwerken, Dateien und Ordnern umzugehen und dort Daten wie Musik, Bilder, Videos oder andere Dokumente zu speichern. Dieses Wissen benötigen Sie zum Umgang mit Apps und Desktop-Anwendungen. Sie erfahren daher auch, wo sich Fotos, Musik- und Videodaten speichern lassen. Außerdem können Sie mit dem Papierkorb und einigen weiteren Funktionen umgehen – alles Dinge, die bei der Arbeit mit Windows nützlich oder notwendig sind.

> **Das lernen Sie in diesem Kapitel**
> - Grundwissen zu Laufwerken
> - Was sind Ordner und Dateien?
> - Umgang mit Ordnerfenstern
> - Mit Ordnern und Dateien arbeiten
> - Der Onlinespeicher OneDrive
>
> **3**

Grundwissen zu Laufwerken

Zum Speichern von Dateien und Ordnern werden Festplatten oder Wechseldatenträger wie CDs (**C**ompact **D**isc), DVDs (**D**igital **V**ersatile **D**isc) oder BDs (**B**lu-ray **D**isc) sowie USB-Sticks und Speicherkarten verwendet. Öffnen Sie ein Ordnerfenster (wählen Sie dazu das Symbol *Explorer* in der Taskleiste), werden die verfügbaren Laufwerke in der linken Spalte (Navigationsbereich) des Ordnerfensters angezeigt. Windows fasst die Laufwerke unter dem Eintrag *Dieser PC* zusammen. Wählen Sie diesen Eintrag aus, zeigt Windows die auf dem Computer verfügbaren Laufwerke an. Hier sehen Sie das Ordnerfenster auf einem System mit den dort verfügbaren Benutzerordnern und Laufwerken.

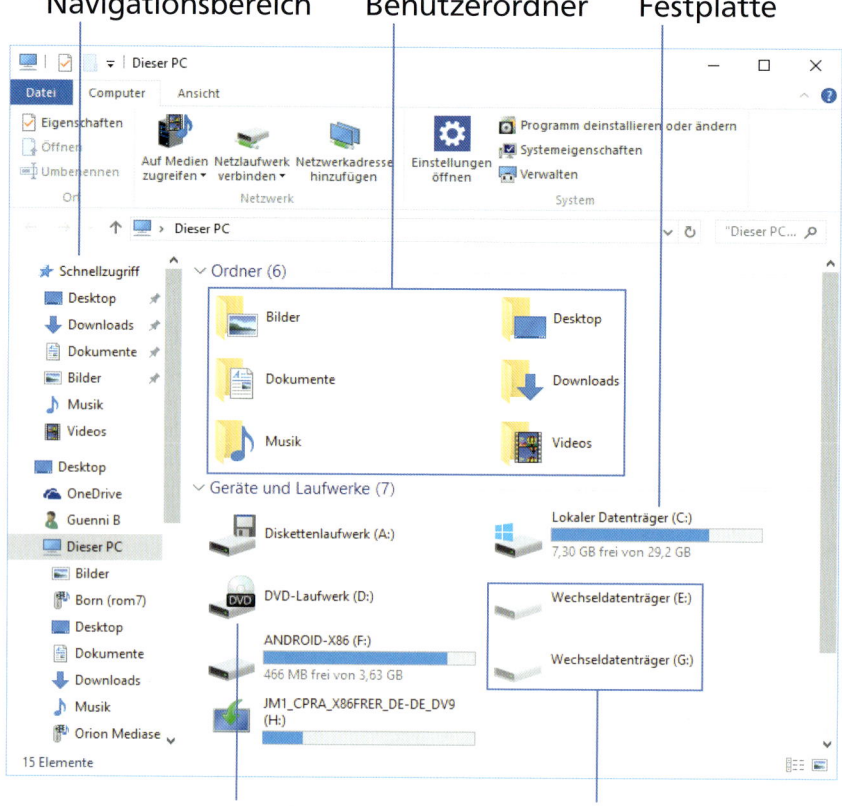

Die verschiedenen Laufwerke sind dabei jeweils durch einen Namen und ein Symbol für den Laufwerktyp gekennzeichnet. Bei Ihrem Computer können mehr oder weniger Laufwerke auftauchen.

> **HINWEIS**
>
> Die Bezeichnungen für die Laufwerke können computerspezifisch ausfallen (z. B. *Lokaler Datenträger (C:)*, *CANON_DC (H:)* etc.). Alle Laufwerke werden unter Windows mit Buchstaben von A bis Z, gefolgt von einem Doppelpunkt, durchnummeriert (z. B. erste Festplatte *C:*, DVD-Laufwerk *D:* etc. – *A:* und *B:* sind für die meist nicht mehr vorhandenen Diskettenlaufwerke reserviert). Laufwerke mit wechselbaren Medien (z. B. USB-Speichersticks, Speicherkartenleser) werden erst nach dem Anschließen angezeigt.

Laufwerke für Wechseldatenträger

Speicherkarten aus Digitalkameras oder Handys lassen sich in Speicherkartenlesegeräte einlegen. Das nebenstehende Bild zeigt eine SD-Speicherkarte, die (mit dem Label nach oben, Kontaktleiste voran) in den Schlitz des betreffenden Speicherkartenlesers bis zum Einrasten eingeschoben wird.

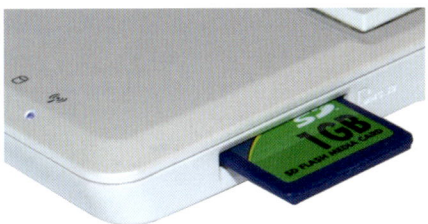

Zum Entfernen drücken Sie erneut auf die Speicherkarte, um diese wieder zu »entrasten«. Je nach Speicherkartenlesegerät können unterschiedliche Formate (wie z. B. eine CF-Karte) gelesen werden.

Zum Übertragen von Daten zwischen Computern kommen auch sogenannte **USB-Sticks** zum Einsatz. Es handelt sich um spezielle Speicher, die in eine USB-Anschlussbuchse des Computers eingesteckt und unter Windows als externes Wechseldatenträgerlaufwerk angezeigt werden.

Darüber hinaus gibt es auch externe Festplatten mit USB-Anschluss. Diese wechselbaren Speichermedien werden von Windows als sogenannte Wechseldatenträger erkannt und im Ordnerfenster ausgewiesen. Sie können über das Windows-Ordnerfenster auf den Inhalt (Ordner, Dateien) des Speichermediums zugreifen und dort auch Dokumente (Fotos, Musik, Videos etc.) darauf speichern.

USB-Sticks und Speicherkarten richtig entfernen

Um einen Datenverlust zu vermeiden, lassen Sie Wechseldatenträger wie USB-Sticks, USB-Festplatten und Speicherkarten nach Gebrauch korrekt auswerfen.

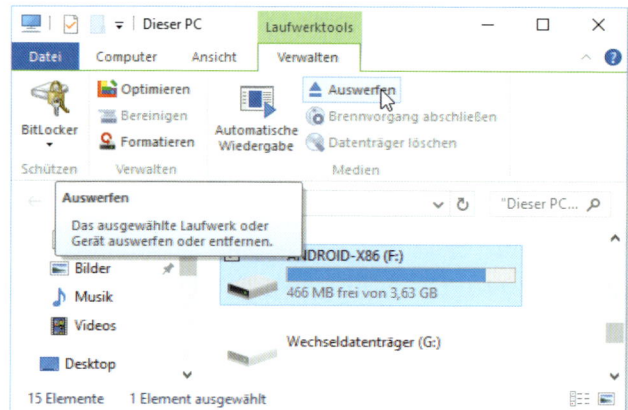

Wählen Sie das Wechseldatenträgerlaufwerk im Ordnerfenster an, tippen oder klicken Sie auf das Register *Verwalten* und dann auf die angezeigte Schaltfläche *Auswerfen*. Sobald das Laufwerk verschwindet und der Hinweis, dass die Hardware entfernt werden darf, angezeigt wird, ziehen Sie den USB-Stick von der USB-Buchse ab bzw. entnehmen die Speicherkarte dem Laufwerk.

Arbeiten mit CDs, DVDs und BDs

Manche Computer sind noch mit einem DVD-Laufwerk (gelegentlich auch mit einem DVD-/BD-Laufwerk) oder einem DVD-Brenner (aus Preisgründen aber selten mit einem BD-Brenner) ausgestattet. Mit einem DVD-Laufwerk oder -Brenner können Sie sowohl CDs als auch

DVDs einlesen, ein BD-Laufwerk kann alle hier genannten Medien lesen. CDs werden meist zum Speichern von Daten, Musik (Audio-CDs), Fotos (Foto-CDs) und Videos (Video-CD, Super-Video-CD) benutzt. DVDs eignen sich wegen der größeren Kapazität vor allem zum Speichern von Videos (Video-DVD). Manchmal werden DVDs auch zum Speichern von Daten (z. B. Programmen) verwendet.

Um sich die auf einer CD, DVD oder einer BD gespeicherten Daten anzusehen, legen Sie das Medium in das Laufwerk ein. Die im Computer eingebauten DVD-/BD-Laufwerke bzw. -Brenner besitzen an der Frontseite eine Taste zum Auswerfen und Einfahren einer Schublade. Drücken Sie auf die Taste, wird die Schublade nach kurzer Zeit ausgefahren.

Sie können anschließend ein eingelegtes Medium herausnehmen. Beim Einlegen des Mediums in die Schublade kommt die spiegelnde Seite nach unten, die beschriftete Seite sollte von oben sichtbar sein. Anschließend drücken Sie erneut die Auswurftaste an der Frontseite des Laufwerks, um die Schublade wieder einzufahren.

> **HINWEIS**
>
> Bei den Laufwerken von Notebooks wird das optische Medium auf einer Art Dorn aufgesteckt und die Schublade von Hand eingeschoben, bis sie einrastet.

An dieser Stelle noch einige Informationen zu den optischen Medien, die auf solchen Laufwerken verwendet werden können. Programme, Fotos, Musik und Videos lassen sich auf CDs, DVDs und ggf. BDs speichern. Diese optischen Datenträger sind kleine, aus Kunststoff hergestellte Scheiben, bei denen die Daten mithilfe eines Lasers in eine spezielle Beschichtung eingebrannt werden:

- **CD**: besitzt typischerweise eine Speicherkapazität von 650 MByte, was 74 Minuten Musik entspricht. Spezielle CDs nehmen bis zu 800 MByte Daten (oder 90 Minuten Musik) auf.
- **DVD**: wird für größere Datenmengen verwendet. Die Speicherkapazität liegt bei 4,7 GByte (ca. 4 Stunden Video). Bei doppelseitigen Medien kann die Kapazität 8,5 GByte und mehr betragen.
- **BD**: bietet eine Speicherkapazität von 25 GByte (oder bei doppelseitigen Medien 50 GByte), erfordert aber ein spezielles BD-Laufwerk zum Schreiben und Lesen.

Die Oberseite dieser Medien wird meist vom Hersteller bedruckt, während die silbern, golden oder blau schimmernde (durchsichtige) Unterseite zum Ablesen der Daten verwendet wird. Achten Sie darauf, dass diese Unterseite frei von Schmutz, Fingerabdrücken oder Kratzern bleibt. Fassen Sie die CD/DVD immer am Rand an, um Fettflecke zu vermeiden, und legen Sie nicht mehr benutzte Medien in die Schutzhülle zurück. Falls Sie diese Hinweise nicht beachten, besteht die Gefahr, dass sich die CD/DVD nicht mehr abspielen lässt.

Brenner und Rohlingtypen

Um selbst Daten (Fotos, Dokumente, Videos) vom Computer auf CDs, DVDs oder BDs speichern zu können, benötigen Sie einen **Rekorder (DVD-** oder **BD-Brenner)**. Der Vorgang des Schreibens von Daten auf spezielle **Rohlinge** wird als »Brennen« bezeichnet. Dabei wird noch zwischen einmal (CD-R, DVD-R, DVD+R, DVD+R DL, DVD-R DL, BD-R) und mehrfach beschreibbaren Rohlingen (CD-RW, DVD-RW, DVD+RW, BD-RE) unterschieden. Das Kürzel »RW« (steht für **R**ead/**W**rite) im Rohlingtyp gibt an, dass es sich um ein mehrfach (ca. 1.000-mal) beschreibbares Medium handelt. Bei DVD-Rohlingen gibt das Plus- oder Minuszeichen im Namen das DVD-Format an, während das Kürzel »DL« für **D**ouble **L**ayer (Rohlinge mit doppelter Speicherkapazität, d. h. 8,5 GByte) steht. Wichtig beim Brennen ist, dass der Brenner die jeweiligen Rohlinge auch unterstützt.

Anzeige bei erkannten Wechseldatenträgern

Werden Wechseldatenträger (CD, DVD, Speicherkarte, USB-Stick) durch Windows erkannt, wird dies kurzzeitig durch eine Anzeige in der rechten unteren Bildschirmecke signalisiert.

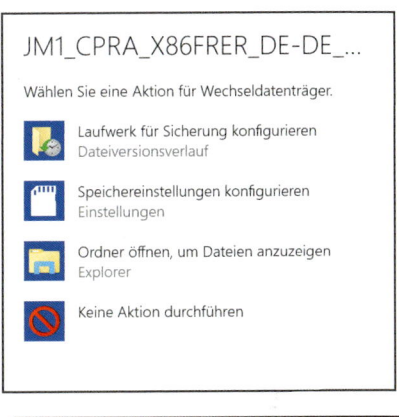

Wählen Sie diese Anzeige durch Anklicken oder Tippen aus, wird eine sogenannte Palette mit den verfügbaren Aktionen für den Wechseldatenträger eingeblendet. Sie finden zum Medium passende Befehle, um Musik oder Videos wiederzugeben oder Programme zu starten. Der Befehl *Ordner öffnen, um Dateien anzuzeigen* öffnet ein Ordnerfenster mit dem Inhalt des Mediums.

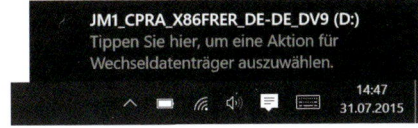

Benachrichtigung verpasst?

Die Benachrichtigung verschwindet nach wenigen Sekunden, wenn sie nicht angewählt wurde. Zudem merkt Windows sich die Auswahl des Benutzers und wendet die betreffende Option (z. B. Fotoimport durch die Fotos-App beim Einlegen einer Speicherkarte) automatisch an. Sie können aber jederzeit ein Ordnerfenster öffnen und dann über den Navigationsbereich (die linke Fensterspalte) das gewünschte Wechseldatenträgerlaufwerk wählen. Auf der Registerkarte *Verwalten* des Menübands finden Sie (bei angewähltem Wechseldatenträger) die Schaltfläche *Automatische Wiedergabe*, um die Einblendung mit den verfügbaren Befehlen erneut anzuzeigen.

Was sind Ordner und Dateien?

Wenn Sie mit Windows arbeiten, stoßen Sie früher oder später auf die beiden Begriffe **Ordner** und **Dateien**. Lassen Sie uns Schritt für Schritt ansehen, was man wissen sollte. Falls Sie Ordner und Dateien bereits kennen, können Sie diesen Abschnitt einfach überspringen.

Dateien – das sollten Sie wissen

Fotos, Musik, Videos, aber auch Dokumente wie z. B. Briefe werden in sogenannten Dateien gespeichert. Diese Dateien können Sie sich als eine Art Container vorstellen, der auf der Festplatte oder auf anderen Datenträgern wie zum Beispiel Speicherkarten etc. abgelegt wird und einen eindeutigen Namen (z. B. *Brief an Finanzamt*) zugewiesen bekommt. Der Name darf bis zu 255 Zeichen lang sein. Um sich unnötige Tipparbeit zu ersparen, sollten Sie Dateinamen aber auf ca. 20 Zeichen begrenzen.

> ### Regeln für Dateinamen
> Die Namen für Dateien (und die im Folgenden beschriebenen Ordner) müssen unter Windows bestimmten Regeln genügen. Im Datei- und Ordnernamen sind die Buchstaben A bis Z und a bis z, die Ziffern 0 bis 9, das Leerzeichen und verschiedene andere Zeichen zulässig. Die Zeichen " / \ | < > : ? *, sind unzulässig, da diese für den Computer eine besondere Bedeutung besitzen. Nach der Groß- und Kleinschreibung wird in Windows nicht unterschieden.

Die meisten Dateien besitzen zusätzlich einen sogenannten **Dateityp**, der beim Erstellen der Datei automatisch festgelegt wird. Der Dateityp signalisiert Windows, mit welchem Programm eine Datei bearbeitet werden kann und welches Symbol die Datei in der Darstellung erhält. Als Benutzer kön-

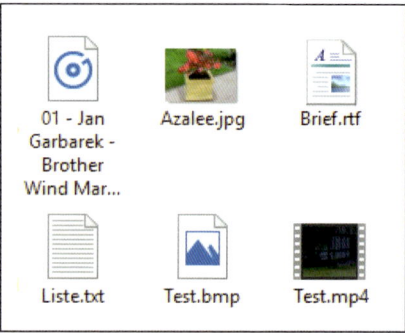

nen Sie an den Dateitypen bzw. den Symbolen erkennen, ob eine Datei einen Text, eine Grafik, ein Programm oder etwas anderes enthält.

> **Wissen zu Dateitypen**
>
> Der Dateityp einer Datei wird über die sogenannte **Dateinamenerweiterung** festgelegt. Diese Erweiterung des Dateinamens besteht aus einem Punkt, gefolgt von mehreren Buchstaben (z. B. *.txt*, *.bmp*, *.jpg*, *.exe*, *.doc*, *.docx*, *.xlsx*, *.tif*). Beim Speichern eines Briefes, einer Grafik, einer Webseite etc. sorgt das betreffende Programm in der Regel selbst dafür, dass die korrekte Dateinamenerweiterung an den Namen angehängt wird. Programmdateien von Windows-Anwendungen besitzen meist die Dateinamenerweiterung *.exe*.
>
> Standardmäßig stellt Windows die Dateinamenerweiterungen in der Ordneranzeige nicht dar. Im Abschnitt »Anpassen der Ordneranzeige« weiter hinten in diesem Kapitel können Sie nachlesen, wie sich die Anzeige der Dateinamenerweiterung einschalten lässt. Aus Sicherheitsgründen schalte ich persönlich diese Anzeige immer ein, da dann schädliche E-Mail-Anhänge (z. B. *Rechnung.pdf.exe*) an der Dateinamenerweiterung besser zu erkennen sind.

Wozu dienen Ordner?

Der zweite Begriff, der Ihnen im Zusammenhang mit Dateien unterkommen wird, lautet **Ordner**. Im Büro nimmt ein Ordner Dokumente und Registermappen auf. Um unter Windows Dateien besser wiederzufinden, lassen sich diese in Ordnern für Bilder, Dokumente, Musik, Videos etc. ablegen. Windows ist dabei sehr flexibel: Ein Ordner kann nicht nur Dateien, sondern auch Unterordner enthalten.

Es lässt sich also etwa im Ordner *Dokumente* ein weiterer Ordner *Privat* anlegen, der seinerseits z. B. wieder den Unterordner *2014* für das Jahr und dann z. B. die Unter-Unterordner *Briefe*, *Steuern* etc. enthält.

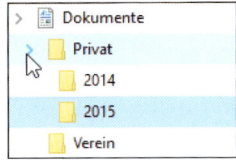

Dateien, die thematisch zusammengehören, werden in den betreffenden Ordnern bzw. Unterordnern abgelegt. Wenn Sie für jedes Jahr einen

Ordner anlegen und in dessen Unterordner *Briefe* die betreffenden Briefdateien abspeichern, finden Sie diese ganz leicht wieder. Ordner werden in den Windows-Fenstern durch ein stilisiertes Ordnersymbol dargestellt. Dies ermöglicht es Ihnen, Dateien und Ordner zu unterscheiden.

> **Namen für Ordner**
>
> Ordner werden ähnlich wie Dateien mit einem Namen und einem Ordnersymbol versehen. Für die Vergabe des Ordnernamens gelten die gleichen Regeln wie für die Dateinamen. Allerdings entfällt bei Ordnern in der Regel die bei Dateien verwendete Erweiterung. Ordner werden gelegentlich auch als **Verzeichnisse** bezeichnet.

> **Was ist ein Pfad?**
>
> Wenn Sie mit Ordnern und Unterordnern arbeiten, wird die genaue Lage des Ordners, in dem die Datei liegt, benötigt. Dies erfolgt üblicherweise durch Aneinanderreihung der Ordnernamen, wobei die Namen durch einen umgekehrten Schrägstrich \ (auch als Backslash bezeichnet – sprich »Bäcksläsch«) zu trennen sind. Die Angabe *Dokumente\Privat\Briefe\2015* legt eindeutig fest, welcher Ordner in der Hierarchie gemeint ist. Da dies eine Art Wegbeschreibung darstellt, wird dafür auch der Begriff **Pfad** verwendet.

> **Wichtige Regeln für Dateien und Ordner!**
>
> Dateien und Ordner müssen mit einem eindeutigen Namen versehen werden. Sie können in einem Ordner keine zwei Unterordner oder Dateien mit identischem Namen (egal, ob groß- oder kleingeschrieben) ablegen. Eine Datei darf jedoch unter ihrem (gleichen) Namen in unterschiedlichen Ordnern gespeichert werden.

Wo speichert man Dateien?

Zum Arbeiten mit Windows und Apps bzw. Desktop-Anwendungen sollten Sie wissen, an welchen Speicherorten Sie Dokumente wie

Fotos, Musik, Briefe, Videos etc. ablegen können. Windows stellt jedem Benutzer, der unter einem sogenannten Benutzerkonto angemeldet ist, einige Ordner mit den Namen *Bilder*, *Dokumente*, *Downloads*, *Musik* und *Videos* zum Speichern zur Verfügung. Diese Ordner sehen Sie, sobald Sie das Ordnerfenster *Dieser PC* öffnen.

> **HINWEIS**
>
> Welche Kriterien Sie zur Zuordnung der Dateien zu bestimmten Ordnern verwenden, bleibt Ihnen überlassen. Es ist aber sinnvoll, die Ablage für Dateien nach bestimmten Gesichtspunkten zu organisieren (z. B. alle Briefe kommen in den Ordner *Dokumente* oder einen eventuell vorhandenen Unterordner *Briefe*). Alle Fotos legen Sie unter *Bilder* ab, und Musik wird in *Musik* gespeichert. Aus dem Internet heruntergeladene Dateien, die sogenannten **Downloads**, finden sich im Ordner *Downloads*. Viele Apps und Desktop-Anwendungen unterstützen dies und schlagen Ihnen diese Speicherorte zur Ablage der Dokumente vor.

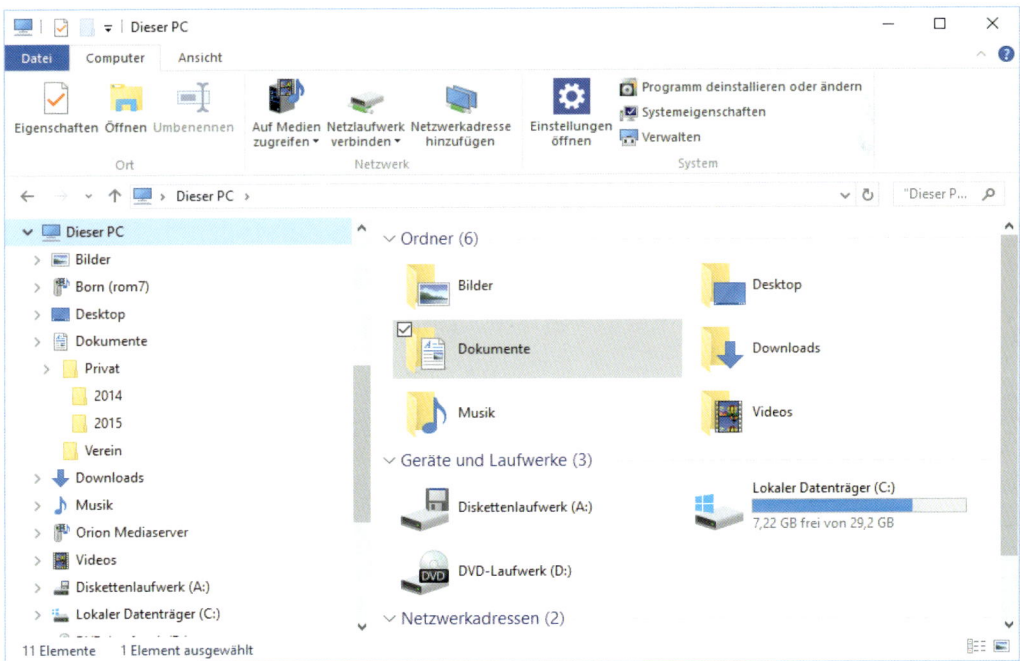

Alle verfügbaren Speicherorte werden Ihnen im Navigationsbereich des Ordnerfensters angeboten. Neben den oben erwähnten, sogenannten Benutzerordnern wie *Bilder*, *Dokumente*, *Downloads*, *Musik* und *Videos* können Sie Dokumente auch auf externen Laufwerken wie USB-Sticks, USB-Festplatten, Speicherkarten etc. ablegen.

> **HINWEIS**
>
> **Speicherorte OneDrive und Netzwerk**
>
> Neben den oben genannten Speicherorten lassen sich Dateien auch im Internet auf dem sogenannten **OneDrive-Laufwerk** (siehe Kapitelende) oder über ein Netzwerk auf einem anderen Rechner speichern. Diese Speicherorte werden Ihnen, sofern verfügbar, im Navigationsbereich des Ordnerfensters angeboten.
>
> **Öffentliche Ordner**
>
> Für jedes Benutzerkonto gibt es die privaten Ordner *Bilder*, *Dokumente*, *Musik* etc. zum Speichern Ihrer Fotos, Dokumente, Videos und Musik. Auf diese Ordner können andere Benutzer von ihren Benutzerkonten normalerweise nicht zugreifen. Auf dem Windows-Laufwerk gibt es im Ordner *Benutzer* aber noch den Ordner *Öffentlich*, der einen gemeinsamen Speicherort für alle eingerichteten Benutzerkonten darstellt.
>
>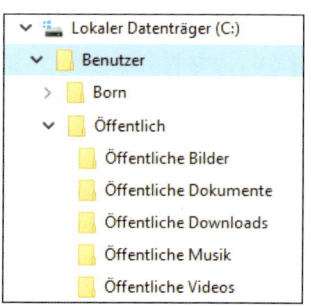
>
> Was in einem solchen Ordner und dessen Unterordnern abgelegt wurde, kann von allen Benutzern auf dem System eingesehen und verwendet werden.
>
> **Was sind Bibliotheken?**
>
> In der linken Navigationsspalte des Ordnerfensters gibt es noch den Eintrag *Bibliotheken* mit den Untereinträgen *Bilder*, *Dokumente*, *Musik* und *Videos*. In Bibliotheken lassen sich Ordner unter einem Bibliotheksnamen wie *Dokumente* zusammenfassen. Die bereits in Windows 7 eingeführten Bibliotheken braucht man aber nicht mehr, da ja die Benutzerordner *Bilder*, *Dokumente*, *Musik* und *Videos* vorhanden sind.

Umgang mit Ordnerfenstern

Zur Verwaltung von Dokumenten wie Fotos, Briefen, Musik, Videos oder Programmen werden in Windows Ordnerfenster benutzt. In diesem Abschnitt lernen Sie den Umgang mit Ordnerfenstern kennen.

Das Ordnerfenster im Überblick

Ordnerfenster werden durch das Windows-Desktop-Programm **Explorer** bereitgestellt.

- Zum Öffnen eines Ordnerfensters reicht es, das Symbol *Explorer* in der Taskleiste des Windows-Desktops anzuwählen.

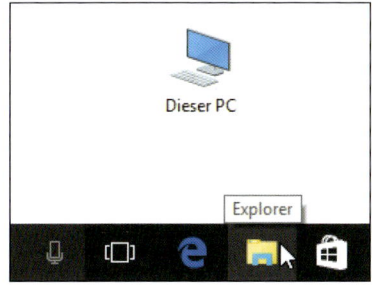

- Alternativ können Sie das auf dem Desktop einblendbare Symbol *Dieser PC* per Doppelklick anwählen.

In beiden Fällen öffnet Windows ein Ordnerfenster, in dem Sie die Speichermedien (Laufwerke) einsehen und auf Dokumente wie Briefe, Fotos, Musik, Videos etc. zugreifen können. Das kennen Sie bereits von den vorangegangenen Seiten. Nun möchte ich noch auf weitere Feinheiten hinweisen.

- Standardmäßig verwendet Windows beim Ordnerfenster eine Darstellung, bei der das sogenannte Menüband im Kopfbereich des Fensters zu einer schmalen Leiste reduziert wurde (Darstellung nachfolgend im Hintergrund). Wählen Sie eine der Registerkarten wie *Datei*, *Computer*, *Ansicht* aus, blendet Windows das Menüband im Ordnerfenster ein (Darstellung hier im Vordergrund). Das Menüband verschwindet, sobald Sie etwas im Ordnerfenster oder auf dem Desktop anwählen.

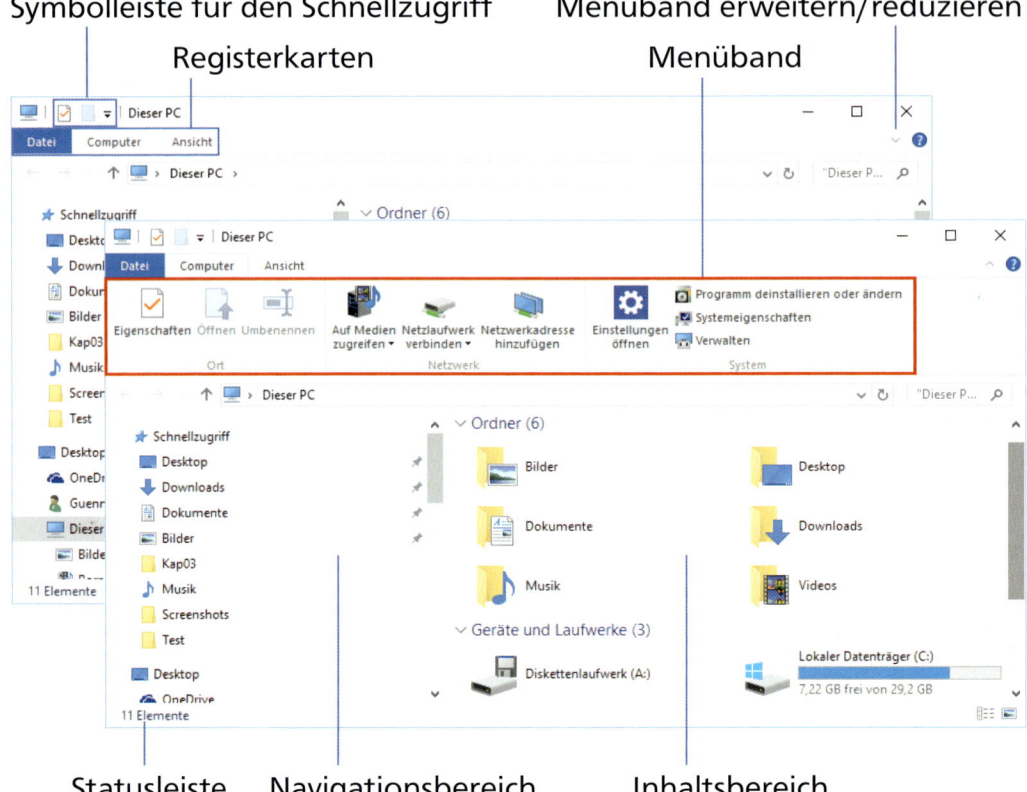

- Um das Menüband mit den Bedienelementen des Ordnerfensters dauerhaft einzublenden, wählen Sie in der rechten oberen Ecke des Fensters die Schaltfläche *Menüband erweitern*. Bei angezeigtem Menüband wird die Schaltfläche mit *Menüband minimieren* beschriftet. Bei dessen Anwahl reduziert Windows die Darstellung wieder auf die Anzeige der Registerkarten.

Im Menüband lassen sich die sichtbaren Registerkarten *Datei*, *Ansicht* etc. auswählen, um die zugeordneten Bedienelemente einsehen und verwenden zu können.

> **TIPP**
>
> Rechts neben der Schaltfläche *Menüband erweitern* finden Sie übrigens eine Schaltfläche zum Öffnen des Hilfefensters (mehr darüber erfahren Sie in Kapitel 2 im Abschnitt »Hilfe für Programme anfordern«).

Ein geöffnetes Ordnerfenster besitzt darüber hinaus folgende Elemente:

- Im **Navigationsbereich** werden verschiedene Speicherorte wie die Laufwerke des Computers oder Netzwerkorte angezeigt (siehe auch vorangegangene Abschnitte). Unter *Favoriten* finden Sie den Windows-Desktop sowie den Ordner *Downloads*, in dem aus dem Internet heruntergeladene Dateien abgelegt werden.

- Wählen Sie einen Eintrag im Navigationsbereich aus, zeigt das Ordnerfenster dessen Inhalt rechts, im **Inhaltsbereich**, an. Dies können Speicherorte wie Bibliotheken, Laufwerke, Ordner etc. sein.

- Am unteren Rand des Ordnerfensters findet sich noch eine **Statusleiste**, in der links die Zahl der im Inhaltsbereich gefundenen Elemente oder ähnliche Informationen eingeblendet werden. Am rechten unteren Rand enthält das Ordnerfenster zwei Schaltflächen, um die Darstellung des Inhaltsbereichs zwischen einer Liste oder einer Anzeige mit großen Symbolen umzustellen. Auf das Anpassen der Ordnerdarstellung komme ich in den folgenden Abschnitten noch zurück.

- Im angezeigten **Menüband** greifen Sie über verschiedene Register auf die Elemente der zugehörigen Registerkarten zu. Zahl und Beschriftung der angezeigten Register hängen von dem im Navigationsbereich oder im Inhaltsbereich ausgewählten Element ab.

- Der Inhalt einer **Registerkarte** wird in **Gruppen** unterteilt, wobei der Gruppenname am unteren Rand zu finden ist. Bei zu schmalen Ordnerfenstern reicht der Platz nicht mehr zur Anzeige aller Gruppenelemente. Windows reduziert dann die Gruppe zu einer **Gruppen-**

schaltfläche und zeigt am unteren Rand der Schaltfläche ein kleines Dreieck. Wählen Sie die Schaltfläche aus, öffnet sich ein Menü, über dessen Befehle Sie auf die ausgeblendeten Gruppenelemente zugreifen können. Oder Sie vergrößern (falls möglich) die Fensterbreite, bis die Gruppenschaltfläche zur Gruppe erweitert wird.

- Unterhalb des Menübands weisen Ordnerfenster eine Symbolleiste mit dem **Adressfeld** auf, in dem der gerade angewählte Speicherort angezeigt wird. Über die Schaltfläche *Hoch nach* navigieren Sie zu übergeordneten Speicherorten. Am linken Rand besitzt die Symbolleiste noch zwei Schaltflächen *Zurück* und *Vorwärts*, um zwischen besuchten Speicherorten zu blättern. Das **Suchfeld** ermöglicht es Ihnen, gezielt nach Dateien zu suchen.

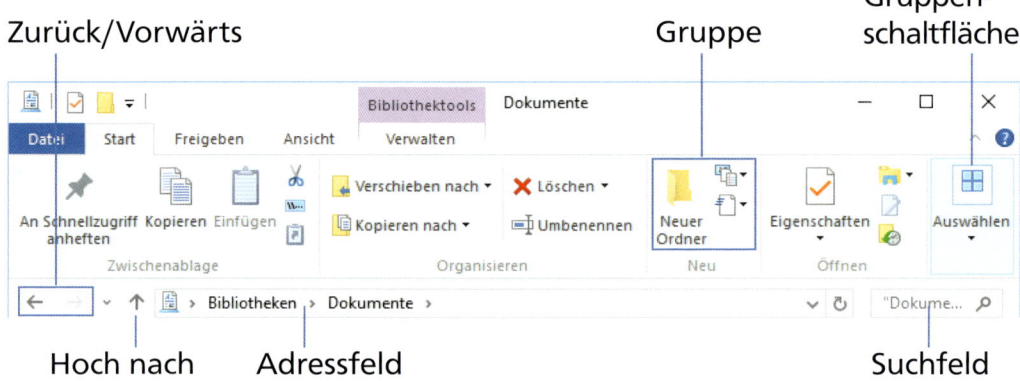

> **HINWEIS**
>
> Drücken Sie bei angewähltem Ordnerfenster die ⌊Alt⌉-Taste, blendet Windows Abkürzungstasten in der Symbolleiste ein. Über diese Abkürzungstasten (z. B. ⌊Alt⌉+⌊D⌉ zum Öffnen der Registerkarte *Datei*) lässt sich die betreffende Funktion direkt über die Tastatur abrufen.

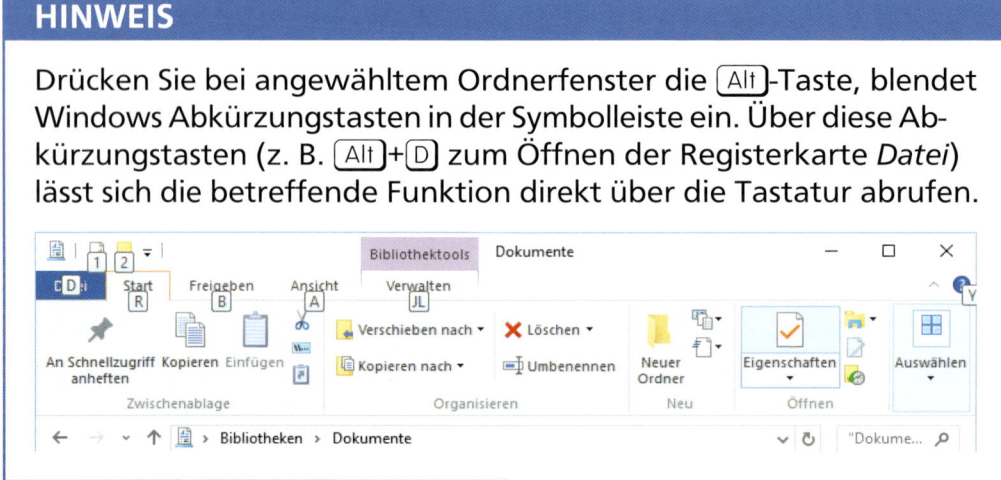

Umgang mit Ordnerfenstern

Diese Bedien- und Anzeigeelemente verwenden Sie bei der Arbeit mit Dokumenten, Speichermedien oder Ordnern. Auf die entsprechenden Arbeitstechniken gehe ich in diesem Kapitel noch detaillierter ein.

Inhalte von Speicherorten anzeigen

Den Inhalt eines Datenträgers (Festplatte, CD, DVD, BD, Speicherkarte etc.) oder eines Ordners sehen Sie sich mit folgenden Schritten an.

1 Öffnen Sie ein Ordnerfenster (z. B. durch Anklicken oder Antippen des Symbols *Explorer* in der Taskleiste des Desktops).

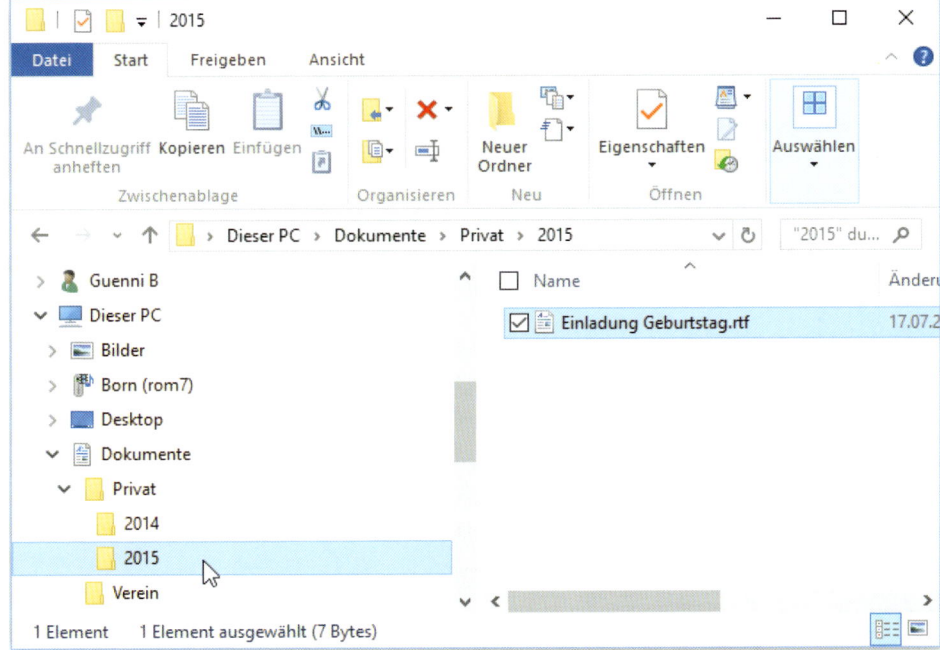

2 Wählen Sie im Navigationsbereich des Ordnerfensters das Symbol des Speicherorts (Laufwerk, Ordner) an, dessen Inhalt Sie sehen möchten.

Dann zeigt Windows im rechten Teil des Ordnerfensters den Inhalt des gewählten Speicherorts samt den dort gespeicherten Ordnern und Dateien.

> **TIPP**
>
> Fehlt bei Ihnen das Symbol des gewünschten Ordners im Navigationsbereich? In diesem Fall zeigen Sie auf den Navigationsbereich und klicken oder tippen jeweils das kleine Dreieck vor dem Bibliotheks- oder Ordnersymbol an, um den Ordnerzweig ein- und wieder auszublenden.

Wiederholen Sie dies so lange, bis der gewünschte Ordner angezeigt wird. Dann reicht es, das Symbol anzuklicken oder anzutippen, um dessen Inhalt im rechten Teil des Fensters einzublenden.

> **HINWEIS**
>
> Darüber hinaus können Sie ein Laufwerk- oder Ordnersymbol im rechten Teil des Ordnerfensters per Doppelklick anwählen, um dessen Inhalt anzuzeigen. Die Schaltfläche *Hoch nach* in der Symbolleiste des Ordnerfensters ermöglicht es Ihnen, wieder eine Ordnerebene zurückzugehen. Welcher Ordner aktuell angezeigt wird, sehen Sie im Adressfeld des Ordnerfensters.

Reicht die Fenstergröße nicht zur Darstellung des Laufwerkinhalts aus, blättern Sie über die Bildlaufleisten im Ordnerfenster. Alternativ haben Sie die Möglichkeit, die Größe des Fensters zu verändern. Die entsprechenden Schritte lesen Sie bei Bedarf in Kapitel 1 nach.

Informationen zu Datenträgern, Ordnern und Dateien

Zeigen Sie im Inhaltsbereich des Ordnerfensters mit der Maus auf ein Laufwerksymbol, blendet Windows dessen Größe (oft auch als Kapazität bezeichnet) sowie den noch freien Speicherplatz in einem QuickInfo-Fenster ein.

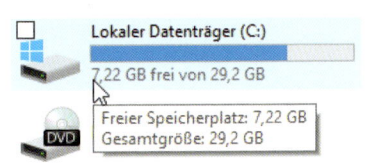

Bei Laufwerken mit Wechseldatenträgern (DVD-Laufwerk) achten Sie vor der Anwahl des Laufwerksymbols darauf, dass ein Datenträger (Speicherkarte, USB-Stick, CD, DVD) eingelegt wurde. Werden Wechseldatenträgerlaufwerke abgeblendet dargestellt, weist dies auf ein fehlendes Speichermedium hin. Windows zeigt diese Laufwerke standardmäßig nicht an.

Wählen Sie ein Laufwerk im Navigationsbereich oder einen Ordner bzw. eine Datei im Inhaltsbereich des Ordnerfensters durch Anklicken oder Antippen aus, erscheint die Registerkarte *Start* (oder *Computer*) im Menüband, auf der Sie die Schaltfläche *Eigenschaften* anwählen. Im daraufhin angezeigten Eigenschaftenfenster enthält die Registerkarte *Allgemein* Details über das aktuell markierte Element (Laufwerk, Ordner, Datei).

Schnellzugriff im Navigationsbereich

Eine weitere Neuerung von Windows 10 ist der Eintrag für Schnellzugriffe auf Ordner im Navigationsbereich des Ordnerfensters.

Standardmäßig werden die Einträge *Desktop*, *Downloads*, *Dokumente*, *Bilder*, *Musik* und *Videos* unter *Schnellzugriff* aufgeführt. Klicken Sie auf einen solchen Ordnereintrag, wird dieser im Ordnerfenster angezeigt.

Windows 10 kann geöffnete Ordner oder Dateien automatisch beim Öffnen zur Kategorie *Schnellzugriff* hinzufügen. Diese Option lässt sich aber deaktivieren, siehe Abschnitt »Anpassen der Ordneranzeige«.

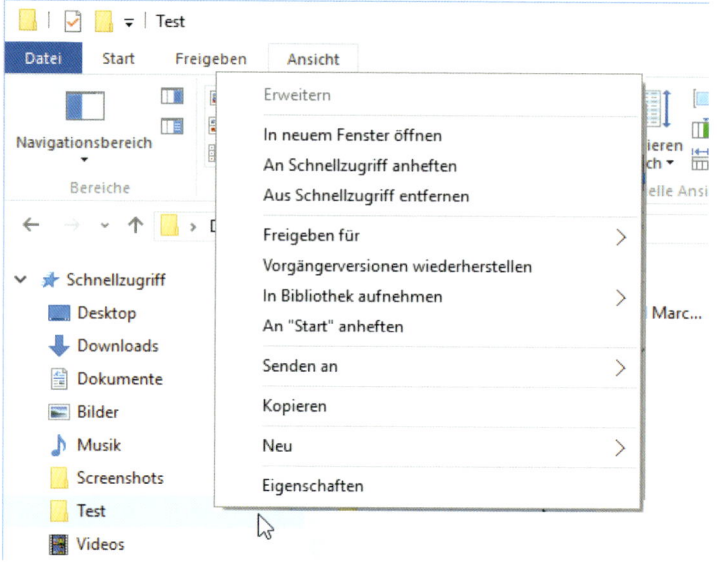

> **TIPP**
>
> Zur Verwaltung der Einträge klicken Sie diese im Navigations- oder Inhaltsbereich mit der rechten Maustaste an. Im Kontextmenü finden Sie dann Befehle wie *An Schnellzugriff anheften*, *Aus Schnellzugriff entfernen* oder *Von Schnellzugriff lösen*. Mit diesen Befehlen nehmen Sie Benutzerordner oder andere Ordner im Schnellzugriffbereich auf bzw. entfernen diese.

Symbolleiste für den Schnellzugriff anpassen

In der Titelleiste des Ordnerfensters finden Sie am linken Rand noch einige Symbole. Das erste Symbol des Systemmenüs wurde in Kapitel 1 bereits erwähnt und findet sich bei allen Fenstern von Windows-Anwendungen. Die restlichen Schaltflächen gehören zur sogenannten Symbolleiste für den Schnellzugriff. Über die angezeigten Schaltflächen rufen Sie die Dateioperationen (z. B. neue Ordner anlegen, Elemente löschen, Befehle rückgängig machen) auf. Hier können Sie selbst Befehle einfügen, die Sie häufig benötigen. Gehen Sie dazu folgendermaßen vor:

1 Zum Anpassen der Symbolleiste für den Schnellzugriff wählen Sie die Menüschaltfläche ganz rechts an.

2 Klicken oder tippen Sie auf die im Menü angezeigten Befehle, um die Markierung zu setzen bzw. wieder zu löschen.

Ein Häkchen vor einem Befehl signalisiert, dass die betreffende Schaltfläche in der Symbolleiste für den Schnellzugriff eingeblendet wird. Im Menü finden Sie zudem noch je einen Befehl, um die Symbolleiste für den Schnellzugriff unter dem Menüband anzuzeigen und um das Menüband zu minimieren oder wiederherzustellen.

> **TIPP**
>
> Sie können weitere Bedienelemente (Befehlsschaltflächen) des Menübands zur Symbolleiste für den Schnellzugriff hinzufügen, indem Sie mit der rechten Maustaste das Kontextmenü der gewünschten Befehlsschaltfläche im Menüband öffnen und darin den Eintrag *Zur Symbolleiste für den Schnellzugriff hinzufügen* wählen. Über den Kontextmenübefehl *Aus Symbolleiste für den Schnellzugriff entfernen* verschwindet die Schaltfläche wieder.

Anpassen der Ordneranzeige

Windows bietet die Möglichkeit, die Darstellung des Ordnerfensters anzupassen. Wechseln Sie dazu im Ordnerfenster zur Registerkarte *Ansicht* des Menübands.

- Ganz links finden Sie in der Gruppe *Bereiche* die Menüschaltfläche *Navigationsbereich.* Wählen Sie die Schaltfläche, um das Menü anzuzeigen.

- Über den Befehl *Navigationsbereich* blenden Sie den Navigationsbereich des Ordnerfensters ein/aus.

- Die Option *Alle Ordner anzeigen* erzwingt die Anzeige diverser Ordner wie Papierkorb oder Systemsteuerung im Navigationsbereich.

- Der Befehl *Bibliotheken anzeigen* ermöglicht es, den aus Windows 7/8 bekannten Zweig *Bibliotheken* im Navigationsbereich ein-/auszublenden.

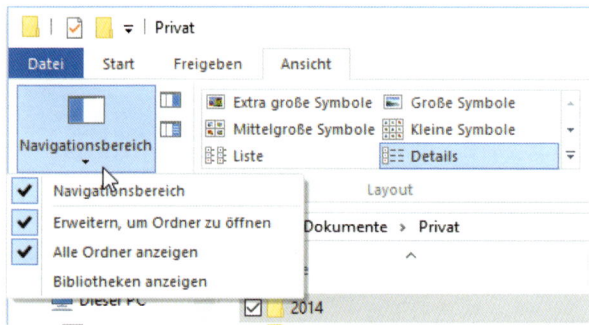

- Verwenden Sie die beiden Schaltflächen *Vorschaufenster* und *Detailbereich* der Gruppe *Bereiche*, um am rechten Rand des Inhaltsbereichs eine Spalte einzublenden. Diese zeigt bei Anwahl einer Datei entweder eine Vorschau auf den Dateiinhalt oder bei eingeblendetem Detailbereich die Informationen zur Datei (Name, Größe etc.) an.

- In der zweiten Gruppe *Layout* der Registerkarte *Ansicht* schalten Sie den Darstellungsmodus des Inhaltsbereichs für angezeigte Laufwerke, Dateien und Ordner zwischen Symbolen, Kacheln, Listen, Details etc. um.

Das Layout *Details* zeigt Ihnen z. B. den Ordnerinhalt als Liste, bestehend aus den Ordner- und Dateinamen, ggf. dem Änderungsdatum, der Größe der jeweiligen Datei und weiteren vom Dateityp abhängigen

Informationen, an. In den Modi *Extra große Symbole* und *Mittelgroße Symbole* wird bei manchen Dateien (z. B. Fotos) eine Miniaturvorschau des Inhalts eingeblendet.

- Stellen Sie den Anzeigemodus *Details* für den Inhaltsbereich ein, um die Anzeige nach bestimmten Kriterien zu sortieren.

- Die Menüschaltfläche *Sortieren nach* der Gruppe *Aktuelle Ansicht* auf der Registerkarte *Ansicht* enthält Befehle, um die Elemente des Inhaltsbereichs nach Name, Datum, Größe etc. zu sortieren.

- Die Menüschaltfläche *Gruppieren nach* ermöglicht eine Gruppierung der Ordneranzeige (z. B. nach Name).

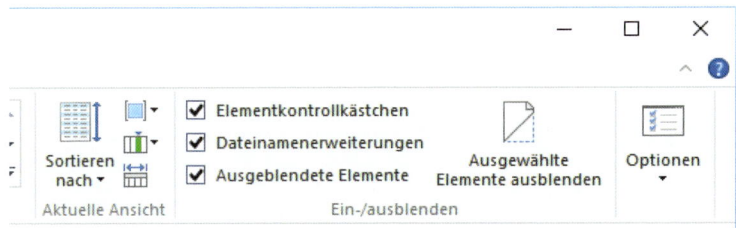

- Über die Kontrollkästchen der Gruppe *Ein-/ausblenden* legen Sie fest, ob Dateinamenerweiterungen oder versteckte Dateien im Ordnerfenster angezeigt werden.

- Die Option *Elementkontrollkästchen* bewirkt die Anzeige eines Kontrollkästchens in der linken oberen Ecke eines Laufwerk- oder Ordnersymbols. Dies ist hilfreich bei Fingerbedienung, da sofort erkennbar ist, welches Element ausgewählt wurde.

Wählen Sie auf der Registerkarte *Ansicht* des Menübands die Schaltfläche *Optionen* und ggf. den dann angezeigten Befehl *Ordner- und Suchoptionen ändern*, erscheint das im Folgenden gezeigte Eigenschaftenfenster *Ordneroptionen*.

- Im Eigenschaftenfenster *Ordneroptionen* legen Sie auf der Registerkarte *Allgemein* über die Kontrollkästchen der Gruppe *Datenschutz* fest, ob Dateien und Ordner im Zweig *Schnellzugriff* des Navigationsbereichs eines Ordnerfensters eingetragen werden. Zudem lässt sich der im Adressfeld angezeigte Datei-Explorer-Verlauf der besuchten Ordner über eine *Löschen*-Schaltfläche leeren.

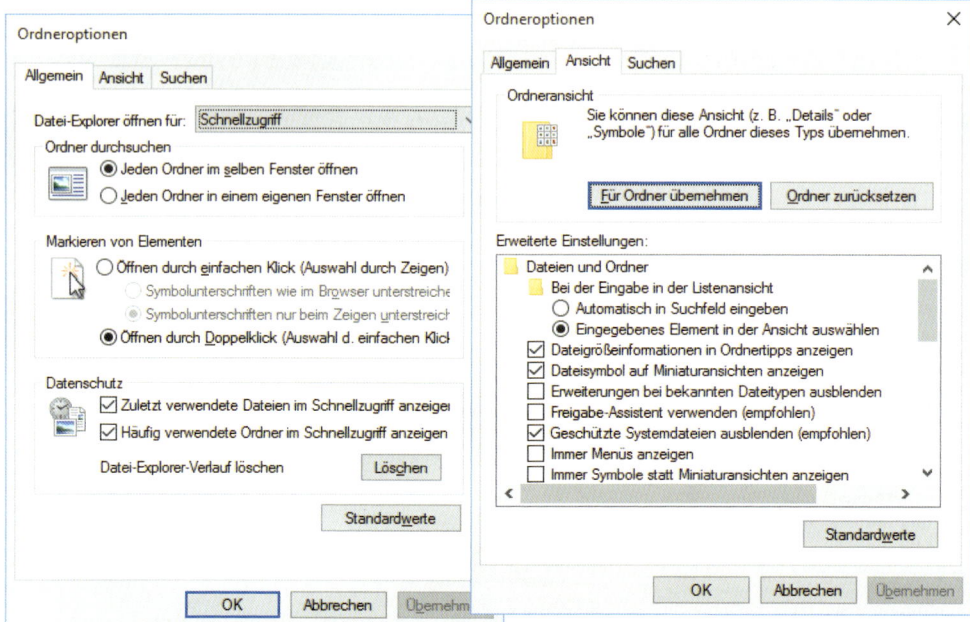

- Über weitere Optionsfelder der Registerkarte wählen Sie, ob jeder Ordner in einem Fenster geöffnet wird und ob zum Markieren von Elementen ein Klick oder ein Doppelklick erforderlich ist.

- Auf der Registerkarte *Ansicht* schalten Sie einige der oben erwähnten Optionen (wie das Einblenden der Dateinamenerweiterungen) ein-/aus. Die Option *Leere Laufwerke ausblenden* bewirkt, dass die Laufwerkssymbole für leere Wechseldatenträger abgeblendet angezeigt werden. Ist die Anzeige versteckter Dateien und Ordner in den Optionen deaktiviert (Standard in Windows), verschwinden Laufwerke ohne Datenträger vollständig in der Ordneransicht.

Die Änderungen werden wirksam, sobald Sie die Registerkarte über die *OK*-Schaltfläche schließen.

HINWEIS

Manchmal werden Ordner und Dateien von Windows als versteckt gekennzeichnet, damit normale Benutzer nicht den Überblick verlieren oder diese Dateien ungewollt löschen. Versteckte Elemente tauchen im Ordnerfenster nicht auf. Gelegentlich ist es aber erforderlich, auf solche versteckten Ordner und Dateien zuzugreifen (z. B. um diese im Fehlerfall zu löschen). Dazu können Sie die Anzeige versteckter Ordner und Dateien unter *Ansicht* einschalten.

Suchen im Ordnerfenster

Sie können mit folgenden Schritten im Ordnerfenster nach Dateien oder Ordnern suchen lassen:

1 Öffnen Sie ein Ordnerfenster, und navigieren Sie ggf. zum Laufwerk oder zum Ordner, in dem gesucht werden soll.

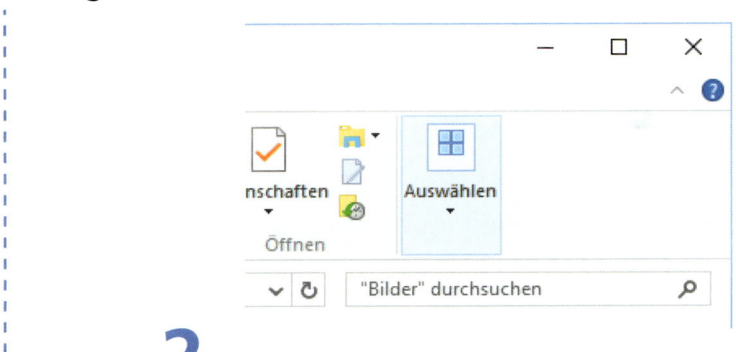

2 Klicken Sie in der Symbolleiste des Ordnerfensters auf das Suchfeld "*...*" . *durchsuchen*, und tippen Sie den Suchbegriff ein.

Windows zeigt bei Anwahl des Suchfeldes sofort die Registerkarte *Suchen* auf dem Menüband an und filtert bereits bei der Eingabe der ersten Zeichen des Suchbegriffs die nicht zutreffenden Dateien und Ordner aus. Hier sehen Sie das Ergebnis einer Suche nach »Blu«.

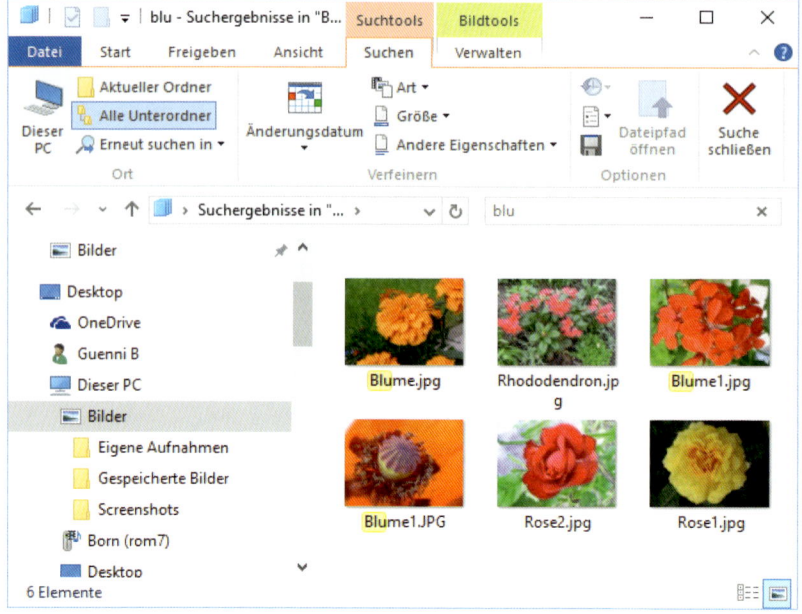

Stimmen Buchstaben im Dateinamen mit dem Suchbegriff überein, werden diese zutreffenden Buchstaben farbig markiert. Zudem können Dateien auftauchen, die den Suchbegriff beinhalten (z. B. Textdokumente).

> **TIPP**
>
> Löschen Sie den Inhalt des Suchfeldes, oder wählen Sie die Schaltfläche *Suche schließen* im Menüband, zeigt Windows wieder den kompletten Ordnerinhalt.

Suchoptionen verwenden

Sie können die Suche nach bestimmten Informationen gezielt steuern. Dies beginnt bereits bei der Eingabe des Suchbegriffs in das Suchfeld eines Ordnerfensters.

- Tippen Sie einen Datei- oder Ordnernamen ein, lassen sich auch Teilausdrücke der Art »Brief« oder »Rechnung« verwenden. Dann listet die Suchfunktion Ergebnisse auf, die mit dem betreffenden

Teilausdruck übereinstimmen. Zuletzt eingetippte Suchbegriffe werden bei der Eingabe automatisch in einer Liste angezeigt und lassen sich durch Anklicken oder Antippen übernehmen.

Windows verwendet eine intelligente Suche

Sie wundern sich, dass im oben dargestellten Beispiel bei der Suche nach »Blu« auch Namen wie *Rhododendron.jpg* gefunden werden? Die Windows-Suche bezieht neben dem Datei- und Ordnernamen auch Dateiinhalte und Zusatzinformationen in die Suche ein. In einem Textdokument enthaltene Wörter werden ebenso in die Suche einbezogen wie in bestimmten Dateien (Fotos, Musik oder Videos) enthaltene Zusatzinformationen wie Autor oder Aufnahmedatum etc. Auch die Dateinamenerweiterung wird in die Suche einbezogen.

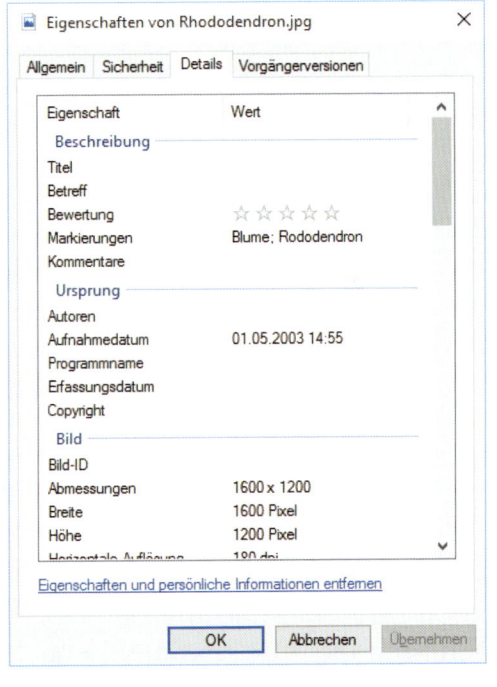

Solche Zusatzinformationen lassen sich über die Dateieigenschaften zuweisen, indem Sie die Datei mit einem Klick der rechten Maustaste anwählen und im Kontextmenü den Eintrag *Eigenschaften* aufrufen. Sofern im Eigenschaftenfenster die Registerkarte *Details* vorhanden ist, können Sie dort Zusatzinformationen wie Autor der Datei, Fotograf eines Bildes, Aufnahmeort etc. in Textfeldern eintragen. Die Zusatzinformationen werden als sogenannte **Metadaten** in der Datei gespeichert und bei der Suche ausgewertet.

- Verwenden Sie Platzhalterzeichen (sogenannte Wildcards) wie das Sternchen (*) im Suchmuster. Der Platzhalter wird dann bei der Suche durch beliebige Zeichen im Dateinamen ersetzt. Das Suchmuster »M*ier« würde in einem Ordner mit den drei Dokumenten »Meier«, »Maier« und »Meister« nur die beiden Ergebnisse »Maier« und »Meier« liefern, nicht jedoch »Meister«.

- Beachten Sie, dass Windows die Suchbegriffe auch auf die – normalerweise nicht angezeigte – Dateinamenerweiterung (z. B. *.bmp*, *.txt*, *.doc* etc.) ausdehnt. Der Suchbegriff »B« wird dann z. B. auch eine Bilddatei »Skizze.bmp« in der Ergebnisliste zeigen. Verwenden Sie Suchmuster wie »*.doc«, »*.bmp«, »*.jpg« etc. zur Suche nach Dateitypen.

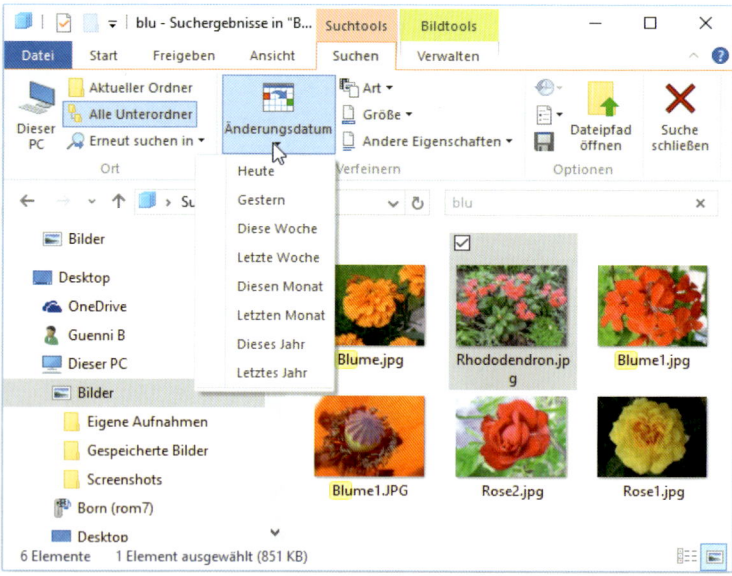

Auf der Registerkarte *Suchen* finden Sie außerdem die Menüschaltflächen *Änderungsdatum*, *Art*, *Größe* und *Andere Eigenschaften*. Über deren Menübefehle suchen Sie nach einem Änderungsdatum, der Dateigröße, der Dateiart (z. B. Musik, Video, Bild) oder Eigenschaften wie dem Interpreten eines Musikstücks, nach Beschriftungen von Fotos etc.

Mit Ordnern und Dateien arbeiten

Nach den diesen Vorbereitungen zeige ich Ihnen den Umgang mit Ordnern und Dateien. Sie stehen mit Sicherheit einmal vor der Aufgabe, einen neuen Ordner anzulegen. Oder Sie möchten Dateien mit Briefen oder Fotos kopieren, nicht mehr benötigte Dokumente löschen oder auch mal einen Ordner oder eine Datei umbenennen.

Neue Ordner anlegen

Um einen neuen Ordner auf einem Laufwerk oder in einem bestehenden Ordner anzulegen, gehen Sie in folgenden Schritten vor:

1 Öffnen Sie das Ordnerfenster, und navigieren Sie zum Speicherort, an dem der Ordner angelegt werden soll (für dieses Beispiel können Sie *Dokumente* oder *Fotos* im Navigationsbereich wählen).

2 Wählen Sie im Menüband auf der Registerkarte *Start* die Schaltfläche *Neuer Ordner* an.

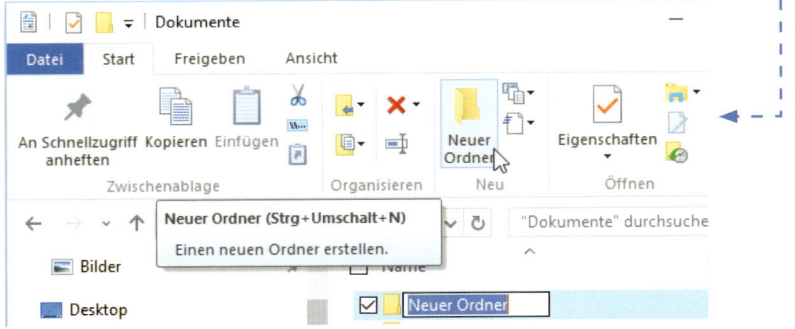

3 Tippen Sie im Ordnerfenster den Namen des neu angelegten Ordners über die Tastatur ein.

4 Drücken Sie die ⏎-Taste, oder klicken/tippen Sie eine andere Stelle im Ordnerfenster an, um den Vorgang abzuschließen.

Windows legt den Ordner unter dem neuen Namen an und hebt den Bearbeitungsmodus auf.

> **HINWEIS**
>
> Solange sich das Textfeld mit dem Namen im Bearbeitungsmodus befindet und farbig markiert ist, lassen sich Änderungen ausführen. Wurde die Markierung aufgehoben, gehen Sie vor, wie im folgenden Abschnitt »Ordner und Dateien umbenennen« beschrieben, um die Ordnerbezeichnung nachträglich anzupassen.

Neue Ordner können Sie in den Benutzerordnern *Dokumente*, *Bilder*, *Musik*, *Videos* etc. bzw. deren Unterordnern, auf dem Desktop sowie auf Laufwerken (Festplatten, Speicherkarten, USB-Sticks etc.) anlegen.

> **ZIP-komprimierte Ordner**
>
> Windows unterstützt sogenannte ZIP-komprimierte Ordner. Diese sind ganz komfortabel, um mehrere Dateien quasi in einem Container aufzubewahren. Zudem speichern ZIP-komprimierte Ordner unkomprimierte Dateien in einem kompakteren Format, was 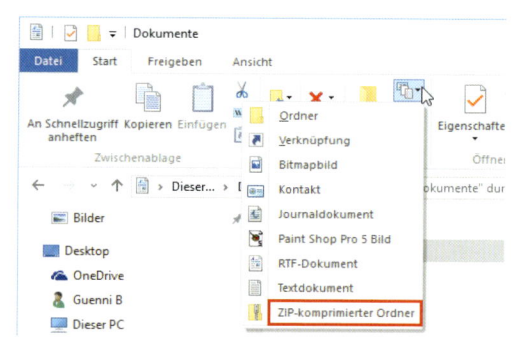 Speicherplatz spart. So einen ZIP-komprimierten Ordner legen Sie auf der Registerkarte *Start* über den Befehl *ZIP-komprimierter Ordner* der hier gezeigten Menüschaltfläche aus der Gruppe *Neu* an.
>
> Diese komprimierten Ordner lassen sich genauso wie normale Ordner handhaben. Kopieren Sie Textdateien oder Bilder im BMP-Format in einen solchen ZIP-Ordner, belegen diese wesentlich weniger Speicherplatz auf dem Datenträger als bei der Verwendung normaler Ordner.

Im Menü finden Sie übrigens auch Befehle, um neue Dateien anzulegen. Das ist aber selten sinnvoll, da neue Dokumente eher über die betreffenden Windows-Desktop-Anwendungen wie Microsoft Word, Digitalkameras für Fotos etc. erzeugt werden.

Ordner und Dateien umbenennen

Die Namen von Dateien oder Ordnern lassen sich auch nachträglich leicht ändern:

1 Markieren Sie das gewünschte Element (Datei, Ordner) durch Anklicken oder Antippen.

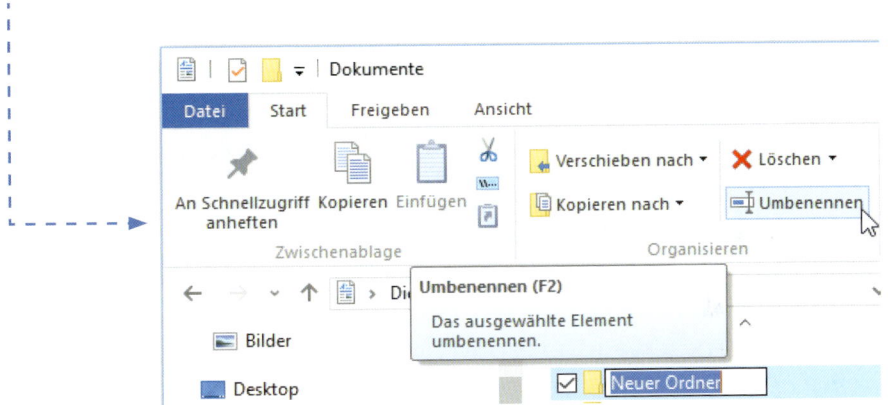

2 Wählen Sie im Menüband auf der Registerkarte *Start* die Schaltfläche *Umbenennen*, oder drücken Sie die Funktionstaste F2 auf der Tastatur.

3 Passen Sie den farbig hervorgehobenen Namen an, und bestätigen Sie die Änderung durch Drücken der ⏎-Taste oder mit einem Klick auf eine Stelle außerhalb des markierten Namens.

Der Eingabemodus wird beendet und der geänderte Name für die Datei bzw. den Ordner übernommen. Ungültige Namen weist Windows mit einer Fehlermeldung ab und gibt Ihnen Gelegenheit, den Fehler zu korrigieren. Nach dem erfolgreichen Umbenennen klicken Sie z. B. mit der Maus auf eine freie Stelle des Ordnerfensters, um die Markierung des angewählten Datei- oder Ordnersymbols aufzuheben.

> **Tipps und Hinweise zum Markieren und Bearbeiten**
>
> Der Befehl *Umbenennen* markiert automatisch den kompletten Ordner- oder Dateinamen (allerdings ohne die eventuell eingeblendete Dateinamenerweiterung). Markierte Textstellen werden beim Drücken der ersten Taste durch den Buchstaben ersetzt. Durch Anklicken oder Antippen einer Textstelle heben Sie die Markierung des gesamten Namens auf. Überflüssige Zeichen, die rechts von der Einfügemarke stehen, löschen Sie mit der [Entf]-Taste. Zeichen links von der Einfügemarke entfernen Sie mit der [⇦]-Taste. Über die sogenannten Pfeil- oder Cursortasten [←] und [→] verschieben Sie die Einfügemarke (senkrecht blinkender Strich) im Text.
>
> Markieren lässt sich ein (Teil-)Text, indem Sie auf das erste Zeichen klicken und dann die Maus bei gedrückter linker Maustaste über den Text ziehen. Oder Sie führen den Finger bei einem Touchscreen über den zu markierenden Text. Markierte Stellen werden mit einem farbigen Hintergrund hervorgehoben. Neu eingetippte Buchstaben erscheinen an der Position der Einfügemarke. Der rechts von der Einfügemarke stehende Teil des alten Namens wird gleichzeitig nach rechts verschoben.
>
> Haben Sie die Anzeige der Dateinamenerweiterung eingeschaltet (siehe vorangegangene Seiten), achten Sie beim Umbenennen einer Datei darauf, dass die vorher zugewiesene Dateinamenerweiterung erhalten bleibt. Andernfalls kann Windows den korrekten Dateityp nicht mehr erkennen und verweigert das Öffnen des Dokuments.

Ordner und Dateien kopieren/verschieben

Dateien lassen sich zwischen Ordnern der Festplatte oder zwischen Festplatte und Wechseldatenträgern (z. B. Speicherkarte oder USB-Stick) sowie zwischen (Bibliotheks-)Ordnern kopieren oder verschieben. Beim Kopieren liegen anschließend zwei Exemplare der Datei vor, beim Verschieben wird die Datei an die neue Position übertragen. Es gibt verschiedene Möglichkeiten zum Kopieren oder Verschieben. Im Folgenden zeige ich Ihnen den Ansatz, den ich häufig verwende. Es soll eine Fotodatei aus dem Ordner *Bilder/Eigene Aufnahmen* in den (von mir zum Test angelegten) Unterordner *Fotos* kopiert bzw. verschoben werden.

1 Öffnen Sie ein Ordnerfenster, und navigieren Sie zum Ordner *Bilder*.

2 Öffnen Sie ein zweites Ordnerfenster, und navigieren Sie zum Unterordner *Bilder/Fotos*.

3 Positionieren Sie die beiden Ordnerfenster nebeneinander, sodass beide Fenster zu sehen sind.

4 Markieren Sie im Ordnerfenster *Bilder/Eigene Aufnahmen* eine (oder mehrere) Datei(en), und ziehen Sie diese mit gedrückter rechter Maustaste zum Ordnerfenster *Fotos*. Bei Touchbedienung ziehen Sie per Finger, lassen den Finger im Zielordner aber noch ein paar Sekunden auf dem gezogenen Element.

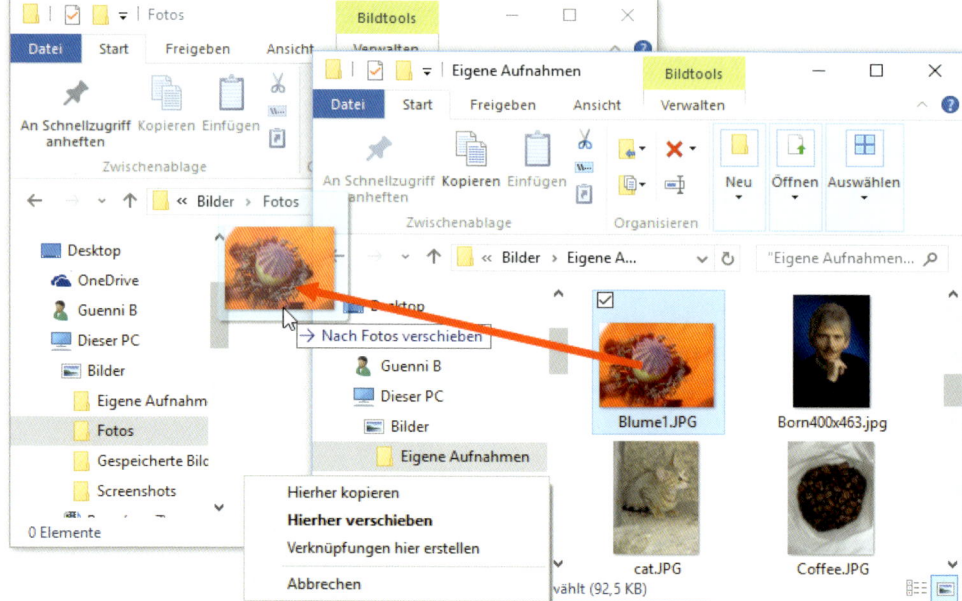

5 Lassen Sie die rechte Maustaste los (oder heben Sie den Finger an), und wählen Sie im Kontextmenü einen der Befehle (z. B. *Hierher kopieren*).

Windows kopiert beim Befehl *Hierher kopieren* die betreffende Datei in den Zielordner. Die Datei bleibt im Quellordner vorhanden. Wurde der Befehl *Hierher verschieben* gewählt, verschwindet das Element aus dem Quellordner und ist anschließend nur noch im Zielordner vorhanden.

So geht's auch noch

Natürlich können Sie auch in einem Ordnerfenster kopieren oder verschieben, indem Sie die Dateien bzw. Ordner aus dem Inhaltsbereich zum Symbol des Zielordners im Navigationsbereich ziehen. Auf der Registerkarte *Start* des Menübands finden Sie zudem die Schaltflächen *Verschieben nach* und *Kopieren nach*. Bei deren Anwahl öffnet sich ein Menü, in dem Sie die Namen der Zielordner auswählen können. Der Befehl *Speicherort auswählen* ermöglicht es, den Zielordner in einem Dialogfeld auszuwählen.

Mehrere Dateien oder Ordner markieren

Um mehrere Dateien oder Ordner gleichzeitig zu bearbeiten (also zu kopieren, verschieben, löschen etc.), markieren Sie diese. Dazu klicken Sie auf das erste zu bearbeitende Element (z. B. *Falter.jpg*), halten die ⇧-Taste gedrückt und klicken auf das letzte zu bearbeitende Element. Windows markiert jetzt alle dazwischenliegenden Elemente (hier links zu sehen).

Um mehrere nicht benachbarte Elemente (rechtes Bild) einzeln zu markieren, halten Sie die Strg-Taste beim Anklicken gedrückt. Auf einem **Touchscreen**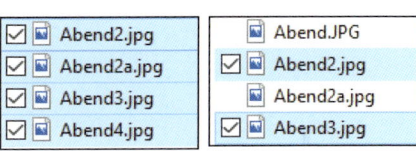
lassen sich mehrere Dateien oder Ordner durch Antippen der angezeigten Kontrollkästchen **markieren**. Benachbarte Dateien lassen sich auch durch Ziehen (per Maus) markieren. Dazu klicken Sie eine freie Stelle an und bewegen die Maus diagonal bei gedrückter linker Maustaste. Alle Elemente im aufgezogenen Rechteck werden markiert. Das funktioniert auch beim Ziehen mit einem Finger auf einem Touchscreen.

Markierte Elemente wie Dateien werden mit einem farbig unterlegten Hintergrund im Dateinamen gekennzeichnet. Die Anwahl eines markierten Elements hebt diese Markierung wieder auf. Auf der Registerkarte *Start* des Ordnerfensters finden Sie in der Gruppe *Auswählen* Schaltflächen, um alle Elemente eines Ordners zu markieren, die Auswahl umzukehren oder die Markierung aufzuheben.

Auf diese Weise können Sie nicht nur Dateien, sondern auch beliebige Ordner samt Inhalt von einem Speicherort zu einem anderen Ort kopieren bzw. verschieben. Dabei ist es gleichgültig, ob die Quell- und Zielorte auf einem Laufwerk oder auf unterschiedlichen Laufwerken liegen. Das bedeutet, das Kopieren von Dateien von einer Speicherkarte oder einem USB-Stick in Ordner der Festplatte ist mit den oben genannten Schritten genauso gut möglich wie das Kopieren von Dateien zwischen Ordnern der Festplatte.

Konflikte beim Kopieren/Verschieben lösen

Bei sehr großen Dateien oder umfangreichen Ordnern wird während des Kopiervorgangs oder beim Verschieben zusätzlich der Fortschritt in einem kleinen Dialogfeld (hier oben links sichtbar) angezeigt.

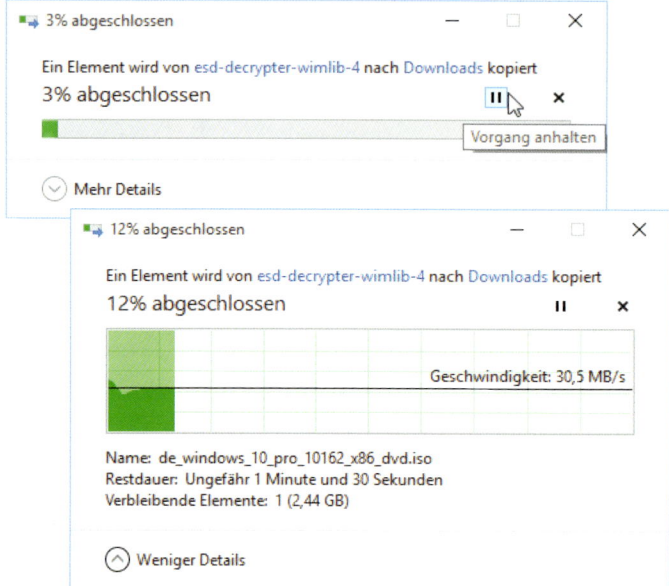

Speziell beim Kopieren mehrerer großer Dateien können Sie einen Vorgang über die im Dialogfeld angezeigten Schaltflächen anhalten, wieder fortsetzen und auch abbrechen. Beim Zeigen auf die Schaltflächen erscheint eine QuickInfo mit dem Namen der Funktion.

Blenden Sie bei Bedarf über die in der linken unteren Dialogfeldecke angezeigte Schaltfläche *Mehr Details* die erweiterte Anzeige (hier rechts zu sehen) ein. Dort wird die Transfergeschwindigkeit im Zeitverlauf dargestellt. Bricht die Transferrate bei mehreren Operationen während des Ablaufs stark ein, lässt sich dieser Vorgang anhalten oder ganz abbrechen. Über die Schaltfläche *Weniger Details* reduzieren Sie das Dialogfeld wieder auf die kompakte Darstellung.

Beim Kopieren und Verschieben einer Datei oder eines Ordners kann es zu Konflikten kommen. Es kann ja sein, dass beim Kopieren/Verschieben bereits Dateien oder Ordner mit dem gleichen Namen im

Mit Ordnern und Dateien arbeiten

Zielordner vorliegen. Wenn Sie z. B. die letzten Schritte wiederholen und nochmals die gleiche Fotodatei aus dem Ordner *Bilder* in den Unterordner *Fotos* kopieren, tritt ein Dateikonflikt auf, der in einem Dialogfeld (hier links) gemeldet wird. Durch Anwahl der angezeigten Optionen entscheiden Sie, wie der Konflikt aufgelöst wird.

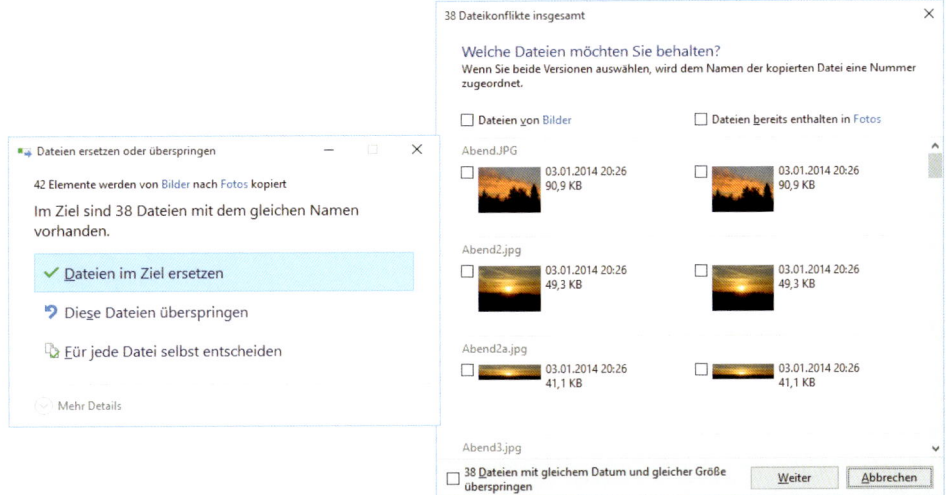

- Wählen Sie den Befehl *Dateien im Ziel ersetzen*, um die Zielelemente zu überschreiben.

- Der Befehl *Diese Dateien überspringen* lässt beim Kopieren/Verschieben alle vorhandenen Elemente unverändert und überträgt nur neue, noch nicht vorhandene Elemente.

- Wählen Sie *Für jede Datei selbst entscheiden*, erscheint ein Dialogfeld (hier rechts zu sehen) mit einer Anzeige der Konflikte. Für jede Datei können Sie in zwei Spalten durch Markieren der zugehörigen Kontrollkästchen festlegen, ob die Datei im Quell- oder Zielordner erhalten werden soll. Die Schaltfläche *Weiter* leitet die Operation ein.

Sind mehrere Elemente im Quellordner markiert, können Sie das in der linken unteren Ecke des Dialogfeldes eingeblendete Kontrollkästchen *x Dateien mit gleichem Datum und gleicher Größe überspringen* markieren, um den Vorgang auf alle im Zielverzeichnis betroffenen Dateien anzuwenden.

Dateioperationen rückgängig machen

Haben Sie eine Datei oder einen Ordner irrtümlich verschoben, kopiert, umbenannt oder gelöscht? Fast alle Dateioperationen lassen sich sofort nach der Ausführung wieder rückgängig machen.

- Wählen Sie in der Symbolleiste für den Schnellzugriff die (einblendbare) Schaltfläche *Rückgängig machen*, oder drücken Sie die Tastenkombination [Strg]+[Z].

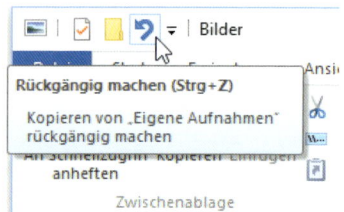

- Der Befehl steht auch im Kontextmenü zur Verfügung, wenn Sie mit der rechten Maustaste eine freie Stelle im Ordnerfenster anwählen.

Windows nimmt den zuletzt ausgeführten Befehl zurück. Nach einem Kopiervorgang werden die Elemente im Zielordner gelöscht und beim Verschieben einfach an die ursprüngliche Position zurückgeschoben. Dies klappt aber nicht, falls beim Kopieren eine Datei überschrieben wurde.

Dateien und Ordner löschen

Nicht mehr benötigte Ordner oder Dateien lassen sich auf einfache Weise löschen:

1 Markieren Sie die zu löschenden Elemente (Dateien, Ordner) im Ordnerfenster.

Mit Ordnern und Dateien arbeiten

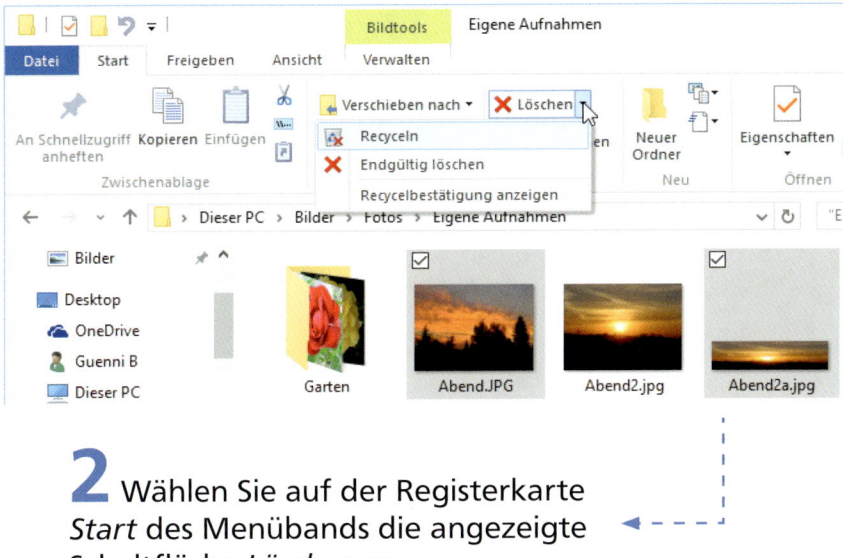

2 Wählen Sie auf der Registerkarte *Start* des Menübands die angezeigte Schaltfläche *Löschen* an.

Windows verschiebt jetzt die markierte(n) Datei(en) bzw. den/die markierte(n) Ordner in den Papierkorb.

> **HINWEIS**
>
> Mit einem Klick auf das kleine Dreieck rechts neben der Schaltfläche *Löschen* lässt sich das hier sichtbare Menü öffnen. Dort finden Sie noch einen Befehl, um die markierten Elemente direkt (ohne Papierkorb) zu löschen.

> **ACHTUNG**
>
> Elemente, die auf Wechseldatenträgern gespeichert sind, werden beim Löschen vollständig entfernt, da für diese Medien kein Papierkorb eingerichtet wird!

Gelöschte Elemente zurückholen

Haben Sie irrtümlich eine Datei oder einen Ordner gelöscht, die bzw. den Sie noch brauchen? Solange sich diese Datei bzw. die Dateien des Ordners noch im Papierkorb befinden, können Sie sie zurückholen. Zum Wiederherstellen einer gelöschten Datei oder eines Ordners gibt es zwei Möglichkeiten. Bemerken Sie bereits beim Löschen den Fehler, ist die »Wiederbelebung« ganz einfach:

- Drücken Sie die Tastenkombination [Strg]+[Z] oder wählen Sie die *Rückgängig*-Schaltfläche in der Symbolleiste für den Schnellzugriff.

- Oder Sie öffnen das Kontextmenü des Ordnerfensters (dazu klicken Sie mit der rechten Maustaste an eine freie Stelle im Ordnerfenster) und wählen im Kontextmenü den Befehl *Löschen rückgängig machen*.

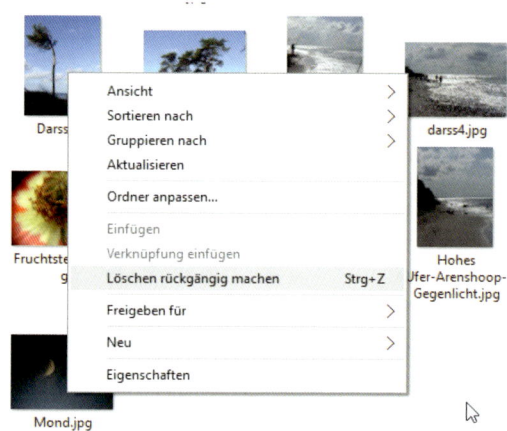

In beiden Fällen holt Windows die zuletzt gelöschte(n) Datei(en) bzw. Ordner aus dem Papierkorb in das aktuelle Fenster zurück.

> **ACHTUNG**
>
> Diese Methode funktioniert aber nur, solange noch keine andere Aktion durchgeführt wurde. Der Eintrag *xxx rückgängig machen* bezieht sich immer auf den zuletzt ausgeführten Windows-Befehl. Außerdem muss die Datei noch im Papierkorb vorhanden sein – was beim Löschen von Elementen, die auf Speicherkarten oder USB-Sticks gespeichert sind, nicht der Fall ist.

Mit Ordnern und Dateien arbeiten **125**

Sofern Sie den Fehler erst später bemerken, gibt es eine **weitere Möglichkeit**, um die gelöschten Dateien wiederherzustellen:

1 Doppelklicken (oder doppeltippen) Sie auf dem Desktop auf das Symbol des Papierkorbs.

2 Markieren Sie im Fenster des Papierkorbs die wiederherzustellende(n) Datei(en) bzw. Ordner.

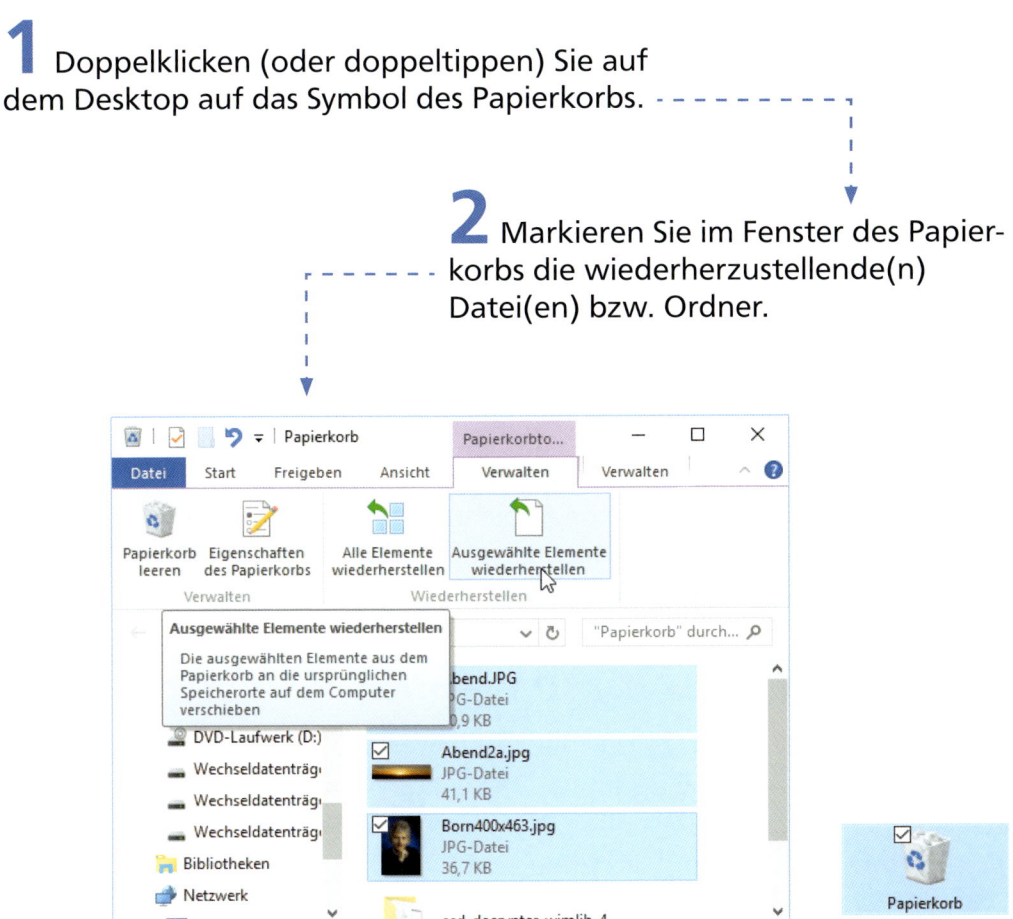

3 Wählen Sie im Menüband auf der Registerkarte *Papierkorbtools/Verwalten* die Schaltfläche *Ausgewählte Elemente wiederherstellen* oder *Alle Elemente wiederherstellen*.

Windows verschiebt anschließend die jeweils markierten Elemente (oder alle Elemente) aus dem Papierkorb an den ursprünglichen Speicherort zurück.

Dieses Wiederherstellen aus dem Papierkorb klappt aber nur so lange, wie die Elemente dort noch gespeichert sind. Wurde der Papierkorb z. B. zwischenzeitlich geleert, sind die Dateien unwiederbringlich verloren.

> **Den Papierkorb leeren**
>
> Die im Papierkorb abgelegten Dateien und Ordner belegen weiterhin Speicherplatz auf der Festplatte. Windows prüft zwar gelegentlich, ob der Papierkorb voll ist, und entfernt automatisch die ältesten als gelöscht eingetragenen Dateien. Sie können aber nachhelfen und den Papierkorb selbst leeren. Es reicht, das Ordnerfenster des Papierkorbs zu öffnen und dann die Schaltfläche *Papierkorb leeren* auf der Registerkarte *Verwalten* anzuwählen. Sobald die Nachfrage, ob der Inhalt des Papierkorbs wirklich gelöscht werden soll, über die *Ja*-Schaltfläche des Dialogfeldes bestätigt wurde, leert Windows diesen und gibt den belegten Speicher auf dem Laufwerk frei. Anschließend zeigt das Desktop-Symbol einen leeren Papierkorb.

Dateien auf CD/DVD/BD brennen

Ist ihr Gerät mit einem DVD- oder BD-Brenner ausgestattet, können Sie Dateien als Daten-CDs bzw. -DVDs auf Rohlinge wie CD-Rs, CD-RWs, DVD-Rs, DVD-RWs oder BDs) brennen. Windows bringt die benötigten Funktionen dazu gleich mit.

1 Öffnen Sie ein Ordnerfenster, suchen Sie den Ordner mit den zu sichernden Dateien, und markieren Sie diese.

2 Wechseln Sie im Menüband zur Registerkarte *Freigeben*, und klicken Sie auf die Schaltfläche *Auf Datenträger brennen*.

Mit Ordnern und Dateien arbeiten 127

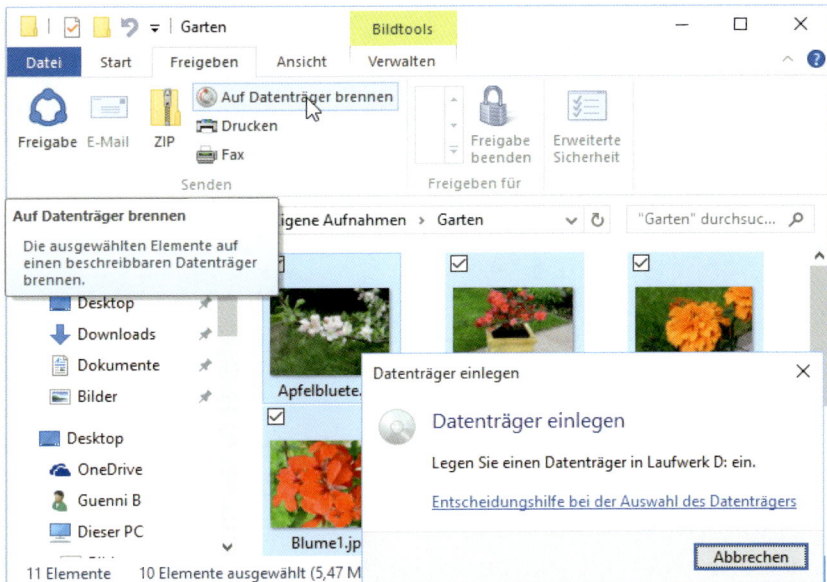

3 Nachdem die Schublade des Brenners ausgefahren worden ist und das Dialogfeld *Auf Datenträger brennen* erschienen ist (hier im Vordergrund sichtbar), legen Sie den gewünschten Rohling (CD, DVD oder BD) in das Laufwerk ein und schließen die Schublade des Laufwerks.

Das Dialogfeld verschwindet automatisch, sobald Windows den Rohling im Brenner erkennt. Ist der Rohling nicht beschreibbar, erhalten Sie eine entsprechende Fehlermeldung angezeigt. Verwenden Sie dann einen anderen Rohling.

Windows-Brennvarianten für Rohlinge

Windows unterstützt zwei Varianten beim Brennen von Daten auf CDs, DVDs oder BDs. Daher wird beim Einlegen eines neuen Rohlings das hier gezeigte Dialogfeld mit der Abfrage der Brennvariante erscheinen.

Passen Sie ggf. den Inhalt des Textfeldes *Datenträgertitel* an, markieren Sie das Optionsfeld der gewünschten Brennvariante, und bestätigen Sie dies über die *Weiter*-Schaltfläche.

Die Auswahl der Option *Mit einem CD/DVD-Player* benutzt den Mastered-Modus (Multisession), bei dem die Daten auf einen Rutsch auf das Medium gebrannt werden. Dies stellt sicher, dass die Daten-CD bzw. -DVD überall lesbar ist. Sie können im Dialogfeld *Auf Datenträger brennen* auch die Option *Wie ein USB-Speicherstick* wählen, um Daten im sogenannten Livedateisystem (UDF-Format) auf den Rohling zu schreiben. Beim Livedateisystem brennt Windows die Dateien sofort auf das Medium. Die CD, DVD bzw. BD lässt sich anschließend wie eine Speicherkarte oder ein USB-Speicherstick verwenden, um Dateien zu speichern, zu überschreiben oder zu löschen. Der so gebrannte Rohling ist aber u. U. nur auf Windows-Rechnern lesbar. Zudem dauert die Vorbereitung (Formatierung) des Rohlings sehr lange. Sobald das Dialogfeld *Auf Datenträger brennen* über die *Weiter*-Schaltfläche geschlossen wird, öffnet sich ein Ordnerfenster mit einer Liste der zu brennenden Dateien.

Brennen der Daten-CD/-DVD abschließen

Windows benachrichtigt Sie über eine Toast-Meldung in der rechten Bildschirmecke, sobald Dateien zum Brennen in einem Zwischenspeicher auf der Festplatte vorliegen. Sie haben also Gelegenheit, weitere Dateien aus verschiedenen Ordnern zum Brennen hinzuzufügen.

1 Sind alle zu brennenden Dateien mit den oben genannten Schritten dem Laufwerk des Brenners zugewiesen, wechseln Sie zum Ordnerfenster des Brenners.

Mit Ordnern und Dateien arbeiten

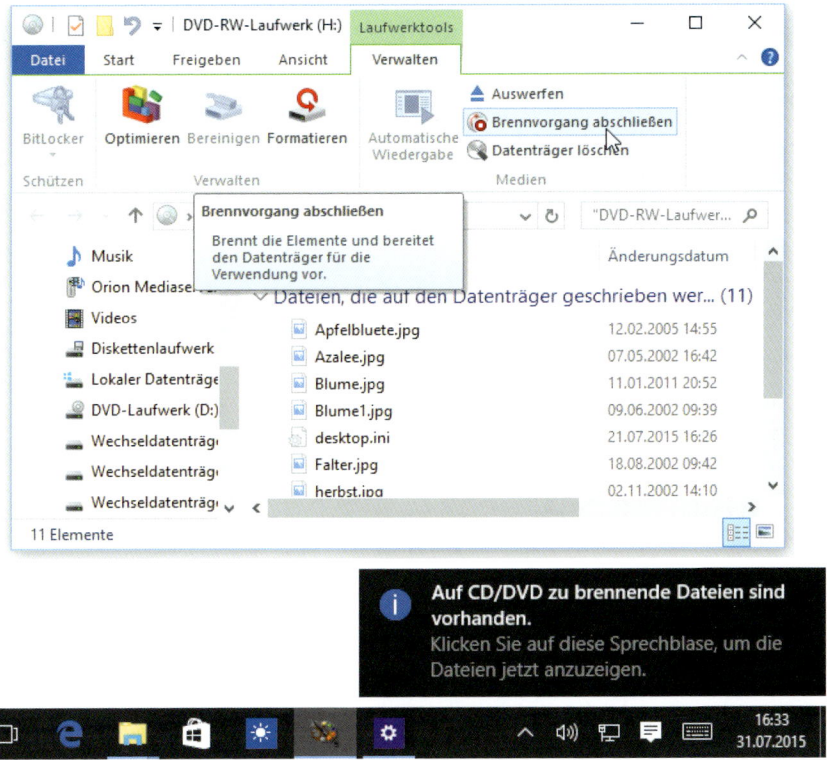

2 Markieren Sie im Navigationsbereich das Laufwerk des Brenners, und wählen Sie auf der Registerkarte *Verwalten* die Schaltfläche *Brennvorgang abschließen*.

RW-Medien löschen

Auf der Registerkarte *Verwalten* finden Sie die Schaltfläche *Datenträger löschen*. Wählen Sie diese Schaltfläche, um wiederbeschreibbare Rohlinge (CD-RW, DVD+RW, DVD-RW, BD-RE, BD-RE DL) vor einer Wiederverwendung zu löschen (also zu formatieren). In einem angezeigten Dialogfeld *Datenträger kann gelöscht werden* wählen Sie die *Weiter*-Schaltfläche und warten, bis der Datenträger gelöscht wurde. Der Datenträger ist anschließend leer und kann zum Brennen von Dateien verwendet werden.

3 Ergänzen Sie ggf. im Dialogfeld *Auf Datenträger brennen* (im Schritt *Datenträger vorbereiten*) den Datenträgertitel, passen Sie bei Bedarf die Brenngeschwindigkeit über das Listenfeld *Aufnahmegeschwindigkeit* an, und klicken Sie auf die Schaltfläche *Weiter*.

Windows brennt dann die markierten Dateien auf den Datenträger. Der Ablauf wird durch eine Fortschrittsanzeige im Schritt *Bitte warten …* des Dialogfeldes *Auf Datenträger brennen* angezeigt.

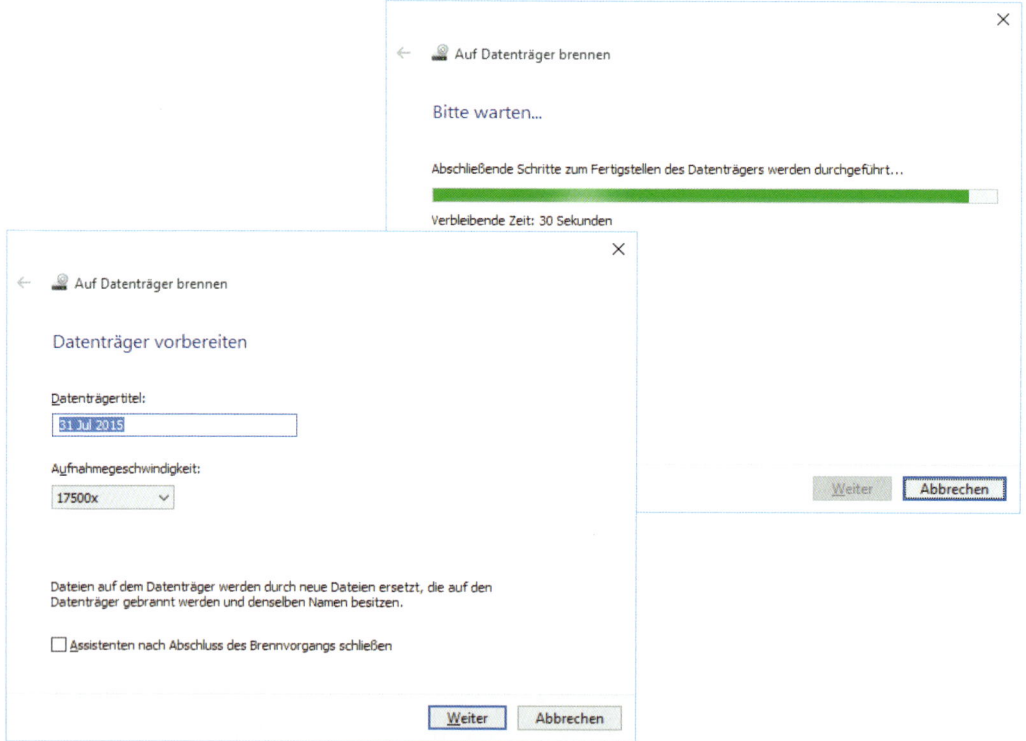

Das Brennen kann, abhängig vom Datenträger und der Menge der zu brennenden Daten, eine Weile dauern. Sobald der Brennvorgang abgeschlossen ist, wird die Schublade des Brenners ausgefahren.

4 Schließen Sie die Schublade des Brenners, und klicken Sie ggf. im noch geöffneten Dialogfeld *Auf Datenträger brennen* auf die Schaltfläche *Fertig stellen*.

Treten Fehler beim Brennen auf (z. B. Rohling defekt), wird dies über Dialogfelder angezeigt, und Sie erhalten Hinweise, was zu tun ist. Ist der gebrannte Rohling beim Einfahren noch im Laufwerk, können Sie direkt auf dessen Inhalt zugreifen.

Das sollten Sie über Rohlinge wissen

Moderne Computer besitzen meist nur noch einen **DVD-Brenner** (seltener einen **BD-Brenner** für Blu-ray Discs), mit dem sich Daten-CDs, Daten-DVDs bzw. bei einem BD-Brenner auch Daten-BDs unter Windows brennen lassen. Zum Brennen benötigen Sie dabei spezielle CD-, DVD- oder BD-Rohlinge, die vom Brenner unterstützt werden. Es gibt dabei verschiedene Rohlingtypen (siehe Abschnitt »Arbeiten mit CDs und DVDs« am Kapitelanfang). Rohlinge mit dem Kürzel »RW« (z. B. CD-RW) sind wiederbeschreibbar. Achten Sie darauf, dass Ihr Brenner die gewünschten Rohlingtypen unterstützt. Moderne Multi-format-DVD-Brenner sollten alle diese Rohlingtypen unterstützen.

Verwenden Sie aus Gründen der Datensicherheit, sofern die Kapazität reicht, möglichst CD-Rohlinge mit bis zu 700 MByte Kapazität. Diese sind wesentlich unempfindlicher gegen Datenverlust als DVD-Rohlinge. Wiederbeschreibbare Datenträger (CD-RWs und DVD+RWs bzw. DVD-RWs) sind ebenfalls nicht so langzeitbeständig wie CD-Rs. Blu-ray Discs (BD-R, BD-RE) sind momentan noch teuer und daher wenig verbreitet.

ISO-Dateien

Brennen von ISO-Dateien

Windows ermöglicht direkt das Brennen von ISO-Dateien (dies sind gespeicherte Abbilder einer CD oder DVD). Es reicht, die betreffende ISO-Datei in einem Ordnerfenster zu markieren. Dann klicken Sie auf der Registerkarte *Verwalten* des Menübands auf die Schaltfläche *Brennen*.

Im geöffneten Dialogfeld *Windows-Brenner für Datenträgerabbilder* (im Vordergrund sichtbar) wählen Sie ggf. den Brenner im Listenfeld aus und klicken auf die *Brennen*-Schaltfläche. Anschließend wird das ISO-Abbild auf den Datenträger gebrannt. Nach dem Brennen können Sie den Datenträger dem Brenner entnehmen oder ihn direkt verwenden. ISO-Dateien werden gelegentlich als Download im Internet bereitgestellt. Zudem lassen sich Inhalte von CDs/DVDs und Ordnern mit Brennprogrammen oder Tools von Drittherstellern als ISO-Dateien speichern.

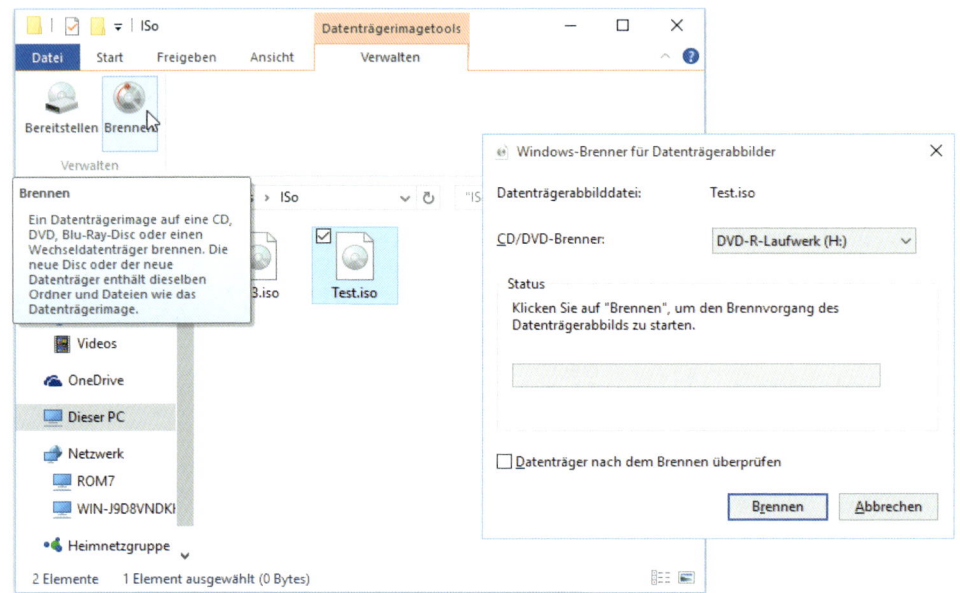

ISO-Dateien laden

Wählen Sie eine ISO-Datei im Ordnerfenster an, können Sie auf der Registerkarte *Verwalten* des Menübands auch die Schaltfläche *Bereitstellen* wählen. Windows blendet dann ein neues, sogenanntes virtuelles DVD-Laufwerk ein, bei dessen Auswahl der Inhalt der ISO-Datei im rechten Teil des Ordnerfensters erscheint. Was für CD-/DVD-Abbilder in Form von ISO-Dateien funktioniert, lässt sich auch für virtuelle Laufwerke in Form von VHD- und VHDX-Dateien anwenden – was aber hier im Buch nicht weiter thematisiert werden soll. Über die Schaltfläche *Auswerfen* der Registerkarte *Verwalten* lässt sich ein solches Medium auch wieder »entladen«, und das Laufwerk verschwindet.

Der Onlinespeicher OneDrive

Microsoft stellt für Windows-Nutzer den kostenlosen Onlinespeicher OneDrive (zurzeit 15 GByte) zur Ablage von Dateien im Internet zur Verfügung. Auf Neudeutsch bezeichnet man das auch als »Datenspeicher in der Cloud«. Über eine Internetverbindung können Sie Bilder, Musik oder weitere Dateien in diversen OneDrive-Ordnern speichern, herunterladen und von unterwegs über eine Internetverbindung darauf zugreifen. In diesem Abschnitt zeige ich Ihnen noch, was Sie über das Internetlaufwerk OneDrive wissen sollten.

OneDrive verwalten

Sie können im Infobereich der Taskleiste auf das Symbol *Ausgeblendete Symbole einblenden* klicken. Wählen Sie in der eingeblendeten Palette das OneDrive-Symbol mit der rechten Maustaste aus.

Dann öffnet sich das hier gezeigte Kontextmenü, über dessen Befehle Sie den OneDrive-Speicher verwalten, auf den Ordner zugreifen oder die Einstellungen anpassen können.

OneDrive einrichten

Voraussetzung zum Zugriff auf ein OneDrive-Konto sind eine Internetverbindung und die Anmeldung an einem Microsoft-Konto. Außerdem fordert Windows 10 Sie einmalig zum Einrichten des OneDrive-Laufwerks auf. Ein Einrichtungsassistent führt Sie durch die Schritte zum Einrichten der OneDrive-Verbindung. Verwenden Sie die angezeigte *Start*-Schaltfläche, um vom Startfenster des Assistenten zu den weiteren Schritten zu gelangen.

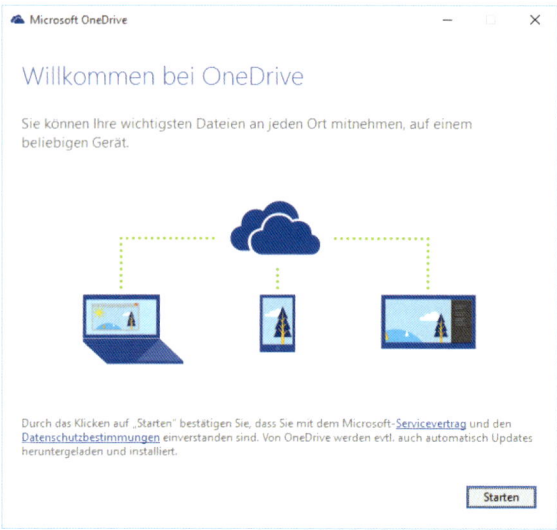

- In einem Einrichtungsschritt fordert der Assistent Sie zur Anmeldung am Microsoft-Konto auf. Geben Sie Ihre E-Mail-Adresse und Ihr Kennwort ein, und bestätigen Sie dies über die *Anmelden*-Schaltfläche.

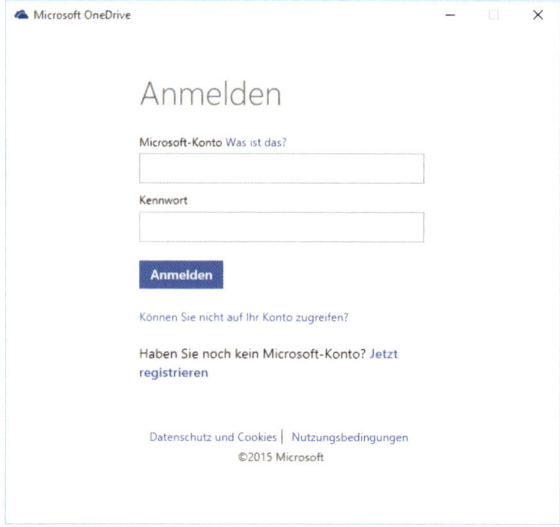

Der Onlinespeicher OneDrive **135**

- Im Fenster *Einführung in den OneDrive-Ordner* klicken Sie auf die *Weiter*-Schaltfläche, um den Einrichtungsschritt zu überspringen.

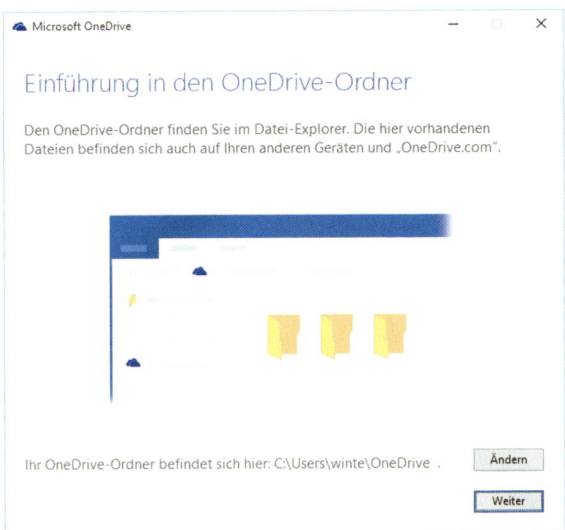

- Im nächsten Schritt markieren Sie die Kontrollkästchen der angezeigten Ordner (auf dem Windows-Gerät), die mit dem OneDrive-Laufwerk im Internet synchronisiert werden sollen. Klicken Sie anschließend auf *Weiter*, um den Vorgang abzuschließen.

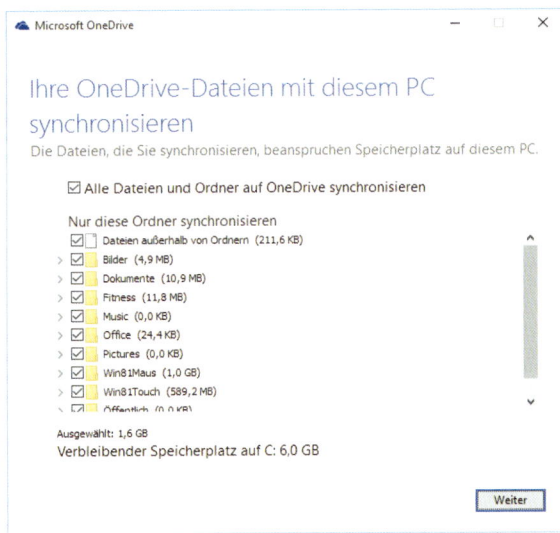

Windows wird dann die ausgewählten lokalen Ordner automatisch mit dem OneDrive-Laufwerk abgleichen, sofern eine Internetverbindung besteht.

Das OneDrive-Laufwerk im Ordnerfenster

Am einfachsten erfolgt der Zugriff auf das OneDrive-Laufwerk über ein Ordnerfenster. In dessen Navigationsbereich finden Sie den Eintrag *OneDrive* samt den auf dem Onlinespeicher angelegten Ordnern.

- Wählen Sie einen Ordner aus, zeigt das Ordnerfenster die vorhandenen Dateien im Inhaltsbereich an (hier wurden einige Fotodateien gespeichert).

- Ein grüner Kreis mit Häkchen signalisiert, dass die OneDrive-Dateien mit dem lokalen Windows-Laufwerk abgeglichen (synchronisiert) sind.

- Im Ordnerfenster können Sie das OneDrive-Laufwerk wie ein lokales Speichermedium (Festplatte, Speicherkarte) behandeln und Dateien bzw. Ordner kopieren, anlegen und auch wieder löschen.

Der Onlinespeicher OneDrive **137**

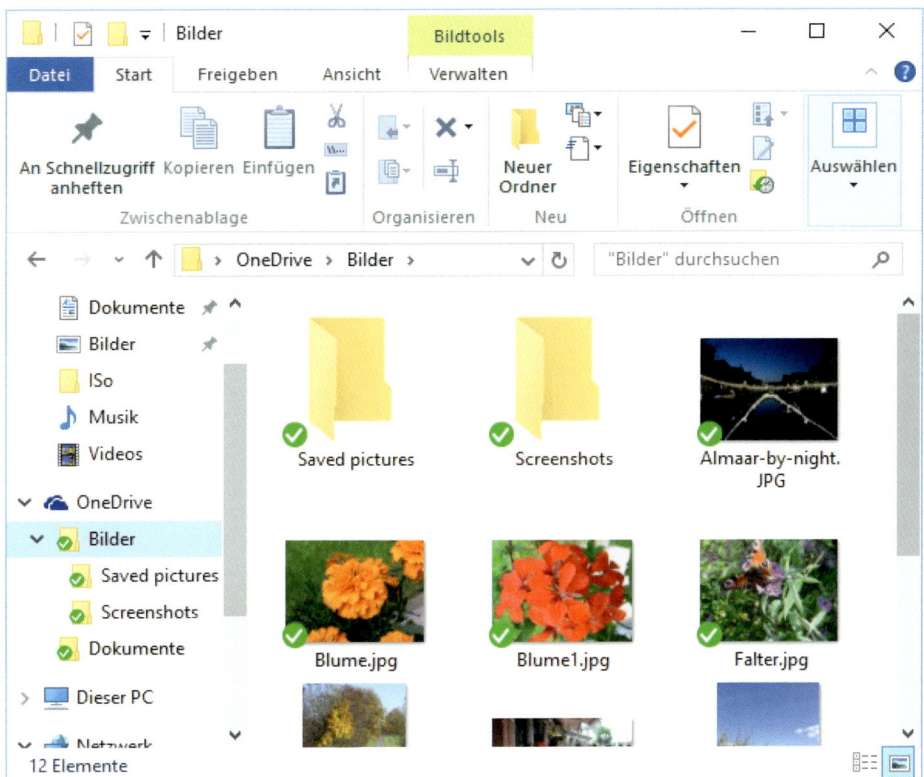

- Auch das Umbenennen oder Kopieren geht wie bei lokalen Ordnern. Kopieren Sie eine Datei aus einem Windows-Ordner in den OneDrive-Order, wird diese auf das Internetlaufwerk hochgeladen (synchronisiert).

Einzige Besonderheit: Die Operationen dauern, abhängig von der Geschwindigkeit der Internetverbindung, etwas länger als auf einer Festplatte.

OneDrive-Inhalte teilen

Der Onlinespeicher OneDrive ist ganz hilfreich, um **Fotos** oder andere **Dateien** mit Dritten zu **teilen**. Wenn Sie z. B. Fotos einem Empfänger per Mail zukommen lassen, tritt ggf. das Problem auf, dass dessen

Postfach diese wegen des großen Anhangs mit den Fotos nicht annimmt. Besser ist es, die Fotos oder Dateien auf OneDrive hochzuladen und den Empfängern einfach nur eine Mail mit der Internetadresse (Link) zu schicken, wo diese sich die Dateien herunterladen können. Das wird von Microsoft als Teilen bezeichnet und ist mit wenigen Handgriffen erledigt.

1 Laden Sie die gewünschten Dateien über das Ordnerfenster in einen OneDrive-Ordner hoch (siehe vorangegangenen Abschnitt).

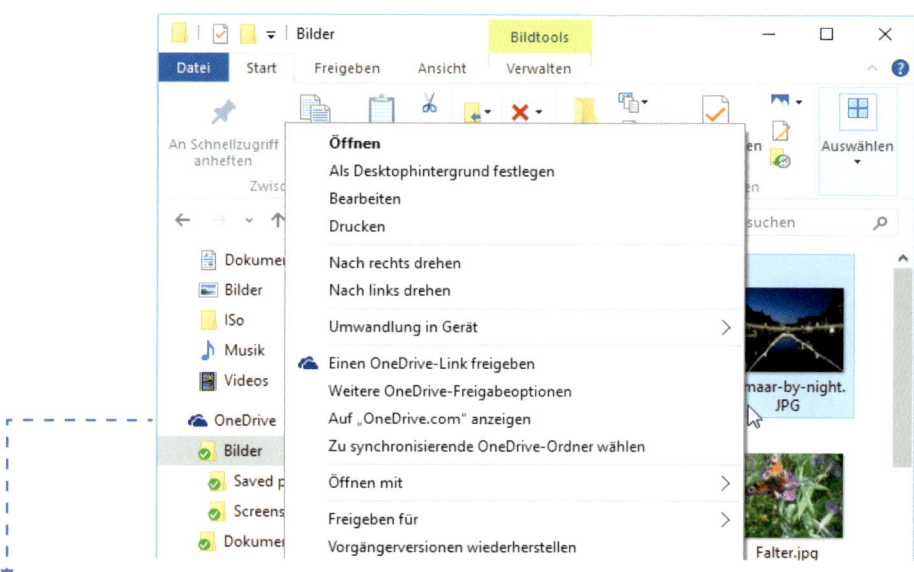

2 Klicken Sie die zu teilende Datei oder den Order mit der rechten Maustaste an, und wählen Sie im Kontextmenü den Befehl *Einen OneDrive-Link freigeben*.

Der Onlinespeicher OneDrive 139

Der Link auf dieses freigegebene Element wird in die Windows-Zwischenablage kopiert. Sobald Windows die betreffende Benachrichtigung anzeigt, wechseln Sie zum E-Mail-Programm und fügen den Link über die Tastenkombination Strg+V in die zu versendende E-Mail ein.

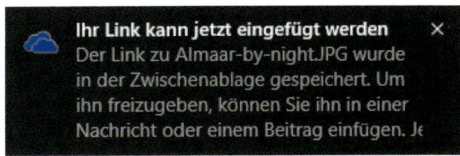

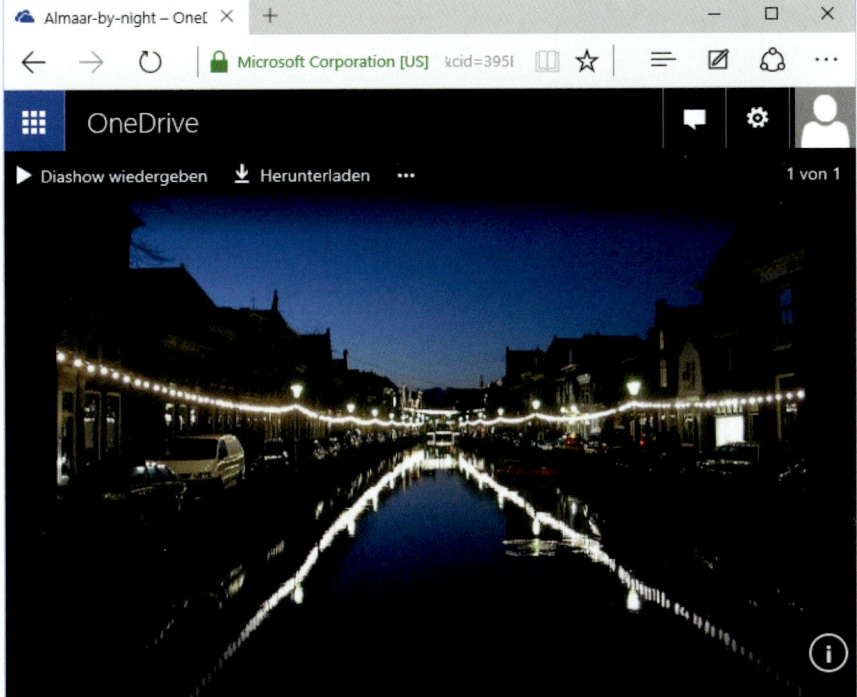

Der Empfänger einer E-Mail kann über diesen Link in einem Browser (wie den in Kapitel 6 vorgestellten Edge) auf den geteilten OneDrive-Ordner mit seinen Dateien zugreifen.

> **HINWEIS**
>
> Sie können sich auch in einem Browser mit Ihrem Microsoft-Konto unter *onedrive.com* anmelden. Dort finden Sie ebenfalls Befehle, um OneDrive-Ordner freizugeben oder Dateien zu verwalten.

Zusammenfassung

An dieser Stelle möchte ich die Einführung in den Umgang mit Laufwerken, Dateien und Ordnern unter Windows beenden. Eigentlich wissen Sie jetzt schon eine Menge und vermutlich mehr, als Sie zu Beginn brauchen. In den nächsten Kapiteln befassen wir uns mit praktischen Anwendungen wie der Wiedergabe von Videos oder Musik, dem Surfen im Internet, dem Anzeigen und Bearbeiten von Fotos etc.

Testen Sie Ihr Wissen

Zur Überprüfung Ihres Wissens können Sie die folgenden Aufgaben lösen.

- **Warum verwendet man Ordner?**
  (Diese ermöglichen es, Dateien – nach bestimmten Kriterien sortiert – auf einem Datenträger abzulegen und gezielt wiederzufinden.)

- **Kennen Sie eine Möglichkeit, um Dateien zu verschieben?**
  (Ziehen Sie die markierten Dateien mit gedrückter rechter Maustaste aus einem Quellordner in ein zweites Ordnerfenster. Lassen Sie die Maustaste los, und wählen Sie den Kontextmenübefehl *Verschieben*.)

- **Wie löschen Sie Datei und Ordner?**
  (Ziehen Sie diese zum Desktop-Symbol des Papierkorbs. Oder markieren Sie die Datei bzw. den Ordner, und wählen Sie auf der Registerkarte *Start* des Menübands den Befehl *Löschen*.)

- **Wie markieren Sie mehrere, nicht zusammenhängende Dateien?**
  (Dazu klicken Sie die gewünschten Dateien mit gedrückter [Strg]-Taste an.)

Fotos verwalten

Digitalkameras und Smartphones ermöglichen es, digitale Fotos und Videos zu erstellen. Diese Fotos lassen sich auf den Computer übertragen. Dieses Kapitel zeigt Ihnen, wie Sie Fotos von einer Digitalkamera auf den Rechner übertragen und dann mit Windows über die Fotos-App oder mit weiteren Funktionen verwalten bzw. anzeigen.

Das lernen Sie in diesem Kapitel
- Fotos importieren
- Fotos per Fotos-App verwalten
- Fotos und Videos bearbeiten
- Kamera- und Fotofunktionen
- Windows-Fotoverwaltung

4

Fotos importieren

Im Folgenden lernen Sie die Möglichkeiten kennen, um Bilder von Digitalkameras, Smartphones oder Datenträgern wie Speicherkarten auf den Windows-Rechner zu übertragen.

Den Foto-Importassistenten verwenden

Windows enthält eine Fotos-App, die auch einen Importassistenten besitzt. Der Assistent erkennt neue Fotos auf eingelegten Medien oder angeschlossenen Kameras bzw. Smartphones und kann diese mithilfe der Importfunktion in den Ordner *Bilder* übertragen.

1 Verbinden Sie das Gerät (Kamera, Smartphone etc.) z. B. per USB-Kabel mit dem Computer, und schalten Sie es ein. Oder legen Sie den Datenträger (Speicherkarte, Foto-CD/-DVD) in das entsprechende Laufwerk ein.

2 Tippen oder klicken Sie auf die ggf. in der rechten unteren Bildschirmecke angezeigte Benachrichtigung, und wählen Sie anschließend in der angezeigten Palette (hier oben sichtbar) den Eintrag *Fotos und Videos importieren*.

Die Benachrichtigung verschwindet, und die Importfunktion der Fotos-App startet zur Fotoübernahme.

TIPP

Persönlich empfinde ich den Importassistenten als zu sperrig und wenig flexibel. Klicken Sie auf *Gerät zum Anzeigen der Dateien öffnen*. Dann öffnet sich ein Ordnerfenster, in dem Sie die Dateien auswählen und direkt von der Speicherkarte der Kamera in den Bilderordner kopieren oder verschieben können. Die Schritte zum Kopieren/Verschieben sind in Kapitel 3 beschrieben.

HINWEIS

Die oben genannten Schritte zur Auswahl des Assistenten erscheinen nur beim erstmaligen Import. Nach Auswahl einer Aktion verwendet Windows die Einstellungen beim nächsten Einlegen eines Mediums automatisch und startet z. B. die Importfunktion. Sie können aber die App **Einstellungen** öffnen (siehe Kapitel 8) und dann unter *Geräte/Automatische Wiedergabe* den Standardwert für das Gerät auf *Jedes Mal nachfragen* setzen.

Der Importassistent der Fotos-App durchsucht anschließend den Datenträger nach neuen Fotos und Videos. Dies wird in einer Statusanzeige signalisiert. Der Vorgang lässt sich über die *Abbrechen*-Schaltfläche beenden.

3 Klicken Sie unter *Import starten?* auf die angezeigte *Importieren*-Schaltfläche.

Dann werden alle neuen Fotos und Videos in den angezeigten Ordner (den *Bilder*-Ordner des Benutzerkontos) importiert.

> **HINWEIS**
>
> Es lassen sich nur neue Fotos und Videos importieren. Bereits importierte Elemente werden nicht mehr aufgelistet. Der Importassistent bietet auch keine Auswahl der zu importierenden Fotos und Videos an.

Der Importassistent überträgt anschließend die ausgewählten Fotos in einen Unterordner des Ordners *Bilder*. Der Assistent benennt den Unterordner anhand des Dateidatums der ersten zu importierenden Fotodatei. Der Importvorgang wird innerhalb der Fotos-App durch eine Fortschrittsanzeige signalisiert. Über *Abbrechen* können Sie den Vorgang vorzeitig beenden.

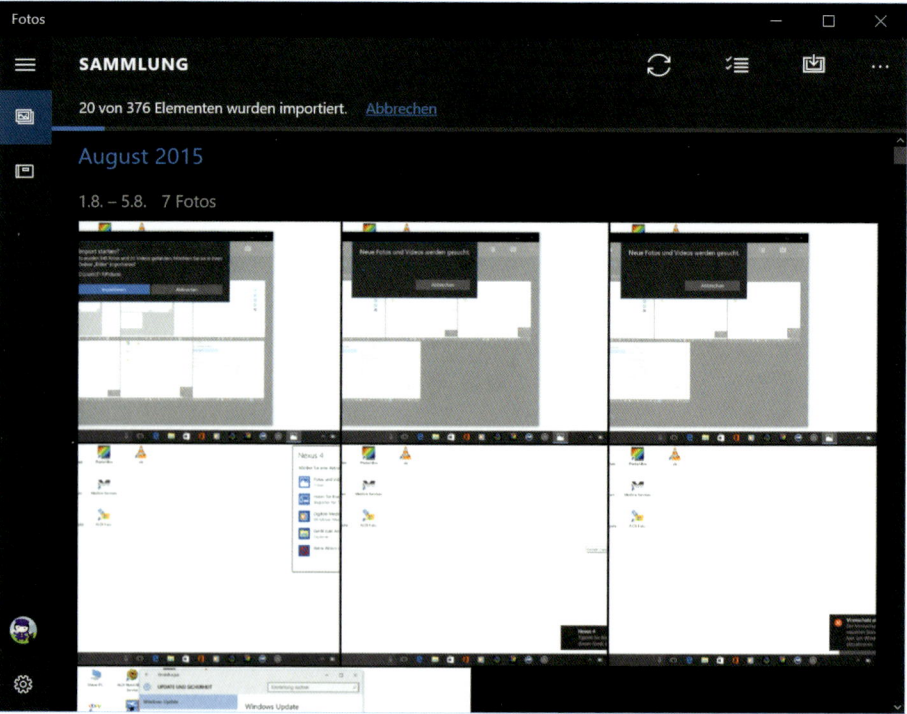

Nach dem Import erscheint der Inhalt des Zielordners mit den Fotos als sogenannte **Sammlung**. Sie können dann auf die Kacheln der angezeigten Elemente zugreifen, um sich die Fotos anzusehen.

Sie haben die Importbenachrichtigung verpasst?

Ist die Importbenachrichtigung in der unteren rechten Bildschirmecke nach ein paar Sekunden wieder verschwunden?

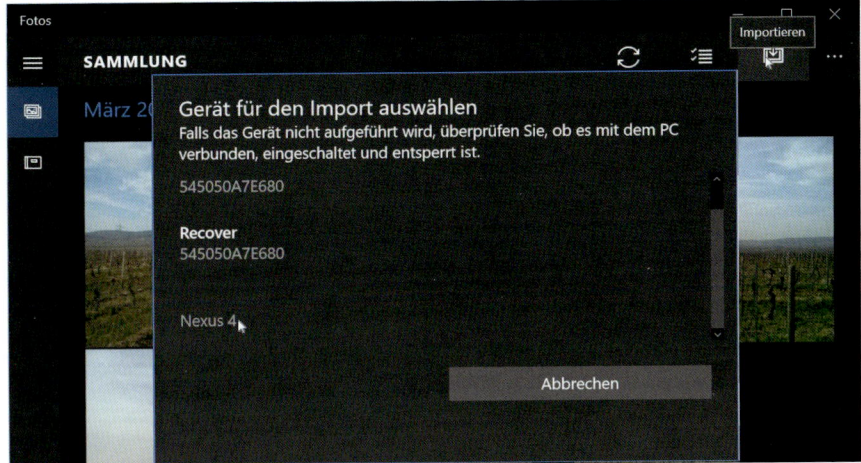

Starten Sie die Fotos-App über die entsprechende Kachel der Startseite, und klicken Sie auf die Schaltfläche *Importieren*. Werden Sie in einer Info zur Auswahl des Importgerätes aufgefordert, tippen oder klicken Sie auf die gewünschte Bildquelle. Danach beginnen die Suche nach Bildern und der oben beschriebene Importvorgang.

Falls der Import nicht klappt

Funktioniert dieser Ansatz bei Ihnen nicht, weil Windows die Geräte nicht unterstützt? Moderne Digitalkameras und Smartphones sollten zwar von Windows erkannt und unterstützt werden. Aber falls der Import nicht klappt, probieren Sie die folgenden Schritte:

- Prüfen Sie an der Digitalkamera, ob sich dort das Picture Transfer Protocol (PTP) einschalten lässt.

- Beim Smartphone schauen Sie nach, ob es eine Option zum Einschalten des Media Transfer Protocols (MTP) gibt.

Näheres sollten Ihnen die Bedienhandbücher der Kamera oder des Handys verraten. Hilft das nicht weiter, nehmen Sie die Speicherkarte aus der Digitalkamera oder dem Smartphone und legen diese in ein Speicherkartenlesegerät des Rechners ein. Für die microSD-Speicherkarten von Smartphones gibt es spezielle Adapter, sodass sie in ein SD-Kartenlesegerät passen.

- Möglicherweise startet beim Einlegen der Speicherkarte der auf den vorangegangenen Seiten beschriebene Importassistent, und Sie gehen in der dort beschriebenen Weise vor.

- Andernfalls kopieren Sie, wie in Kapitel 3 beschrieben, die Fotodateien von der Speicherkarte in einen Unterordner von *Bilder*. Benennen Sie dabei die Unterordner nach dem Datum oder nach Ereignissen wie Urlaub, Hochzeit, Taufe etc.

Die manuelle Übernahme der Fotodateien hat den Vorteil, dass Sie mehr Kontrolle über den Importvorgang haben (z. B. Fotos gezielt auswählen und/oder löschen können).

> **HINWEIS**
>
> Fotos werden auf Speicherkarten im Hauptordner *DCIM* in Fotoordnern abgelegt. Die Fotodateien werden mit einem herstellerspezifischen Text (z. B. IMG, PICT etc.), gefolgt von einer fortlaufenden Bildnummerierung sowie der Dateinamenerweiterung *.jpg*, benannt. Der Dateityp steht für das JPEG-Format, das eine kompakte Speicherung von Fotos ermöglicht.

Bilder per Fotos-App verwalten

In diesem Abschnitt lernen Sie die Funktionen zur Fotoanzeige und -verwaltung der von Windows bereitgestellten Fotos-App kennen.

Die Fotos-App im Überblick

Die Fotos-App kann sowohl Fotos als auch Videos anzeigen, die im Ordner *Bilder* und seinen Unterordnern gespeichert sind. Darüber hinaus werden optional auf dem OneDrive-Laufwerk gespeicherte Fotos und Videos angezeigt.

1 Wählen Sie die Kachel der Fotos-App im Startmenü oder auf der Startseite an, um die App zu starten.

Auf der angezeigten App-Seite erscheint eine Übersicht der Fotos und Videos. Diese umfasst den Ordner *Bilder* mit den dort gespeicherten Fotodateien, eventuell vorhandene Unterordner und die optional auf dem OneDrive-Laufwerk gespeicherten Fotos und Videos.

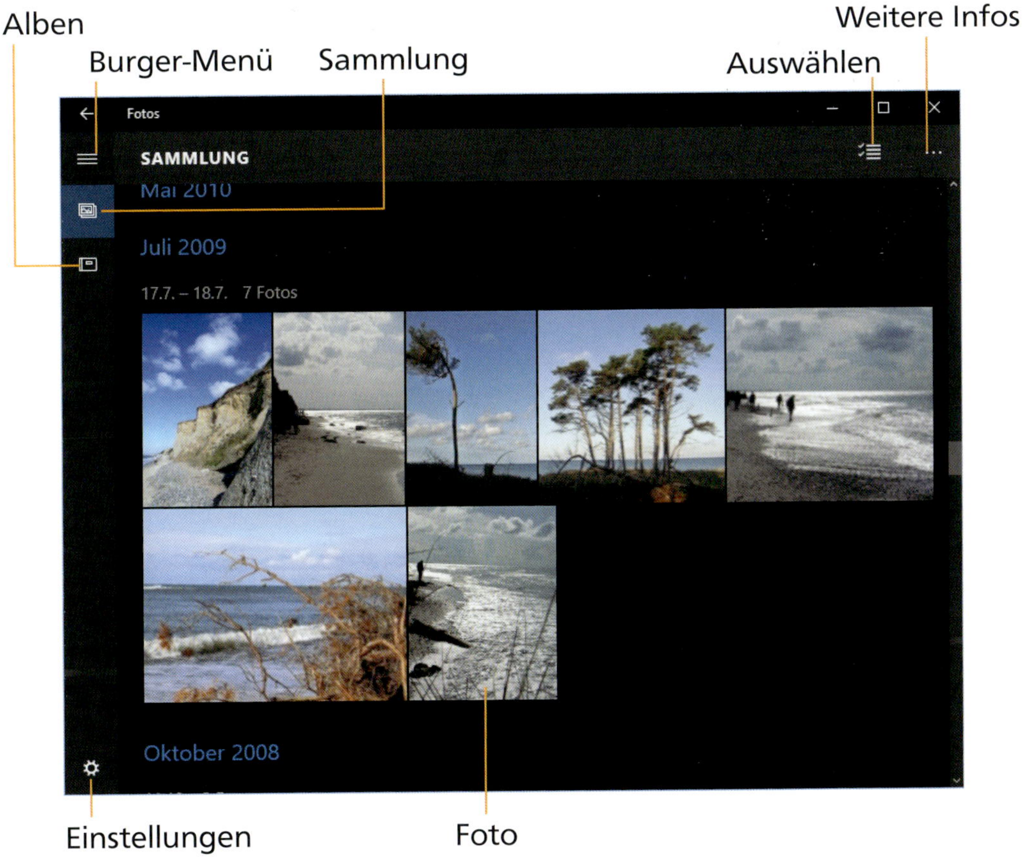

2 Wählen Sie die Bedienelemente der App, um Fotos oder Videos anzuzeigen, zu bearbeiten oder zu löschen.

Zugriff auf die App-Einstellungen

Über das am linken Rand eingeblendete Symbol *Einstellungen* öffnen Sie diese App-Einstellungsseite.

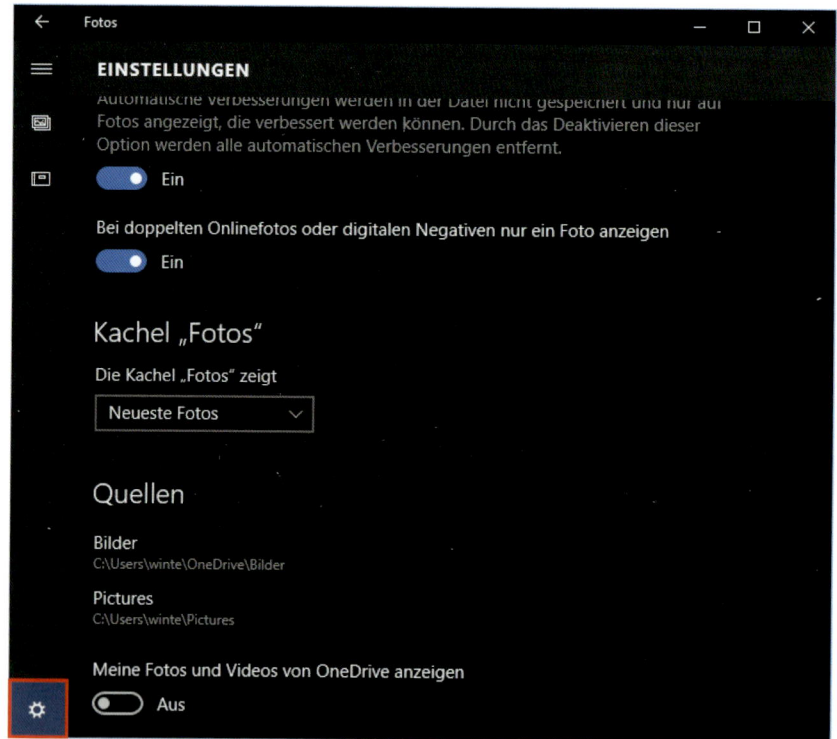

Dort lässt sich vorgeben, ob Fotos automatisch verbessert oder nach Dubletten gefiltert werden. Zudem können Sie die Anzeige der OneDrive-Inhalte zulassen oder sperren.

Was dabei genau zu beachten ist, erfahren Sie in den folgenden Abschnitten.

- Über die beiden Schaltflächen *Sammlung* und *Alben* können Sie die Darstellung der Fotoübersicht umschalten. Das Burger-Menü blendet die Symboltitel der linken Leiste ein.
- Über die Bildlaufleiste blättern Sie zwischen den Alben und Sammlungen.
- Wählen Sie die Schaltfläche *Auswählen*, um einzelne Fotos oder Videos über die eingeblendeten Kontrollkästchen zur weiteren Bearbeitung zu markieren.
- Wählen Sie die Miniaturansicht eines Fotos oder Videos an, um den Inhalt in Vollbildansicht anzuzeigen.

Wählen Sie die in der linken oberen Ecke sichtbare Schaltfläche *Zurück* (mit dem nach links zeigenden Pfeil), um ggf. zur vorherigen Ebene der App-Anzeige zurückzugehen.

Fotos kopieren oder löschen

Sobald Sie Fotos oder Videos (nach Anwahl der Schaltfläche *Auswählen*, siehe vorangegangene Seite) durch Anklicken der Kontrollkästchen markieren, lassen sich diese Elemente kopieren oder löschen (das Teilen wird am Kapitelende beschrieben).

- Verwenden Sie die *Löschen*-Schaltfläche, um ein markiertes Foto zu entfernen. Das Löschen bestätigen Sie in einem eingeblendeten Fenster.
- Über die Schaltflächen mit den drei Pünktchen (*Weitere Infos*) erhalten Sie den Zugriff auf die Schaltfläche *Kopieren*. Dieser überträgt die markierten Fotos in die Windows-Zwischenablage. Diesen Inhalt können Sie anschließend in ein Grafikprogramm übernehmen.

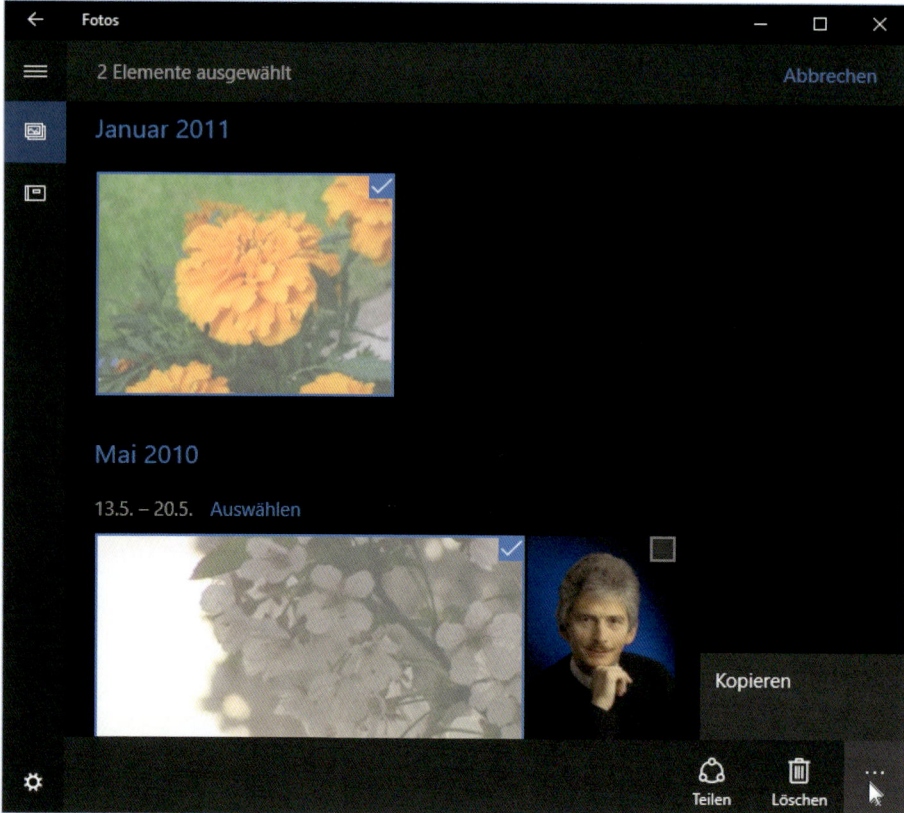

Die Schaltflächen zum Löschen oder Kopieren werden auch in der Einzelbildansicht angezeigt.

Windows-Zwischenablage

Die Windows-Zwischenablage ist ein interner Speicher, in dem Programme Daten und Informationen ablegen und auch wieder herausholen können. So lassen sich Texte, Fotos etc. zwischen Programmen und Apps austauschen oder Dateien in Ordnerfenstern, in der Fotos-App etc. kopieren bzw. verschieben. Beachten Sie, dass der Inhalt der Zwischenablage beim Herunterfahren von Windows verloren geht.

Fotos und Videos in der Fotos-App ansehen

Um ein Foto oder Video anzuzeigen, gehen Sie folgendermaßen vor:

1 Navigieren Sie, wie oben beschrieben, innerhalb der Fotos-App zum gewünschten Foto oder Video.

2 Wählen Sie dann die betreffende Miniatur mit der Foto- oder Videodatei durch Anklicken oder Antippen an.

Alternativ können Sie die Foto- bzw. Videodatei auch per Doppelklick in einem Ordnerfenster anwählen. Die Fotos-App zeigt das betreffende Foto oder Video in Großdarstellung an. Hier ist die Darstellung der Fotos-App zu sehen.

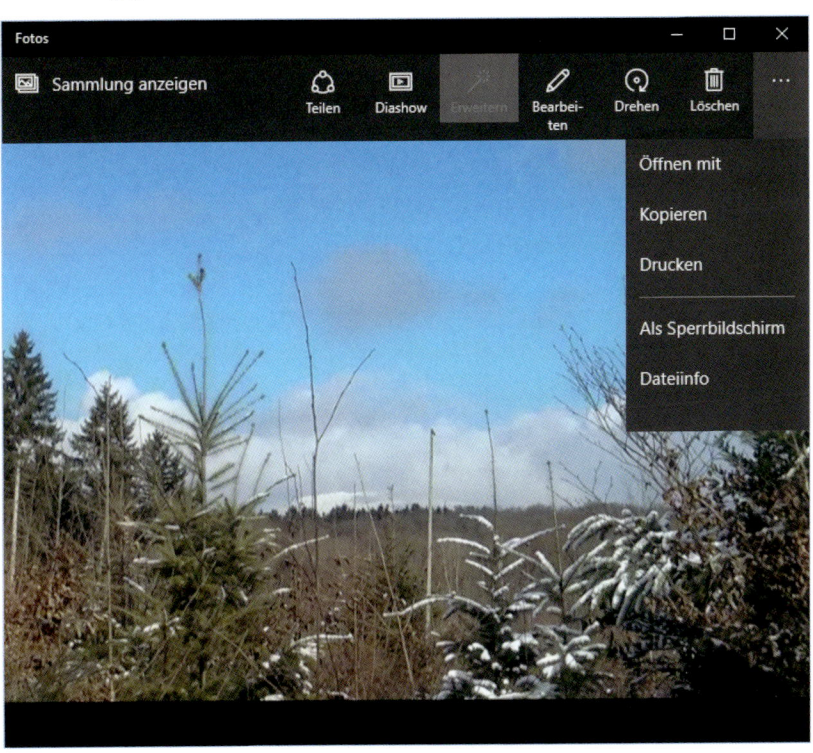

- Über die Schaltfläche *Zurück* (mit dem Pfeil nach rechts) oder, falls angezeigt, mit der Schaltfläche *Sammlung anzeigen*, gelangen Sie zur Darstellung der Miniaturen zurück.

- Über die restlichen Schaltflächen am oberen App-Rand lässt sich das Foto drehen, teilen, löschen oder bearbeiten.

Das Symbol *Weitere Infos* mit den drei Pünktchen öffnet ein Menü mit Befehlen, um die Fotodatei in einer anderen App oder Anwendung zu öffnen, zu drucken, zu kopieren oder als Sperrbildschirm abzulegen. Die Schaltfläche *Öffnen mit* öffnet eine Palette, in der Sie die Namen verschiedener Programme wie Paint oder Windows-Fotoanzeige finden. Bei Anwahl eines Programmeintrags wird dann das Foto in der jeweiligen App oder Windows-Anwendung geöffnet.

> **TIPP**
>
> Zeigen Sie mit der Maus auf ein Foto und enthält der Ordner weitere Fotos, werden am linken/rechten Rand Navigationsschaltflächen sichtbar. Über diese Schaltflächen rufen Sie das vorherige bzw. nächste Foto auf. Auf einem Touchscreen wischen Sie einfach nach rechts oder links, um zwischen den Fotos zu blättern.

> **Fotoanzeige vergrößern oder verkleinern**
>
> Zeigen Sie mit der Maus auf den Fotobereich der App, wird in der rechten unteren Ecke des Fotos ggf. ein kleines Plus- bzw. Minuszeichen eingeblendet. Durch Anklicken mit der Maus lässt sich die Fotoanzeige vergrößern oder verkleinern. Auf einem Touchbildschirm vergrößern oder verkleinern Sie das Foto durch Spreizen oder Zusammenziehen zweier Finger. Ist ein Foto größer als die Anzeige, lässt sich der sichtbare Bildausschnitt mit gedrückter linker Maustaste (oder mit dem Finger auf dem Touchscreen) verschieben.

> **Fotos als Diashow wiedergeben**
>
> Wählen Sie in der App die Schaltfläche *Diashow*, oder drücken Sie die Funktionstaste F5, werden die im lokalen Ordner gespeicherten Fotos als Diashow automatisch auf der App-Seite wiedergegeben. Das Anklicken der App-Seite oder ein Rechtsklick hält die Diashow an. Die Diashow besitzt keine Funktionen, um die Reihenfolge der Bilder und Videos oder die Bildanzeigedauer zu verändern.

Besonderheiten bei der Videowiedergabe

Befinden sich Videodateien im Fotoordner? Videodateien erkennen Sie an einem in der Kachel eingeblendeten Kreis mit einem Dreieck (nachfolgend im Hintergrund zu sehen). Der Kreis mit dem Dreieck symbolisiert die Wiedergabe-Schaltfläche. Wählen Sie eine Videodatei, wie im Abschnitt zur Fotowiedergabe beschrieben, aus, wird diese auf der App-Seite wiedergegeben (nachfolgend im Vordergrund unten sichtbar).

- Tippen oder klicken Sie auf das Video, um die Wiedergabe anzuhalten bzw. erneut fortzusetzen. Bei gestoppter Wiedergabe erscheint in der Mitte des Videos ein Kreis mit einem Dreieck. Klicken oder tippen Sie auf das Video, wird die Wiedergabe fortgesetzt.

- Bei gestoppter Wiedergabe oder direkt nach dem Start der Anzeige wird eine Zeitleiste samt dem Positionsanzeiger (kleiner Kreis) am unteren Rand des Videos sichtbar. Der Positionszeiger signalisiert, welcher Teil der Videodatei gerade abgespielt wird.

- Die links neben der Zeitleiste eingeblendete Zahl zeigt die Spielzeit vom Videoanfang bis zur aktuellen Position, während die rechte Zeitangabe die Gesamtspielzeit des Videos angibt.

154 Kapitel 4

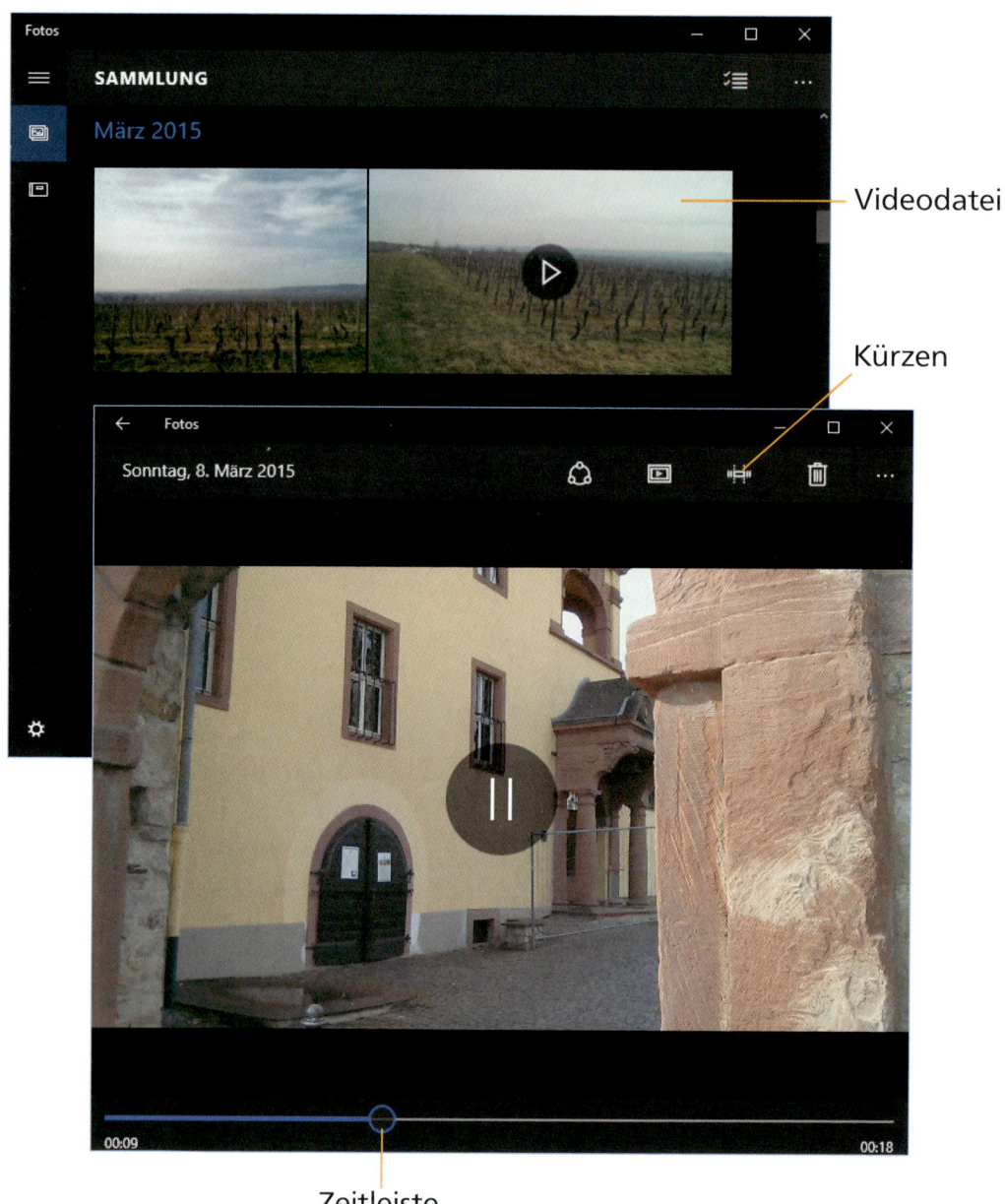

- Ziehen Sie mit der Maus oder dem Finger den Positionsanzeiger (kleiner Kreis) auf der Zeitleiste nach links oder rechts, um in der Wiedergabe zur gewünschten Szene zu springen.

Die Wiedergabeleiste verschwindet bei der Videowiedergabe nach kurzer Zeit. Zeigen Sie während der Wiedergabe mit dem Mauszeiger auf den Videobereich, werden die Wiedergabeleiste sowie ein Bedienelement (Kreis mit Dreieck zum Videostart oder zwei Vierecken zum Anhalten) in der Bildschirmmitte sichtbar.

Fotos und Videos bearbeiten

Die Fotos-App besitzt einige einfache Funktionen, um Videos zu kürzen oder Fotos zu bearbeiten (zuschneiden, aufhellen etc.). In diesem Abschnitt lernen Sie die wichtigsten Funktionen kennen.

Fotos drehen und verbessern

Sobald Sie ein Foto in der App in Vollbilddarstellung anzeigen lassen, können Sie die Schaltflächen *Drehen* und *Verbessern* am oberen App-Rand anwählen.

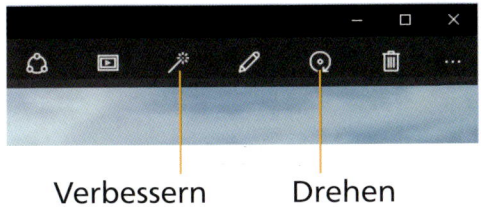

Verbessern   Drehen

- Liegt ein Foto als Porträtaufnahme hochkant vor? Wählen Sie die Schaltfläche *Drehen*, um das Motiv um 90 Grad im Uhrzeigersinn zu drehen. Durch weiteres Antippen oder Anklicken der Schaltfläche lässt sich das Foto schrittweise drehen, bis die ursprüngliche Ausrichtung wieder erreicht ist.

- Die App besitzt eine Autokorrekturfunktion, um ein Foto zu verbessern (aufzuhellen etc.). Wählen Sie in der App die Schaltfläche *Verbessern*, um die Autokorrektur ein- oder auszuschalten.

Die Funktionen werden sofort bei Anwahl der Schaltfläche ausgeführt. Es gibt keine Rückgängig-machen-Schaltfläche, wenden Sie also die *Drehen*- oder *Verbessern*-Funktion erneut an, um das Foto in der richtigen Ausrichtung oder ohne Optimierung anzuzeigen.

Fotos bearbeiten

Mithilfe der Fotos-App können Sie zu hell oder zu dunkel geratene Fotos korrigieren. Auch Bildfehler wie rote Augen oder Hautunreinheiten in Porträtfotos können retuschiert werden. Um eine solche Aufnahme doch noch zu retten, rufen Sie die Bearbeitungsfunktionen der Fotos-App auf.

1 Öffnen Sie das Foto in der Vollbilddarstellung der Fotos-App, und wählen Sie die Schaltfläche *Bearbeiten*.

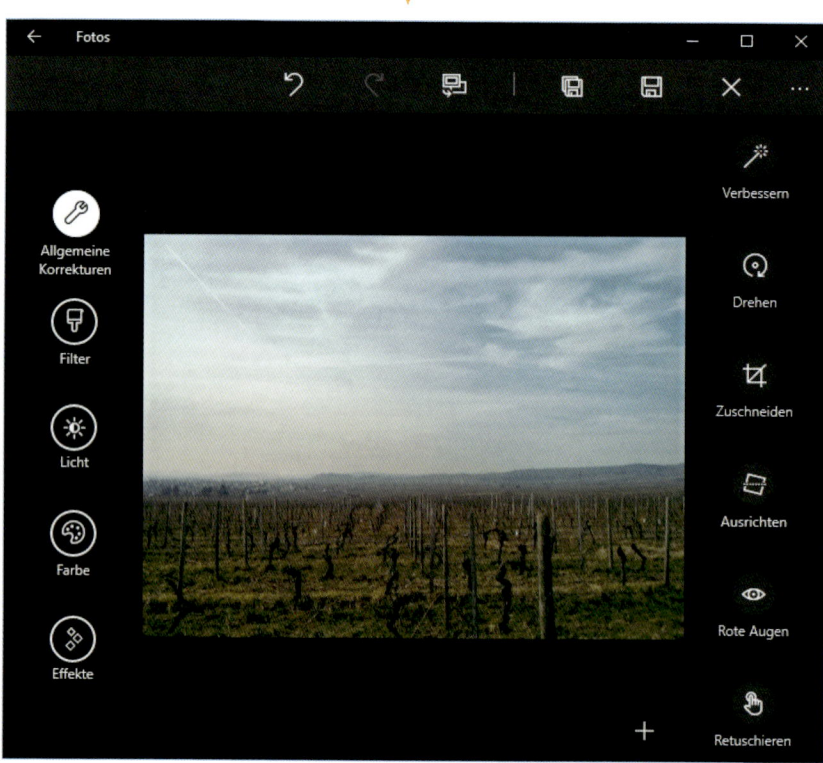

Fotos und Videos bearbeiten   157

2 Auf der hier sichtbaren Bearbeitungsseite wählen Sie eine der am linken Rand angezeigten Schaltflächen, um die Korrekturfunktion (z. B. Licht, Farbe, Effekte etc.) aufzurufen.

3 Nehmen Sie anschließend über die am rechten Rand angezeigten Kacheln oder Schaltflächen die gewünschte Korrektur vor.

> **HINWEIS**
>
> Abhängig von der gewählten Funktion werden deren Optionen am rechten Rand als Kacheln oder Schaltflächen dargestellt und lassen sich anwählen.

In der Abbildung unten ist links die Schaltfläche *Allgemeine Korrekturen* gewählt (erkennbar am weiß ausgefüllten Kreis). Sie können am rechten Rand durch Anwahl der Symbole verschiedene Bearbeitungsfunktionen abrufen.

- Bei *Verbessern* erfolgt eine automatische Korrektur (z. B. heller, dunkler etc.). Die aktuelle Auswahl ist an einem Häkchen am Symbol zu erkennen.

- Sie sehen in der Vorschau übrigens sofort die Wirkung jedes Bearbeitungsschritts, obwohl dieser noch nicht dauerhaft ausgeführt ist.

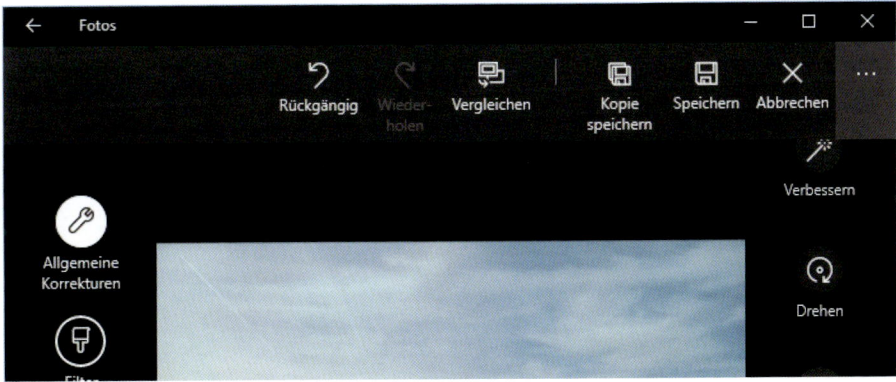

4 Zum Abschließen der Korrektur wählen Sie eine der angezeigten Schaltflächen am oberen Rand der App an.

Die Schaltflächen der App-Leiste legen fest, was passieren soll:

- Über die Schaltfläche *Rückgängig* nehmen Sie die letzten, noch nicht abgeschlossenen Bearbeitungsschritte schrittweise zurück. Haben Sie also ein Foto aufgehellt, Farben angepasst und Effekte angewandt, wird bei jeder Anwahl ein Schritt zurückgenommen.

- Über die Schaltfläche *Abbrechen* werden alle während der Bearbeitung gewählten Korrekturen verworfen. Dies müssen Sie in einem eingeblendeten Fenster über die Schaltfläche *Verlassen* bestätigen. Klicken Sie außerhalb des Fensters auf die App, bleiben die Änderungen erhalten.

- Die Schaltfläche *Speichern* veranlasst, dass die Korrekturen am betreffenden Foto vorgenommen werden. Verzichten Sie auf diese Option, da sie die Gefahr birgt, eine unwiederbringliche Aufnahme irrtümlich zu verfälschen.

- Ich empfehle die Verwendung der Schaltfläche *Kopie speichern*. Dann bleibt das Original unverändert erhalten, und alle Korrekturen werden als Kopie des Fotos in einer separaten Datei abgelegt.

- Klicken Sie auf die Schaltfläche *Vergleichen*, und halten Sie die Maustaste gedrückt, wird der vorherige Zustand des Fotos angezeigt.

Detailliertere Informationen zu den angebotenen Bearbeitungsfunktionen finden Sie in den folgenden Abschnitten.

Fotos zuschneiden

Die Fotos-App ermöglicht Ihnen im Bearbeitungsmodus mit wenigen Handgriffen das Zuschneiden von Fotos.

- Um ein Foto zuzuschneiden, wählen Sie im Bearbeitungsmodus (siehe vorangegangene Seite) die Schaltfläche *Zuschneiden*. Das Foto wird dann mit einem Rahmen markiert.

- Verschieben Sie die an den Ecken sichtbaren weißen Punkte, um den durch den Rahmen festgelegten Bildausschnitt zu vergrößern oder zu verkleinern.

- Über die Schaltfläche *Seitenverhältnis* der App wird ein Menü eingeblendet, über dessen Befehle Sie z. B. verschiedene Fotoformate (9 x 13 cm) zum Zuschneiden wählen können.

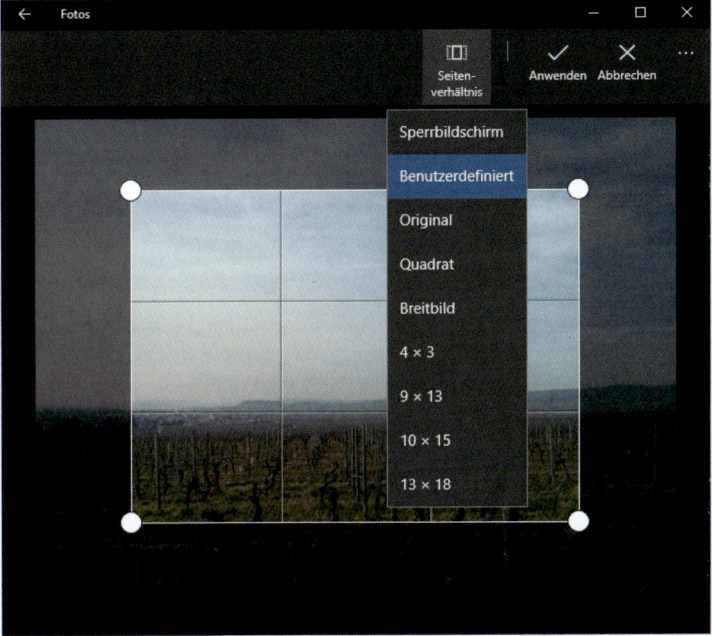

Die Schaltfläche *Anwenden* führt den Zuschnitt aus, während die *Abbrechen*-Schaltfläche den Korrekturmodus ohne Änderungen beendet.

Ein Foto ausrichten

Wurde das Motiv bei der Aufnahme leicht schief fotografiert (schräger Horizont oder Strand)? Die Fotos-App ermöglicht Ihnen, im Bearbeitungsmodus das Foto auszurichten.

- Zum Ausrichten des Fotos rufen Sie den Bearbeitungsmodus auf und wählen am rechten Rand die Schaltfläche *Ausrichten*. Das Foto wird dann mit einem Gitter markiert.

- Ziehen Sie den am rechten Rand eingeblendeten weißen Kreis im oder gegen den Uhrzeigersinn um den großen schwarzen Kreis.
- Der Ausrichtungswinkel wird im großen Kreis als Zahl angezeigt, und das Foto wird in der Vorschau um den Winkel gedreht.
- Klicken oder tippen Sie auf die Vorschau des Fotos, um die Korrektur anzuwenden.

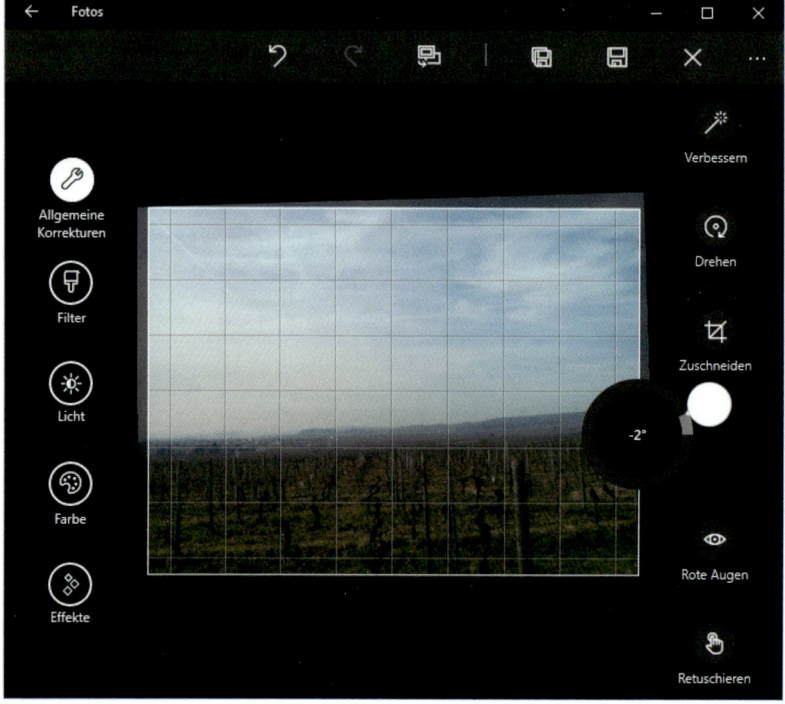

Die Schaltflächen *Speichern* und *Kopie speichern* sichern die Korrektur, während die *Abbrechen*-Schaltfläche den Zuschnittmodus ohne Änderungen beendet.

Retusche und Rote-Augen-Korrektur

Hat eine Person in einer Porträtaufnahme rote Augen oder Hautunreinheiten, lässt sich dies über folgende Schritte mithilfe der Fotos-App korrigieren.

Fotos und Videos bearbeiten **161**

1 Stellen Sie als Erstes sicher, dass das Foto in der Fotos-App geladen ist, und wechseln Sie dann in den Korrekturmodus (mehr darüber erfahren Sie auf den vorangegangenen Seiten).

2 Stellen Sie sicher, dass das Foto über die Plus-Schaltfläche in der rechten unteren Ecke genügend vergrößert wurde.

3 Dann wählen Sie zur Korrektur von roten Augen in der Kategorie *Allgemeine Korrekturen* die Schaltfläche *Rote Augen*.

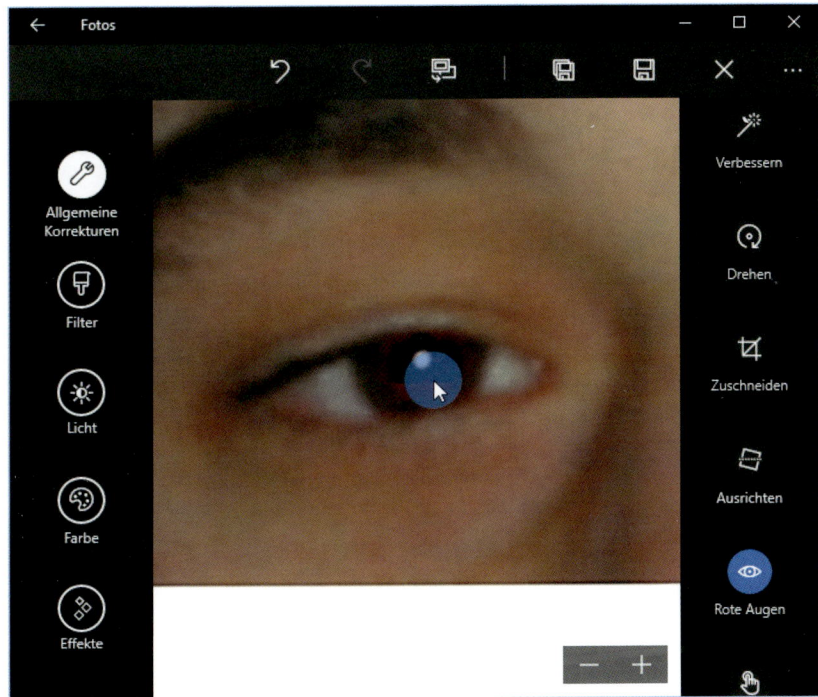

4 Anschließend klicken oder tippen Sie im Foto auf den Bereich der roten Pupillen.

Die App zeigt beim Bewegen der Maus einen farbigen Kreis anstelle des Mauszeigers. Beim Klicken auf eine Stelle im Bild korrigiert die Funktion rote Stellen mit schwarzer Farbe. Treffen Sie die rote Pupille, wird diese schwarz eingefärbt.

5 Pickel oder andere Hautunreinheiten bzw. Bildfehler (Staubfussel etc.) retuschieren Sie, indem Sie die Kategorie *Allgemeine Korrekturen* und rechts die Schaltfläche *Retuschieren* wählen.

6 Danach klicken oder tippen Sie auf die zu retuschierenden Bildstellen (im Beispielfoto etwa der dunkle Pigmentfleck an der Unterlippe oder die glänzende Stelle auf der Nase).

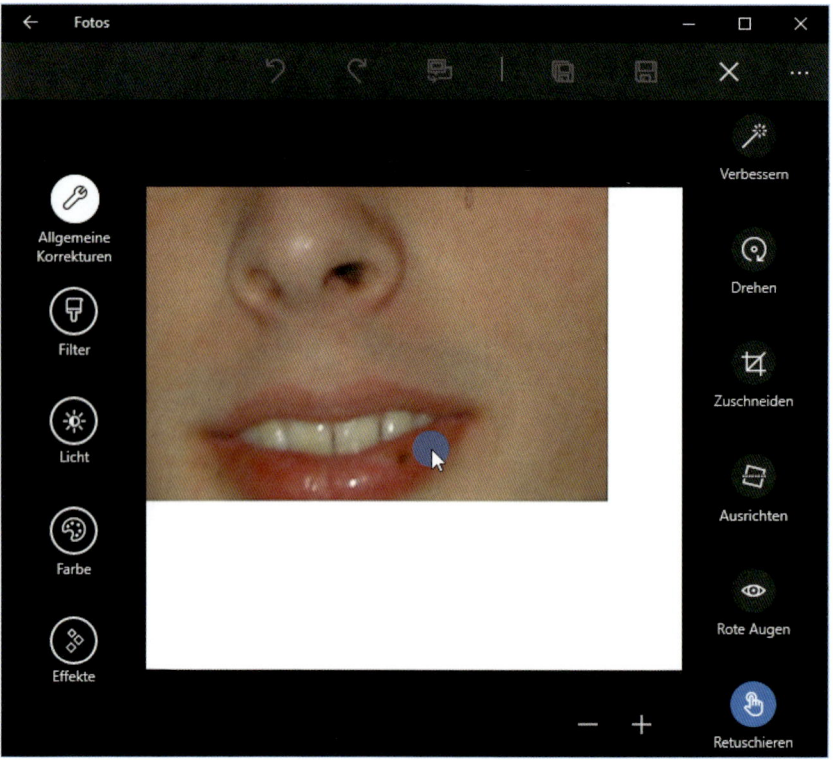

Auch hier wird anstelle des Mauszeigers ein blauer Kreis sichtbar, der den Bearbeitungsbereich markiert. Beim Anklicken/Antippen einer Bildstelle gleicht die Retuschefunktion dann Farbunterschiede aus. Der dunkle Pigmentfleck wird ebenso korrigiert wie z. B. glänzende Stellen auf der Nase, störende Pickel oder Haare.

> **TIPP**
>
> Falls Ihnen eine Retusche nicht gefällt, nehmen Sie diese über die Schaltfläche *Rückgängig* der App zurück. Die Funktionen *Rote Augen* und *Retuschieren* werden mit der *Abbrechen*-Schaltfläche oder durch Drücken der Esc-Taste beendet. Nach Anwahl einer Funktion lassen sich also durchaus zwei rote Augen oder mehrere Bildfehler korrigieren.

Filter auf Fotos anwenden

Auf die im Korrekturmodus in der Fotos-App geöffneten Fotos lassen sich diverse Filter anwenden.

1 Wählen Sie in der linken Spalte der Fotos-App die Schaltfläche *Filter*.

2 Klicken oder tippen Sie anschließend auf die am rechten Rand angezeigten Filter, um diese auf das Foto anzuwenden.

In der nachfolgenden Abbildung ist links die Schaltfläche *Filter* gewählt (erkennbar am weiß ausgefüllten Kreis). Sie können daher am rechten Rand durch Anwahl der Kacheln verschiedene Farbfilter inklusive Schwarz-Weiß-Effekt ausprobieren.

Die aktuelle Auswahl ist an einem blauen Rahmen um die Kachel zu erkennen. Sie sehen in der Vorschau sofort die Wirkung eines Bearbeitungsschritts, obwohl dieser noch nicht dauerhaft ausgeführt ist.

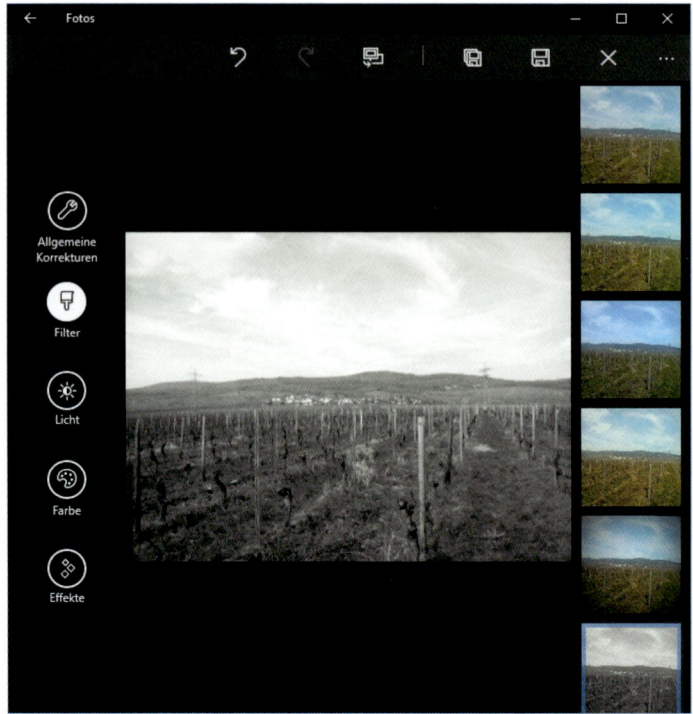

3 Zum Abschließen der Korrektur wählen Sie die Schaltfläche *Kopie speichern*.

Die gewählte Schaltfläche stellt sicher, dass das Original des Fotos unverändert bleibt.

Lichteffekte: Helligkeit, Kontrast etc.

Zu dunkel oder zu hell geratene Fotos lassen sich eventuell mithilfe der Fotos-App korrigieren:

1 Rufen Sie den Bearbeitungsmodus des Fotos auf, und klicken Sie in der linken Spalte auf die Schaltfläche *Licht*.

2 Wählen Sie anschließend in der rechten Spalte die gewünschte Kategorie *Helligkeit*, *Kontrast*, *Helle Flächen* oder *Schatten* an.

Fotos und Videos bearbeiten **165**

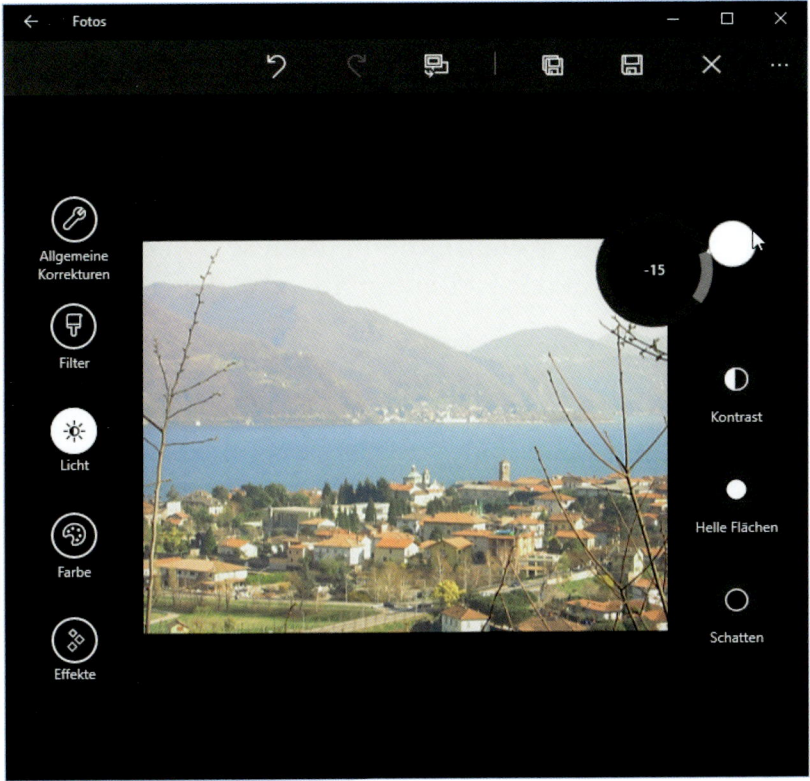

Nun wird ein größerer Kreis mit einer Zahl, die für den Wert steht, angezeigt. Gleichzeitig erscheint daneben ein weiterer Kreis mit einer kleinen Spitze, die in den äußeren Ring des großen Kreises hineinragt.

3 Ziehen Sie den weißen Kreis mit der Maus (halten Sie dabei die linke Maustaste gedrückt) oder mit dem Finger wie einen Uhrzeiger um den Kreisrand, um den Wert zu verändern.

Ziehen im Uhrzeigersinn erhöht, Ziehen gegen den Uhrzeigersinn reduziert den angezeigten Wert. Hier noch einige Hinweise zu den einzelnen Funktionen:

- Die oberste Schaltfläche *Helligkeit* hellt das Foto auf oder dunkelt es ab.

- *Kontrast* vergrößert oder reduziert die Unterschiede zwischen sehr hellen und sehr dunklen Bildstellen. Ein hoher Kontrast hebt die Details hervor, führt aber oft zu unnatürlich harten Bildübergängen (z. B. bei Schatten).

- Die Funktion *Helle Flächen* wirkt auf die hellen Bildbestandteile (Lichter, sonnenbeschienene Szenen) und hebt diese Stellen zusätzlich hervor oder schwächt deren Helligkeit ab.

- Mit *Schatten* wirken Sie auf die dunklen Bildbereiche ein und verstärken Schatten oder schwächen diese ab, je nach gewähltem Wert.

Die Änderungen werden sofort im Foto angezeigt. Zum Übernehmen oder Verwerfen der Korrekturen wählen Sie eine der angezeigten Schaltflächen.

Farbkorrekturen an Fotos vornehmen

Sind die Farben eines Fotos zu flau oder zu grell? Oder gibt es gar einen Farbstich? Aufnahmen ohne Blitz bei Glühlampenbeleuchtung neigen zu einem Gelbstich, Fotos bei Neonbeleuchtung sind blaustichig und wirken kalt. Die Bearbeitungsfunktion der am linken Rand gezeigten Schaltfläche *Farbe* stellt mehrere Optionen zur Farbkorrektur eines Fotos bereit.

- Die Farbtemperatur ist ein Maß, um einen Farbeindruck einer Lichtquelle quantitativ zu bestimmen. Über die Schaltfläche *Temperatur* lässt sich die Farbtemperatur in Richtung Rot oder Blau verschieben.

- Mithilfe der Schaltfläche *Farbton* korrigieren Sie die in einem Foto vorkommenden Farben im Farbton (z. B. Rot wird zu Rosa etc.).

- Über die Schaltfläche *Sättigung* beeinflussen Sie, wie grell die Farben eines Fotos herauskommen sollen. Durch Reduktion der Sättigung kann ein Foto mit zu knalligen Farben eventuell abgeschwächt werden.

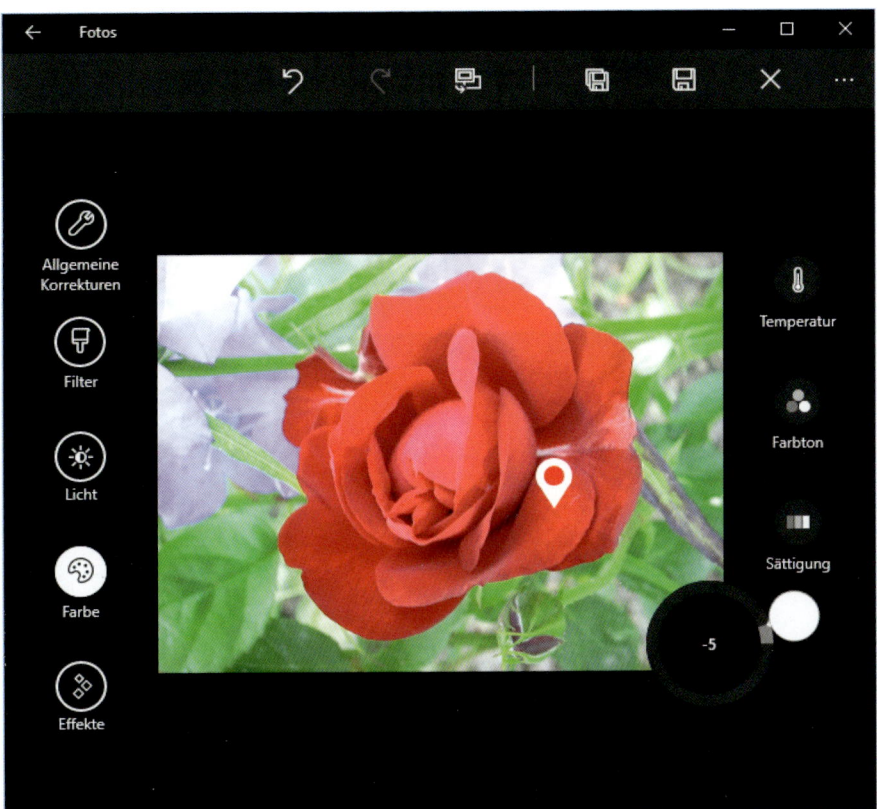

- Wählen Sie die Schaltfläche *Farbverbesserung*, lässt sich eine Marke in Form eines Tropfens auf einer Fläche des Bildes (hier das Rosenblatt) durch Anklicken/Antippen positionieren. Ziehen Sie dann den eingeblendeten weißen Kreis im oder gegen den Uhrzeigersinn am größeren Kreis entlang, lässt sich die Farbe der markierten Fläche verstärken oder reduzieren.

Die Wirkung der Bearbeitungsfunktionen auf Fotos können Sie durch Probieren herausfinden. Die Änderungen werden über die Schaltflächen am oberen App-Rand übernommen oder verworfen.

Effekte: Vignetten und selektiver Fokus

Für besondere Effekte stellt die Fotos-App noch die Schaltfläche *Effekte* am linken Rand bereit. Über die Bearbeitungsfunktion *Vignette* (rechter Rand) dunkeln Sie die Ecken des Fotos ab (hier im Vordergrund sichtbar). Stellen Sie nach Anwahl der Schaltfläche, wie auf den vorangegangenen Seiten erläutert, über den weißen Kreis einen Wert für die Vignettierung ein.

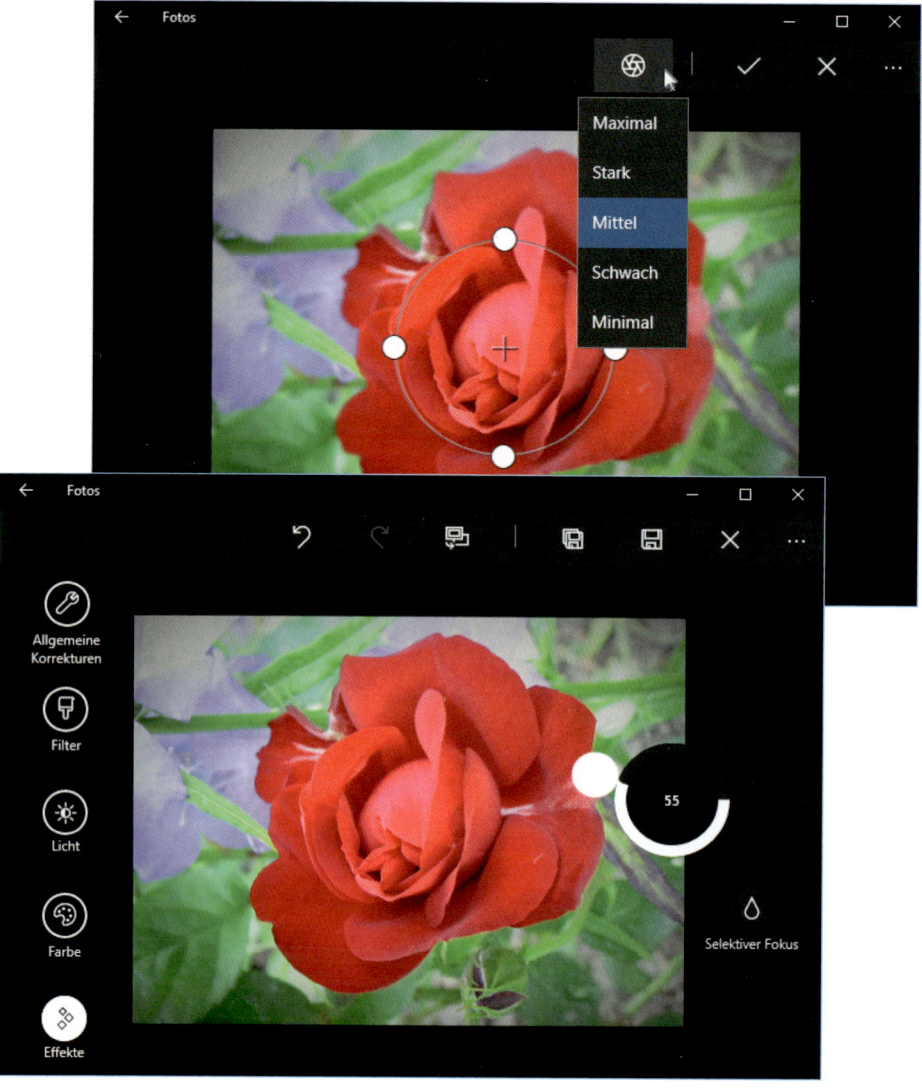

Die Schaltfläche *Selektiver Fokus* bietet die Möglichkeit, einen Bildausschnitt, der im Blickpunkt liegen soll, zu fokussieren.

- Wählen Sie die Schaltfläche am rechten App-Rand an, wird eine Markierung für den Fokusbereich eingeblendet (hier im Hintergrund in der Bildmontage sichtbar).

- Über die weißen Kreise verändern Sie die Größe der Markierung. Zudem lässt sich die Markierung mit der Maus oder dem Finger im Bildausschnitt verschieben.

- Mithilfe der Schaltfläche *Weichzeichnen* wird der Effekt zwischen verschiedenen Vorgabewerten eingestellt.

Bei Anwendung zeigt die Funktion nur die im Fokus liegenden Bildteile scharf, während alle anderen Fotobestandteile unscharf maskiert werden. Dies ermöglicht es Ihnen, ein Objekt in einem Foto nachträglich für den Betrachter herauszuheben.

Videoclips in der Fotos-App kürzen

Ich hatte ja erwähnt, dass im Ordner *Bilder* gespeicherte Videoclips in der Fotos-App wiedergegeben werden können. Die App bietet sogar die Möglichkeit, einen Videoclip am Anfang und/oder am Ende zu beschneiden:

1 Rufen Sie das Video in der Fotos-App auf, sodass die Wiedergabe erfolgen kann.

2 Wählen Sie die Schaltfläche *Kürzen* am oberen Rand der App an.

3 Verschieben Sie die am Anfang und Ende der Zeitleiste sichtbaren weißen Punkte mit der Maus oder dem Finger nach rechts bzw. links, um den Ausschnitt festzulegen.

4 Stimmt der markierte Bereich, klicken Sie auf die Schaltfläche *Kopie speichern*.

Die Fotos-App erzeugt dann eine Kopie der Videodatei mit dem gekürzten Ausschnitt.

> **HINWEIS**
>
> Beachten Sie aber, dass Microsoft die Fotos-App im Laufe der Zeit durch Updates verändern kann, sodass sich eine andere Handhabung ergibt.

Kamera- und Fotofunktionen

Fotos lassen sich mit der Fotos-App ausdrucken oder mit anderen Apps teilen. Die Kamera-App ermöglicht es, Fotos und Videos per Webcam aufzunehmen. Im Folgenden lernen Sie diese Funktionen kennen.

Fotos per App drucken

Fotos lassen sich direkt aus der Fotos-App mit einem Fotodrucker auf Papier ausgeben:

1 Rufen Sie in der Fotos-App die Vollbilddarstellung des gewünschten Fotos auf (lesen Sie dazu die vorangegangenen Seiten).

2 Wählen Sie die Schaltflächen *Weitere Infos* und anschließend *Drucken* (hier im Hintergrund sichtbar).

3 Wählen Sie im angezeigten Fenster ggf. den Drucker, und legen Sie die Druckoptionen fest.

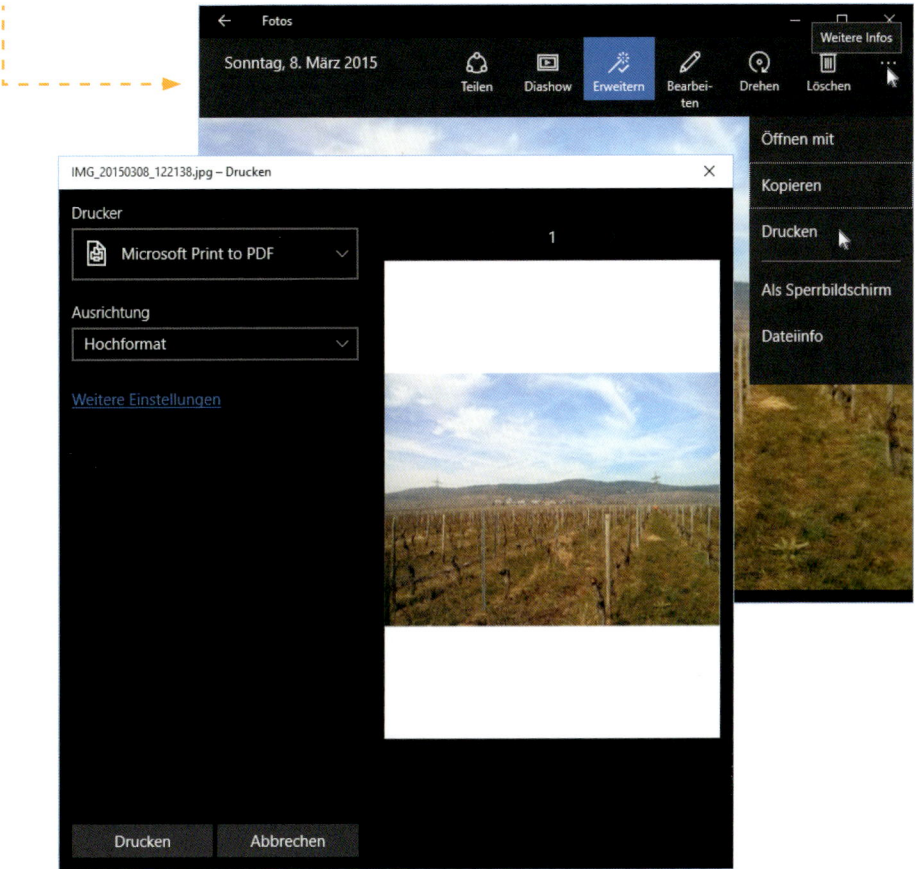

4 Wählen Sie danach die Schaltfläche *Drucken*, um das Foto auf dem gewünschten Drucker auszugeben.

Sie können lokal angeschlossene Drucker oder Geräte im Netzwerk auswählen.

> **HINWEIS**
>
> Im aktuellen Beispiel wurde der Drucker *Microsoft Print to PDF* gewählt, der eine PDF-Datei im Ordner *Dokumente* erzeugt. Diese PDF-Datei lässt sich später aus einem Ordnerfenster per Doppelklick im Edge-Browser öffnen und anzeigen.

Darüber hinaus können Sie (je nach Drucker) ggf. die Zahl der auszudruckenden Kopien, die Ausrichtung im Hoch- oder Querformat sowie die Größe des zu verwendenden Papiers (meist DIN A4) einstellen. Über den Link *Weitere Einstellungen* öffnen Sie eine zusätzliche Seite. Diese enthält druckerspezifische Einstellungsoptionen. Über die *OK*-Schaltfläche geht es zur vorangegangenen Seite zurück.

> **HINWEIS**
>
> Das Drucken von Fotoabzügen erfordert spezielle Fotodrucker und Fotopapier. Günstiger ist es, die Fotodateien auf eine Speicherkarte zu kopieren und dann die Fotos an einer im Handel aufgestellten Fotodruckstation auszudrucken. Alternativ können Sie die Fotodateien an einer solchen Station zu einem Fotolabor hochladen und sich die Papierabzüge zuschicken lassen. Im Windows Store gibt es kostenlose Apps (z. B. CEWE Foto), mit denen Sie Fotos zu solchen Labors auch von zu Hause per Internet hochladen und Abzüge bestellen können. Sie können Fotos auch direkt aus einem Ordnerfenster drucken (siehe Kapitelende).

Fotos teilen – so geht's

Die Fotos-App ermöglicht das Teilen eines Fotos, d. h., das Foto wird direkt an eine andere App zur weiteren Verarbeitung übertragen. Sie können z. B. ein Foto an die Mail-App übergeben und versenden:

1 Öffnen Sie das Foto in der Vollbilddarstellung, und klicken Sie auf die *Teilen*-Schaltfläche am oberen Rand der Fotos-App.

Kamera- und Fotofunktionen **173**

2 Wählen Sie in der Seitenleiste *Teilen* die gewünschte App (z. B. *Mail*) aus.

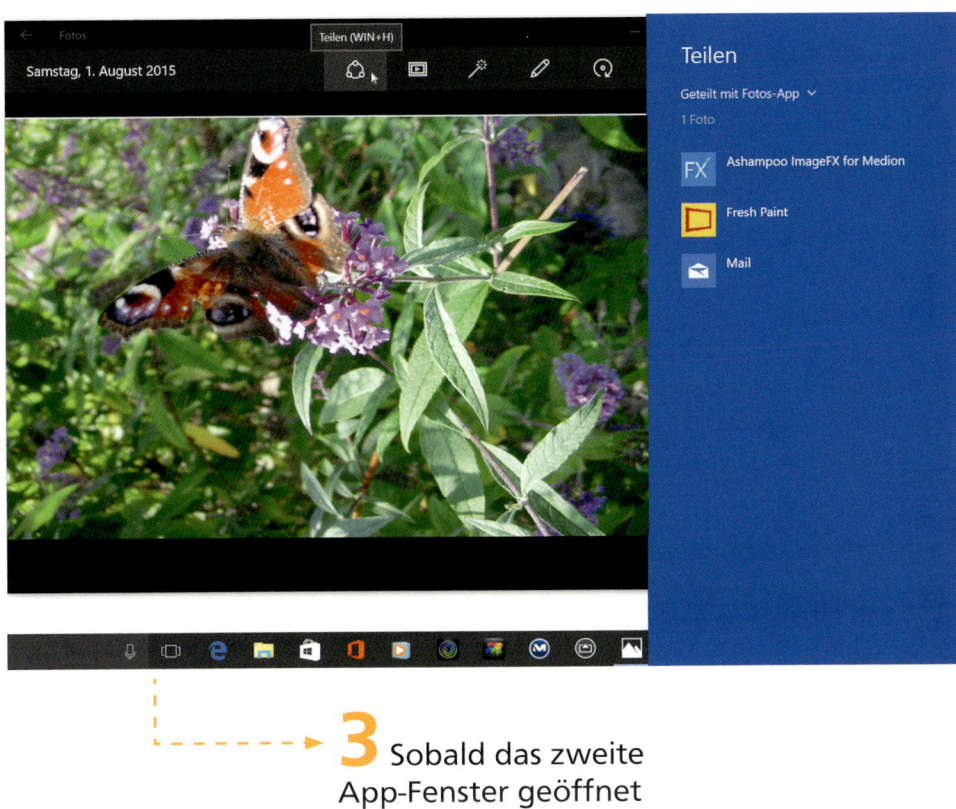

3 Sobald das zweite App-Fenster geöffnet wird, bearbeiten Sie dort das Foto weiter.

Bei der Mail-App finden Sie z. B. eine Formularseite, in der Sie die Empfängeradresse und ggf. einen Betreff hinzufügen und dann die Nachricht versenden können.

Kamera-App: Bilder von der Webcam

Ist der Rechner mit einer Webcam ausgestattet, lässt sich deren Bild über die Kamera-App anzeigen und als Video oder Standbild aufzeichnen.

- Zum Anzeigen der Webcam wählen Sie auf der Startseite (oder über die Suche) die Kachel der Kamera-App an.

- Beim ersten Aufruf der Kamera-App wird ggf. einmalig die Bestätigung zur Verwendung des Standorts und/oder der Kamera abgefragt.

> **TIPP**
>
> Fordert Windows Sie nach dem Aufruf der Kamera-App zum Einschalten der Kamera auf? Viele Net- und Notebooks besitzen eine Tastenkombination (z. B. Fn+F6), mit der sich die Webcam ein- und ausschalten lässt.

Nach dem Start sollte die App das laufende Bild der Webcam zeigen. Am rechten Rand werden zwei Schaltflächen zum Einschalten des Video- bzw. Fotoaufzeichnungsmodus eingeblendet. Über die am oberen Fensterrand sichtbaren Elemente greifen Sie auf die Kamerafunktionen und -optionen sowie die Fotos-App zu.

- Um ein Foto (Screenshot) des aktuellen Videobildes zu machen, tippen oder klicken Sie auf das Symbol *Foto aufnehmen*. Je nach Einstellung wird der Selbstauslöser für die Aufnahme verwendet.

- Um das Bild der Webcam als Video aufzuzeichnen, tippen oder klicken Sie auf das Symbol *Video aufnehmen*. Dann erscheint ein Zeitcode am unteren Rand. Durch erneute Anwahl des Symbols *Video aufnehmen* lässt sich die Aufzeichnung starten und wieder stoppen.

Während der Videoaufnahme läuft ein Zeitzähler am linken unteren Bildrand mit. Fotoaufnahmen lassen sich sofort bei Anwahl des Kamerasymbols oder per Selbstauslöser anfertigen.

> **HINWEIS**
>
> In der mir vorliegenden Fassung der Kamera-App werden Fotoaufnahmen nach dem App-Start sofort angefertigt (der Selbstauslöser hat eine Verzögerung von 0 Sekunden). Setzt man die Verzögerung für den Selbstauslöser, werden Fotos mit Verzögerung aufgenommen.

Zum Anpassen der Optionen oder der Verzögerungszeit des Selbstauslösers wählen Sie die *Menü*-Schaltfläche.

- Wählen Sie die Funktion *Selbstauslöser* in der eingeblendeten Seitenleiste, lässt sich die Verzögerung auf die Werte *2*, *5* und *10 Sekunden* einstellen. Optional können Sie ein Kontrollkästchen markieren, um alle n Sekunden ein Foto anzufertigen. Die Änderung wird über das Häkchen am unteren Rand der Seitenleiste übernommen.

- Der Befehl *Einstellungen* zeigt die gleichnamige Seitenleiste. Dort können Sie auf die Einstellungen der Kamera-App zugreifen. Das Listenfeld *Drücken Sie die Kamerataste …* ermöglicht es, die Werte *Video*, *Fotoserie* und *Deaktiviert* einzustellen. Über weitere Listenfelder können Sie die Bildverhältnisse, ein Rahmenraster, Videoeinstellungen und mehr ändern bzw. ein-/ausschalten.

Über die Schaltfläche in der linken oberen Fensterecke ist der direkte Aufruf der Fotos-App möglich. Sie können so auf die gerade aufgenommenen Fotos und Videos zugreifen und sich diese ansehen.

Die zugehörigen Dateien werden im Ordner *Bilder/Eigene Aufnahmen* als JPEG-Grafik oder als MP4-Video gespeichert.

Helligkeit anpassen

Zum Anpassen der Helligkeit der Kamera wählen Sie in der Titelleiste der App das Symbol zum Zugriff auf die Schaltfläche *Helligkeit*. Sobald die folgende Darstellung erscheint, klicken Sie auf die Schaltfläche in der Titelleiste. Dann können Sie den am rechten App-Rand eingeblendeten Helligkeitsregler im oder gegen den Uhrzeigersinn am Halbkreis verschieben, um die Helligkeit zu erhöhen oder abzusenken.

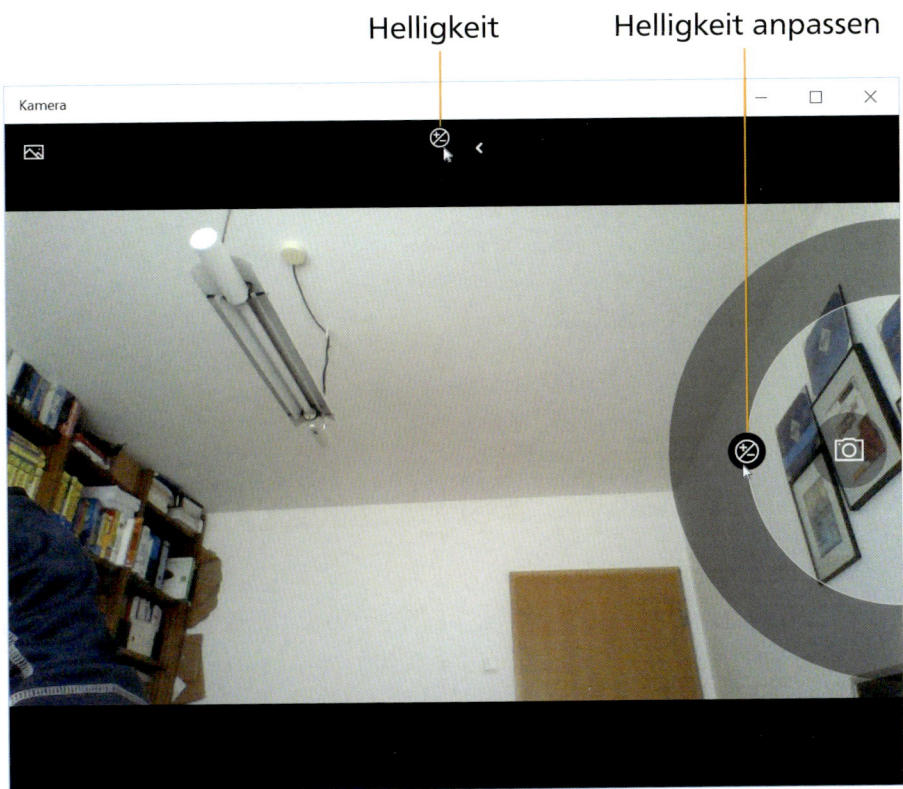

Helligkeit Helligkeit anpassen

Windows-Fotoverwaltung

Ergänzend zur Fotos-App stellt Windows die im Folgenden erläuterten Funktionen zur Fotoanzeige und -verwaltung bereit. Auch Programme zur Bearbeitung von Fotos kommen häufig als Windows-Anwendung. In diesem Abschnitt möchte ich mit Ihnen noch einen kurzen Blick auf dieses Thema werfen.

Fotoanzeige im Ordnerfenster

Um einen schnellen Überblick über Fotodateien zu erhalten, können Sie auch ein Ordnerfenster verwenden.

- Wechseln Sie zum Desktop, und öffnen Sie ein Ordnerfenster, in dem Sie dann zum Ordner *Bilder* gehen. Stellen Sie auf der Registerkarte *Ansicht* des Ordnerfensters den Darstellungsmodus für Dateiinhalte auf *Große Symbole* oder *Mittelgroße Symbole* ein. Daraufhin erscheint eine Miniaturansicht der Fotodateien.

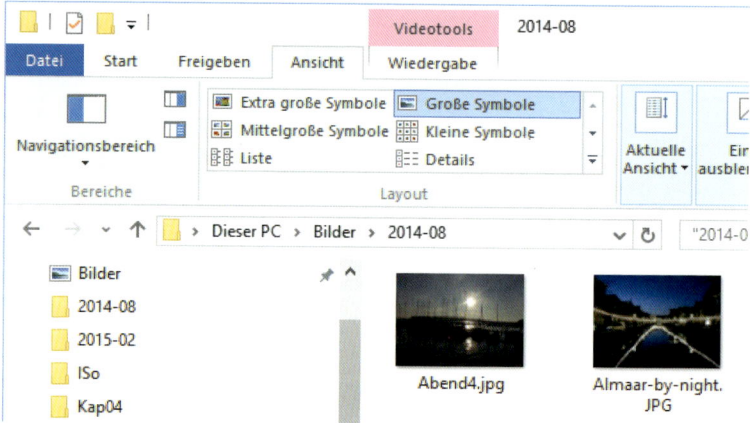

- Auf der Registerkarte *Verwalten* der Bildtools (wird bei Anwahl eines Fotos angezeigt) finden Sie Schaltflächen zum Drehen der markierten Fotos nach links bzw. rechts oder zur Wiedergabe als Diashow.

Öffnen Sie das Kontextmenü einer Fotodatei (z. B. per Rechtsklick), stehen Ihnen zudem verschiedene Befehle zum Drehen, zum Drucken oder zum Öffnen etc. zur Verfügung.

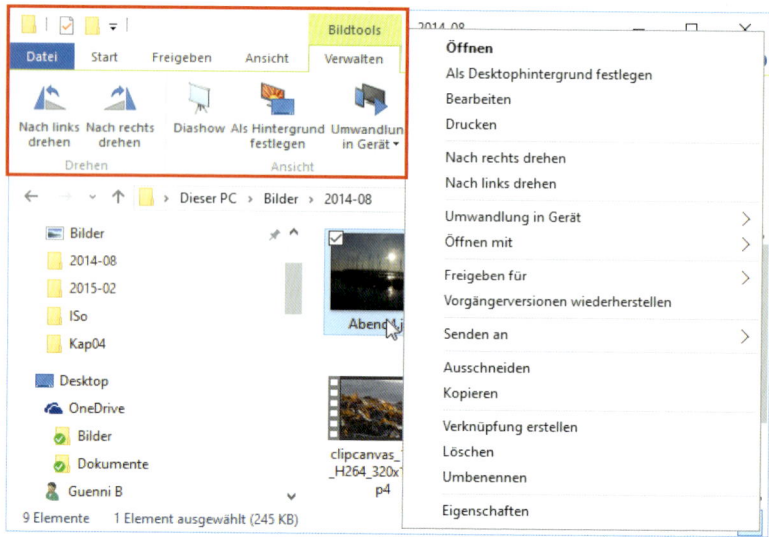

HINWEIS

Der ggf. angezeigte Kontextmenübefehl *Öffnen mit* ermöglicht es Ihnen, über angezeigte Befehle die Fotodatei gezielt in der Fotos-App oder in anderen Anwendungen wie der Windows-Fotoanzeige, dem Programm Paint oder in eventuell installierten Zusatzprogrammen zu öffnen. Die Option *Umwandlung in Gerät* ermöglicht es, Fotos und Videos für die Wiedergabe auf unterstützten Mobilgeräten zu übertragen und in das benötigte Format zu konvertieren.

Fotoabzüge aus einem Ordner drucken

Benötigen Sie Fotoabzüge von Fotodateien, können Sie diese ggf. direkt über die Druckfunktion des Ordnerfensters drucken.

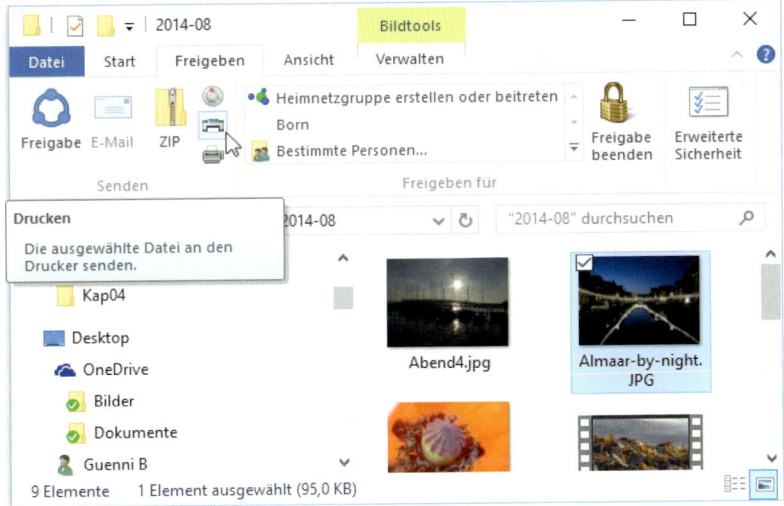

1 Markieren Sie im Ordnerfenster eine oder mehrere Fotodateien und wählen Sie auf der Registerkarte *Freigeben* des Menübands die Schaltfläche *Drucken*.

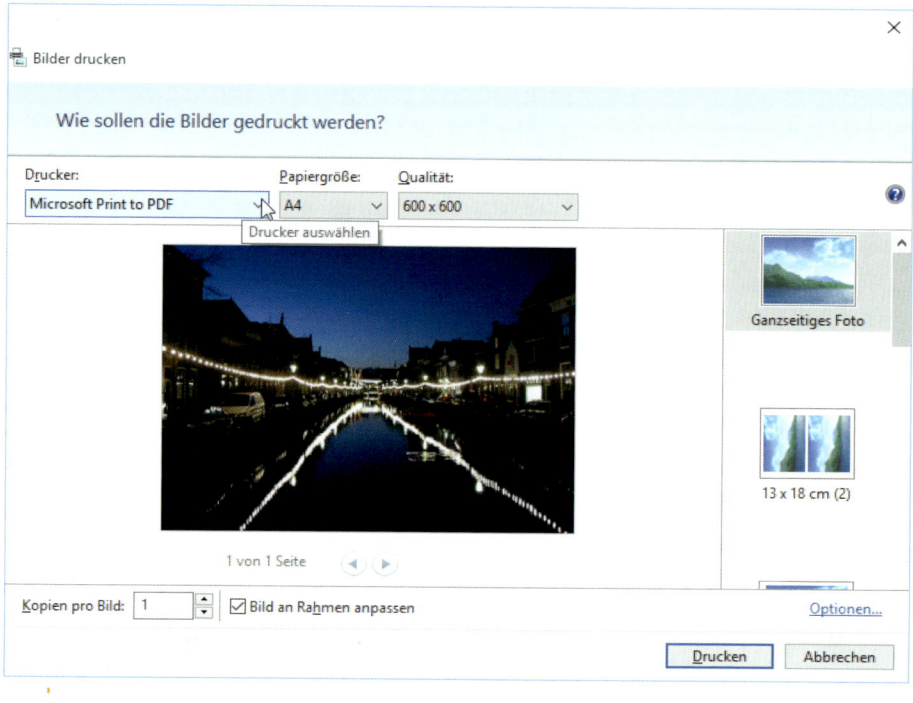

2 Wählen Sie im Dialogfeld *Bilder drucken* die Optionen zur Druckausgabe, und starten Sie die Ausgabe über die *Drucken*-Schaltfläche.

Über die Listenfelder im Kopfbereich des Dialogfeldes wählen Sie den Drucker, die Papiergröße sowie die Druckqualität aus. Die Vorgabe, wie viele Fotos auf einen Papierbogen gedruckt werden sollen, wählen Sie in der rechten Spalte über die angezeigten Druckformate aus (z. B. zwei Fotos im Format 10 x 15 cm auf einen Papierbogen). Im Fußbereich des Dialogfeldes geben Sie die Zahl der Kopien pro Bild und die Anpassung der Bilder an den Rahmen vor. Die in der rechten unteren Ecke angezeigte Schaltfläche *Optionen* öffnet ein weiteres Dialogfeld, in dem Sie die Fotos beim Drucken schärfen oder weitere Druckoptionen wählen können.

> **FACHWORT**
>
> Das **Dialogfeld** ist ein Fenster, in dem Informationen angezeigt oder Funktionen angewählt werden können. Ähnlich wie beim Eigenschaftenfenster gibt es in der rechten oberen Ecke nur die *Schließen*-Schaltfläche, und die Größe des Dialogfeldes ist nicht veränderbar.

Zusammenfassung

Mit den Informationen aus diesem Kapitel sind Sie in der Lage, die von Windows bereitgehaltenen Funktionen zum Einlesen, Verwalten, Bearbeiten und Präsentieren von Fotos zu verwenden. Um Fotos zu bearbeiten (Aufhellen, Farbkorrekturen etc.), sind die Fotos-App, separate Apps oder Windows-Anwendungen (z. B. die Fotogalerie aus den Windows Essentials 2012, Google Picasa oder das kostenpflichtige Adobe Photoshop Elements) erforderlich. Im nächsten Kapitel lernen Sie, wie sich Musik und Videos unter Windows wiedergeben lassen oder wie Sie kostenlose Spiele zur Unterhaltung verwenden können.

Testen Sie Ihr Wissen

Zur Überprüfung Ihres Wissens können Sie die folgenden Aufgaben lösen:

- **Wie übertragen Sie Fotos ohne Importassistent?**
  (Stecken Sie die Speicherkarte in ein Lesegerät, und kopieren Sie die Fotodateien im Ordnerfenster.)

- **Wie zeigen Sie Fotos in einer Großbildansicht an?**
  (Sie wählen die Fotodatei per Doppelklick aus, um diese in der Fotos-App anzuzeigen. Oder Sie navigieren in der Fotos-App zur Fotodatei und wählen diese aus.)

- **Wie drucken Sie ein Foto?**
  (Sie markieren die Bilddatei in einem Ordnerfenster und wählen auf der Registerkarte *Freigeben* im Menüband des Ordnerfensters die Schaltfläche *Drucken*. Oder Sie verwenden die Druckfunktion der Fotos-App.)

- **Wie zeigen Sie Bilder als Diashow auf dem Desktop an?**
  (Verwenden Sie dazu die Schaltfläche *Diashow* in der App-Leiste der Fotos-App.)

Spiel und Unterhaltung

Sie können Windows auch zur Unterhaltung oder Entspannung nutzen, beispielsweise um Musik zu hören und Videos anzuschauen oder Spiele zu spielen. In diesem Kapitel unternehme ich mit Ihnen einen kurzen Ausflug in diese Welt. Ich stelle Ihnen einige ausgewählte kostenlose Spiele-Apps vor, die Sie zum Teil über den Windows Store beziehen können. Zudem lernen Sie die Funktionen zur Medienwiedergabe (Musik, Video) kennen.

Das lernen Sie in diesem Kapitel
- Spielen unter Windows
- Apps für Musik und Video nutzen
- Der Windows Media Player

5

Spielen unter Windows

Karten- und Strategiespiele stellen in meinen Augen eine ideale Möglichkeit zur Unterhaltung und Entspannung dar. Die nachfolgend vorgestellten Spiele sind entweder bereits in Windows enthalten oder lassen sich kostenlos aus dem Windows Store herunterladen und installieren (siehe Kapitel 2 im Abschnitt »App-Käufe im Windows Store«).

Entspannung mit Solitaire

Solitaire ist ein Kartenspiel (eine Patience), bei dem Karten von einem Ausgangsstapel aufgedeckt werden und in der Reihenfolge Ass bis König sortiert auf vier Zielstapel abzulegen sind. Das Spiel steht in Windows unter dem Namen *Microsoft Solitaire Collection* als App bereit und lässt sich über das Startmenü bzw. über eine Kachel der Startseite aufrufen.

1 Starten Sie das Spiel über das Startmenü bzw. über die Kachel *Microsoft Solitaire Collection* auf der Startseite.

2 Erscheint die Aufforderung, sich am Microsoft-Konto anzumelden, wählen Sie ggf. die *Abbrechen*-Schaltfläche.

Die App stellt Ihnen nach dem Start in der Rubrik *Spiele* der App-Startseite eine ganze Sammlung unterschiedlicher Solitaire-Varianten und auch Designs zum Spielen bereit.

HINWEIS

Die Spiele-Apps von Microsoft fordern eine Anmeldung am Xbox-Live-Konto, um Spielstände an das Xbox-Live-Spielekonto zu übertragen. Falls Sie dies nicht möchten, spielen Sie als Gast. Fordert die App Zugriff auf Ihre Infos, lässt sich dies durch Betätigung der *Nein*-Schaltfläche unterbinden.

3 Wählen Sie auf dem Startbildschirm der App die Variante *Klondike*, um das Spiel zu starten.

4 Wie bei vielen anderen Spiele-Apps wird ein Hinweis mit den Spielregeln eingeblendet, den Sie durchlesen oder über die *Schließen*-Schaltfläche beenden können.

> **HINWEIS**
>
> Über die Rubrik *Herausforderungen* der Startseite der App kann man über Spielergebnisse »Münzen« und Auszeichnungen erhalten. Dieses »Belohnungssystem« soll die Spieler anspornen, wird hier im Buch aber nicht behandelt – zumal es immer wieder Probleme damit gibt.

Nun erscheint das Spielfeld, in dessen linker oberer Ecke der Ausgangsstapel mit den noch nicht abgehobenen Karten erscheint. Zudem vergibt das Programm beim Start des Spiels Karten, die in der unteren Reihe des Spielfeldes aufgedeckt auf den sieben Zwischenstapeln abgelegt werden.

Ziel des Spiels ist es, die Karten nach vorgegebenen Regeln umzuschichten. Für die Variante *Klondike* gelten folgende Regelungen:

- Vom Ausgangsstapel in der linken Ecke sind die aufgedeckten Karten auf die vier Zielstapel in der rechten oberen Ecke nach der jeweiligen Spielfarbe (Karo, Kreuz, Herz und Pik) geordnet in der Reihenfolge Ass, 2, 3 bis Bube, Dame, König abzulegen.

- Je nach Einstellung lassen sich eine oder drei Karten des Ausgangsstapels durch Antippen oder Anklicken aufdecken und rechts neben dem Stapel ablegen. Aufgedeckte Karten des Ausgangsstapels können Sie durch Ziehen per Maus oder per Finger an die unteren sieben Zwischenstapel anlegen, und zwar abwechselnd in den Spielfarben Schwarz und Rot in absteigender Wertigkeit (König, Dame, Bube, 10 bis 2).

- Die Schaltfläche *Rückgängig* in der rechten unteren Ecke macht schrittweise den jeweils letzten Zug rückgängig. Die in der linken oberen Ecke sichtbare Schaltfläche *Zurück* bringt Sie zur Einstiegsseite der App zurück.

- Während des Spiels werden am oberen Spielfeldrand die erreichte Punktzahl sowie die verstrichene Zeit angezeigt. Das Spiel ist gewonnen, wenn alle Karten auf die vier Zielstapel abgelegt wurden.

- In der linken unteren Ecke finden Sie die Schaltfläche *Neues Spiel*, um das Spiel neu zu starten. Alternativ können Sie dazu auch die Funktionstaste F2 drücken.

Bei Bedarf blenden Sie das Burger-Menü über das am oberen linken Bildschirmrand sichtbare Symbol ein. Hier werden Befehle zur Auswahl der Spielvariante (Klondike, Spider etc.) sowie zum Zugriff auf die Optionen bereitgestellt. Wählen Sie zur Anpassung der Spieleinstellungen den Befehl *Spieloptionen*. Anschließend können Sie in der angezeigten Seitenleiste z. B. die Zahl der aufgedeckten Karten über die Optionsfeldgruppe *Karten pro Zug* wunschgemäß einstellen.

Spider Solitaire

Diese Solitaire-Variante wählen Sie über die zugehörige Kachel der App-Startseite *Microsoft Solitaire Collection*. *Spider Solitaire* kann über die Spieloptionen mit verschiedenen Schwierigkeitsgraden gespielt werden – bei zwei oder vier Farben wird das Spiel doch etwas schwierig.

- Das Programm teilt einen Satz Karten aus, die in der oberen Reihe abgelegt werden. Die jeweils oberste Karte ist aufgedeckt.

- Zudem finden Sie in der rechten unteren Ecke noch einen verdeckten Kartenstapel mit fünf weiteren Kartensets.

- Durch Anklicken werden die Karten des Sets in aufgedeckter Form an die oberen Stapel vergeben.

- Die aufgedeckten Karten des oberen Stapels sind durch Ziehen per Maus oder Finger so umzusortieren, dass sich eine vollständige Reihe mit absteigenden Werten ergibt.

- Ist eine Reihe mit den Karten König, Dame, Bube, 10 bis 2 und Ass vollständig, wird sie abgeräumt und unten links abgelegt.

- Lassen sich keine Karten mehr durch gültige Spielzüge umgruppieren, wählen Sie den abgedeckten Kartenstapel in der rechten unteren Ecke, um einen neuen Kartensatz auszugeben.

- Ergeben sich durch das Abräumen oder Umgruppieren leere Plätze, können Sie einen der Teilstapel zu dem jeweils leeren Platz in der oberen Reihe verschieben.

- Sind leere Plätze vorhanden, können Sie keine neuen Karten austeilen lassen. Notfalls müssen Sie vorher Teilstapel umgruppieren, um leere Plätze zu füllen.

Das Spiel ist gewonnen, wenn Sie alle Spielkarten zu Reihen kombiniert und somit abgeräumt haben.

FreeCell Solitaire

Das Kartenspiel *FreeCell* gibt die Karten, wie hier gezeigt, aufgedeckt auf den unteren Ausgangsstapel aus. Links oben finden sich vier Zwischenstapel und rechts oben vier Zielstapel.

- Ziel des Spiels ist es, alle Karten einer Farbe (Herz, Karo etc.) in der Reihenfolge Ass, 2 bis 10, Bube, Dame und König auf die vier Zielstapel in der rechten oberen Ecke abzulegen.

- Da die für die Zielstapel benötigten Karten in der unteren Reihe meist verdeckt sind, sortieren Sie die Karten der unteren Reihe um.

- Die vier freien Felder in der linken oberen Ecke dienen dazu, beim Umsortieren jeweils eine Karte ablegen zu können. Am besten ist es aber, die jeweils oberste Karte eines Stapels an eine passende Karte eines anderen Stapels anzulegen.

- Beim Umsortieren sind Reihen mit abwechselnden Farben (Rot, Schwarz) und mit absteigender Wertigkeit (König, Dame, Bube, 10 bis 2) zu bilden. Auf eine Herz 10 kann also eine Pik 9 abgelegt werden.

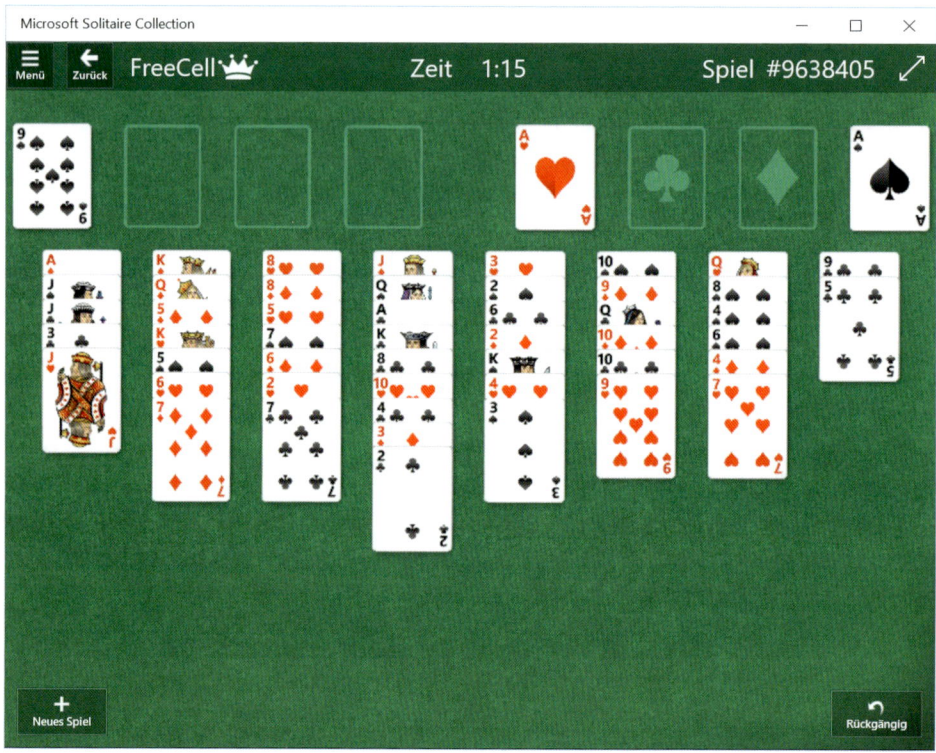

Als Strategie empfiehlt es sich, erst die Stapel mit Assen freizulegen und dann nach den Karten 2, 3 etc. zu suchen. Lassen Sie die Felder in der linken oberen Ecke möglichst lange frei. Das Spiel ist verloren, sobald keine Züge mehr möglich sind.

Microsoft Mahjong

Bei *Mahjong* handelt es sich um ein altes chinesisches Brettspiel, das sich in der Windows-App-Variante per Maus oder mittels Touchbedienung spielen lässt. Die App können Sie kostenlos aus dem Windows Store beziehen.

1 Starten Sie das Spiel nach der Installation über die Kachel *Microsoft Mahjong* der Startseite bzw. des Startmenüs.

2 Die Aufforderung für den Zugriff auf Ihre Infos sowie die Anmeldung am Microsoft-Konto übergehen Sie mithilfe der *Abbrechen*-Schaltfläche.

3 In der App-Seite wählen Sie über die Kacheln der Rubriken *Spiele* und *Designs* die gewünschte Spielvariante aus.

Das Design bestimmt das angezeigte Hintergrundmotiv des Spielfeldes, während die Kachel der Rubrik *Spiele* Sie zur Auswahl der als »Puzzle« bezeichneten Spielaufstellung bringt.

4 Wählen Sie zum Einstieg die Spielsteinaufstellung *Schildkröte*.

> **HINWEIS**
>
> Mit einem Schloss gekennzeichnete Varianten sind gesperrt, werden aber ggf. nach gewonnenen Spielen freigegeben.

Nach dem Spielstart lässt sich ein Lernprogramm absolvieren oder überspringen. Abhängig vom gewählten Spiellevel wird dann beim eigentlichen Spielstart das Spielfeld mit den Steinen eingeblendet.

- Ziel des Spiels ist es, passende Spielsteinpärchen durch Anwählen abzuräumen. In der Variante *Schildkröte* können nur solche Spielsteine durch Anklicken oder Antippen abgeräumt werden, deren rechte oder linke Seite frei ist.

- Bei den meisten Spielsteinen legt das gleiche Muster die Übereinstimmung als Paar fest. Darüber hinaus gibt es aber auch noch Steine mit Blumensymbolen und Symbolen für die vier Jahreszeiten, die als Paare kombiniert werden dürfen.

- Lassen sich keine Spielsteine mehr abheben, wählen Sie ggf. das in der linken unteren Ecke sichtbare Element *Neu mischen*, um die auf dem Spielfeld verbleibenden Spielsteine neu zu mischen.

- Das Element *Rückgängig* in der rechten unteren Ecke des App-Fensters ermöglicht Ihnen, die letzten abgehobenen Spielsteine wieder zurückzuschieben, um neue Kombinationen auszuprobieren.

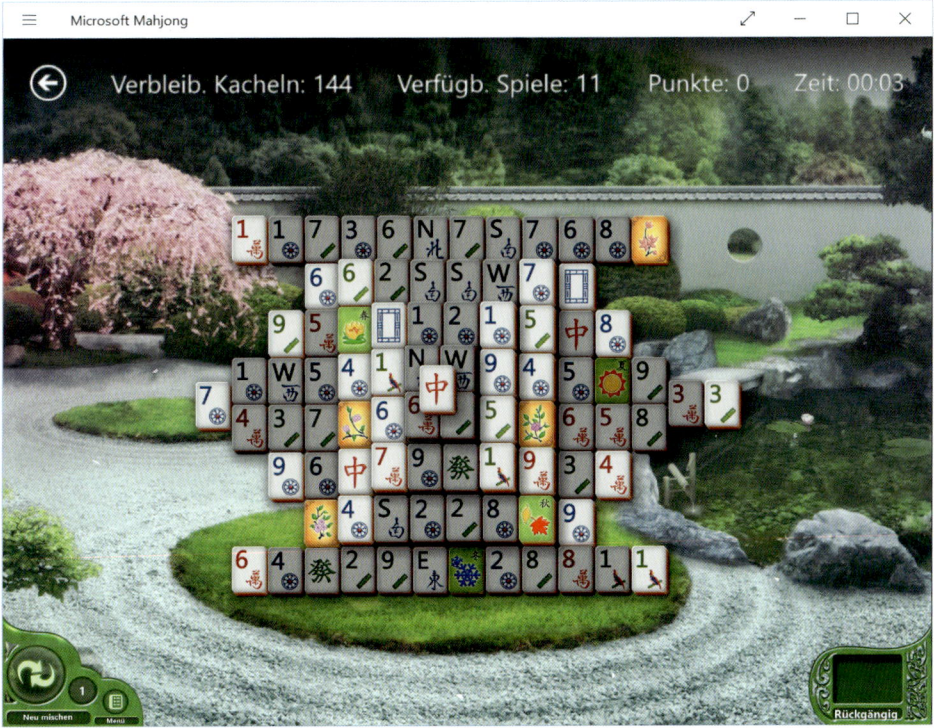

Wenn Sie das Burger-Menü über das Symbol in der linken oberen Ecke der App-Titelleiste einblenden, werden Ihnen verschiedene Befehle zur Auswahl angeboten. Über den Eintrag *App-Befehle* erscheinen Kacheln am oberen und eine App-Leiste am unteren Rand.

Dort können Sie das gewünschte Puzzle wählen, das Spiel unterbrechen, ein neues Spiel beginnen, einen Tipp abrufen etc.

Weiterhin finden sich im Burger-Menü sowie in der App-Leiste ein Befehl *Einstellungen* bzw. eine Schaltfläche *Spieloptionen*, um die gleichnamigen Seitenleisten aufzurufen, mit denen sich einige Spieloptionen anpassen lassen.

> **HINWEIS**
>
> Im Windows Store findet sich noch eine Reihe weiterer, kostenloser Spiele (z. B. Minesweeper, Sudoku, Taptiles, Adera etc.). Vielleicht stöbern Sie einfach ein wenig und probieren ein paar davon aus.

Apps für Musik und Video nutzen

In Windows sind zwei Apps zur Wiedergabe von Musikstücken und Filmdateien enthalten, die ich Ihnen im Folgenden gemeinsam mit weiteren Möglichkeiten zur Medienwiedergabe kurz vorstellen werde.

Musik mit der Musik-App wiedergeben

Die in Windows enthaltene App *Groove-Musik* startet (standardmäßig) automatisch, sobald Sie eine Audiodatei (Musikdatei) in einem Ordnerfenster per Doppelklick anwählen. Alternativ lässt sich die App auch über die hier gezeigte Kachel der Startseite bzw. des Startmenüs aufrufen:

Die App gibt im Ordner *Musik* sowie auf OneDrive gespeicherte Audiodateien oder Musik über den Premiumdienst Groove-Musik wieder und ermöglicht auch den Erwerb von Musiktiteln.

Burger-Menü

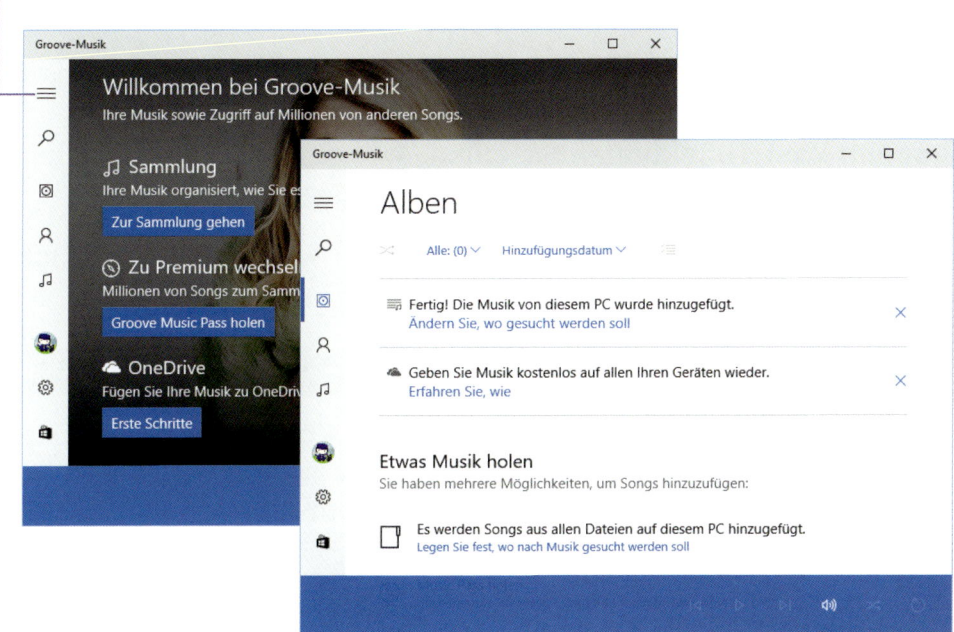

> **HINWEIS**
>
> Beim ersten Start der App wird die hier im Hintergrund sichtbare Willkommensseite eingeblendet. Wählen Sie *Zur Sammlung gehen*, um die in der Abbildung im Vordergrund sichtbare Verwaltungsseite aufzurufen. Über die Hyperlinks legen Sie fest, von welchen Speicherorten Musik zur Sammlung hinzugefügt werden soll.

Im Fenster der App werden in der linken Spalte verschiedene Kategorien mit Angeboten aufgeführt. Klicken oder tippen Sie auf das Burger-Menü, blendet die App die Symboltitel in der Spalte ein.

- Mit dem Lupensymbol lässt sich an den Speicherorten nach Musik suchen.

- Über die Symbole *Alben*, *Künstler* und *Songs* stellen Sie die Darstellung der Anzeige der Musiksammlung um.

- Das Kontosymbol ermöglicht Ihnen, ein Microsoft-Konto für die App an- oder abzumelden.

- Über das Symbol *Einstellungen* (Zahnrad) rufen Sie in der App die Einstellungsseite auf. Dort lässt sich vorgeben, wo Musik her kommt. Weiterhin können Sie einen Groove Music Pass beziehen oder die Kontoinformationen zum Musikbezug verwalten.

Über das Store-Symbol öffnen Sie die App des Windows Stores. Dort können Sie ebenfalls Musikstücke oder Alben kaufen.

Albuminfo abgleichen

Markieren Sie ein Album und öffnen Sie das Kontextmenü, um das ausgewählte Album wiederzugeben, zu einer Wiedergabeliste hinzuzufügen, zu löschen, Informationen zum Künstler abzurufen und ein Album als Kachel an die Startseite anzuheften.

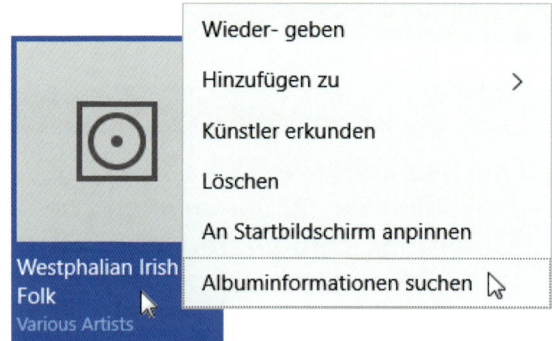

Der Befehl *Albuminformationen suchen* öffnet eine Seite, in der verschiedene Alben des Künstlers und dann der zugehörige Titel auswählbar sind. Anhand dieser Auswahl wird das Albumcover in der App zur Albenansicht hinzugefügt.

1 Um Musikstücke über die App wiederzugeben, wählen Sie in der linken Spalte das gewünschte Symbol (z. B. *Alben*).

Apps für Musik und Video nutzen **197**

2 Wurde, wie hier gezeigt, *Alben* angewählt, tippen bzw. klicken Sie auf die Kachel eines Albums, um dessen Detailansicht im Vordergrund anzuzeigen.

3 Wählen Sie in der angezeigten Ansicht einen Titel und verwenden Sie die dann angezeigten Schaltflächen zur Wiedergabesteuerung.

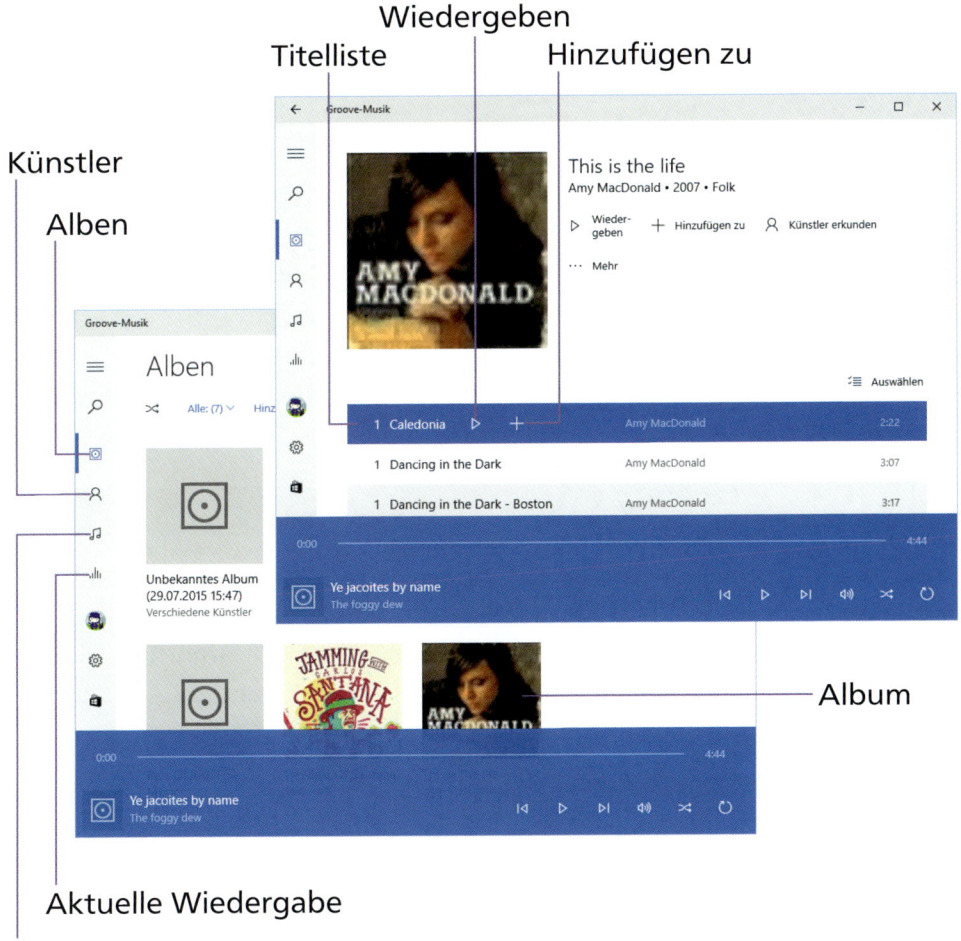

Die Schaltflächen zur Wiedergabe werden innerhalb der angezeigten Albumseite und auch im gewählten Titel eingeblendet. Zudem finden sich in der Fußzeile die folgenden Schaltflächen zur Wiedergabesteuerung:

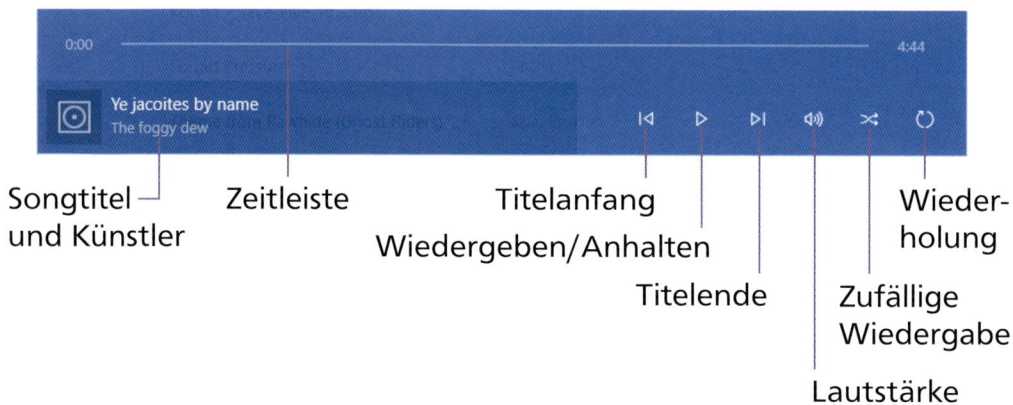

Songtitel und Künstler — Zeitleiste — Titelanfang — Wiedergeben/Anhalten — Titelende — Lautstärke — Zufällige Wiedergabe — Wiederholung

Eine Zeitleiste zeigt während der Wiedergabe an, welche Position des Audiotitels gerade abgespielt wird. Mit *Wiedergeben* bzw. *Anhalten* wird der Titel abgespielt bzw. pausiert. Über die Schaltflächen *Titelanfang* und *Titelende* starten Sie einen Titel erneut bzw. springen zum nächsten Titel des Albums. Weiterhin gibt es Elemente zur Lautstärkeanpassung und um die Titelwiederholung sowie die Zufallswiedergabe ein-/auszuschalten.

> **TIPP**
>
> Wählen Sie in der linken Spalte der App das Symbol *Alben* an oder klicken bzw. tippen Sie auf die an der oberen linken Ecke angezeigte Schaltfläche *Zurück*, um zur Albenübersicht zurückzukehren.

Wiedergabelisten in der App verwenden

Einzelne Musiktitel lassen sich in Wiedergabelisten der Musik-App organisieren:

1 Navigieren Sie zu einem Musiktitel, wählen Sie diesen an und betätigen Sie das Symbol *Hinzufügen zu* (das Pluszeichen).

2 Wählen Sie im angezeigten Menü den Befehl *Neue Wiedergabeliste*, tippen Sie im angezeigten Fenster den Titel der Liste ein und bestätigen Sie mit der *Speichern*-Schaltfläche.

Das Gleiche lässt sich über das Kontextmenü eines Albums organisieren, wobei dann alle Titel des Albums zur Liste hinzugefügt werden. Existiert bereits eine Wiedergabeliste, wählen Sie einfach deren Namen wie »Jazz« oder »Pop« im angezeigten Kontextmenü.

Musik aus dem Store erwerben

Die Musik-App ermöglicht Ihnen, auch Musik im Windows Store zu kaufen und wiederzugeben.

1 Wählen Sie in der linken Spalte das Symbol des Windows Stores an und warten Sie, bis sich der Store öffnet.

2 Navigieren Sie im Store über die Suche oder die angezeigten Kacheln in der Kategorie *Musik* zum gewünschten Song oder Album.

3 Nach Auswahl eines Songs können Sie diesen über das dann eingeblendete *Wiedergeben*-Symbol anhören und durch Anklicken oder Antippen der Preisangabe kaufen.

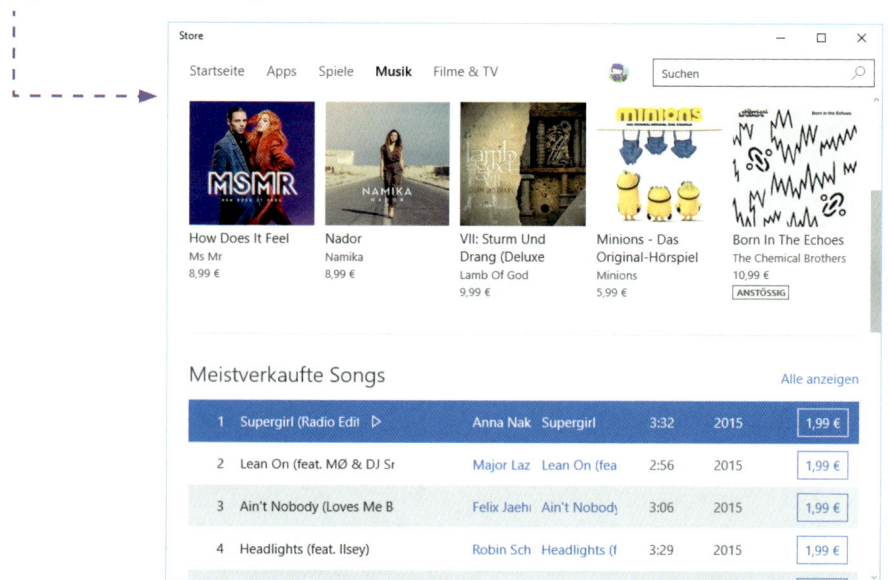

Der Kauf eines Albums oder eines Musiktitels entspricht im Grunde dem in Kapitel 2 beschriebenen App-Kauf.

Groove-Musik braucht ein Microsoft-Konto

Für den Zugriff auf Groove-Musik ist eine Anmeldung über Ihr Microsoft-Konto erforderlich. Dieses dient zur Verwaltung Ihrer Musik- und Videokäufe. Per Music Pass, der wie bei Apps z. B. per Guthaben- oder Kreditkarte abgerechnet wird, können Sie ein monatliches Abonnement eingehen. Sie erhalten dann über den Groove-Musik-Dienst Zugriff auf kostenpflichtige Musik und können diese anhören.

Trennung vom Microsoft-Konto

Um die Musik-App vom Microsoft-Konto zu trennen, klicken Sie in der linken Spalte auf das Benutzersymbol des Kontos. Im daraufhin eingeblendeten Fenster klicken Sie dann auf das angezeigte Konto und wählen schließlich den eingeblendeten Befehl *Anmelden*.

Internetradio hören

Statt Musik über den kostenpflichtigen Dienst Groove-Musik zu beziehen, können Sie mithilfe alternativer Apps auch **Internetradio** (Webradio) gratis empfangen. Dabei wird Musik von einer Radiostation per Internet übertragen. Alles, was Sie zum Hören von Internetradio benötigen, ist eine schnelle Internetverbindung (DSL-Breitband) sowie eine passende Software, wie z. B. die kostenlose App *TuneIn* oder Ähnliches aus dem Angebot des Windows Stores. Es geht aber auch einfacher.

1 Starten Sie den *Microsoft-Edge-Browser* (siehe Kapitel 6) über das zugehörige Symbol in der Taskleiste.

2 Geben Sie in das Adressfeld *www.radio.de* ein und drücken Sie die ⏎-Taste.

3 Wählen Sie in der angezeigten Webseite die Kachel des Radiosenders, den Sie hören möchten.

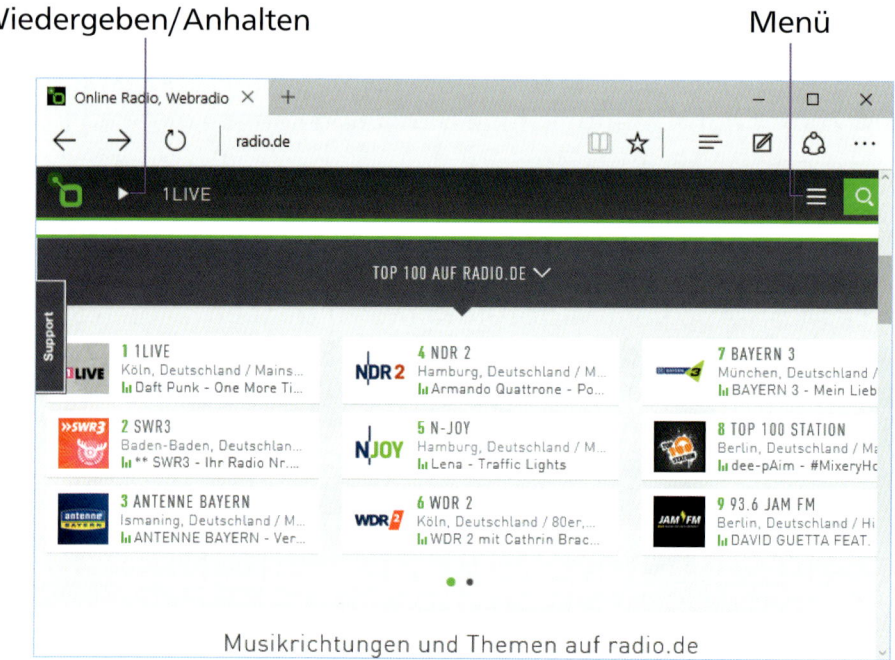

Anschließend erscheint die Seite des Senders mit einigen Informationen sowie einer Wiedergabeleiste am oberen Seitenrand. Dort finden Sie eine Schaltfläche zum Pausieren und Fortsetzen der Radiowiedergabe. Sobald genügend Daten per Internet übertragen wurden, sollten Sie das Radioprogramm hören. Die Lautstärke lässt sich über das Lautsprechersymbol in der Taskleiste von Windows anpassen. Mehr muss man über das Internetradio eigentlich nicht wissen.

App zur Wiedergabe von Filmen

Die App *Filme & Fernsehen* gestattet es Ihnen, lokale Videos abzuspielen und Filme sowie Fernsehserien aus dem Microsoft-Store zu erwerben und anzuschauen. So wird sie z. B. standardmäßig gestartet, sobald Sie eine Videodatei im Ordner *Videos* per Doppelklick anwählen.

Apps für Musik und Video nutzen

Alternativ können Sie auch diese Kachel der Video-App im Startmenü bzw. auf der Startseite anwählen. Ähnlich wie bei der Musik-App erfolgt die Bedienung auch hier über mehrere Symbole in der linken Spalte.

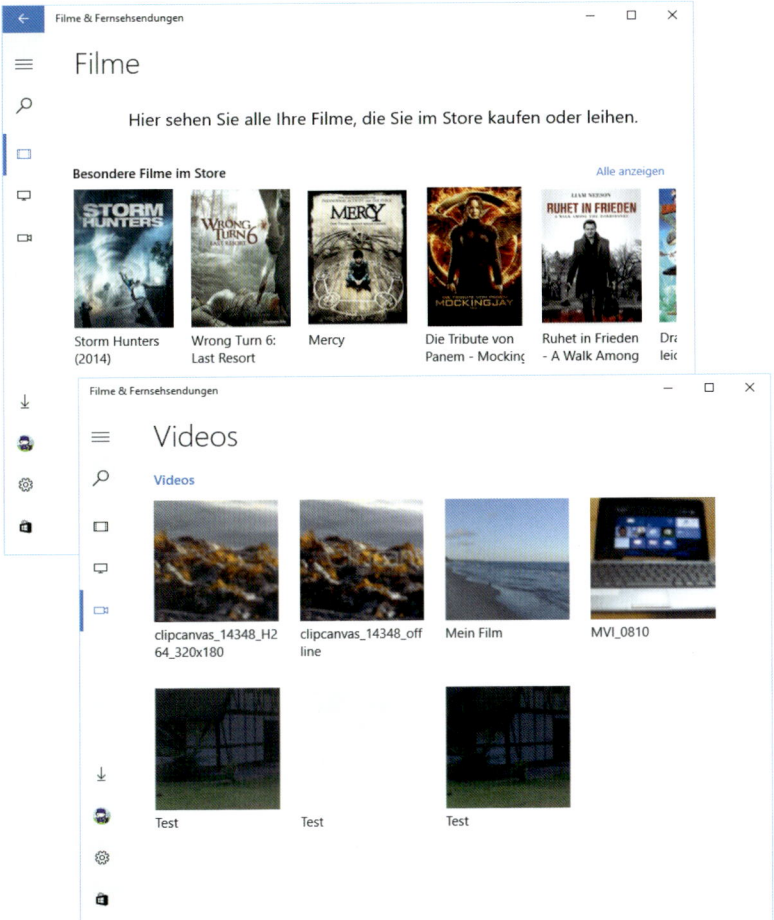

- Über das Symbol *Persönliche Videogalerie* werden neben dem Store-Angebot auch alle lokal im Ordner *Videos* gespeicherten Filmdateien im rechten Teil der App-Seite aufgeführt und lassen sich durch Anklicken wiedergeben.

- Wählen Sie in der linken Spalte die Symbole *Filmgalerie* oder *Fernsehsendungsgalerie*, zeigt die App die Filmtitel und Fernsehsendungen, die Sie im Windows Store leihen oder kaufen können. Durch

Anwahl der Medientitel gelangen Sie zur Detailseite im Windows Store, auf der Sie die Beschreibung des Films finden und diesen durch Betätigung einer Schaltfläche kaufen oder leihen können.

> **ACHTUNG**
>
> Videodaten werden in verschiedenen sogenannten Videoformaten wie MPEG2, MPEG4, WMV, 3GP, MOV etc. gespeichert. In Windows 10 können einige dieser **Videoformate** nicht abgespielt werden. Wird keine Vorschau in der Kachel eines Videos angezeigt, deutet dies auf ein nicht unterstütztes Videoformat hin.

Die App gibt das angewählte Video in der App-Seite bzw. im App-Fenster wieder.

Am unteren Rand der App befindet sich die Wiedergabeleiste mit den Schaltflächen zur Wiedergabesteuerung.

- Die App blendet zudem die Zeitleiste (auch als Suchleiste bezeichnet) mit der Fortschrittsanzeige am unteren Rand ein. Ein Kreissymbol gibt die aktuelle Wiedergabeposition im Video an.

- Ziehen Sie das kreisförmige Symbol der Suchleiste per Finger oder Maus an die gewünschte Position der Videowiedergabe, um an diese Stelle des Videos zu springen.

- Eine Schaltfläche *Wiedergabe/Anhalten* in der Leiste ermöglicht das Starten bzw. Pausieren der Wiedergabe. Daneben findet sich eine Schaltfläche zur Lautstärkesteuerung.

Weitere Schaltflächen ermöglichen eine Vollbilddarstellung, die Wiederholung des Videos, die Umschaltung des Seitenverhältnisses oder die Umwandlung des Films für per Bluetooth, WLAN oder ähnlich angebundene Mobilgeräte. Über die in der linken oberen Ecke sichtbare Schaltfläche *Zurück* beenden Sie die Anzeige des Videos und kehren zur Übersichtsseite der App zurück.

Zugriff auf Kaufvideos

Der Kauf oder das Ausleihen eines Videos gleicht im Prinzip dem Kauf eines Musikalbums. Gekaufte oder geliehene Filme werden über das Microsoft-Konto verwaltet und lassen sich im Rahmen der Lizenzbedingungen mittels der App wiedergeben.

YouTube-Videos ansehen

Die von Google betriebene Plattform YouTube ist, speziell wenn es um kostenlose Videos bzw. Musikvideos geht, eine gute Anlaufstelle. Sie können YouTube-Apps aus dem Store installieren, um die YouTube-

Videos per Internet abzurufen und wiederzugeben. Aber es geht auch ohne App, und zwar per Browser.

1 Starten Sie die Browser-App *Microsoft Edge* (siehe nächstes Kapitel) über das Symbol in der Taskleiste (oder die betreffende Kachel des Startmenüs bzw. der Startseite).

2 Geben Sie die Webadresse *www.youtube.com* in das Adressfeld ein und drücken Sie die ⏎-Taste.

3 Tragen Sie am oberen Seitenrand der YouTube-Seite den Musiktitel oder den Künstler in das Suchfeld ein und lassen Sie über die Schaltfläche mit dem Lupensymbol nach Treffern suchen.

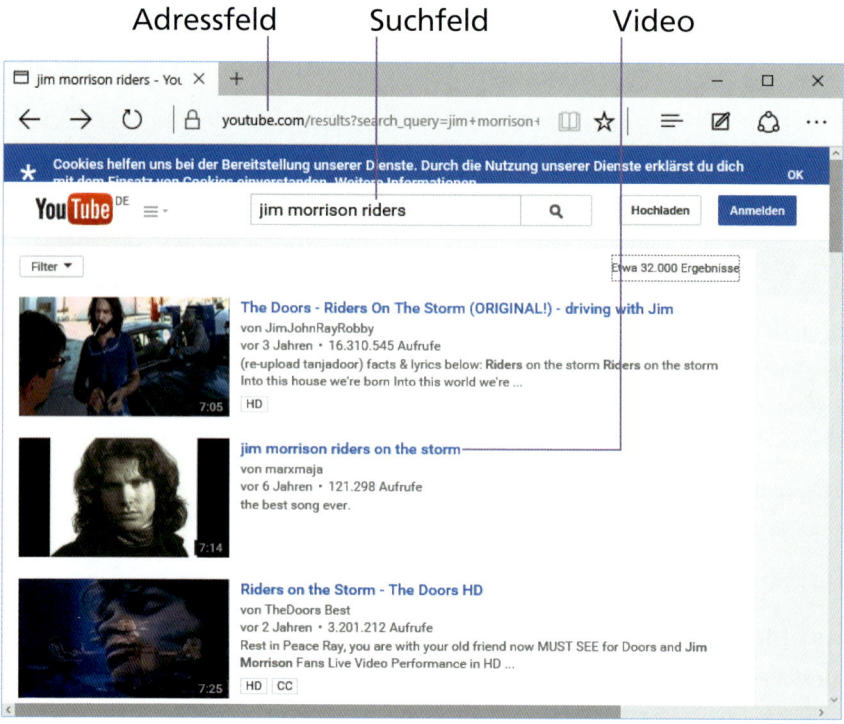

Neben Musikvideos finden sich auf YouTube auch viele weitere Videos (z. B. Anleitungen, Reiseimpressionen etc.), die Sie über entsprechende Suchbegriffe finden können.

4 Wählen Sie das Video in der Ergebnisliste an, um es im Browser wiederzugeben.

Der Browser zeigt das Video in einem Abspielfenster innerhalb der Webseite an. Am unteren Fensterrand finden Sie eine Schaltfläche zum Starten/Anhalten der Wiedergabe sowie einen Regler zum Anpassen der Lautstärke. Das ist alles ziemlich einfach.

> **HINWEIS**
>
> Alternativ installieren Sie eine YouTube-App zum Abspielen von YouTube-Videos aus dem Windows Store.

TV-Sendungen per Internet ansehen

Haben Sie mal wieder eine TV-Sendung im ZDF verpasst oder möchten Sie die heute-Sendung noch mal anschauen? Fernsehsender wie ZDF und ARD etc. stellen ihre Programme zum Teil im Internet zum Abruf bereit. Alles, was Sie zum Ansehen brauchen, ist eine Internetverbindung sowie ein Browser wie Microsoft Edge (siehe nächstes Kapitel).

> **HINWEIS**
>
> Die TV-Anstalten stellen auch kostenlose Apps wie die *ZDF-Mediathek* im Windows Store zur Verfügung. Alternativ gibt es Apps wie *Zattoo*, *TV App Live* etc., um TV-Sendungen per Internet anzusehen. Ich persönlich verzichte jedoch zwischenzeitlich darauf, für jeden Sender eine eigene App zu installieren und zig Megabyte an Code herunterzuladen und auf meinem System zu speichern.

Das Abrufen von Angeboten wie der *ZDF-Mediathek* ist mit den folgenden Schritten in einem Browser möglich: :

1 Starten Sie den Browser (z. B. Microsoft Edge) und rufen Sie die Internetseite des gewünschten Anbieters auf.

Sie können über Google oder Bing nach Begriffen wie »ZDF«, »SRF«, »ARD«, »OR«, »SR« etc. suchen (siehe Kapitel 6). Oder Sie geben die Webadresse, sofern bekannt, direkt ein (z. B. *www.zdf.de*).

2 Suchen Sie z. B. auf der Webseite *www.zdf.de* den Eintrag *Sendung verpasst* und klicken oder tippen Sie darauf.

3 Blättern Sie in der angezeigten Webseite durch das Sendungsangebot und wählen Sie einen Beitrag an.

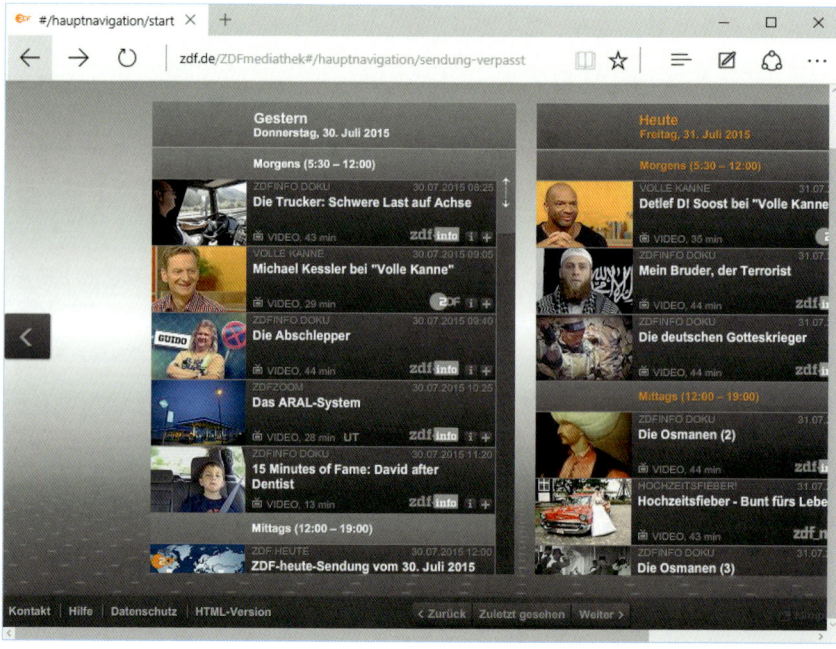

Bei Bedarf lässt sich per Mausrädchen oder Fingerwischen im Angebot der Mediathek blättern. Wählen Sie eine Sendung an, erscheint eine Wiedergabeseite und das Video wird als Fenster eingeblendet.

Ähnlich wie bei YouTube befindet sich am unteren Fensterrand des Videofensters die Leiste mit den Wiedergabeelementen. Eine Start/Stopp-Schaltfläche lässt das Video ablaufen oder hält es an. Zudem gibt es noch ein Element, um die Lautstärke des Videotons anzupassen.

Über die *Zurück*-Schaltfläche in der linken oberen Ecke des Browsers geht es zur Startseite der App zurück. Das ist doch nicht kompliziert, oder? Und falls Sie doch die ZDF-App verwenden möchten, erfolgt die Bedienung auf die gleiche Art – Sie sparen sich lediglich die Eingabe der Webadresse im Browser.

> **HINWEIS**
>
> Das Einzige, was schiefgehen kann, ist, dass die Internetverbindung die Videodaten nicht schnell genug liefert. In diesem Fall startet der Film erst verzögert oder ruckelt schon mal.

Der Windows Media Player

Auch in Windows 10 ist der aus früheren Windows-Versionen bekannte Windows Media Player (kurz WMP) zur Wiedergabe von Musik und Videos enthalten. Nachfolgend gebe ich Ihnen einen Überblick über die Funktionen des als Desktop-Anwendung laufenden Programms. Der Windows Media Player bietet einige in den Apps fehlende Funktionen, wie die Möglichkeit zur Wiedergabe von Musik-CDs.

Kurzanleitung zum Windows Media Player

Der Windows Media Player ist eine Windows-Desktop-Anwendung und lässt sich per Startmenü oder über die Startseite aufrufen.

1 Tippen Sie beispielsweise in das Suchfeld der Taskleiste »media« ein.

2 Daraufhin taucht der Windows Media Player als Treffer in der Ergebnisliste auf und lässt sich durch Antippen oder Anklicken starten.

Wählen Sie die Kachel des Media Players per Rechtsklick an, können Sie den Player über die Kontextmenübefehle An „Start" anheften und An Taskleiste anheften als Kachel zur Startseite, dem Startmenü oder als Schaltfläche zur Taskleiste ergänzen. Natürlich lässt sich der Media Player auch über Alle Apps finden und starten.

Beim ersten Aufruf zeigt der Media Player einmalig eine Willkommensseite an und fordert Sie zum Festlegen von Einstellungen auf. Wählen Sie hier am besten die Schaltfläche für das Express-Setup.

Der Windows Media Player meldet sich mit einem Programmfenster (dessen Darstellung allerdings veränderbar ist), das am unteren Rand die Schaltflächen zur Wiedergabesteuerung aufweist.

> **TIPP**
>
> Zeigen Sie mit der Maus auf ein Bedienelement, erscheint eine QuickInfo mit einer Kurzbeschreibung der betreffenden Funktion. Drücken Sie kurz die Alt -Taste, erscheint ein Menü mit Befehlen für den Zugriff auf die Funktionen des Media Players.

- Über die Schaltfläche Wiedergabe/Anhalten werden Musik- und Videotitel abgespielt bzw. pausiert. Die Schaltfläche Stopp beendet die Wiedergabe.

- Der Schieberegler Lautstärke dient dazu, die Lautstärke einzustellen. Ein Klick auf das Lautsprechersymbol schaltet den Ton ein oder aus.

Der Windows Media Player

- Die Schaltflächen der Wiedergabesteuerung (*Zurück/Weiter*) ermöglichen das schrittweise Vor- bzw. Zurückwechseln zwischen den Medientiteln (bei Musik zwischen den Musikstücken und bei Videos zwischen den ggf. vorhandenen Kapiteln). Klicken Sie auf die Schaltfläche *Weiter* und halten die linke Maustaste länger gedrückt, wechselt der Player (bei der Wiedergabe von Videos) in den schnellen Vorlaufmodus.

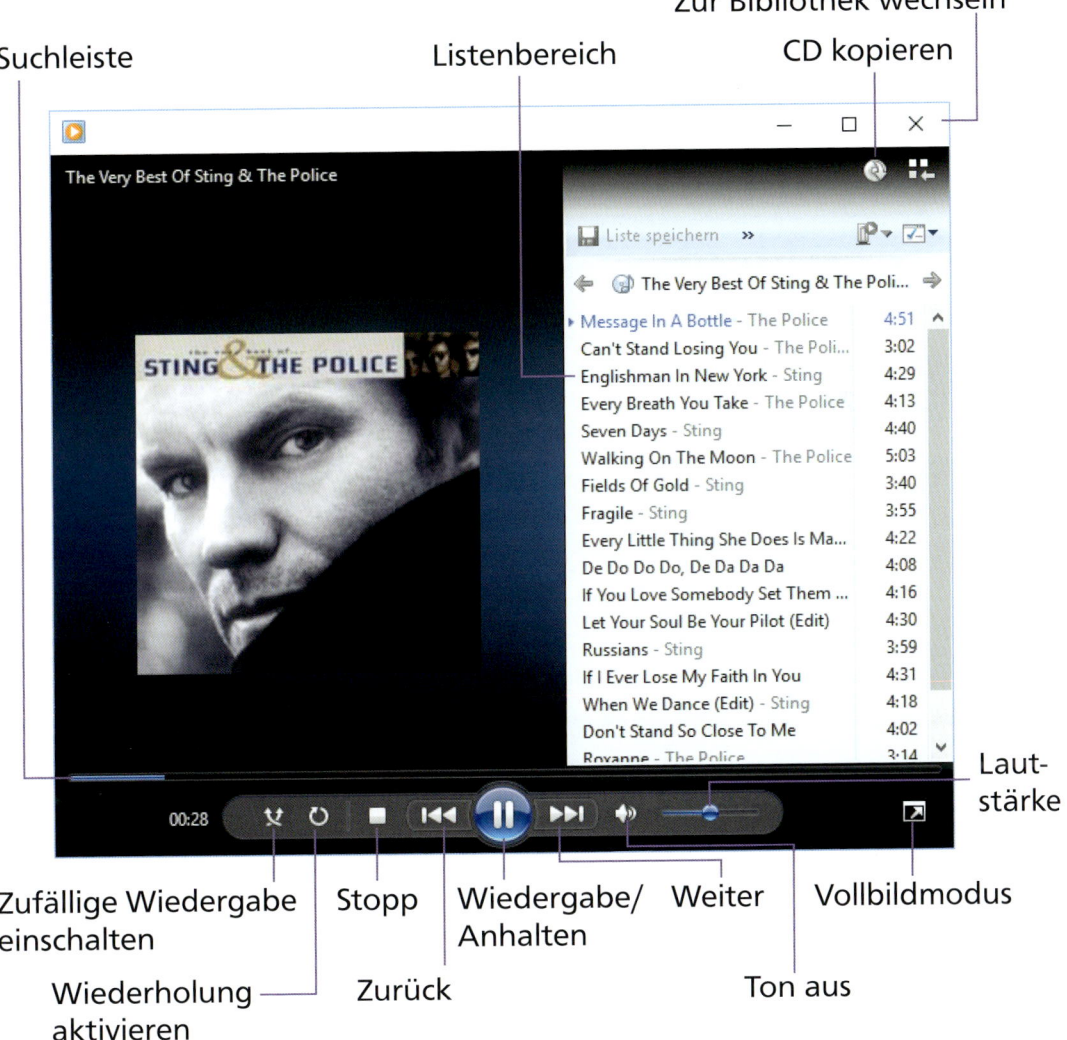

- Darüber hinaus finden Sie außerdem zwei Schaltflächen vor, mit denen Sie die Titel in zufälliger Reihenfolge wiedergeben bzw. wiederholen können.

- Der Schieber der Suchleiste bewegt sich beim Abspielen der Medientitel nach rechts und zeigt die aktuelle Wiedergabeposition des abgespielten Titels an. Ziehen Sie ihn mit der Maus, lässt sich auf diese Weise eine bestimmte Stelle im aktuellen Titel ansteuern.

- Am rechten Rand des Programmfensters kann der (optionale) Listenbereich eingeblendet werden, in dem bei Musik-CDs die Titelliste oder bei Wiedergabelisten die Musik- bzw. Videotitel aufgeführt sind. Ein Doppelklick auf einen Titel im Listenbereich startet die Wiedergabe im Media Player.

> **HINWEIS**
>
> Die im obigen Bild im Player sichtbare **Titelliste** lässt sich durch einen Rechtsklick auf das Fenster und anschließende 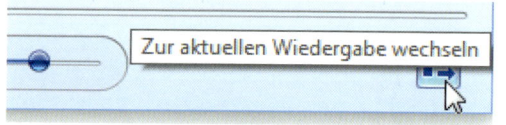 Auswahl des Befehls *Liste anzeigen* einblenden. Wählen Sie in der rechten oberen Fensterecke die Schaltfläche *Zur Bibliothek wechseln*, um zur Anzeige der Medienbibliothek umzuschalten.
>
> Im »Bibliotheksmodus« finden Sie in der rechten unteren Fensterecke eine Schaltfläche *Zur aktuellen Wiedergabe wechseln*, um zum Wiedergabemodus zurückzukehren.

- Beim Abspielen einer Audio-CD wird standardmäßig die auf der vorherigen Seite gezeigte Darstellung »Aktuelle Wiedergabe« mit dem Albumcover und optional der Titelliste (sofern bekannt) benutzt.

- Geben Sie eine Audiodatei wieder, erscheint dagegen das Fenster der Medienbibliothek (siehe auch folgende Abschnitte).

In der rechten unteren Ecke des Programmfensters gibt es noch eine Schaltfläche, um den Media Player in die Vollbildansicht zu schalten.

Diese ist bei der Videowiedergabe hilfreich. Verwenden Sie die [Esc]-Taste (oder einen Doppelklick auf die Anzeige), um von der Vollbildansicht zur Fensterdarstellung zurückzuschalten.

Zeigen Sie bei minimiertem Windows Media Player in der Taskleiste auf dessen Schaltfläche. Windows blendet daraufhin eine Miniaturansicht des Fensters mit Schaltflächen zur Wiedergabesteuerung ein. Klicken Sie auf die Schaltfläche in der Taskleiste, um zur Fensterdarstellung des Media Players zurückzukehren.

Musik- und Videodateien wiedergeben

Statt Apps zum Abspielen von Musik- und Videodateien zu verwenden, kann die Wiedergabe auch im Windows Media Player erfolgen:

1 Öffnen Sie den Ordner, in dem die Musik- oder Videodatei gespeichert ist (meist in den Bibliotheken *Musik* und *Videos*).

2 Öffnen Sie das Kontextmenü einer Audio- oder Videodatei und wählen Sie den Befehl *Mit Windows Media Player wiedergeben*.

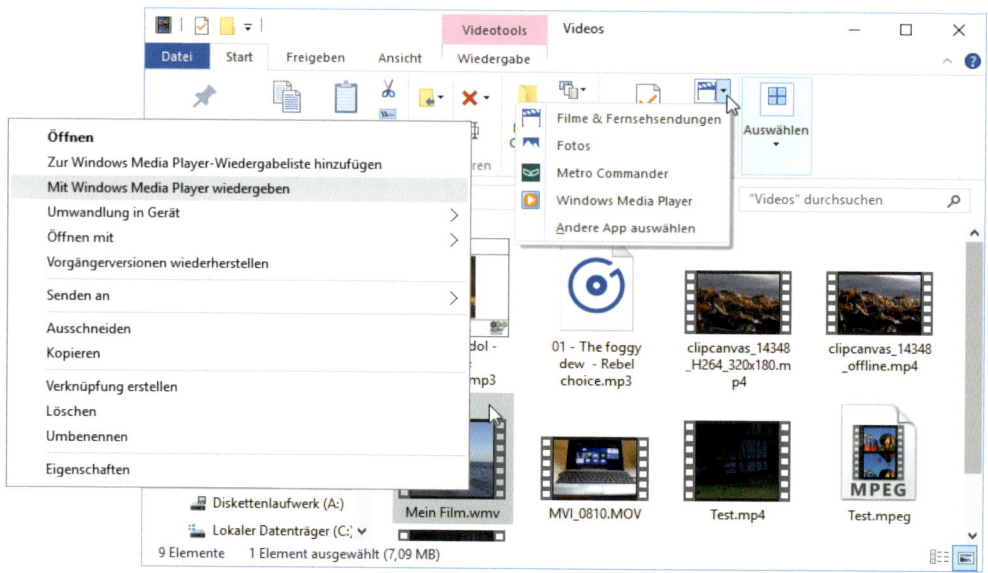

HINWEIS

Alternativ markieren Sie die Audio- bzw. Videodatei im Ordnerfenster (z. B. durch einen Mausklick). Klicken oder tippen Sie in der Gruppe *Öffnen* der Registerkarte *Start* auf die Menüschaltfläche *Öffnen* und wählen Sie den Befehl *Windows Media Player*.

Nun erscheint zunächst eine Palette zur Auswahl des Wiedergabeprogramms. Wählen Sie den *Windows Media Player* und bestätigen Sie mit der *OK*-Schaltfläche. Über das Kontrollkästchen *Immer diese App zum Öffnen von ... verwenden* erzwingen Sie, dass der Media Player zukünftig standardmäßig zur Wiedergabe dieses Dateityps verwendet wird.

> Auch auf der Registerkarte *Wiedergabe* des Menübands findet sich eine Schaltfläche *Wiedergabe*. Bei Anwahl dieser Schaltfläche wird allerdings das vorgegebene Standardprogramm zur Wiedergabe aufgerufen – und das könnte auch eine App sein.

Windows startet den Media Player und dieser beginnt mit der Wiedergabe (hier ein Video). Über die Bedienelemente im Fußbereich des Fensters steuern Sie den Abspielvorgang. Ein Klick mit der rechten Maustaste in das Fenster öffnet ein Kontextmenü mit Befehlen zur Steuerung des Players.

Bei Videos lässt sich die Bildgröße über das Kontextmenü *Video* anpassen bzw. mithilfe des Befehls *Vollbild* zur Vollbilddarstellung umschalten. Schneller geht das Umschalten zwischen Vollbild- und Fenstermodus, indem Sie den Videobereich jeweils per Doppelklick anwählen.

> **TIPP**
>
> Sind mehrere Musik- oder Videodateien im Ordnerfenster markiert, öffnen Sie das Kontextmenü per Klick mit der rechten Maustaste und wählen Sie den Befehl *Mit Windows Media Player wiedergeben*. Oder Sie ziehen mehrere markierte Dateien in das geöffnete Fenster des Media Players – dieser gibt dann alle Titel wieder.

> **Audioformate**
>
> Musikdateien können (wie Videodateien) in verschiedenen Formaten vorliegen. Beim **WAV-Format** werden die Musikdaten in unkomprimierter Form gespeichert, d. h., die zugehörigen Dateien sind sehr groß. Musik lässt sich kompakter in **MP3-Dateien** oder im Microsoft-eigenen **WMA-Format** speichern. Gekaufte Musikstücke, die im WMA-Format vorliegen, sind häufig mit einem digitalen Rechtemanagement (DRM, Digital Rights Management) versehen. DRM ist ein Abspielschutz, der die Wiedergabe nur im Rahmen der erworbenen Rechte erlaubt. Das MP3-Format kennt dagegen kein solches Rechtemanagement.

Musik-CDs wiedergeben

Musik-CDs lassen sich nur mit dem Windows Media Player (nicht aber mit der Musik-App) wiedergeben. Zum Abspielen einer Musik-CD genügt es, wenn Sie diese in das CD- bzw. DVD-Laufwerk einlegen und die Schublade schließen. Dann sollte der Media Player automatisch starten und mit der Wiedergabe des ersten Titels beginnen. Über die Schaltflächen der Wiedergabesteuerung können Sie schrittweise durch die Musiktitel blättern, die Lautstärke verändern oder die Wiedergabe pausieren (siehe auch vorherige Abschnitte).

> **TIPP**
>
> Erscheint nur eine Benachrichtigung über die eingelegte CD, es wird aber nichts abgespielt? Wählen Sie im eingeblendeten Fenster den Windows Media Player (siehe in Kapitel 3 den Abschnitt »Anzeige bei erkannten Wechseldatenträgern«). Tut sich nach dem Einlegen der Musik-CD nichts, wählen Sie das Laufwerksymbol im Ordnerfenster per Doppelklick an. Anschließend sollte die Wiedergabe der Musik-CD im Anzeigemodus »Aktuelle Wiedergabe« des Windows Media Players starten. Einige Audio-CDs sind vom Hersteller mit einem Kopierschutz für Computer versehen, der das Abspielen im Media Player verhindert.

Video-CD und -DVDs wiedergeben?

Der Windows Media Player kann weder DVD-Videos noch bestimmte Videoformate (z. B. MPEG2-Videodateien) wiedergeben. Verwenden Sie in solchen Fällen z. B. den VLC-Player zur Wiedergabe (kostenlos von der Webseite www.videolan.org/vlc herunterladbar).

Musik-CD auf die Festplatte kopieren

Sie können den Inhalt einer Musik-CD auf die Festplatte kopieren, um die Musikstücke später direkt von dort aus abzuspielen (siehe oben).

1 Legen Sie die Original-CD in das Laufwerk ein und gehen Sie wie bei der Wiedergabe von Musik-CDs vor.

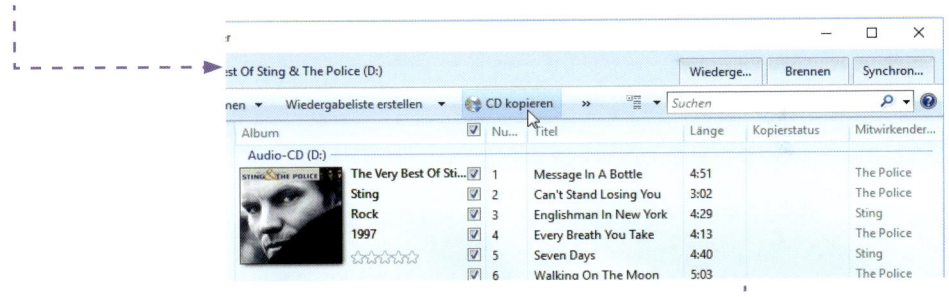

2 Klicken Sie in der Symbolleiste des Player-Fensters auf die Schaltfläche *CD kopieren*.

Bei Bedarf wählen Sie in der angezeigten Titelliste die nicht zu kopierenden Musiktitel durch Anklicken ab (nur die Kontrollkästchen der zu kopierenden Titel sollten mit Häkchen markiert sein).

HINWEIS

Öffnen Sie das Menü der in der Symbolleiste sichtbaren Schaltfläche *Kopiereinstellungen*, um über den Befehl *Format* das gewünschte Audioformat (z. B. MP3) zum Kopieren auszuwählen. Die Audioqualität beim Speichern legen Sie über das Untermenü des Befehls *Audioqualität* fest.

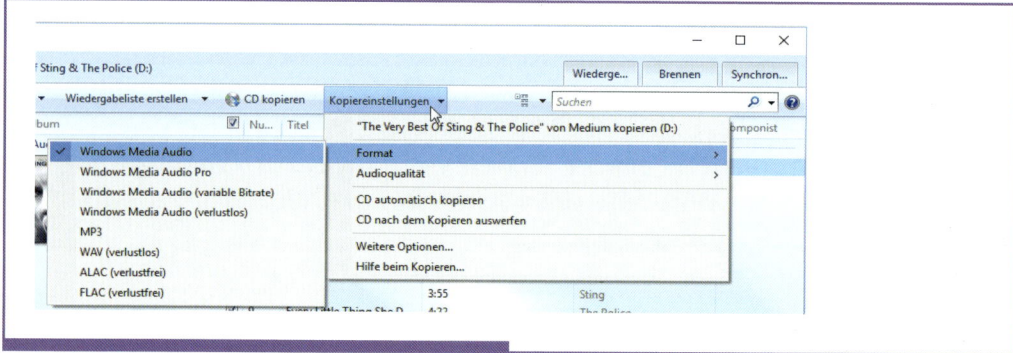

Der Windows Media Player beginnt dann mit dem Auslesen der markierten Musiktitel und kopiert diese im angegebenen Format in den Ordner *Musik*. Dabei wird für jedes Album ein eigener Unterordner und für jeden Musiktitel eine separate Datei angelegt. Eine Textanzeige in der Titelliste informiert Sie über den gerade kopierten Titel. Über die während des Kopiervorgangs angezeigte Schaltfläche *Kopieren beenden* der Symbolleiste können Sie den Vorgang jederzeit beenden.

Musiktitel auf CD brennen

Ist am Computer ein CD/DVD-Brenner angeschlossen, lassen sich auf die Festplatte kopierte und nicht kopiergeschützte Musikstücke auf CDs übertragen. Hierzu führen Sie die folgenden Schritte durch:

1 Starten Sie den Windows Media Player und klicken Sie in der rechten oberen Ecke des Programmfensters auf die Registerkarte *Brennen*.

2 Wählen Sie links im Navigationsbereich die Wiedergabelisten oder die Einträge der Medienbibliothek, um die gewünschten Musiktitel im Programmfenster anzuzeigen.

3 Ziehen Sie die gewünschten Musiktitel mit der Maus nach rechts in die Brennliste.

Der Windows Media Player

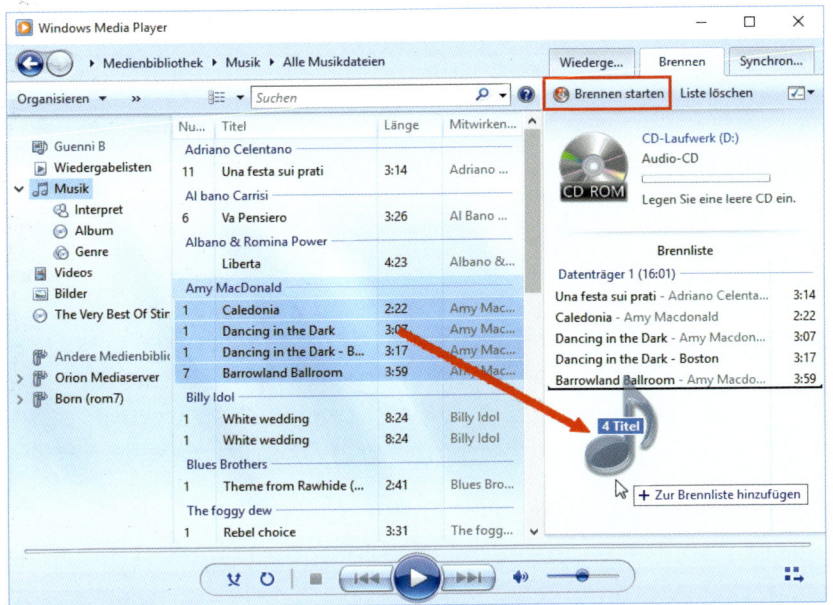

4 Wurden alle Titel hinzugefügt, klicken Sie in der Symbolleiste auf die Schaltfläche *Brennen starten*.

Sobald die Schublade des Brenners ausgefahren wird, legen Sie einen leeren CD-R-Rohling ein und schließen die Schublade. Nachdem der Datenträger erkannt wurde, beginnt der Windows Media Player mit dem Brennen der Musiktitel auf das Medium.

Während des Brennens werden Sie über eine Fortschrittsanzeige in der Brennliste über den Fortgang des Prozesses informiert. Sie können den Brennvorgang zwar über die Schaltfläche *Brennen abbrechen* vorzeitig beenden – riskieren dann allerdings den Verlust des Rohlings. Nach dem Brennen des letzten Titels wirft der Media Player das Medium standardmäßig aus.

Die Medienbibliothek – so wird sie genutzt!

Mediadateien (Musik, Videos, Bilder etc.) lassen sich über die Medienbibliothek komfortabel verwalten. Musiktitel, die Sie aus einem Ordner der Festplatte wiedergeben, werden automatisch zur Medienbibliothek hinzugefügt. Zum Ansehen und Wiedergeben der Inhalte der Medienbibliothek gehen Sie in folgenden Schritten vor:

1 Starten Sie den Windows Media Player und wählen Sie (falls der Modus *Aktuelle Wiedergabe* erscheint) die Schaltfläche *Zur Bibliothek wechseln*.

2 Wählen Sie in der linken Spalte des Navigationsbereichs die gewünschte Bibliothekskategorie (z. B. *Musik*) und klicken Sie ggf. auf einen Eintrag wie *Interpret*, *Album*, *Genre*.

Der Windows Media Player zeigt Ihnen in der mittleren Spalte die zur betreffenden Kategorie gefundenen Medieneinträge sowie bei Musikdateien ggf. das Albumcover.

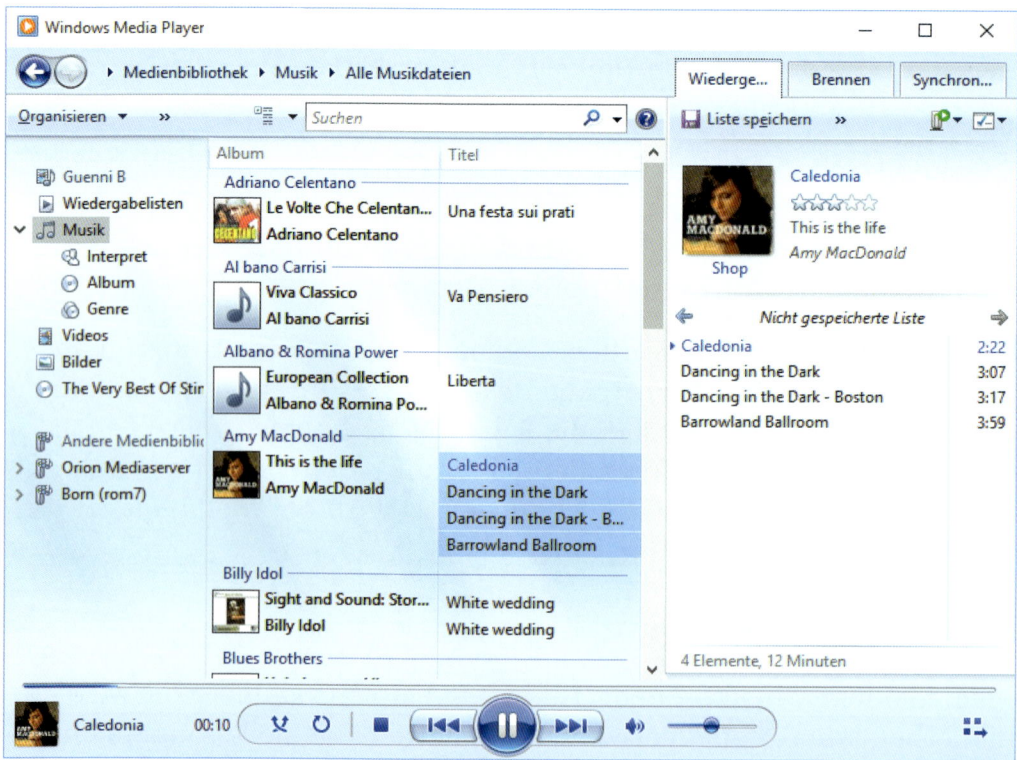

3 Wählen Sie zum Abspielen den gewünschten Eintrag in der mittleren Spalte per Doppelklick an.

Über den Navigationsbereich des Windows Media Players können Sie also sehr bequem auf bereits abgespielte Musik, Videos, Bilder etc. zugreifen. Sie brauchen nur einen der Einträge des Bereichs anzuwählen, um die betreffenden Medieneinträge nach Kategorien geordnet abzurufen.

> **TIPP**
>
> Bei Bedarf können Sie auch den Namen eines Interpreten, Titels etc. in das Suchfeld am oberen Rand des Fensters eintippen. Daraufhin durchsucht der Media Player die Medienbibliothek nach den entsprechenden Stichwörtern und listet Übereinstimmungen auf.

> **Medientitel aus der Medienbibliothek entfernen**
>
> Klicken Sie den Titeleintrag mit der rechten Maustaste an und wählen Sie den Kontextmenübefehl *Löschen* aus. In einem zusätzlichen Dialogfeld bestimmen Sie über Optionsfelder, ob der Eintrag nur aus der Bibliothek oder auch von der Festplatte gelöscht werden soll.

Wiedergabelisten für Ihre Lieblingstitel

Wiedergabelisten ermöglichen es Ihnen, Musikstücke, Videos etc. in beliebiger Reihenfolge für die Wiedergabe zusammenzustellen. Gehen Sie zum Anlegen einer solchen Liste in folgenden Schritten vor:

1 Stellen Sie den Windows Media Player ggf. in den Bibliotheksmodus um (siehe vorhergehende Abschnitte).

2 Klicken Sie in der Symbolleiste des Fensters auf die Schaltfläche *Wiedergabeliste erstellen*.

3 Tippen Sie im Navigationsbereich einen Namen für die neue Wiedergabeliste in das hervorgehobene Feld ein.

> **TIPP**
>
> Sie können die Wiedergabeliste über Kontextmenübefehle auch nachträglich umbenennen oder löschen.

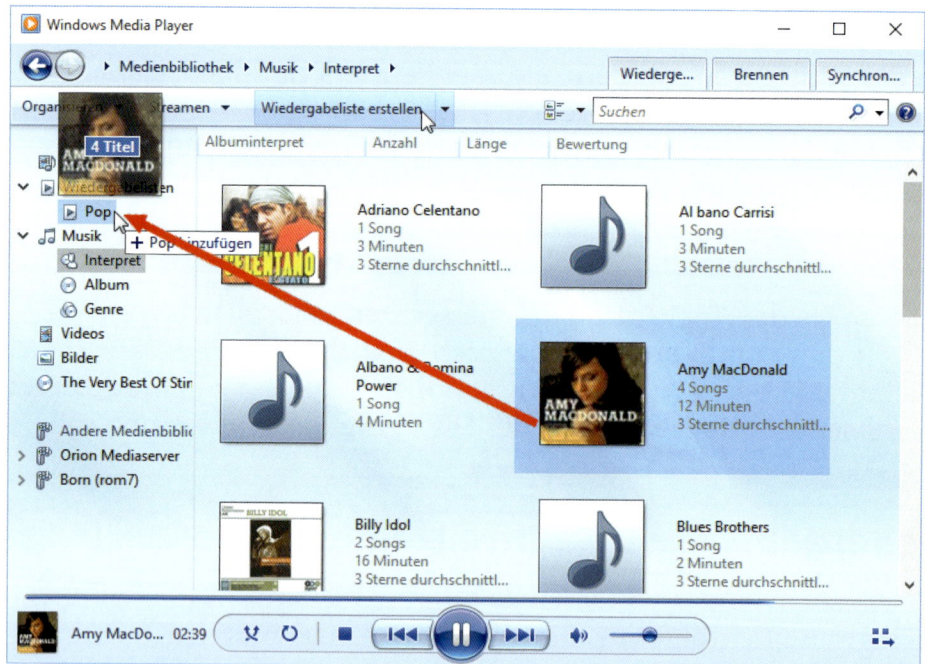

4 Wählen Sie anschließend links im Navigationsbereich die Kategorie (z. B. *Musik*) mit den gewünschten Titeln.

Sie können wie in den vorhergehenden Abschnitten beschrieben vorgehen und eine Audio-CD abspielen oder mehrere Musikdateien bzw. Videos über die Schaltfläche *Alle wiedergeben* eines Ordnerfensters im Windows Media Player abspielen.

5 Markieren Sie den oder die gewünschten Titel in der mittleren Spalte und ziehen Sie sie bei gedrückter linker Maustaste in den Navigationsbereich zum Eintrag der Wiedergabeliste.

Beim Loslassen werden die Titel in die Liste einsortiert. Wiederholen Sie die letzten Schritte, bis alle gewünschten Titel in der Wiedergabeliste aufgeführt sind.

> **HINWEIS**
>
> Wählen Sie den Eintrag für die Wiedergabeliste im Navigationsbereich an, lässt sich die Reihenfolge der Titel in der Wiedergabeliste durch Ziehen per Maus sortieren. Über den Kontextmenübefehl *Aus Liste entfernen* löschen Sie einen Eintrag.

Wählen Sie die Liste später im Navigationsbereich des Windows Media Players per Doppelklick aus, startet die Wiedergabe mit dem ersten Titel. Alternativ können Sie einen eingeblendeten Titel in der Liste per Doppelklick wiedergeben.

So kommt die Musik auf den MP3-Player

Ihre Musik lässt sich mit wenigen Schritten für unterwegs auf tragbare Musikabspielgeräte (MP3-Player, Smartphone, iPhone, iPad etc.) übertragen.

1 Starten Sie den Windows Media Player und verbinden Sie den portablen Player über die USB-Schnittstelle mit dem Computer.

2 Warten Sie, bis das portable Gerät (hier ein Nexus-4-Handy) erkannt wurde, und klicken Sie in der rechten oberen Ecke des Windows Media Players auf die Registerkarte *Synchron*.

3 Wählen Sie im Navigationsbereich Wiedergabelisten oder Einträge (hier *Musik*) der Medienbibliothek aus, um deren Titellisten im Programmfenster einzublenden.

4 Markieren Sie die gewünschten Musiktitel im Fenster des Windows Media Players und ziehen Sie sie mit der Maus nach rechts in die Synchronisierungsliste des Gerätes.

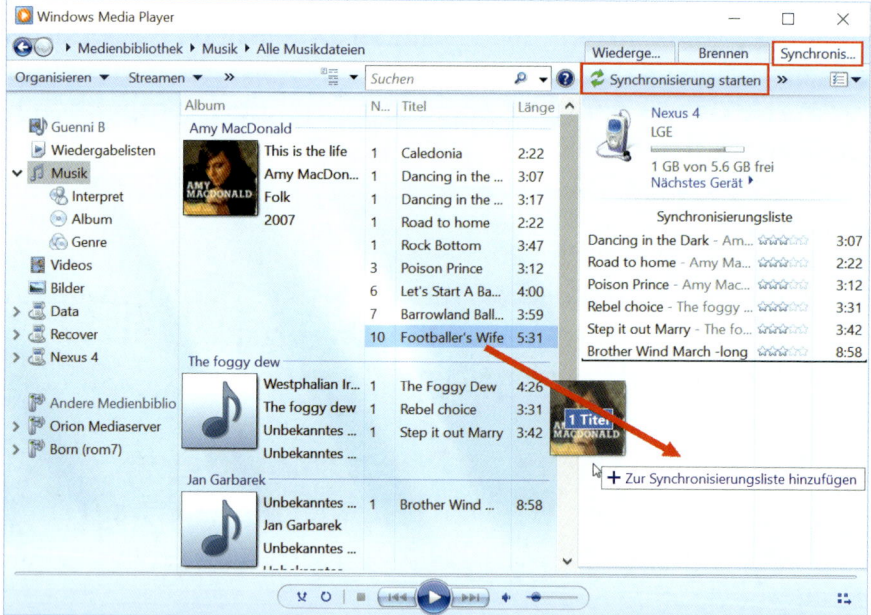

5 Unerwünschte Titel markieren Sie in der Synchronisierungsliste und löschen sie über den Kontextmenübefehl *Aus Liste entfernen*.

6 Wurden die Musiktitel übertragen, klicken Sie in der Symbolleiste (oberhalb der Synchronisierungsliste) auf die Schaltfläche *Synchronisierung starten*.

Der Windows Media Player gleicht dann die Titelliste des portablen Gerätes mit der Synchronisierungsliste ab, fügt neue Titel zum Player hinzu und löscht ggf. unerwünschte Titel. Eine Fortschrittsanzeige im Fenster des Windows Media Players informiert Sie über den Fortgang des Synchronisierungsprozesses. Nach Beendigung der Synchronisierung wird die Titelliste im Synchronisationsbereich gelöscht und Sie können den portablen (MP3-)Player von der USB-Schnittstelle trennen (siehe Kapitel 3).

TIPP

Bei angeschlossenem und erkanntem MP3-Player lässt sich dessen Geräteeintrag im Navigationsbereich (linke Spalte) des Media Players anwählen. Sie können dann auf Kategorien wie *Synchronisierungsstatus*, *Musik*, *Videos* und *Bilder* zugreifen. Über die drei letztgenannten Kategorien werden die auf dem Player gespeicherten Mediendateien angezeigt und lassen sich über Kontextmenübefehle löschen.

Probleme mit dem MP3-Player?

Wird der MP3-Player nicht im Windows Media Player erkannt oder gibt es Probleme bei der Synchronisation? Dann verbinden Sie ihn über einen USB-Anschluss des Rechners und öffnen ein Ordnerfenster. Der MP3-Player sollte nun als Wechseldatenträgerlaufwerk angegeben werden und Sie können direkt auf dessen Speicher zugreifen, um Dateien zu kopieren oder zu löschen (siehe Kapitel 3).

HINWEIS

Sofern Sie einen iPod-Player, ein iPad oder ein iPhone von Apple besitzen, verbinden Sie dieses Gerät ebenfalls per USB-Kabel mit dem Computer. Zum Übertragen der im Apple-Store gekauften Musik auf den iPod verwenden Sie das kostenlose Programm iTunes in einer Windows-10-kompatiblen Fassung von der Internetseite *www.apple.com/de/itunes/*.

Zusammenfassung

In diesem Kapitel haben Sie Apps sowie den Windows Media Player samt deren Funktionen zur Wiedergabe von Musik und Videos kennengelernt. Zudem wurden einige Spiele vorgestellt. Sie können Windows nun zur Unterhaltung verwenden. Beachten Sie aber, dass sich die Handhabung der beschriebenen Apps durch Updates zukünftig verändern kann. Im nächsten Kapitel lernen Sie die Funktionen des Edge-Browsers zum Abrufen von Webseiten kennen.

Testen Sie Ihr Wissen

Zur Überprüfung Ihres Wissens können Sie die folgenden Aufgaben lösen:

- **Wie greifen Sie auf Spiele zu?**
  (Installieren Sie das betreffende Spiel ggf. als App aus dem Windows Store und wählen Sie dann dessen Kachel im Startmenü oder in der Startseite an.)

- **Welche Möglichkeiten zur Audiowiedergabe gibt es?**
  (Sie können ein Musikdatei per Doppelklick im Ordnerfenster anwählen. Oder Sie verwenden den Windows Media Player.)

- **Wie geben Sie eine Musik-CD wieder?**
  (Die CD in das Laufwerk einlegen, auf den Start des Windows Media Players und die Wiedergabe warten.)

- **Wie können Sie eine Videodatei wiedergeben?**
  (Die Videodatei im Ordnerfenster per Doppelklick anwählen, um sie in der App oder im Windows Media Player abzuspielen.)

Internet und E-Mail

Millionen Menschen surfen im Internet oder verschicken E-Mails. Mit einem Browser ist das Surfen im Internet wirklich einfach. Ich zeige Ihnen, wie Sie Webseiten im World Wide Web abrufen. Zudem erfahren Sie, wie sich E-Mails mit der Mail-App versenden, empfangen und lesen lassen.

Das lernen Sie in diesem Kapitel
- Surfen mit Microsoft Edge
- E-Mails mit der Mail-App verwalten

6

Surfen mit Microsoft Edge

Das Internet ist eine riesige, vom Wohnzimmer aus erreichbare Informationsquelle. Wer Infos über Urlaubsregionen, Reiseplanung, die neuesten Nachrichten etc. benötigt, wird im Internet fündig. Dessen Möglichkeiten sind schier endlos. Selbst Kochrezepte, Anleitungen zum Heimwerken, Bezugsquellen für spezielle Angebote oder Tipps zur Gesundheitsvorsorge, rund um Haus und Garten oder zur Computernutzung finden sich im World Wide Web. In diesem Abschnitt erfahren Sie, was Sie zum Abrufen solcher Internetseiten (auch als »Surfen« im Internet bzw. World Wide Web bezeichnet) benötigen und wie das unter Windows konkret funktioniert.

Ein Browser – was ist das?

Um Webseiten aus dem sogenannten World Wide Web (ein Teil des Internets) abzurufen und anzusehen, verwenden Sie einen Browser wie den hier gezeigten Microsoft Edge. Zudem ist eine Internetverbindung erforderlich.

Windows 10 wird mit **zwei Browsern** ausgeliefert, dem **Internet Explorer** und dem hier im Buch beschriebenen neuen Browser

Microsoft Edge. Allerdings will Microsoft den Internet Explorer zukünftig vollständig durch den Edge-Browser ablösen. Der Vollständigkeit halber sei hier jedoch erwähnt, dass es darüber hinaus auch Browser von anderen Herstellern gibt, wie etwa Google Chrome oder Firefox.

> **HINWEIS**
>
> Falls Sie bevorzugt mit dem Internet Explorer arbeiten wollen, verwenden Sie die Suche in der Taskleiste – oder öffnen Sie unter *Alle Apps* im Startmenü die Gruppe *Windows-Zubehör*, um den Browser aufzurufen. Eine Beschreibung des Internet Explorers findet sich in meinem Markt+Technik-Titel »Internet – leichter Einstieg für Senioren«.

> **Wie komme ich ins Internet?**
>
> Der Zugang zum Internet kann zu Hause über den Telefonanbieter oder unterwegs per Mobilfunkverbindung realisiert werden. Meist werden Notebooks oder Tablet-PCs zu diesem Zweck per WLAN mit einem sogenannten WLAN-Router verbunden. Auch in Hotels, Flughäfen oder Restaurants wird das Internet häufig über WLAN zur Verfügung gestellt. Für den Internetzugriff müssen Sie einmalig eine Verbindung zwischen Windows und dem jeweiligen WLAN-Router einrichten (siehe Kapitel 8).

Websurfen – es geht los

Steht die Internetverbindung? Dann sind Sie bereit für die ersten Schritte im Internet bzw. zum Websurfen mit dem Edge-Browser. Das ist eigentlich ganz einfach.

1 Wählen Sie die Kachel des Microsoft-Edge-Browsers im Startmenü, auf der Startseite oder in der Taskleiste durch Antippen oder Anklicken an.

2 Sobald das Browserfenster erscheint, klicken oder tippen Sie das darin enthaltene Adressfeld an.

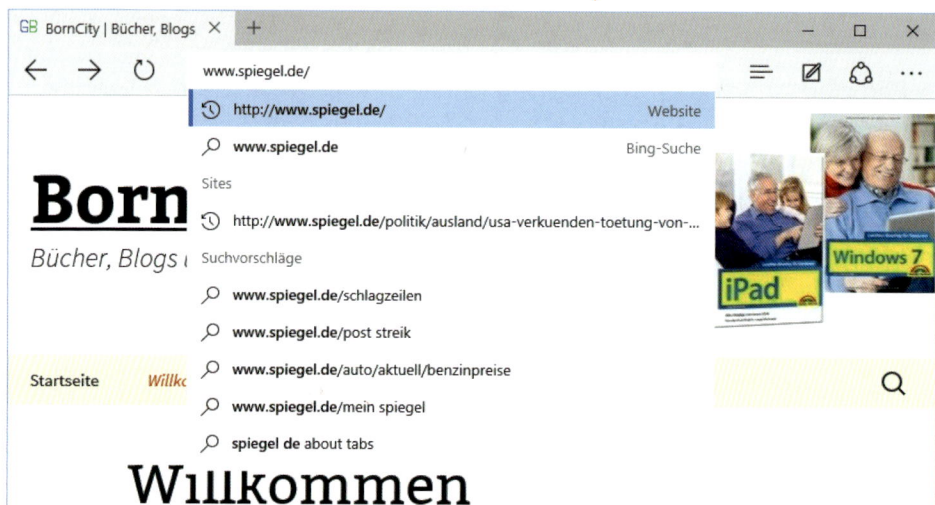

3 Geben Sie die Webadresse *www.spiegel.de* ein und drücken Sie zur Bestätigung die ⏎-Taste.

> **TIPP**
>
> Beim Eintippen der Adresse zeigt der Browser eine Liste der ggf. bereits zuvor eingegebenen Internetadressen an. Befindet sich die gewünschte Adresse in der Liste, wählen Sie den zugehörigen Eintrag an, um ihn in das Adressfeld zu übernehmen.

Der Browser ruft die eingegebene Webseite aus dem World Wide Web ab. Nach wenigen Sekunden erscheint sie dann, wie hier die mit obiger Adresse abgerufene Startseite von Spiegel ONLINE mit den Schlagzeilen des jeweiligen Tages.

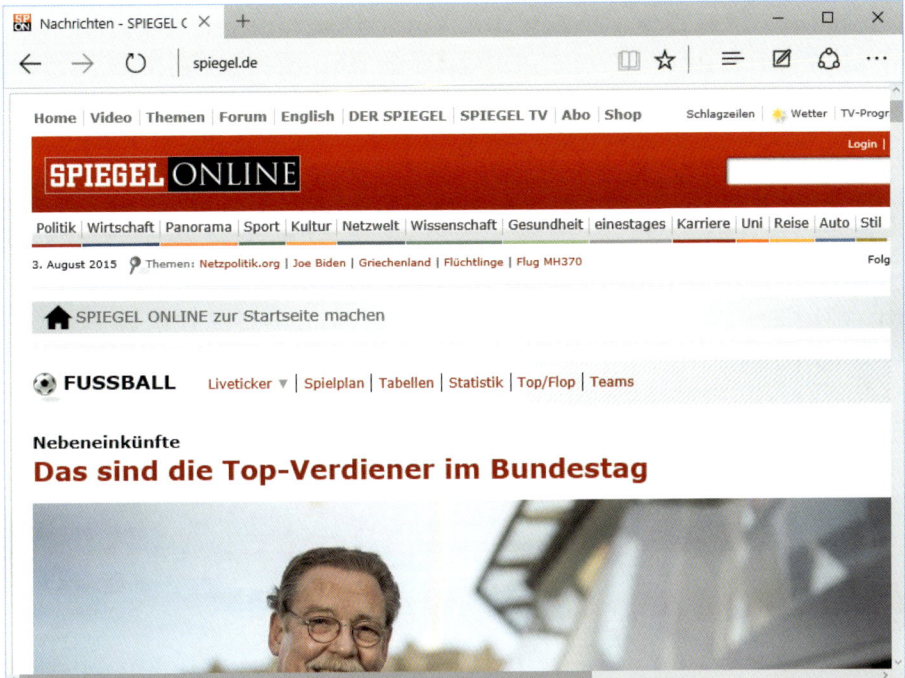

> **TIPP**
>
> Bei Bedarf blättern Sie durch Wischen mit dem Finger, durch Drehen am Mausrädchen oder über die bei Mausbedienung am rechten Rand angezeigte Bildlaufleiste in der Seite nach oben oder unten.

Nun stellt sich die Frage, wie sich **einzelne Beiträge abrufen** lassen. Webseiten enthalten in der Regel als **Hyperlinks** bezeichnete Verweise auf die Folgedokumente. Diese können Sie ganz leicht per Maus ermitteln und per Mausklick anwählen.

4 Klicken oder tippen Sie in der angezeigten Webseite auf einen Hyperlink.

Im Fenster des Browsers wird dann die vom Hyperlink adressierte Folgeseite abgerufen und angezeigt. Existieren in dieser Seite Hyperlinks, können Sie diese auf die gleiche Weise anklicken, um wiederum zu der jeweiligen Folgeseite zu gelangen.

> **Hyperlinks leicht erkennen**
>
> In manchen Webseiten werden als Hyperlink genutzte Textstellen farbig und unterstrichen dargestellt. Da dies aber nicht immer der Fall sein muss, gibt es einen anderen Trick: Sobald der Mauszeiger über eine als Hyperlink ausgeführte Textstelle oder ein Bild geführt wird, erscheint das Symbol einer stilisierten Hand als Mauszeiger. Steht die Maus nicht auf einem Hyperlink, ist der Pfeil als Mauszeiger zu sehen.

Navigieren zwischen Webseiten

Um von der aufgerufenen Folgeseite wieder zur Hauptseite zurückzukehren, das Laden von Webseiten abzubrechen, eine Seite zu aktualisieren oder zwischen besuchten Webseiten zu navigieren, haben Sie folgende Möglichkeiten:

- Wählen Sie die Schaltfläche *Zurück* durch Anklicken oder Antippen an. Der Browser wechselt zur zuletzt besuchten Seite. Sie können diesen Schritt wiederholen und so bis zur »Einstiegsseite« zurückblättern. Beim Erreichen dieser Seite wird die Schaltfläche *Zurück* gesperrt (die Farbe im Symbol der Schaltfläche verschwindet dann).

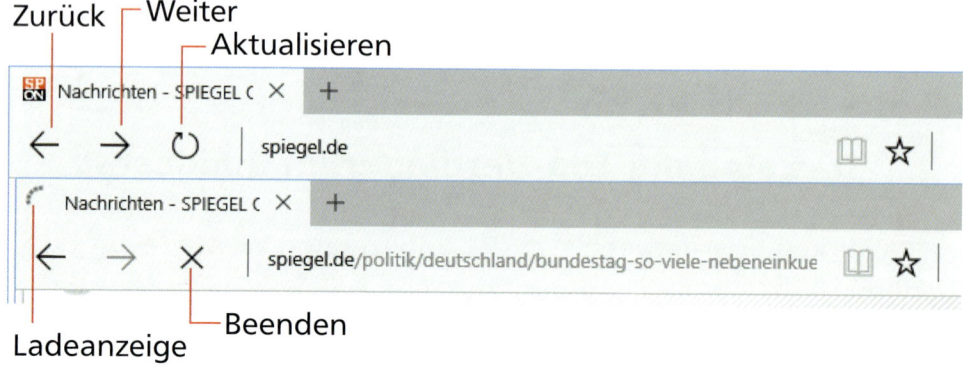

- Um nach dem Zurückblättern wieder eine oder mehrere Seiten vorwärts zu blättern, wählen Sie die Schaltfläche *Weiter*. Wurde zuvor noch nicht von einer Webseite zurückgeblättert, ist diese Schaltfläche gesperrt. Mit den Schaltflächen (die Sie übrigens auch in Ordnerfenstern finden) lassen sich also bereits während der aktuellen Internetsitzung besuchte Seiten abrufen.

- Wird eine Webseite nicht richtig geladen oder möchten Sie sicherstellen, dass der aktuelle Inhalt angezeigt wird (z. B. bei sich häufiger ändernden Webseiten), wählen Sie die *Aktualisieren*-Schaltfläche oder drücken Sie die Funktionstaste F5.

- Der Edge-Browser dokumentiert den Ladevorgang einer Webseite anhand einer Ladeanzeige (Kreis mit wandernden Pünktchen) an. Dauert das Laden einer Webseite zu lange oder gibt es Probleme, brechen Sie den Vorgang über die *Beenden*-Schaltfläche (oder die Esc-Taste) ab.

Weil das recht elegant geht, hat sich dafür der Begriff des »Websurfens« eingebürgert – und auch hier steckt nichts Besonderes dahinter, es kann sogar richtig Spaß machen. Falls Sie mit einem anderen Browser wie dem Firefox, Google Chrome oder dem Internet Explorer arbeiten, funktioniert im Prinzip alles genauso, auch wenn die Schaltflächen u. U. etwas anders aussehen oder unterschiedlich beschriftet sind.

Webadressen – das steckt dahinter

Webadressen sind in der Form *www.name.de* gestaltet. Das Kürzel *www* signalisiert, dass es sich um eine Hauptseite im Web handelt. Der Platzhalter *Name* steht hier stellvertretend für den Namen der Webseite (z. B. Firmenname). Und an den letzten Buchstaben hinter dem zweiten Punkt lässt sich meist erkennen, in welchem Land die Webseite geführt wird (Deutschland: *.de*, Österreich: *.at*, Schweiz: *ch*). Die Erweiterung *.com* (z. B. *www.microsoft.com*) weist hingegen auf eine kommerzielle Webseite einer Firma hin, *.org* steht für eine Organisation (z. B. Schule oder Universität). Die im Adressfeld angezeigte Protokollkennung *http://* brauchen Sie übrigens nicht einzutippen, da der Browser diese automatisch ergänzt.

Haben Sie Lust auf mehr bekommen? Sobald Sie die Startadressen der verschiedenen Webseiten kennen, kann das Surfen beginnen. Viele Firmen veröffentlichen diese Adressen in ihren Werbeanzeigen, und manchmal kann man die korrekten Internetadressen mit obigem Wissen über den Firmennamen erraten (z. B. *www.aldi.de*, *www.rewe.de* etc.). Es ist unglaublich, was sich alles im Web finden lässt: Vom virtuellen Zeitschriftenkiosk über Ratgeberseiten bis hin zu speziellen Seniorenseiten ist alles dabei. Zum Einstieg habe ich Ihnen im Folgenden einige Adressen zusammengestellt.

Adresse	Bemerkungen
www.zeit.de *www.nzz.ch* *www.wienerzeitung.at*	Adressen verschiedener Zeitschriften
www.focus.de *www.bunte.de* *www.gala.de* *www.brigitte.de*	Verschiedene Magazine
www.ard.de *www.zdf.de* *www.tvtoday.de* *www.tvinfo.de*	Aktuelle Fernsehprogramme
www.teleauskunft.de *tel.search.ch* *www.herold.at*	Telefonbücher im Internet, hilfreich, um bestimmte Personen zu finden
www.livingathome.de *www.lecker.de* *www.wein.cc*	Ratgeber, Rezepte und mehr
www.gesundheit.de *www.apotheken-umschau.de* *www.lifeline.de* *de.wikipedia.org*	Gesundheit und Wissen

Adresse	Bemerkungen
www.feierabend.de *www.platinnetz.de* *www.seniorennet.de* *www.seniorentreff.de*	Spezielle Seniorenseiten

Internetseiten suchen

Wenn Sie wissen möchten, welche Informationen das Internet zu einem speziellen Thema bereithält, führen Sie eine Suche durch. Hierzu lassen sich zum einen spezielle Suchmaschinen wie *www.bing.de* oder *www.google.de* bemühen. Zum anderen geht die Suche mit dem Edge-Browser aber noch einfacher vonstatten.

1 Geben Sie den Suchbegriff (z. B. »Lago Maggiore Webcam«) in das Adressfeld ein.

2 Drücken Sie dann die ⏎-Taste, um die Suche zu starten.

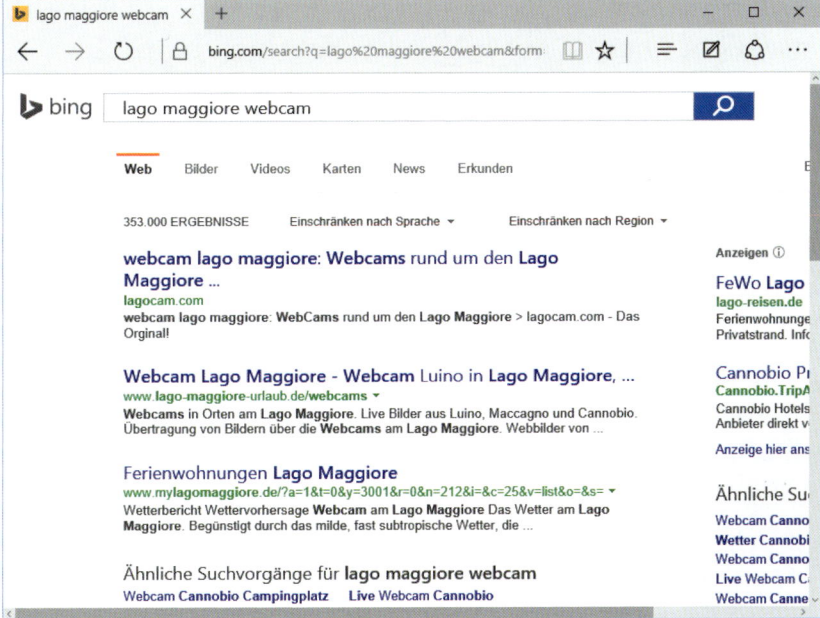

Anschließend werden alle Webseiten, in denen der gesuchte Begriff vorkommt, von der Suchmaschine (standardmäßig Bing) ermittelt und in Form einer Ergebnisliste ausgegeben. Hier genügt dann ein Mausklick auf den betreffenden Link, um die Webseite abzurufen.

> **HINWEIS**
>
> Sind Sie unzufrieden mit den Suchergebnissen, probieren Sie andere Begriffe aus oder verwenden Sie eine zweite Suchmaschine. Sie können z. B. die Webseite *www.google.de* aufrufen und den Suchbegriff in das Suchfeld der Seite eintippen – möglicherweise ergeben sich dann weitere Treffer. Beachten Sie auch, dass die ersten Treffer der Liste meist Werbung beinhalten. Möchten Sie vermeiden, dass die Betreiber von Suchmaschinen wie Google oder Microsoft (Bing) Informationen über Ihr Surfverhalten sammeln? Dann verwenden Sie die Suchseite *www.ixquick.de*, die eine diskrete Suche im Internet gewährleistet.

Google als Suchmaschine eintragen

Möchten Sie Google als Standardsuchmaschine im Edge-Browser verwenden? Dies ist mit folgenden Schritten möglich:

1 Starten Sie Edge und rufen Sie die Webseite *www.google.de* im Browser auf.

2 Wählen Sie in der rechten oberen Ecke die Schaltfläche *Weitere Aktionen*.

3 Blättern Sie in der Seitenleiste *Einstellungen* nach unten und wählen Sie die Schaltfläche *Erweiterte Einstellungen anzeigen*.

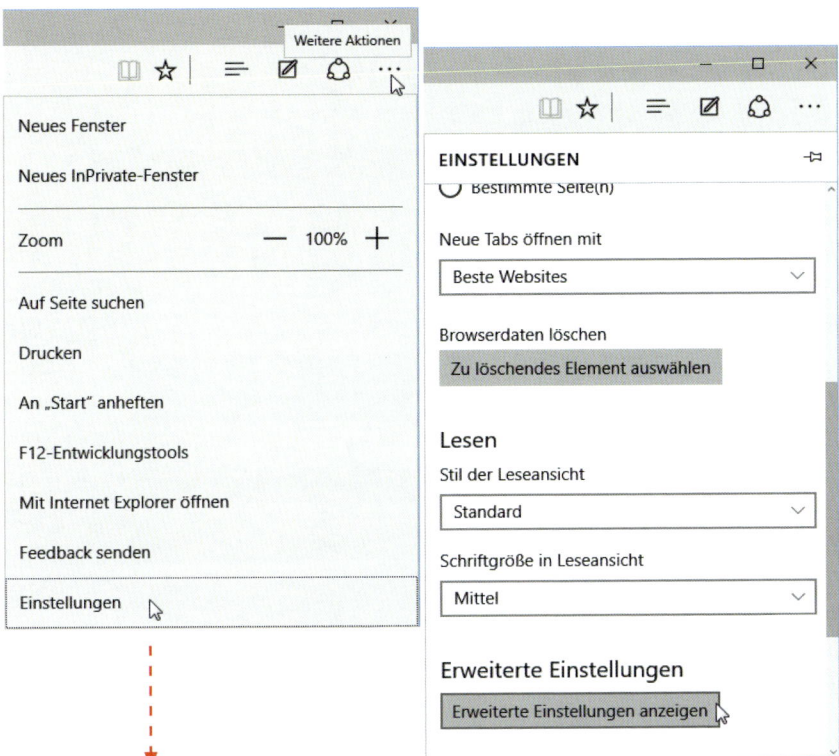

4 Anschließend blättern Sie in der Seitenleiste mit den erweiterten Einstellungen nach unten und wählen dort das Listenfeld *In Adressleiste suchen mit* an.

5 Wählen Sie dann den angezeigten Eintrag *<Neu hinzufügen>* aus.

Sofern Sie vorher Google als Suchseite im Browser abgerufen haben, zeigt die Seitenleiste Ihnen die hier rechts sichtbare Struktur *Suchanbieter hinzufügen* an.

6 Klicken oder tippen Sie auf den angezeigten Eintrag *www.google.de* und bestätigen Sie eine der angezeigten Schaltflächen.

Wählen Sie *Als Standard hinzufügen* aus, um zukünftig automatisch über Google suchen zu lassen.

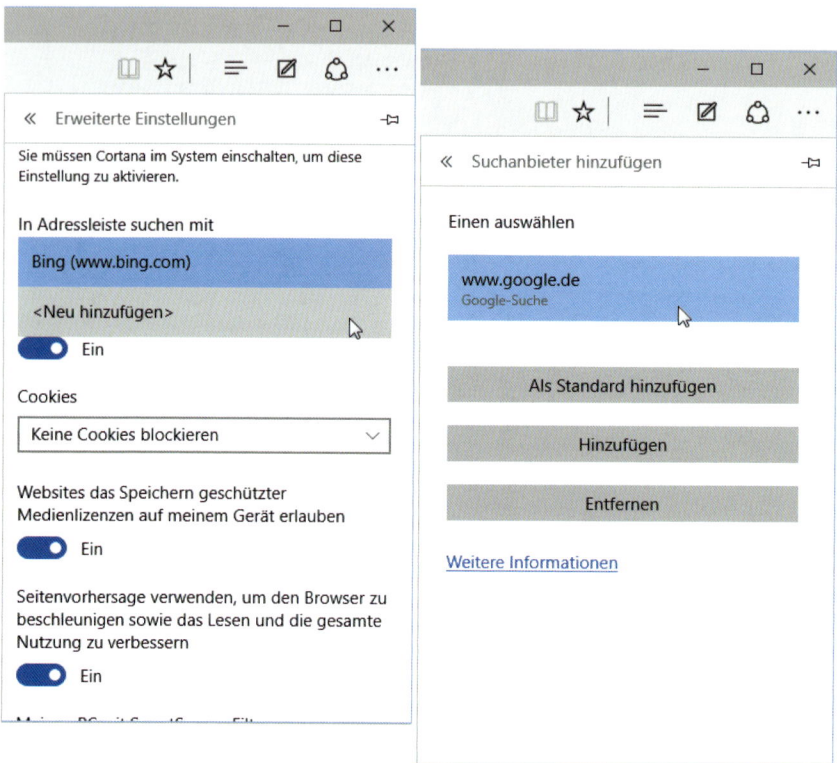

Bei *Hinzufügen* bleibt Bing als Suchmaschine voreingestellt, Sie können dann über das Listenfeld *In Adressleiste suchen mit* bei Bedarf den Suchanbieter umstellen. Mit *Entfernen* lässt sich ein Suchanbieter löschen.

Webseiten merken

Gibt es vielleicht eine Webseite, die Sie häufiger besuchen oder die Ihnen besonders gut gefällt? Dann ist es recht umständlich, jedes Mal die zugehörige Adresse einzutippen. Sie können solche Webseiten aber »merken lassen«, indem Sie sie in die Liste der sogenannten Favoriten aufnehmen.

Surfen mit Microsoft Edge

1 Rufen Sie die gewünschte Webseite im Edge-Browser auf und klicken oder tippen Sie auf das Symbol *Zu Favoriten oder Leseliste hinzufügen* (Sternsymbol).

2 Wählen Sie in der eingeblendeten Palette entweder das Symbol *Favoriten* oder *Leseliste* und fügen Sie die URL zur gewünschten Liste hinzu.

In der nachfolgend sichtbaren Palette *Favoriten* lässt sich im Feld *Name* der Titeltext für den Eintrag anpassen. Über das Listenfeld *Erstellen in* können Sie zwischen *Favoriten* und der *Leseliste* umschalten. Die Option *Neuen Ordner erstellen* ermöglicht Ihnen, einen Ordner anzulegen, in den die neuen Favoriten einsortiert werden sollen.

> **HINWEIS**
>
> Der Unterschied zwischen *Favoriten* und *Leseliste* ist lediglich, dass Letztere ein Ordner in der Favoritenliste ist.

3 Sind alle Einträge vorgenommen, klicken Sie auf die Schaltfläche *Hinzufügen*.

Jetzt trägt der Browser die Webseite in die Lesezeichenliste (beim Edge-Browser und auch beim Internet Explorer als Favoriten bezeichnet) ein.

Eintrag für die Leseliste festlegen

Statt eine Webseite den Favoriten hinzuzufügen, lassen sich die Adressen auch in die Leseliste übernehmen. Gehen Sie dazu wie oben beschrieben vor, wählen Sie jedoch in der eingeblendeten Palette das Symbol *Leseliste*. Dann lässt sich der Titel für die Leseliste anpassen und der Eintrag über die Schaltfläche *Hinzufügen* in die Liste aufnehmen.

Favoriten und Leseliste abrufen

Die in den Favoriten und auch in der Leseliste eingetragenen Webadressen lassen sich in Edge wie folgt abrufen:

1 Klicken oder tippen Sie in der Symbolleiste des Edge-Browsers auf das Symbol *Hub (Favoriten, Leseliste, Verlauf und Downloads)*.

2 Wählen Sie in der eingeblendeten Palette entweder das Symbol *Favoriten* oder *Leseliste* und klicken oder tippen Sie auf den Eintrag für die gewünschte Seite.

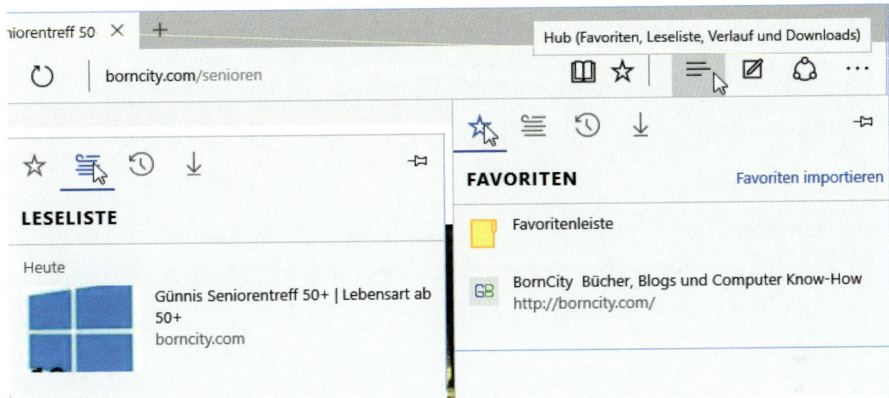

In der hier rechts sichtbaren Palette *Favoriten* sind die unter *Favoriten* eingefügten Adressen direkt in der Liste aufgeführt. Über Ordnersymbole wie *Favoritenleiste* erhalten Sie Zugriff auf gespeicherte Webseiten, die über diese Ordner gruppiert werden. In der Leseliste werden Webadressen dagegen untereinander zum Abrufen angeboten.

HINWEIS

Über weitere Symbole der Palette erhalten Sie Zugriff auf den Verlauf der besuchten Webseiten sowie die Liste der getätigten Downloads. Die Palette verschwindet, sobald Sie auf eine andere Stelle des Browserfensters klicken oder tippen. Durch Auswahl des in der rechten oberen Ecke sichtbaren Symbols des stilisierten Pins lässt sich die Palette aber dauerhaft festheften. Über das *Schließen*-Symbol der angehefteten Palette wird sie dann wieder ausgeblendet.

TIPP

Öffnen Sie das Kontextmenü eines Leselisten-, Favoriten- oder anderen Eintrags (z. B. per Rechtsklick), finden Sie auch den Befehl *Entfernen* vor, um den Eintrag zu löschen.

Kleine Tipps zum Edge-Browser

Beim Umgang mit dem Browser erleichtern Ihnen verschiedene Arbeitstechniken die Handhabung per Touchbedienung oder mit der Maus.

- Über das Symbol *Neuer Tab* oder mit der Tastenkombination [Strg]+[T] öffnen Sie eine neue leere Registerkarte zum Abrufen einer Webseite über das Adressfeld.

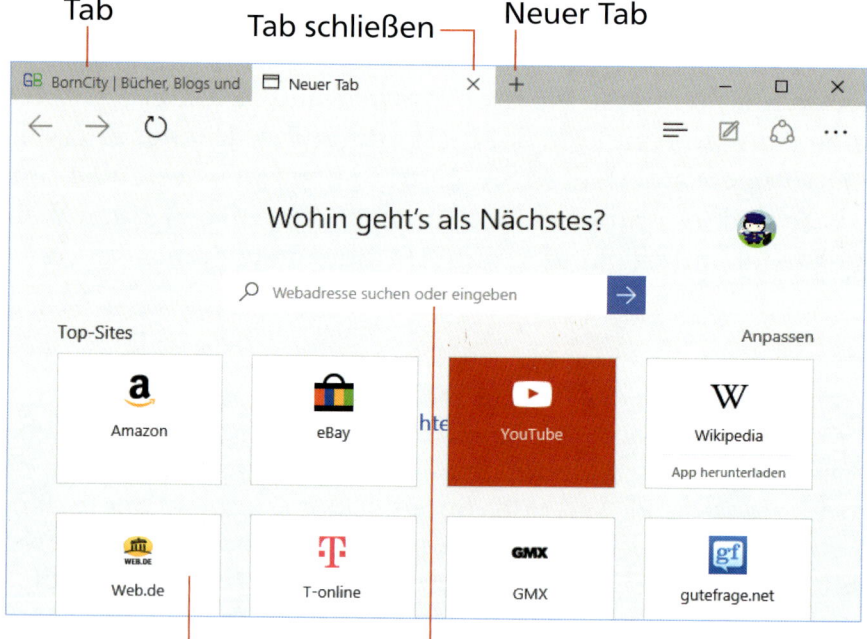

- Eine neu geöffnete Registerkarte zeigt die Symbole sogenannter Top-Sites. Tippen Sie auf eine Kachel, um die Site zu öffnen. Über den Befehl *Anpassen* rechts oberhalb der Kachelliste lässt sich diese Anzeige abschalten.

- Wählen Sie den Tab zum Umschalten zu der betreffenden Seite an. Betätigen Sie die Schaltfläche *Schließen* (das X) eines Tabs, schließt der Browser die zugehörige Webseite.

Wählen Sie das Symbol *Weitere Aktionen*, lässt sich im eingeblendeten Menü auf diverse Befehle zugreifen.

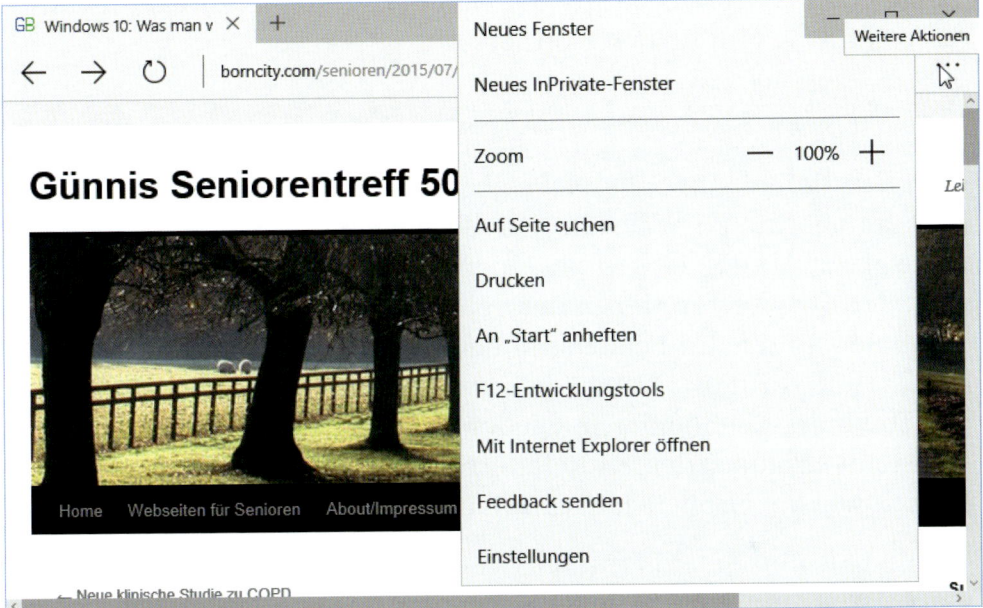

- Der Befehl *Neues InPrivate-Fenster* des Menüs öffnet eine neue Registerkarte im **InPrivate-Modus**, der den Browser daran hindert, Daten zu Ihrer Browsersitzung zu speichern. Beim Schließen des Browserfensters werden alle Daten (z. B. der Verlauf der besuchten Webseiten) verworfen.

- Über den Befehl *Zoom* lässt sich die Darstellung der Webseite im Browserfenster vergrößern/verkleinern. Das funktioniert auch, indem Sie die [Strg]-Taste gedrückt halten und am Mausrädchen drehen. Alternativ können Sie ebenfalls die Tastenkombinationen [Strg]+[+] und [Strg]+[-] zum Vergrößern oder Reduzieren der Darstellung nutzen. Doppeltippen Sie am Touchscreen per Fingerbedienung auf das Browserfenster, um die **Darstellung** des Webseiteninhalts zu **vergrößern** oder anschließend wieder zu verkleinern. An einem Touchscreen können Sie den Zoomfaktor der Anzeige auch durch Spreizen oder Zusammenziehen von Daumen und Zeigefinger anpassen.

- Der Befehl *An „Start" anheften* fügt die Adresse der aktuellen Webseite als Kachel bzw. Eintrag zum Startmenü oder zur Startseite (im Tablet-Modus) hinzu. Dann lässt sich die Webseite durch Anwahl dieses Eintrags im Browser öffnen.

- Über den Befehl *Auf Seite suchen* beginnen Sie eine Suche innerhalb der geöffneten Webseite. Zu diesem Zweck wird eine Suchleiste eingeblendet. Geben Sie einen Suchbegriff im Textfeld vor, zeigt der Browser Treffer in der Seite farbig unterlegt an. Über die Symbole < und > der Leiste können Sie die vorherigen oder folgenden Treffer abrufen. Durch Auswahl der *Schließen*-Schaltfläche verschwindet die Suchleiste wieder. Der Befehl *Optionen* blendet ein Menü ein, über dessen Befehle Sie nach ganzen Wörtern suchen sowie die Groß-/Kleinschreibung berücksichtigen können.

- Wählen Sie den Befehl *Drucken*, wenn Sie eine Webseite ausdrucken möchten. Ähnlich wie beim Drucken von Fotos (Kapitel 4) lassen sich nach der Aktivierung des Druckbefehls der Drucker sowie die Druckoptionen in einem Fenster auswählen und die Ausgabe über die *Drucken*-Schaltfläche anstoßen.

- Mit dem Befehl *Mit Internet Explorer öffnen* wird die komplette Webseite im zweiten Browser, dem Internet Explorer, angezeigt.

- Der Befehl *Einstellungen* blendet die gleichnamige Seitenleiste ein, in der Sie die Optionen des Edge-Browsers einsehen und anpassen können.

- Bei einer angezeigten Webseite lässt sich das Symbol *Leseansicht* im Adressfeld anwählen. Dann stellt der Browser die Webseite in einem speziellen Lesemodus dar. Die erneute Anwahl des Symbols schaltet diese Ansicht wieder ab.

- Wählen Sie in der Symbolleiste das Symbol *Webseitennotiz erstellen*, erscheint eine weitere Leiste (hier im Vordergrund sichtbar). Durch Anwahl der angebotenen Schaltflächen können Sie Inhalte der Webseite mit einem Leuchtstift markieren, Anmerkungen verfassen und das Ganze über das Diskettensymbol der Leiste sogar speichern.

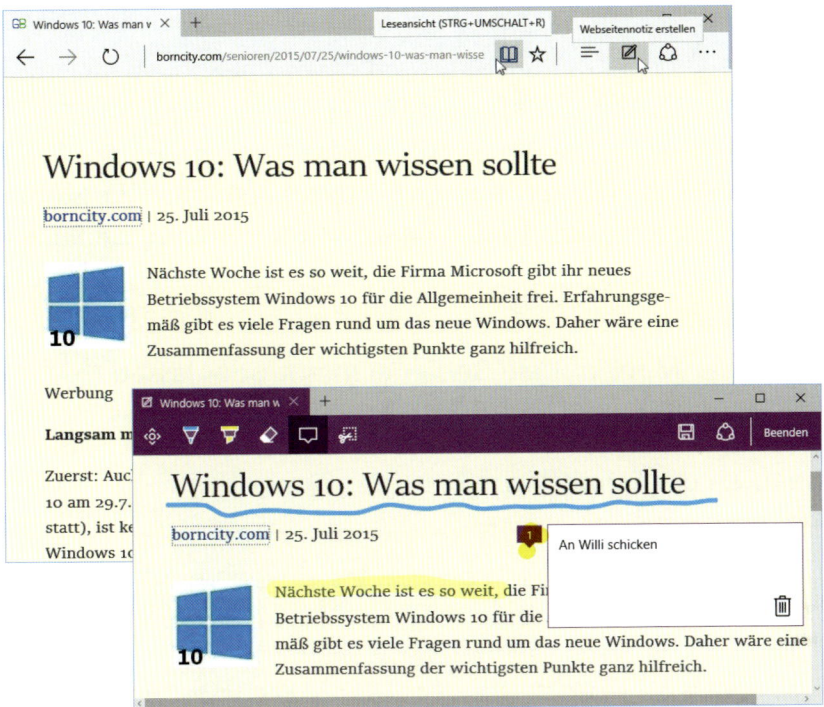

- Im Adressfeld werden Statusinformationen zu den geöffneten Webseiten angezeigt. Ein grünes Schloss samt Schriftzug zeigt beim Abrufen abgesicherter HTTPS-Seiten (z. B. von Banken) an, dass diese Verbindung sicher ist. Klicken Sie auf das Schloss, zeigt eine Palette, wer die Sicherheit der Webseite garantiert.

- Links auf dem Tab einer Webseite erscheinen optional die Kennzeichnung bei benutztem InPrivate-Modus und das Logo der Webseite.

- Die Schaltfläche *Teilen* in der rechten oberen Ecke des Browsers öffnet die Seitenleiste *Teilen*. Dort können Sie eine andere App (z. B. *Mail*, *OneNote* etc.) wählen, um die Webseite (oder die Webseitenadresse) dorthin zu übergeben. So lässt sich eine Webseite beispielsweise mithilfe der Mail-App mit anderen Nutzern teilen.

> **TIPP**
>
> Zeigen Sie mit der Maus auf ein Bedienelement oder lassen Sie den Finger etwas länger auf der betreffenden Position des Touchscreens verweilen, blendet der Browser eine QuickInfo mit dem Funktionsnamen der Schaltfläche bzw. des Symbols ein.

Auch innerhalb der angezeigten Webseite lassen sich einige Kniffe anwenden, die Sie kennen sollten.

- Klicken Sie einen Hyperlink mit der rechten Maustaste an, erscheint beim Loslassen ein Kontextmenü mit den hier gezeigten Befehlen, um den Link in die Zwischenablage zu kopieren oder die zum Hyperlink gehörige Webseite in einer neuen Registerkarte oder einem neuen Fenster zu öffnen.

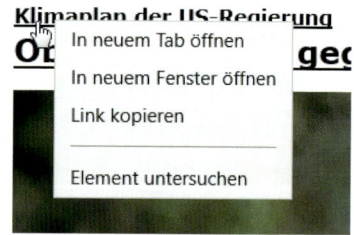

- Lassen Sie am Touchscreen den Finger etwas länger auf einem Hyperlink, wird dieser beim Loslassen markiert. Das dann eingeblendete Kontextmenü enthält neben den Befehlen zum Öffnen des Links sowie zum Kopieren des Links in die Zwischenablage auch zwei weitere

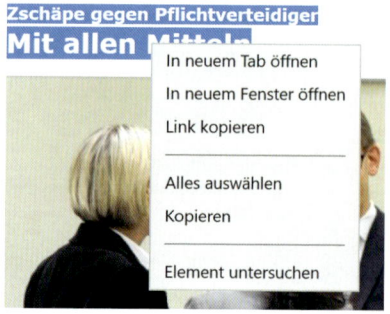

Befehle. Wählen Sie den Befehl *Kopieren*, um den markierten Text in die Zwischenablage zu übertragen. Mit *Alles auswählen* wird der gesamte Webseiteninhalt markiert. Drücken Sie erneut den Finger auf den markierten Bereich, lässt sich dieser über den Kontextmenübefehl *Kopieren* in die Zwischenablage übertragen.

Textpassagen wie Wörter markieren Sie durch Doppelklicken mit der Maus. Oder Sie klicken auf den Markierungsanfang und ziehen die Maus mit gedrückter linker Maustaste über den zu markierenden Text.

Download und Speichern

Um etwas aus dem Internet herunterzuladen (**downloaden**), wählen Sie den betreffenden Hyperlink an.

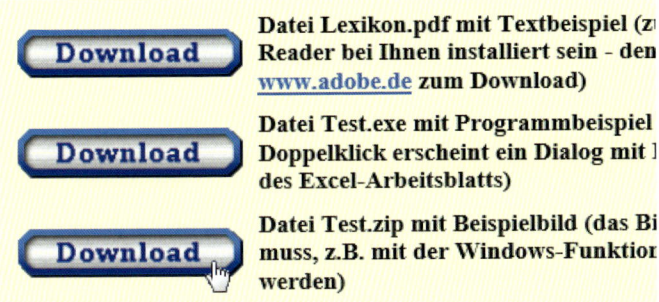

TIPP

Auf meiner Homepage finden Sie unter *www.borncity.de/Test/* eine Testseite für Downloads, die Sie zum Probieren aufrufen können.

Der Browser lädt die Dateien in den Ordner *Downloads* herunter. Die heruntergeladenen Dateien werden durch den in Windows enthaltenen Virenscanner (standardmäßig der Windows Defender) überprüft und dann im Ordner *Downloads* abgelegt. Die weitere Reaktion hängt von dem heruntergeladenen Dokumenttyp ab.

- Dokumente wie PDF-Dateien oder Fotos werden direkt im Browser oder in einer passenden Anwendung angezeigt.

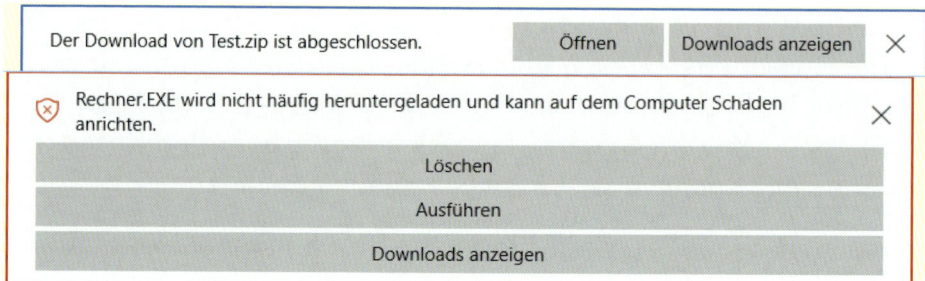

- Bei anderen Dateien erscheint eine Informationsleiste am unteren Rand des Browserfensters. Diese bietet Ihnen Befehle zum Zugriff auf die heruntergeladene Datei an.

Im Falle von ausführbaren Programmdateien erhalten Sie u. U. eine Warnung, wenn der Virenscanner ein Schadprogramm erkennt oder nicht sicher ist, ob das heruntergeladene Programm virenfrei ist. Bei anderen Dateien erhalten Sie eine Schaltfläche zum Öffnen oder zum Anzeigen des *Downloads*-Ordners.

ACHTUNG

Bei Downloads von Programmen aus dem Internet besteht die Gefahr, dass diese mit Viren oder Schadfunktionen verseucht sind. Seien Sie also vorsichtig und verwenden Sie nur vertrauenswürdige Seiten wie *www.heise.de*, *www.chip.de* etc. für den Programm-Download.

1 Um ein **Bild** von einer Webseite zu **speichern**, klicken Sie es mit der rechten Maustaste an – oder drücken Sie länger mit dem Finger darauf und lassen Sie dann los.

2 Wählen Sie den Kontextmenübefehl *Bild speichern*, um das Bild herunterzuladen und lokal unter *Bilder* zu speichern.

Das Bild lässt sich z. B. in der Fotos-App ansehen. Beachten Sie beim Verwenden von Bildern aus dem Web das Copyright des betreffenden Rechteinhabers.

Arbeiten mit der Mail-App

Die in Windows enthaltene Mail-App ermöglicht den Zugriff auf den Inhalt eines Postfachs, um E-Mails zu lesen, Nachrichten zu beantworten und auch selbst E-Mails zu schreiben. Nachfolgend werden die Funktionen der Mail-App vorgestellt.

Die Mail-App im Schnellüberblick

Die Mail-App kann den Zugriff auf verschiedene Postfächer verwalten, die Sie bei unterschiedlichen E-Mail-Anbietern angelegt haben. Sie starten die App über das Startmenü oder eine Kachel der Startseite.

Bei Anwahl der Kachel öffnet sich die App, die einerseits das hier gezeigte Aussehen aufweisen kann. Sofern das Fenster der App groß genug ist, wird aber andererseits zu einer dreispaltigen Darstellung umgeschaltet, bei der auch noch die aktuell gewählte Nachricht sichtbar ist.

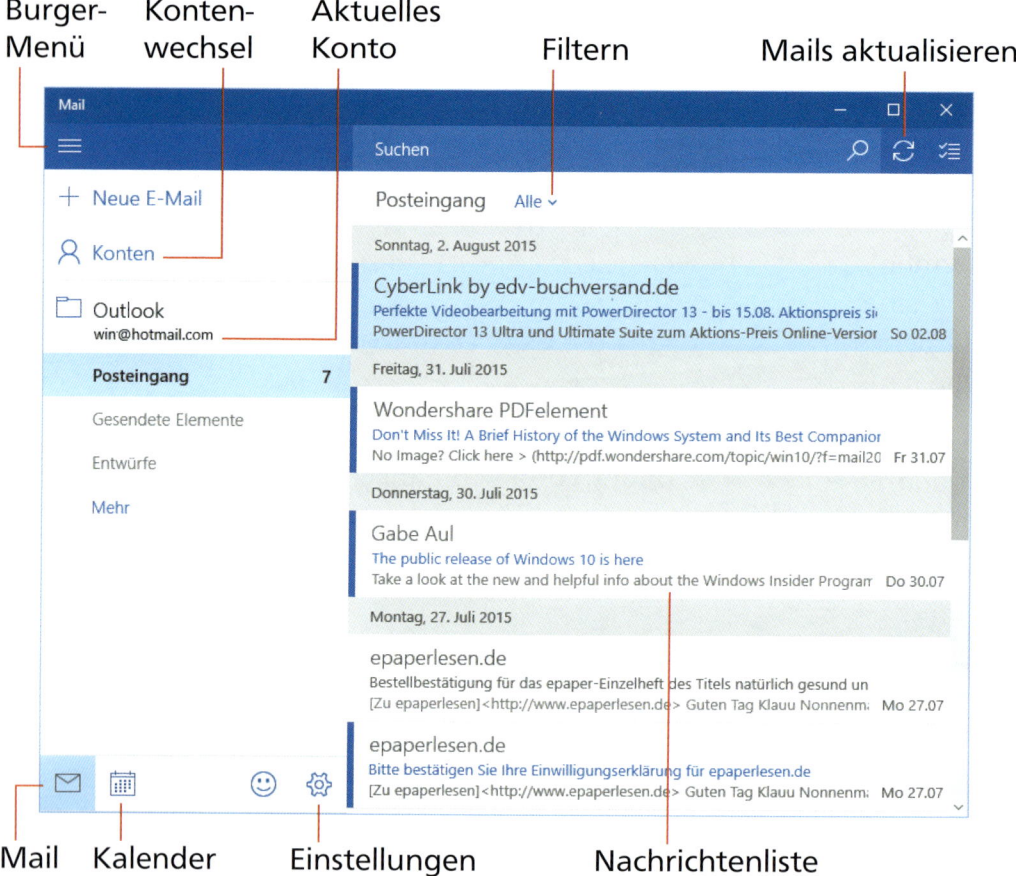

- In der linken Spalte finden Sie die Funktionen für den Zugriff auf das E-Mail-Postfach. Ist hier der Eintrag *Konten* sichtbar, sind mehrere E-Mail-Konten in der App eingerichtet, die nach dem Anklicken bzw. Antippen von *Konten* in einem separaten Fenster aufgelistet werden. Durch Anwahl eines dieser Kontoeinträge holen Sie das jeweilige Postfach in die Anzeige.

- Im oberen Teil der Spalte werden die Symbole zum Zugriff auf Funktionen wie Posteingang, gesendete Elemente oder Entwürfe des aktuell gewählten Postfachs angezeigt. Klicken Sie auf einen Eintrag

Arbeiten mit der Mail-App **251**

(z. B. *Posteingang*), erscheint dessen Inhalt in der Nachrichtenliste (zweite Spalte). Über den Hyperlink *Mehr* lässt sich die Darstellung um weitere Ordner (z. B. Papierkorb) des Postfachs erweitern.

- Am unteren Rand der linken Spalte finden Sie die Symbole für den Zugriff auf die Funktionen *Mail* und *Kalender* (öffnet eine separate App) sowie auf die *Einstellungen*. Das lachende Gesicht ermöglicht das Senden Ihres Feedbacks zu dieser App an Microsoft.

- In der zweiten Spalte ermöglicht das Feld *Suchen* mit dem Lupensymbol in der Kopfzeile die Suche in der Nachrichtenliste. Tragen Sie einen Suchbegriff in das Suchfeld ein und klicken Sie auf das Lupensymbol. Daraufhin listet die Mail-App nur solche Mails auf, die dem Suchbegriff entsprechen.

- Über das Menü (hier mit aktiviertem Befehl *Alle*) filtern Sie die Nachrichtenliste zwischen der Anzeige aller oder nur der ungelesenen bzw. markierten Nachrichten. Ungelesene Nachrichten sind übrigens mit einer blauen Linie am linken Rand gekennzeichnet.

Wählen Sie eine Nachricht in der Nachrichtenliste an, wird deren Inhalt wahlweise im App-Fenster (wie hier gezeigt) oder (bei genügend großem Fenster) in einer dritten Spalte eingeblendet. Diese Darstellung enthält in der Kopfzeile auch Schaltflächen zum Beantworten, Kennzeichnen und Löschen von Mails.

Konten in der Mail-App einrichten

Die Mail-App benötigt zur Verwaltung von Postfächern zwingend eine Verbindung zu einem Microsoft-Konto. Beim ersten Aufruf der App oder falls der Benutzer an einem lokalen Benutzerkonto angemeldet ist und kein E-Mail-Konto angelegt wurde, zeigt die App eine Begrüßungsseite und ermöglicht die Eingabe der Zugangsdaten für ein Microsoft-Konto.

Wählen Sie *Konto hinzufügen*, um ein Konto anzugeben. Über *Bereit* wird die Seite geschlossen und Sie gelangen zur Postfach-Ansicht (siehe vorherige Seite). Die Mail-App kann mehrere E-Mail-Konten verwalten.

Arbeiten mit der Mail-App 253

1 Um nachträglich **Konten einzusehen**, wählen Sie in der linken Spalte das Zahnradsymbol *Zu Einstellungen wechseln*.

2 In der angezeigten Seitenleiste *Einstellungen* wählen Sie den Eintrag *Konten*.

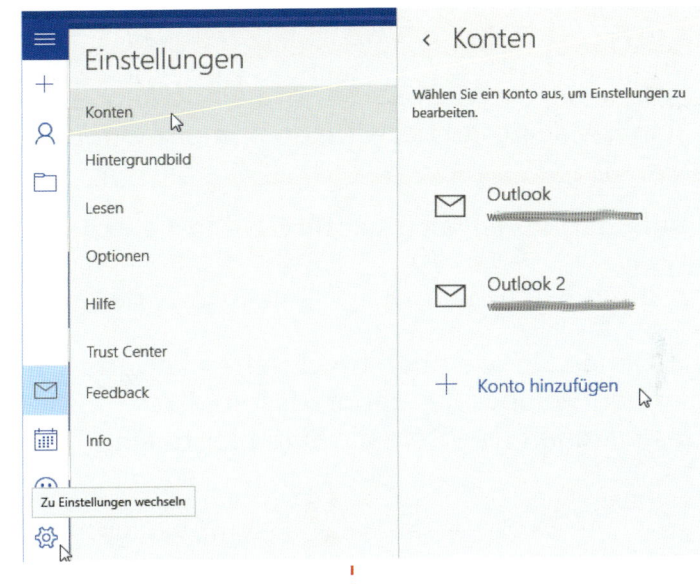

3 Wählen Sie im Anschluss den gewünschten Befehl *Konto hinzufügen* oder ein E-Mail-Konto an.

Nach Auswahl eines bereits eingetragenen E-Mail-Kontos öffnet sich das Fenster mit den Kontoeinstellungen.

Neben der E-Mail-Adresse wird auch der Kontoname angezeigt und lässt sich im betreffenden Textfeld ändern. Zudem finden Sie je nach Typ des E-Mail-Kontos verschiedene Befehle vor, um die Konto- und Synchronisationseinstellungen über eine Folgeseite zu ändern. Bei einem zusätzlich hinzugefügten E-Mail-Konto ist auch ein Befehl zum Löschen sichtbar (das für die Windows-Anmeldung verwendete Microsoft-Konto lässt sich nicht löschen). Über die *Speichern*-Schaltfläche werden vorgenommene Änderungen gesichert.

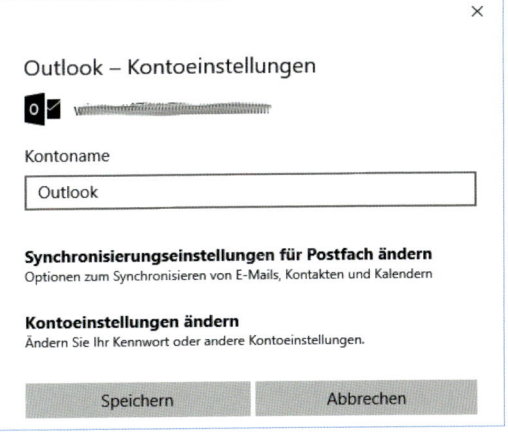

> **HINWEIS**
> Wenn Sie ein Microsoft-Konto einrichten, erhalten Sie automatisch ein E-Mail-Konto bei Microsoft (meist *Outlook.de*) zugewiesen.

Bei Bedarf lassen sich **weitere E-Mail-Konten** zur Mail-App **hinzufügen**.

1 Gehen Sie wie oben beschrieben vor und blenden Sie über das Zahnradsymbol *Zu Einstellungen wechseln* die Seitenleiste ein.

2 Navigieren Sie zur Seitenleiste *Konten* und wählen Sie den Befehl *Konto hinzufügen*.

Daraufhin erscheint die Auswahl der von der Mail-App unterstützten E-Mail-Kontoanbieter und -Kontotypen.

3 Sobald die Liste der unterstützten Kontotypen auftaucht, wählen Sie den gewünschten Anbieter aus.

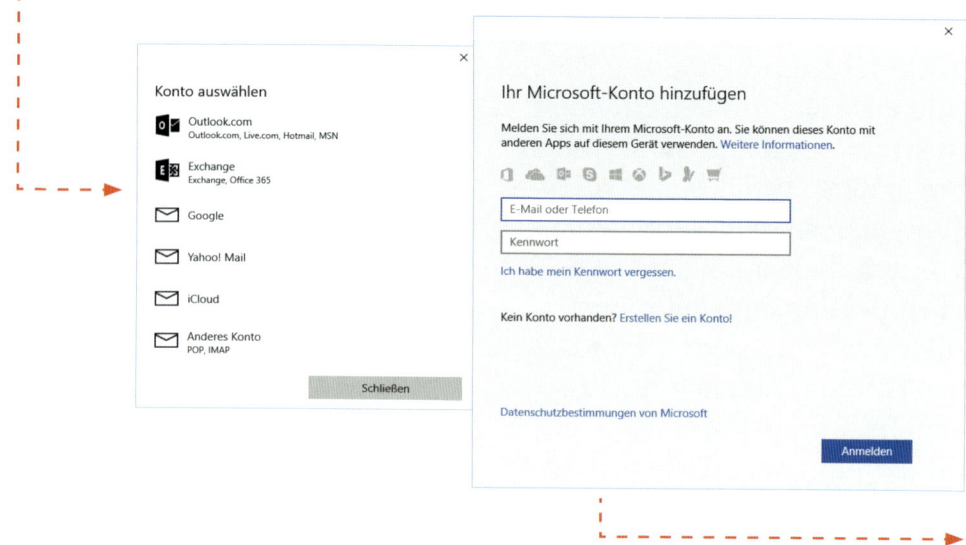

4 Tragen Sie die Anmeldedaten für das E-Mail-Konto in die betreffenden Felder der angezeigten Formulare ein. Anschließend betätigen Sie die *Anmelden*-Schaltfläche.

Welches Formular zur Eingabe der Anmeldedaten angezeigt wird, ist vom gewählten Anbieter abhängig. Standardmäßig brauchen nur die E-Mail-Adresse und das Kennwort des gewählten E-Mail-Anbieters eingetragen zu werden.

Spezielle Anmeldedaten erforderlich?

Bei manchen Konten sind erweiterte Daten einzutragen. Blättern Sie in der Seite *Konto auswählen* nach unten und wählen Sie *Erweitertes Setup*. Es erscheint ein Formular, in dem Sie vorgeben, ob ein Konto über **Exchange Active Sync** (EAS) oder **Internet Mail** (per **Internet-Message-Access-Protokoll**, IMAP, oder **Post Office Protocol**, POP3) zu verwalten ist. Dann lässt sich z. B. *Internet Mail* für ein POP3- oder IMAP-Konto wählen. Nach der Anwahl erscheint ein Formular mit weiteren Feldern, in die Sie die Zugangsdaten für das Postfach eintragen. Dies ist erforderlich, wenn die automatische Anmeldung mittels E-Mail-Adresse und Kennwort fehlschlägt.

> Für die meisten Konten bei deutschen E-Mail-Anbietern wird für Zugriffe der POP3- oder IMAP-Standard verwendet. Die Zugangsdaten für ein Postfach erfahren Sie vom E-Mail-Anbieter. Der Anbieter Web.de verwendet z. B. *imap.web.de* für den Posteingangsserver und *smtp.web.de* für den Postausgangsserver. Sollten Sie Schwierigkeiten mit dem Einrichten haben, lassen Sie sich am besten von einer erfahrenen Person unterstützen.

E-Mails lesen, löschen und verwalten

Sobald ein E-Mail-Konto in der Mail-App bekannt ist, können Sie auf die E-Mails zugreifen.

1 Wählen Sie ggf. in der linken Spalte über das Symbol *Konten* das gewünschte E-Mail-Konto.

2 Stellen Sie sicher, dass im oberen Bereich der linken Spalte der Eintrag des Posteingangs markiert ist.

3 Wählen Sie in der Spalte mit der Nachrichtenliste die gewünschte Nachricht.

Daraufhin erscheint deren Inhalt in der rechten Spalte des Fensters und Sie können die E-Mail lesen, ausdrucken, beantworten, weiterleiten oder löschen.

Nützliches Wissen

Wird in der linken Spalte neben dem Briefsymbol des Posteingangs eine Zahl eingeblendet? Diese gibt die Anzahl der neuen, d. h. noch ungelesenen Nachrichten im Posteingang an.

Wählen Sie in der linken Spalte der Mail-App die Option *Mehr*, lässt sich in der temporär angezeigten Spalte auf die gleiche Weise auf Entwürfe, gesendete Nachrichten, den Postausgang, Werbung (Junk-Mail bzw. Spam) und die gelöschten Mails zugreifen.

Junk-Mail oder Spam

Hierbei handelt es sich um eine Bezeichnung für unerwünschte E-Mails mit Werbung für Potenzmittel, unseriöse Jobangebote oder Ähnliches. Die Anbieter von E-Mail-Postfächern filtern eintreffende Mails und sortieren Spam-Nachrichten in den Ordner *Werbung* (auch schon mal mit *Junk-E-Mail* oder *Spam* benannt) ein. Dies verhindert, dass Ihr Posteingang mit Werbung oder Ähnlichem überflutet wird. Wählen Sie von Zeit zu Zeit den Ordner *Werbung* der App *Mail* an und löschen Sie diese unerwünschten Werbenachrichten.

- Eine **Nachricht löschen** Sie, indem Sie sie abrufen und dann die in der oberen rechten Ecke des App-Fensters angebrachte Schaltfläche *Löschen* bzw. die Tastenkombination [Strg]+[D] betätigen.

> **HINWEIS**
>
> Die Nachrichtenliste zeigt ebenfalls die *Löschen*-Schaltfläche, sobald Sie auf einen Eintrag zeigen. Die Nachricht wird ohne weitere Nachfragen entfernt und in den Papierkorb-Ordner verschoben. Eine gelöschte Nachricht lässt sich also wiederholen, indem Sie über die linke Spalte auf *Mehr* gehen, den Ordner *Papierkorb* wählen und dann die Nachricht in den Posteingang zurückschieben. Das Verschieben wird nachstehend beschrieben.

- **Neue Nachrichten** werden mit einem blauen Balken am linken Rand in der Nachrichtenliste angezeigt. Wählen Sie eine solche Nachricht an, hebt die Mail-App die Markierung nach einigen Sekunden auf. Gelesene Mails weisen den blauen Balken also nicht mehr auf.

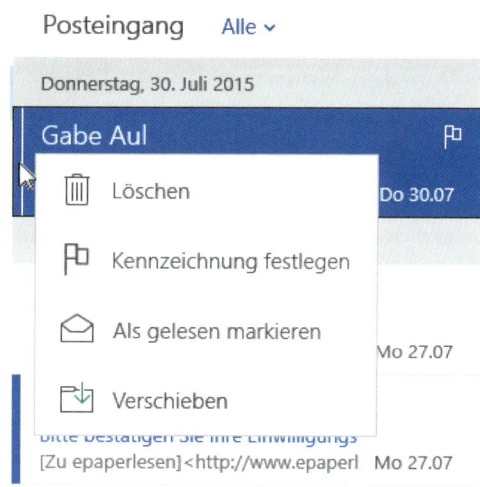

- Klicken Sie eine Nachricht in der Nachrichtenliste mit der rechten Maustaste an, werden Ihnen die Befehle *Als gelesen markieren* bzw. *Als ungelesen markieren* zur Verfügung gestellt. Die **Nachricht** wird dann in der Nachrichtenliste entweder **als gelesen** oder als **ungelesen** angezeigt.

- Über den Kontextmenübefehl *Kennzeichnung festlegen* (oder das beim Zeigen eingeblendete Symbol) lässt sich eine **Nachricht** in der Nachrichtenliste **mit** einem **Fähnchen markieren** oder diese Markierung über *Kennzeichnung löschen* aufheben.

Über die Schaltfläche *Aktionen* in der rechten oberen Ecke der App lässt sich zudem ein Menü mit verschiedenen Befehlen einblenden.

1 Zum **Verschieben einer Nachricht** markieren Sie diese, sodass der Nachrichteninhalt im rechten Teil des Fensters erscheint.

2 Blenden Sie das *Aktionen*-Menü am rechten Rand des App-Fensters ein und wählen Sie den Befehl *Verschieben*.

Am linken Rand der App erscheint nun die Leiste *Verschieben nach* mit den Ordnernamen des Postfachs.

3 Klicken Sie auf den Eintrag des gewünschten Zielordners, um die Nachricht dort einzusortieren.

Die Nachricht wird ohne weitere Nachfrage vom Quell- zum Zielordner verschoben. So können Sie auch gelöschte Nachrichten aus dem Ordner *Papierkorb* in den Posteingang zurückschieben.

> **HINWEIS**
>
> Um eine Nachricht endgültig zu löschen, markieren Sie sie im Ordner *Papierkorb* und verwenden Sie erneut die *Löschen*-Schaltfläche in der Kopfzeile der App.

Eine **Nachricht** lässt sich über den Befehl *Drucken* im *Aktionen*-Menü **ausdrucken**. Das funktioniert wie das Drucken von Fotos (siehe Kapitel 4) oder Internetseiten: einfach den Befehl anklicken und im Druckfenster den angezeigten Drucker auswählen, die Druckoptionen festlegen und auf *Drucken* klicken oder tippen.

> **TIPP**
>
> Benötigen Sie ein Postfach häufig? Wählen Sie in der linken Spalte des Mail-Fensters den Posteingang mit der rechten Maustaste an.
>
> In dem daraufhin geöffneten Kontextmenü klicken oder tippen Sie auf den Befehl *An Start anheften*. Das Postfach wird als Kachel mit dem Namen des E-Mail-Kontos im Startmenü bzw. der Startseite (Tablet-Modus) eingetragen. Anschließend können Sie über diese Kachel direkt die Mail-App öffnen und auf den Posteingang zugreifen.

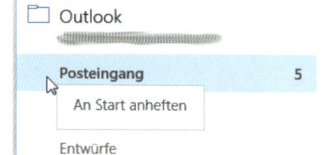

E-Mail-Anlagen speichern

An E-Mails lassen sich Anlagen (Fotos, Dokumente etc.) anhängen. Treffen sie mit einem Anhang ein, wird dies in der Nachrichtenliste der Mail-App durch eine stilisierte Büroklammer angezeigt. Um **E-Mail-Anlagen** zu **speichern**, gehen Sie folgendermaßen vor:

1 Wählen Sie die Nachricht mit dem Anhang in der Nachrichtenliste der Mail-App an, um deren Inhalt anzuzeigen.

2 Öffnen Sie das Kontextmenü des Anhangs (z. B. Bild- oder Dokumentdatei mit der rechten Maustaste anklicken oder den Finger etwas länger aufdrücken).

3 Wählen Sie im Kontextmenü der angehängten Datei einen der angebotenen Kontextmenübefehle aus.

Der Befehl *Öffnen* lädt die betreffende Datei in der passenden App bzw. Windows-Anwendung, während ein ggf. eingeblendetes *Öffnen mit* Ihnen die Auswahl der zum Öffnen des Anhangs zu verwendenden App oder Windows-Anwendung ermöglicht.

Wählen Sie im Kontextmenü *Speichern* und navigieren Sie im Dialogfeld *Speichern unter* zum Zielordner. Ist der Zielordner erreicht, ändern Sie bei Bedarf den Dateinamen im unteren Textfeld und betätigen danach die *Speichern*-Schaltfläche.

Fotos sollten Sie in dem Ordner *Bilder* ablegen. Andere Anhänge speichern Sie ggf. in den Ordnern *Dokumente*, *Musik*, *Videos* oder unter *Downloads*.

Hinweise zum Navigieren im Navigationsbereich während des Speicherns finden Sie u. a. in Kapitel 3.

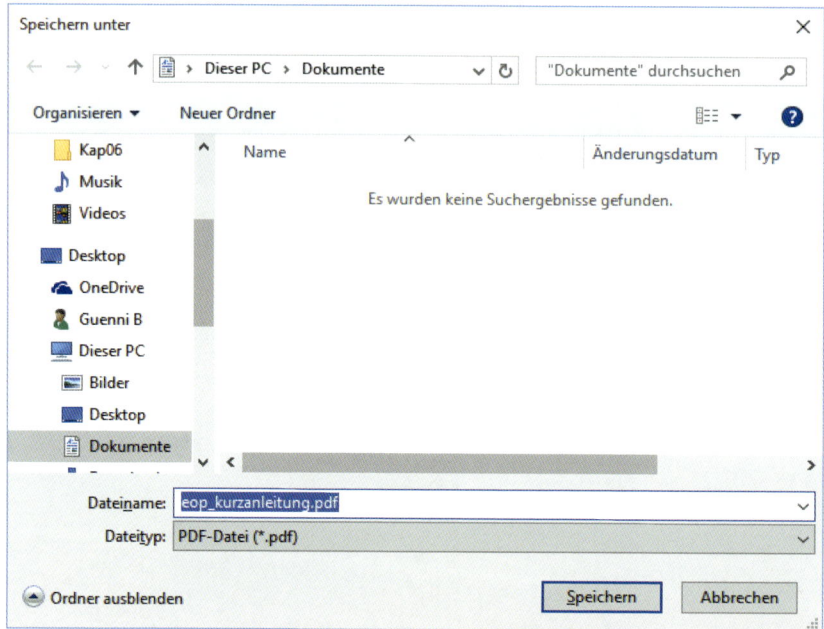

Achtung bei Anhängen!

Beachten Sie, dass angehängte Dateien durchaus ein Sicherheitsrisiko darstellen und Schadfunktionen enthalten können. Angehängte Dokumente im PDF-Format mit einem angeblichen Brief werden standardmäßig im Edge-Browser angezeigt. Solche Anhänge können jedoch sogenannte Trojaner enthalten, die Ihren Rechner ausspionieren. Oder es ist ein Virus in der angehängten Programmdatei enthalten, das Windows unbrauchbar macht. Stellen Sie daher sicher, dass die Signaturdateien von Windows Defender oder einer anderen auf Ihrem System eingesetzten Sicherheitssoftware aktuell sind, und benutzen Sie den gesunden Menschenverstand. Anhänge von unbekannten Absendern, die Ihnen das neueste Windows-Update oder einen speziellen Virenscanner versprechen, sind mit Sicherheit Fälschungen. Ähnliches gilt, wenn der Anhang irgendwie nicht zum Text der Mail passt. Bedenken Sie auch, dass die Computer aus Ihrem Bekanntenkreis ebenfalls von Schadsoftware befallen sein können, sodass sie möglicherweise infizierte Mail-Anhänge übermitteln.

Neue E-Mails verfassen und senden

Das Erstellen einer neuen E-Mail ist eigentlich nicht sonderlich schwer und mit wenigen Handgriffen erledigt.

1 Wählen Sie den in der linken oberen Ecke der Mail-App gezeigten Eintrag *Neue E-Mail* (ggf. auf das Burger-Menü klicken) oder drücken Sie die Tastenkombination [Strg]+[N].

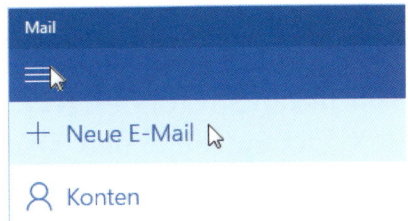

2 Anschließend tragen Sie die in dem von der App angezeigten Formular abgefragten Informationen ein und betätigen dann die *Senden*-Schaltfläche in der rechten oberen Formularecke.

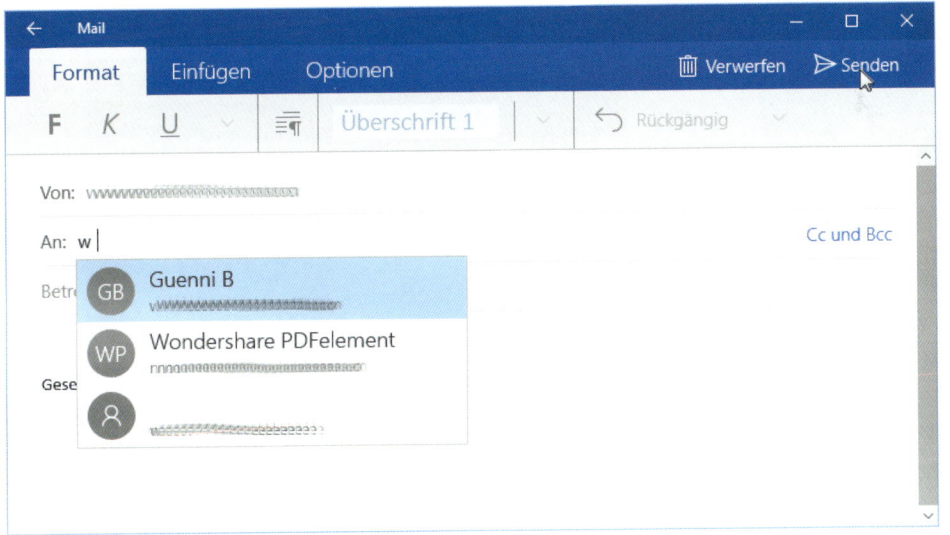

Daraufhin wird die Nachricht über die bestehende Internetverbindung zum Postausgangsfach des E-Mail-Anbieters übertragen und von dort zugestellt.

Sie wissen nicht, was Sie in das Formular der neuen Nachricht alles einzutragen haben?

- Tippen Sie die Empfängeradressen direkt in das Feld *An* ein. Sind die Empfänger bekannt, blendet die Mail-App bereits bei der Eingabe der ersten Zeichen eine Liste mit den passenden Kontakten ein. Diese Trefferliste wird dann anhand der vorgenommenen Eingaben gefiltert und angepasst. Wählen Sie hier einfach die gewünschte Adresse aus, um sie in das Adressfeld zu übernehmen.

- Klicken Sie auf den Hyperlink *Cc und Bcc*, um weitere Empfängerfelder einzublenden. Das Feld *Cc* steht für **C**arbon **C**opy und dient quasi als Verteiler für »Durchschläge« an weitere Empfänger zur Kenntnisnahme. Das Kürzel *Bcc* steht für **B**lind **C**arbon **C**opy, d. h., dort eingetragene E-Mail-Adressen werden beim Empfänger nicht angezeigt. Somit erfährt der Hauptempfänger der E-Mail nicht, dass eine Kopie der Nachricht an weitere Empfänger geschickt wurde.

- Tragen Sie im Textfeld *Betreff* einen aussagekräftigen Nachrichtentitel und im darunter befindlichen Feld den Inhalt der Nachricht ein.

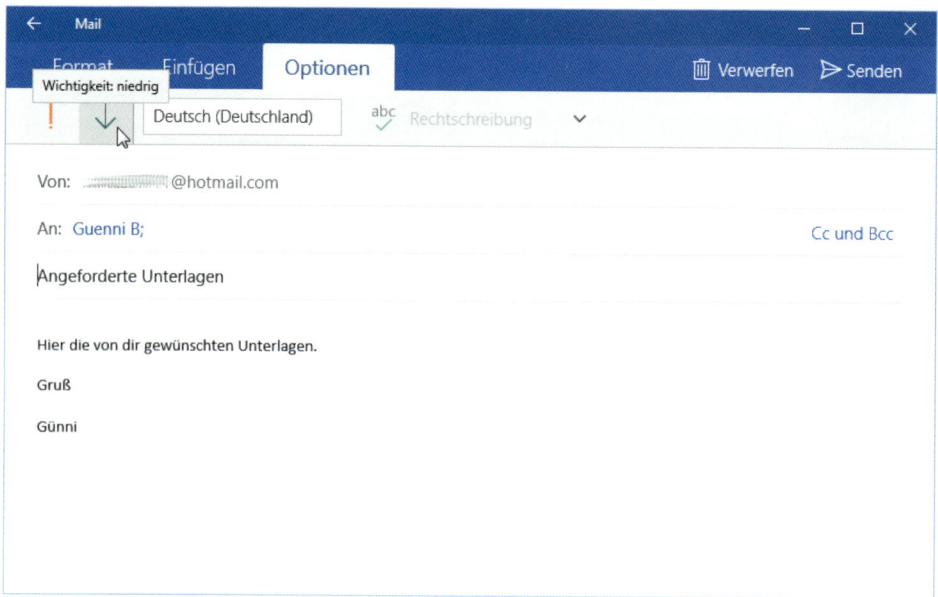

Über die Registerkarten können Sie zwischen verschiedenen Funktionen umschalten, um die Nachricht zu formatieren, Fotos oder Dateien anzufügen oder Versandoptionen zu setzen. Auf der Registerkarte

Optionen finden Sie zwei Symbole, um dem Empfänger die Wichtigkeit (*Wichtigkeit: hoch* und *Wichtigkeit: niedrig*) zu signalisieren. Standardmäßig wird die Nachricht mit einer normalen Wichtigkeit übertragen. Diese Einstufung hat aber keinen Einfluss auf die Geschwindigkeit der Mail-Zustellung.

> **E-Mail-Adressen verstehen**
>
> E-Mail-Adressen erfordern eine gültige Schreibweise, da die Nachricht andernfalls als unzustellbar zurückkommt. Sie werden in der Form *Name@anbieter.xxx* geschrieben: *Name* steht für den E-Mail-Namen des Empfängers, und dann kommt das als AT oder Klammeraffe bezeichnete Zeichen @, gefolgt von einer Art »Ortsangabe« mit der Adresse des E-Mail-Servers, auf dem das Postfach des Empfängers zu finden ist (z. B. gibt *outlook.de* an, dass der Betreiber die Firma Microsoft mit dem deutschen Ableger des Outlook-E-Mail-Dienstes ist). Um das in allen E-Mail-Adressen vorkommende Zeichen @ auf einer externen Tastatur einzutippen, drücken Sie gleichzeitig die Tasten [AltGr]+[Q].

Die E-Mail formatieren

E-Mails können Sie beim Verfassen in der Mail-App über die Elemente der Registerkarte *Format* formatieren (Fettschrift, Farben etc.).

- Markieren Sie (z. B. durch Ziehen per Maus) einen Textbereich der Nachricht.

- Wählen Sie in der Symbolleiste am oberen Rand der Registerkarte *Formatieren* die gewünschte Formatschaltfläche (z. B. *Fett*, *Kursiv*, *Unterstreichen*), um dem markierten Text das entsprechende Format zuzuweisen.

- Durch erneute Anwahl der Schaltfläche wird die Formatierung des markierten Textbereichs wieder aufgehoben.

- Reicht die Fensterbreite nicht, weisen einige Schaltflächen ein spitzes, nach unten zeigendes Dreieck als Symbol auf. Bei Anwahl dieses Symbols öffnet sich ein Menü mit weiteren Befehlen (hier z. B. *Schriftart*).

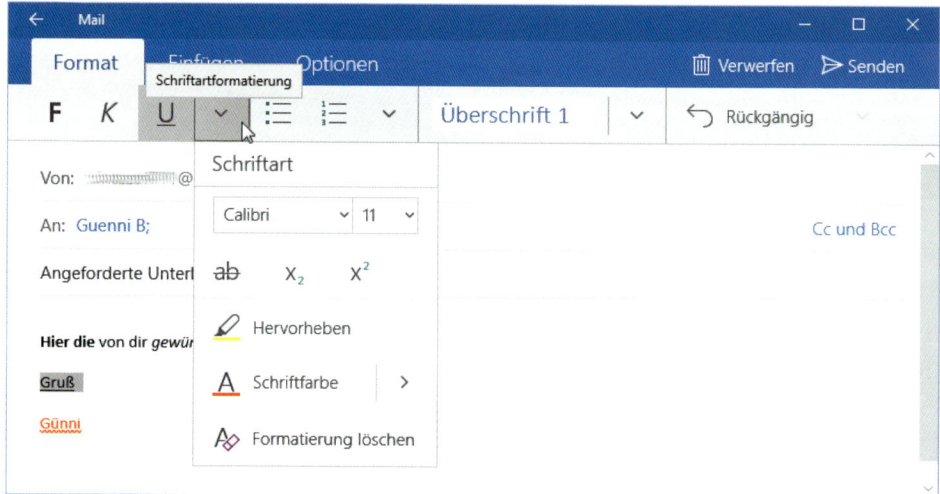

- Über die Schaltflächen *Schriftart* und *Schriftfarbe* variieren Sie das Schriftbild oder weisen farbige Textauszeichnungen zu.

- Das Listenfeld *Formatvorlagen* ermöglicht es Ihnen, Überschriften oder weitere Formate zuzuweisen.

- Im Menü *Schriftart* finden Sie einen Eintrag zum Löschen der Formatierung. Außerdem gibt es eine Schaltfläche *Rückgängig*, um die letzten Befehle zurücknehmen.

Formatierte Nachrichten werden als sogenannte HTML-Mail verschickt. Bedenken Sie aber beim Einsatz solcher Formate, dass nicht jeder Nachrichtenempfänger dies auch wünscht. Häufig leidet zum Beispiel die Lesbarkeit des Textes, wenn er zu stark formatiert oder gar farbig ausgezeichnet ist. Zudem sind HTML-Mails größer als Textnachrichten ohne Formatierung – was zu einer längeren Übertragungszeit führt.

Eine Datei an die Nachricht anhängen

Sie können einer E-Mail Dateien (Fotos, Textdokumente etc.) als Anhänge zuweisen. Diese werden mit der Nachricht übertragen und können vom Empfänger bei Bedarf separat gespeichert werden (siehe Abschnitt »E-Mail-Anlagen speichern« weiter vorne in diesem Kapitel).

1 Wechseln Sie im Fenster der neuen Nachricht zur Registerkarte *Einfügen* und wählen Sie die Schaltfläche *Anfügen* oder *Bilder* an.

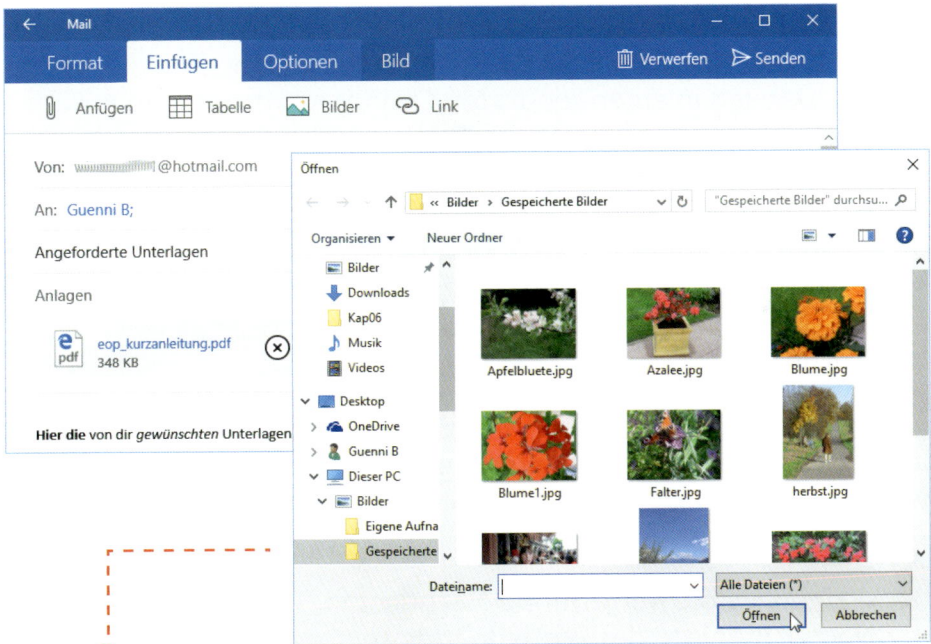

2 Navigieren Sie im angezeigten Dialogfeld *Öffnen* zum Ordner mit der (den) anzuhängenden Datei(en).

3 Markieren Sie das (die) gewünschte(n) Element(e) und betätigen Sie die *Öffnen*-Schaltfläche.

Die gewählten Dateien werden daraufhin in die Nachricht eingefügt und mit der E-Mail zum Server übertragen. Bilder erscheinen direkt in der Ansicht der E-Mail, während andere Dateien als Platzhalter mit ihren Namen zu sehen sind. Markieren Sie eingefügte Bilder, finden Sie auf der Registerkarte *Bild* Optionen zum Drehen, Zuschneiden, Ändern der Größe etc.

> **HINWEIS**
>
> Der Versand und Empfang dauert bei umfangreichen Anhängen sehr lange. Vergewissern Sie sich daher vorher, ob der Empfänger dies auch wünscht. Zudem weisen manche E-Mail-Anbieter zu große Mail-Anhänge am Postfach ab. Die Lösung besteht darin, diese Dateien in einen separaten Ordner auf Ihr OneDrive-Laufwerk hochzuladen und diesen Ordner für Dritte freizugeben/zu teilen (siehe Kapitel 3). Der Empfänger erhält dann eine Mail, in die Sie den Link zur OneDrive-Freigabe einfügen. Über diesen Link kann der Empfänger anschließend auf die betreffenden Dateien auf dem OneDrive-Laufwerk zugreifen und sie herunterladen.

E-Mails beantworten und weiterleiten

Haben Sie eine Nachricht empfangen, die Sie an Dritte weiterreichen wollen? Oder möchten Sie auf eine Nachricht antworten?

1 Wählen Sie die betreffende Nachricht in der Nachrichtenliste des Posteingangs an, sodass sie in der Mail-App angezeigt wird.

2 Wählen Sie im Kopfbereich einen der eingeblendeten drei Befehle *Antworten*, *Allen antworten* oder *Weiterleiten*.

3 Ergänzen Sie im angezeigten Formular die benötigten Informationen und senden Sie die Nachricht ab.

Dies funktioniert wie beim Erstellen einer neuen Nachricht (siehe folgender Abschnitt).

Welcher Befehl macht was?

Beim Befehl **Antworten** öffnet sich ein neues Formular zum Beantworten der Nachricht, in dem bereits die Empfängeradresse und der Betreff eingetragen sind. Das Kürzel *AW:* (steht für »Antwort«) im Betreff kennzeichnet die Nachricht als Antwort. Weiterhin wurde der Text der empfangenen Nachricht bereits als Zitat in der Antwort übernommen.

Über **Allen antworten** können Sie allen auf dem Verteiler stehenden Empfängern eine Antwort zukommen lassen. Die Mail-App übernimmt bei diesem Befehl die Empfängerliste aus den Feldern *An* und *Cc* in die Antwort-Mail – alles andere bleibt wie beim Beantworten.

Der Menübefehl *Weiterleiten* ermöglicht es Ihnen, die Nachricht an einen weiteren (oder weitere) Empfänger zu schicken. Die empfangene Nachricht wird automatisch in das neue Antwortformular übernommen. Der Betreffzeile wird ein *WG:* (steht für »Weitergeleitet«) vorangestellt. Außerdem wird automatisch der alte Nachrichtentext in das Fenster des Nachrichten-Editors übernommen. Bei einer Weiterleitung ist die Empfängeradresse im Feld *An* zu ergänzen.

Goldene Regeln für E-Mails

Fassen Sie sich kurz, löschen Sie nicht relevante Teile der beim Beantworten oder Weiterleiten übernommenen Ursprungsnachricht (z. B. den Text markieren und dann die [Entf]-Taste drücken). Sehr große Anhänge laden Sie auf Ihr OneDrive-Laufwerk und versenden einen Link auf den Speicherort (siehe Kapitel 3 den Abschnitt »OneDrive-Inhalte teilen«). Geben Sie keine E-Mail-Adressen bei Gewinnspielen oder auf Webseiten ein, wenn Sie den Zweck und

> die Verwendung nicht kennen (Spam-Gefahr). Löschen Sie E-Mails von unbekannten Absendern oder vorgeblich von Ihrer Bank oder anderen Dienstleistern, die zur Kontenüberprüfung auffordern oder einen Anhang mit angeblich tollen Virenscannern, einem Windows-Update, einem BKA-Schreiben etc. haben, ungeöffnet. Das sind Fälschungen und die Gefahr, sich Schadprogramme einzufangen oder auf Phishing-Versuche hereinzufallen, ist einfach zu groß.

Zusammenfassung

In diesem Kapitel haben Sie einen kurzen Einblick in die Welt des Internets sowie das Surfen im Web bekommen. Weiterhin wissen Sie nun, wie sich mit der Mail-App arbeiten lässt. Für den Einstieg reicht dies und Sie kommen mit den gezeigten Funktionen auch schon recht weit. Ergänzende Hinweise, eine Beschreibung zum Umgang mit Desktop-Browsern oder zum leistungsfähigeren E-Mail-Programm Windows Live Mail finden Sie z. B. in meinem bei Markt+Technik erschienenen Titel »Internet – leichter Einstieg für Senioren«. Im nächsten Kapitel erhalten Sie noch einige Hinweise zu weiteren Apps, mit denen sich Kontakte (auch E-Mail-Adressen) und Termine verwalten lassen.

Testen Sie Ihr Wissen

Zur Überprüfung Ihres Wissens können Sie die folgenden Aufgaben lösen.

- **Wozu werden Hyperlinks benutzt?**
  (Dies sind Verweise innerhalb einer Webseite auf andere Webseiten oder einen anderen Abschnitt im gleichen Dokument. Durch Anklicken eines Hyperlinks wird die Verweisseite im Browser aufgerufen.)
- **Was bedeutet das Kürzel ».de« in einer Webadresse?**
  (Dieses Kürzel zeigt an, dass der Besitzer die Webseite mit einer deutschen Internetadresse registriert hat.)
- **Wie wechseln Sie im Browser zur vorherigen bzw. nächsten Seite?**
  (Verwenden Sie die Schaltflächen *Zurück* und *Vorwärts*.)

Kontakte, Termine und mehr

Über Apps (und Anwendungen) stehen Ihnen verschiedene Funktionen in Windows zur Verfügung. In diesem Kapitel stelle ich Ihnen noch kurz einige ausgesuchte Apps vor, die standardmäßig in Windows enthalten sind. So zeige ich Ihnen beispielsweise, wie Sie Kontakte mit einer App verwalten oder Ihren Terminkalender am Computer führen. Zudem lernen Sie, Texte mit dem Programm WordPad zu bearbeiten.

> **Das lernen Sie in diesem Kapitel**
> - Kontakte verwalten
> - Arbeiten mit dem Kalender
> - Telefonieren mit Skype
> - Texte mit WordPad erfassen
> - Nützliche Apps im Überblick
>
> **7**

Kontakte verwalten

Windows ermöglicht Ihnen mit der App *Kontakte*, eine Art Adressbuch zu führen. Dies ist auch hilfreich, um E-Mail-Adressen zu speichern. Die Grundfunktionen dieser App werden nachfolgend vorgestellt.

Die Kontakte-App im Überblick

Die App *Kontakte* dient, wie der Name schon vermuten lässt, der Verwaltung von Kontakten (Adressdaten, E-Mail-Adressen). Sie starten die App über diese Kachel des Startmenüs bzw. der Startseite.

Sollte die Kachel nicht angezeigt werden, rufen Sie sie über das Suchfeld oder über den Startmenüeintrag *Alle Apps* auf. Nach dem Aufruf öffnet sich die in zwei Spalten unterteilte Startseite der App.

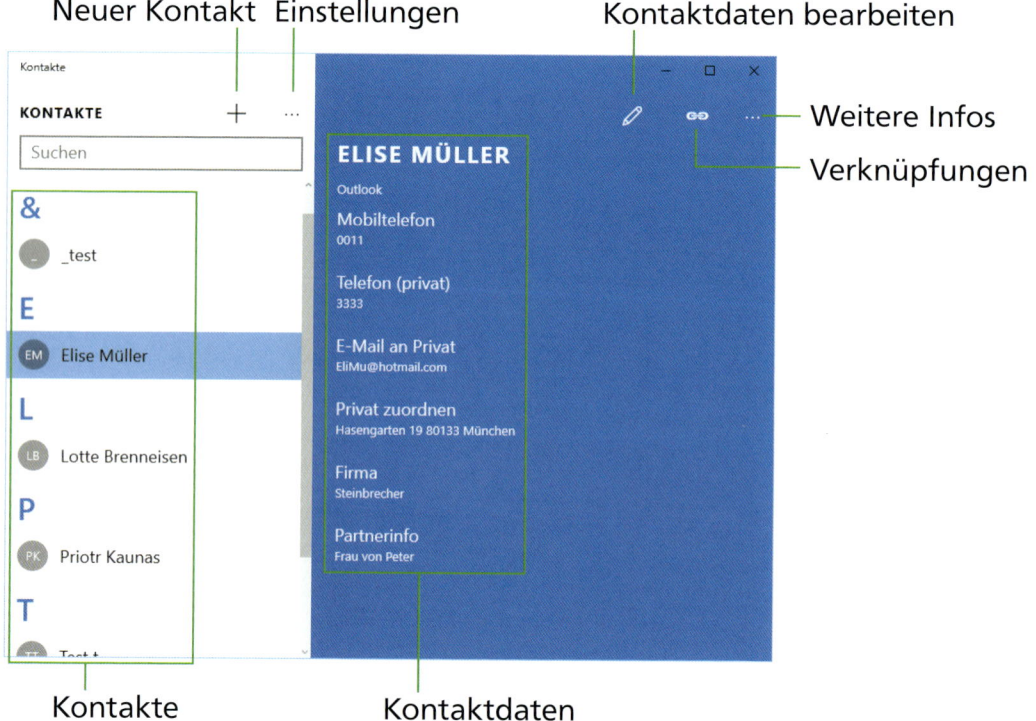

- In der linken Spalte werden die Kontakte alphabetisch gruppiert angezeigt. Nach dem Anklicken eines Eintrags werden die entsprechenden Kontaktdaten in der rechten Spalte eingeblendet.
- Über das Symbol *Kontaktdaten bearbeiten* gelangen Sie in den Bearbeitungsmodus für den aktuellen Kontakt und können die zugehörigen Daten ändern. Das Symbol *Verlinkungen* ermöglicht es Ihnen, Verbindungen zwischen Kontakten (z. B. Ehepartner verlinken) anzulegen.
- Über *Weitere Infos* erhalten Sie Zugriff auf ein Menü mit Befehlen zum Teilen oder Löschen eines Kontakteintrags.
- In der linken Spalte finden Sie das Suchfeld, um die Liste nach einem Kontakt zu durchsuchen (einfach auf das Feld klicken und den Suchbegriff eintippen).

Weiterhin weist die linke Spalte der Kontakte-App ein Symbol zum Anlegen neuer Kontakte sowie für den Zugriff auf die *Einstellungen* auf.

Einstellungen anpassen, Konten hinzufügen

Die Kontakte-App verwendet zum Zeitpunkt der Drucklegung dieses Buches die Adressbücher anderer Onlinedienste wie Outlook, Google etc. Zum Einbeziehen der Kontakte sind die betreffenden Konten in den Einstellungen der Kontakte-App einzutragen.

1 Wählen Sie in der linken Spalte der Kontakte-App das Symbol *Einstellungen* (die drei Pünktchen).

Auf der Seite *Einstellungen* können Sie dann über die angezeigten Optionen (siehe hier im Hintergrund) die Sortierung der Kontaktliste sowie die Anzeige umstellen und die Kontaktliste nach Konten filtern.

> **HINWEIS**
>
> Die Seite *Einstellungen* listet die bereits bekannten Konten auf. Dazu gehört beispielsweise das Microsoft-Konto, das zur Benutzeranmeldung verwendet wurde. Auch in der E-Mail-App hinzugefügte Anbieter werden in der Kontakte-App zur Pflege des Adressbestands verwendet.

2 Um ein neues Konto anzulegen, wählen Sie den Eintrag *Konto hinzufügen*.

3 Im eingeblendeten Fenster *Konto auswählen* klicken oder tippen Sie auf den Eintrag für den gewünschten Anbieter.

4 Ergänzen Sie die Kontozugangsinformationen (meist E-Mail-Adresse und Kennwort) im angezeigten Formular und bestätigen Sie mit der *Anmelden*-Schaltfläche.

Das angezeigte Anmeldeformular hängt vom gewählten Dienst bzw. Anbieter ab. Für Microsoft-Konten fragt die App z. B. die E-Mail-Adresse und das Kennwort in einem eingeblendeten Fenster ab. Über *Erweitertes Setup* können Sie auch POP3- und IMAP-Postfächer hinzufügen. Die Formulare entsprechen weitgehend den Formularen, die in Kapitel 6 im Abschnitt zur Konfigurierung von E-Mail-Konten bei der Mail-App beschrieben sind.

Sind die Konten erfolgreich eingetragen, werden die Kontakte mit dem betreffenden Dienst abgeglichen und dann auf der App-Seite angezeigt.

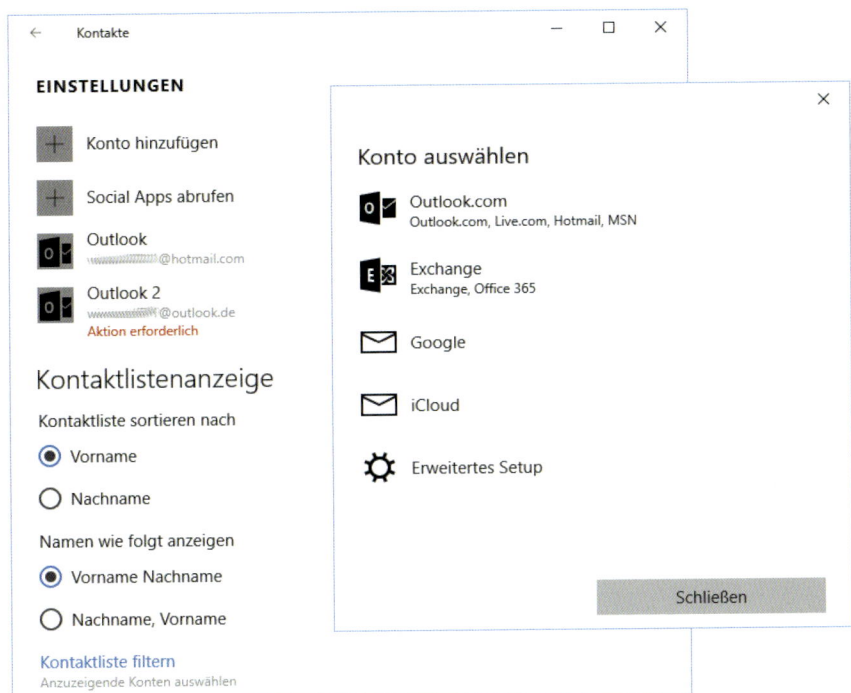

Kontakte anlegen oder bearbeiten

Sie möchten einen neuen Kontakt anlegen oder einen bestehenden Kontakt bearbeiten?

- Wählen Sie in der linken Spalte der Kontakte-App das Pluszeichen *Neuer Kontakt* an, um das Eingabeformular in der rechten Spalte einzublenden. In einem Folgefenster ist ggf. noch das Konto (wenn mehrere Konten vorhanden sind) auszuwählen, in dem Sie die neuen Kontaktdaten speichern.

- Um einen bestehenden Kontakt anzupassen, klicken oder tippen Sie auf den betreffenden Eintrag. Dann wählen Sie zum Bearbeiten der Kontaktdaten in der rechten Spalte das Stiftsymbol.

Anschließend tragen Sie im angezeigten Formular die Daten des neuen Kontaktes ein oder passen bestehende Kontaktdaten in den gezeigten Feldern an.

- Bei Bedarf können Sie *Foto hinzufügen* anklicken, um ein Bild des Kontaktes in die Daten aufzunehmen.

- Textfelder wie *Name* klicken oder tippen Sie einfach an und tragen dann die gewünschten Daten an.

- Weist ein Feld am Ende das Symbol eines stilisierten Stifts auf, erscheint bei dessen Anwahl ein Zusatzformular, in dem weitere Felder zur Eingabe der Daten (z. B. Vorname, Name, Spitzname etc.) enthalten sind. Das erleichtert die korrekte Eingabe der Kontaktdaten, da diese dann im richtigen Format in das Feld übernommen werden.

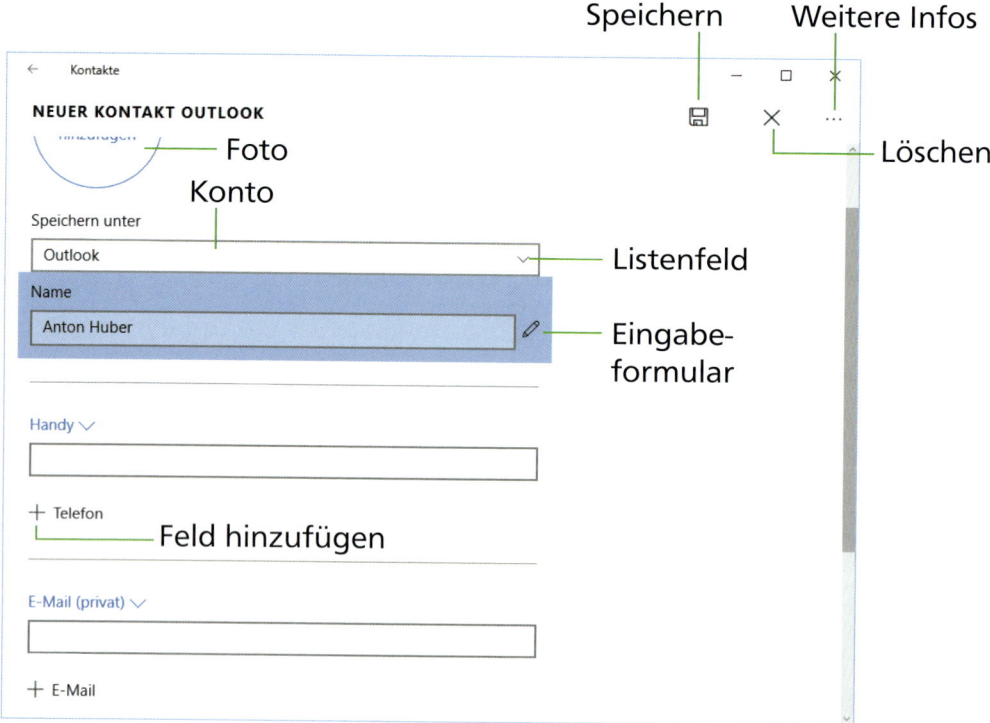

- In manchen Feldern findet sich am rechten Rand ein nach unten zeigender Dreieckspfeil, der das zugehörige Listenfeld zur Auswahl der gewünschten Option öffnet (z. B. wenn mehrere E-Mail-Adressen existieren).

- Bei Bedarf blenden Sie über die bei manchen Einträgen angezeigte Schaltfläche mit dem Pluszeichen ein Kontextmenü ein. Über dessen Befehle fügen Sie zusätzlich **weitere Eingabefelder** wie etwa zweiter Name, geschäftliche/private E-Mail-Adressen, Namen von Partnern, Websites etc. hinzu und füllen diese mit Daten.

- Um einen **Wert im Formular** zu **entfernen**, wählen Sie das Feld an und löschen dessen Inhalt mit der ⇐- oder Entf-Taste der Tastatur.

- Über die *Abbrechen*-Schaltfläche (X) in der rechten oberen Ecke der App-Seite brechen Sie das Anlegen eines neuen Kontaktes ab.

- Das *Löschen*-Symbol (X) in der rechten oberen Ecke der App entfernt einen bestehenden Kontakteintrag.

Tragen Sie die gewünschten Kontaktdaten in die betreffenden Felder des angezeigten Formulars ein oder passen Sie die Daten des bestehenden Kontaktes an und betätigen Sie abschließend die rechts oben angezeigte Schaltfläche *Speichern*.

Arbeiten mit dem Kalender

Über die App *Kalender* können Sie Ihre Termine unter Windows verwalten. Nachfolgend wird kurz gezeigt, wie dies funktioniert.

Die Kalender-App im Überblick

Zur Verwaltung eigener Termine verwenden Sie die Kalender-App, die Sie über eine eigene Kachel im Startmenü oder auf der Startseite finden.

Die App-Kachel zeigt entweder das hier sichtbare Logo an oder blendet im Live-Kachel-Modus den nächsten Termin ein. Bei einer eingerichteten Kalender-App zeigt diese die nachfolgende Darstellung. Die Termine werden dabei über der App zugeordnete Microsoft- oder Fremdanbieterkonten verwaltet.

- In der linken Spalte ist die Monatsansicht zu sehen. Zwei Navigationsschaltflächen ermöglichen das Hin- und Herblättern zwischen den Monaten.

- In der rechten Spalte wird die Terminansicht in verschiedenen Darstellungen (Monat, Woche, Tag etc.) angezeigt.

- Über die Schaltflächen am oberen App-Rand lässt sich die Darstellung der Terminansicht zwischen Tagesansicht, Monatsansicht etc. umschalten. Reicht der Platz zur Darstellung der Schaltflächen nicht, klicken Sie auf *Anzeigen* und wählen den gewünschten Befehl im eingeblendeten Menü. Wählen Sie die Kachel *Tag*, um zur Darstellung des Kalenderblatts mit den Tagesterminen zu gelangen.

- Das aktuelle Tagesdatum wird in den Kalenderblättern und Terminansichten farbig dargestellt. Wählen Sie die Schaltfläche *Heute*, um zum aktuellen Monat und der Anzeige des Tagesdatums zurückzuspringen (falls Sie zu einem anderen Monat gewechselt hatten).

- Im Terminblatt werden zudem die Termine und Geburtstage mit eingeblendet. Klicken Sie auf einen Tag, werden die Termine in einem Pop-up-Fenster angezeigt.

- Zur Navigation innerhalb des Kalenders blättern Sie in der Tagesansicht über eine Bildlaufleiste per Maus oder mit dem Mausrädchen nach oben bzw. unten.

- In der linken unteren Ecke der App finden Sie Schaltflächen, um auf die Mail-App zuzugreifen, Feedback an Microsoft zu senden oder die Einstellungsseite aufzurufen.

Sind mehrere Konten zugewiesen, wird auch ein Eintrag zur Verfügung gestellt, um zwischen diesen Konten umzuschalten und deren Termine einzusehen.

> **HINWEIS**
>
> In der Kalender-App ist übrigens weder eine Suchfunktion noch eine Druckfunktion vorhanden.

Arbeiten mit dem Kalender **279**

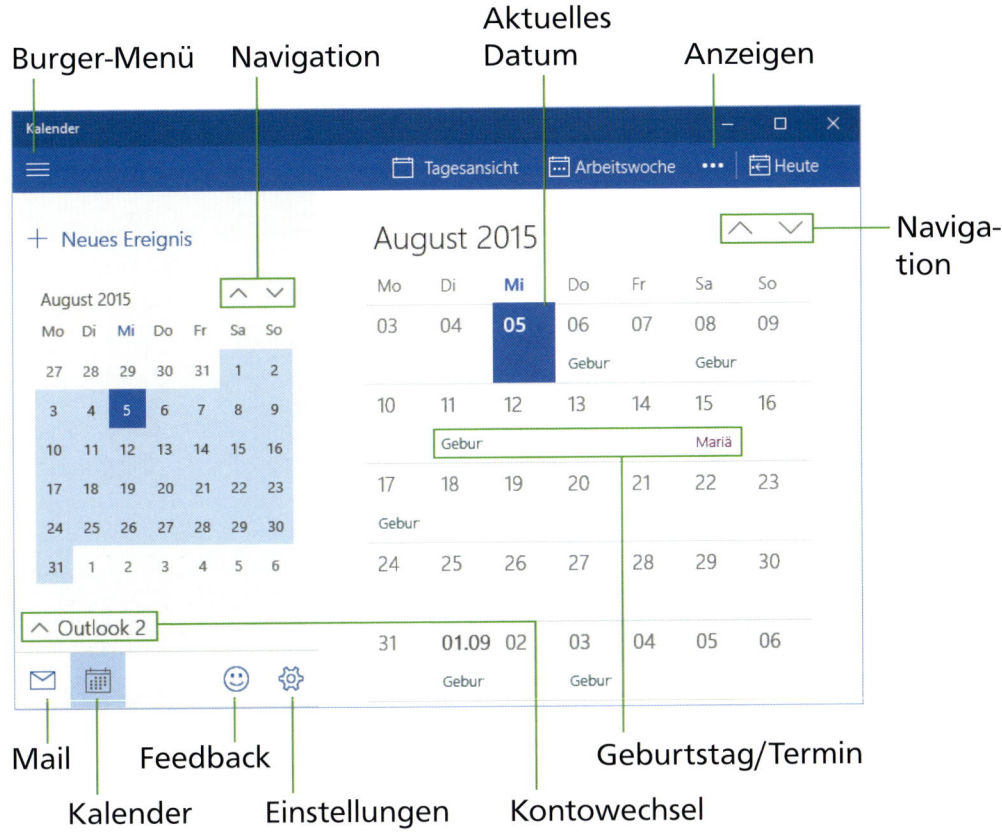

Nachfolgend sehen Sie eine Wochenansicht des Kalenders, die ich persönlich bevorzuge, da mir die wenigen Termine, die ich habe, übersichtlich präsentiert werden.

- Termine sind in der Darstellung farbig gekennzeichnet, das Tagesdatum wird mit einem Hintergrund markiert.

- Ist kein Kalenderelement angewählt, lassen sich alternativ die Cursortasten →, ←, ↓, ↑ einer externen Tastatur zur Navigation im Kalenderblatt verwenden.

- Auf einem Touchscreen navigieren Sie durch Wischen mit dem Finger. Das Wischen nach oben oder unten ermöglicht es, z. B. in der Tagesansicht, im Zeitverlauf zu blättern.

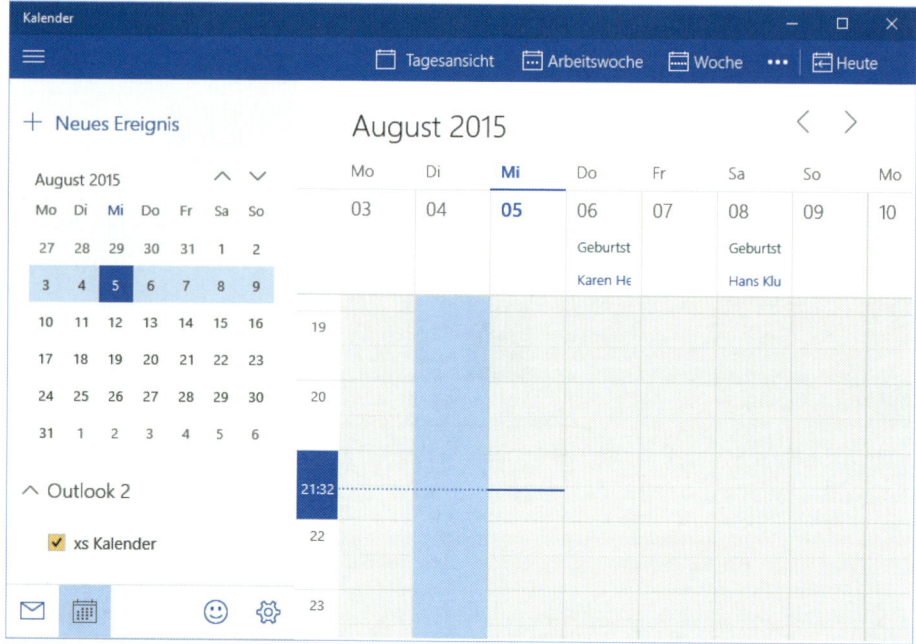

Die Schaltfläche *Heute* bringt Sie auch hier zu dem Kalenderausschnitt mit dem aktuellen Tagesdatum zurück.

Einstellungen anpassen, Konto einrichten

Beim ersten Aufruf erscheint ein Willkommensfenster, in dem Sie die *Anfangen*-Schaltfläche wählen. Daraufhin gelangen Sie zu einer Seite, auf der die bereits zugewiesenen Konten sowie eine Schaltfläche zum Hinzufügen neuer Konten angezeigt werden. Die Kalender-App wird automatisch mit dem Microsoft-Konto verbunden, das für die Benutzeranmeldung verwendet wird.

1 Um neue Konten hinzuzufügen, wählen Sie in der linken unteren Ecke der App das Symbol *Einstellungen* und in der Seitenleiste den Eintrag *Konten*.

In der Seitenleiste *Konten* werden bereits eingerichtete Konten aufgelistet. Durch Auswahl eines Kontoeintrags können Sie dessen Daten einsehen.

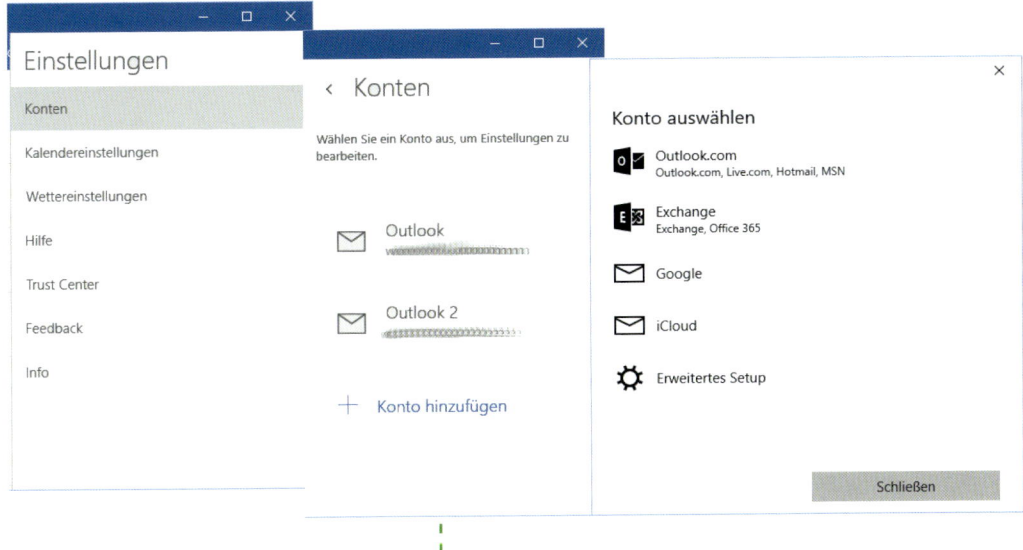

2 Klicken oder tippen Sie auf *Konto hinzufügen*, lässt sich im eingeblendeten Fenster ein Konto aus den angebotenen Kategorien auswählen.

3 Ergänzen Sie im eingeblendeten Eingabeformular die Anmeldedaten des Kontos.

4 Tippen oder klicken Sie abschließend auf die Schaltfläche *Anmelden*.

Diese Vorgehensweise gleicht dem Einrichten von E-Mail-Konten oder Kontakten.

HINWEIS

In der Seitenleiste *Einstellungen* gelangen Sie über den Befehl *Kalendereinstellungen* zur gleichnamigen Seitenleiste. Dort finden Sie Optionen, um den Tag für den Wochenanfang, den Start der Arbeitszeiten und mehr anzupassen.

Termine eintragen, löschen, ändern

Zum Eintragen neuer Termine im Kalender haben Sie verschiedene Möglichkeiten:

- Klicken oder tippen Sie in der linken oberen Ecke der App auf die Schaltfläche *Neues Ereignis*. Die App zeigt daraufhin das Formular zum Festlegen der Termindaten an (hier im Hintergrund). Bestätigen Sie den Termin über die *Speichern und schließen*-Schaltfläche in der linken oberen Ecke.

- Oder wählen Sie eine Terminzeile in der Tagesansicht (bzw. in der Wochen- oder Monatsansicht) des Kalenders durch Antippen oder Anklicken an. Dadurch wird ein Pop-up-Fenster eingeblendet (siehe in der nachfolgenden Abbildung im Vordergrund), in das Sie die Termindetails eintragen können. Wählen Sie *Fertig*, um den Termin zu speichern. Über *Weitere Details* wird die Anzeige auf die Seite mit den Termindetails (im Hintergrund) umgeschaltet.

In allen Fällen legen Sie die Termindetails im angezeigten Pop-up oder auf der Seite fest.

- Neben der Uhrzeit und der Termindauer ist unter *Name des Termins* eine Bezeichnung (z. B. Arzttermin) sowie im Feld *Ort* eine Ortsangabe einzutragen. Tippen Sie einfach auf die Felder und geben Sie die Texte ein.

- Zeiten lassen sich in 30-Minuten-Intervallen über ein Kombinationsfeld abrufen. Tippen Sie auf das Feld, um Uhrzeitangaben minutenweise (per Tastatur) festzulegen. Markieren Sie das Kontrollkästchen *ganztägig*, um den kompletten Tag mit dem Termin zu belegen.

- Über das hier sichtbare Listenfeld *xs Kalender* lässt sich die Liste der verfügbaren Kalender einblenden, um denjenigen auszuwählen, auf den sich der Termin bezieht. Welche Kalender der konfigurierten Konten in der App angezeigt werden, lässt sich in der linken Spalte unten festlegen. Wählen Sie ein Konto (z. B. im Beispiel *Outlook2*), werden die verfügbaren Kalender mit farbigen Kontrollkästchen (*xs Kalender*, *Geburtstagskalender*) aufgelistet. Ein markiertes Kontrollkästchen bewirkt die Anzeige des Kalenders.

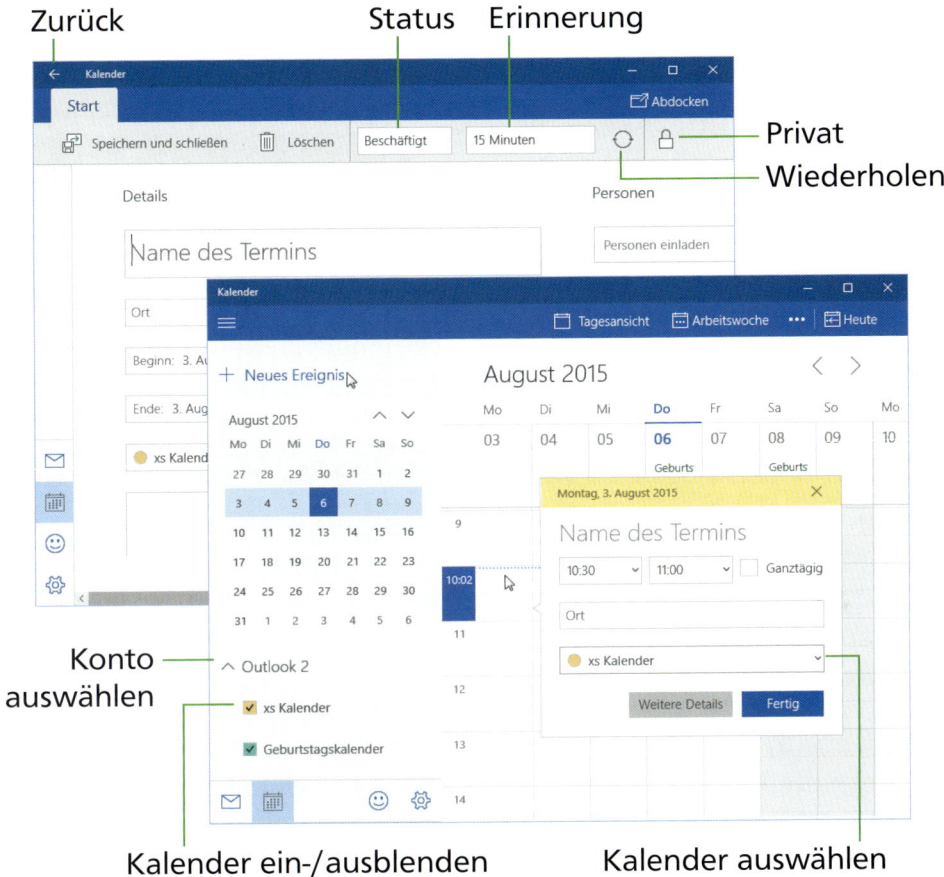

- In der Symbolleiste gibt es eine Schaltfläche *Privat*, um einen Termin als privat zu markieren.

- Die Schaltfläche *Wiederholen* erweitert das Formular um die gleichnamige Spalte. Dort finden Sie Felder, über die Sie mittels Kontrollkästchen einen Serientermin (z. B. jeden Donnerstag, jeden Monat, jedes Jahr) festlegen können.

- Weiterhin können Sie in der Symbolleiste über das Listenfeld *Status* Zeiten im Terminkalender als beschäftigt, abwesend etc. blockieren.

- Das Listenfeld *Erinnerung* ermöglicht Ihnen, einen Zeitwert von 5 Minuten, 15 Minuten etc. zu setzen. Hiermit definieren Sie den Zeitpunkt vor dem Erreichen des Termins, zu dem Sie durch eine Benachrichtigung daran erinnert werden.

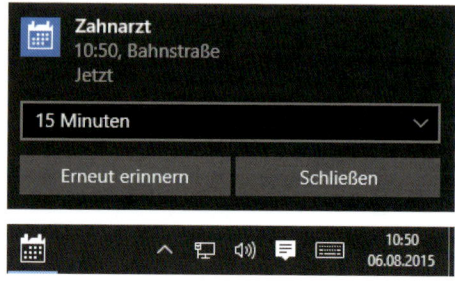

- In der erweiterten Ansicht finden Sie in der rechten oberen Ecke ein Symbol, um das Formular abzudocken und in einem separaten Fenster anzuzeigen. Über die *Zurück*-Schaltfläche in der linken oberen Ecke geht es zur Kalenderübersicht zurück.

> **TIPP**
>
> Um die Details eines Termins in der Kalenderübersicht einzusehen, zeigen Sie per Maus auf den Eintrag. Daraufhin erscheint eine QuickInfo mit den wichtigsten Informationen. Ein Doppelklick öffnet die Seite mit allen Termindetails.

Soll ein Termin verschoben oder gelöscht werden, wählen Sie ihn in der Tagesspalte bzw. im Kalenderblatt (z. B. per Doppelklick) so an, dass die Detailansicht angezeigt wird.

- Zum **Verschieben** passen Sie in der Detailansicht einfach die Werte der Felder mit dem Beginn, dem Ende und den Start-/Endezeiten des Termins an. Bestätigen Sie dies über die oben links in der Symbolleiste sichtbare *Speichern und schließen*-Schaltfläche.

- **Löschen** können Sie einen Termin durch Anwahl der oben links in der Symbolleiste eingeblendeten Schaltfläche *Löschen*. Dieser Vorgang muss nicht bestätigt werden.

Enthält die Detailseite des Termins ungespeicherte Änderungen? Bei Anwahl der in der linken oberen Ecke eingeblendeten Schaltfläche *Zurück* erscheint ein Menü, über dessen Befehle Sie Änderungen speichern oder den neuen Termin bzw. am bestehenden Termin vorgenommene Änderungen verwerfen können.

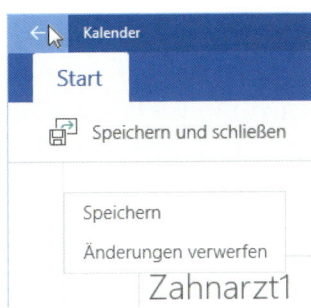

Telefonieren mit Skype

Mit Skype können Sie per Internet weltweit kostenlose Telefonate mit anderen Skype-Benutzern führen. In diesem Abschnitt erhalten Sie einen Überblick darüber, wie sich Skype nutzen lässt.

Skype einrichten

Skype ist eine in Windows installierbare Anwendung bzw. ein von Microsoft bereitgestellter Dienst zum kostenlosen Telefonieren mit anderen Skype-Benutzern in aller Welt. Skype funktioniert nicht nur unter Windows, sondern auch auf Android- und Apple-Geräten.

> **HINWEIS**
>
> Beachten Sie hierbei, dass Anrufe zu Handy- oder Festnetznummern kostenpflichtig, aber relativ günstig sind. Genaueres dazu erfahren Sie unter *www.skype.com/de/rates/*.

Ist Skype bei Ihnen nicht in Windows 10 enthalten? Dann gibt es im Startmenü einen Eintrag *Skype herunterladen*, um Skype zu installieren.

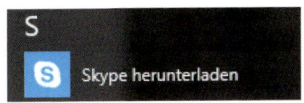

Nach Auswahl dieses Startmenüeintrags öffnet sich eine Seite, auf der Sie die Schaltfläche *Skype herunterladen* anwählen. Im Anschluss daran wird Skype kostenlos von der Microsoft-Website heruntergeladen und lässt sich anschließend über eine Kachel des Startmenüs bzw. der Startseite (ggf. unter *Alle Apps* nachsehen) starten.

Die Einrichtung des Dienstes erfolgt beim ersten Aufruf. Dazu ist Skype mit einem Microsoft-Konto (das beispielsweise zur Benutzeranmeldung unter Windows 10 verwendet wird) zu verbinden. Alternativ lässt sich beim ersten Aufruf auch eine Verbindung mit einem bestehenden Skype-Benutzerkonto einrichten (es sind nur die Skype-Zugangsdaten einzutragen). Oder Sie beantragen beim ersten Start kostenlos ein neues Skype-Benutzerkonto.

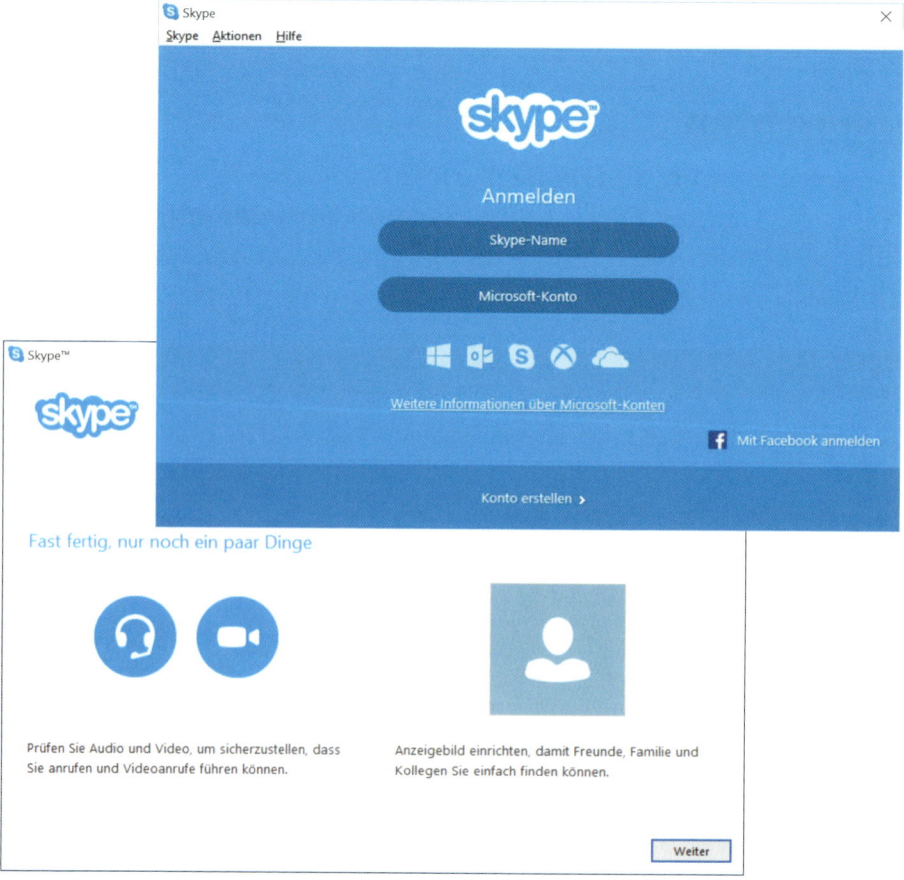

- Die betreffenden Optionen werden in diesem Fenster zur Auswahl angeboten (hier im Vordergrund sichtbar). Tippen Sie auf die Option und geben Sie die geforderten Anmeldedaten bzw. Informationen ein.

- Im Anschluss wird die hier im Hintergrund sichtbare Einrichtungsseite gezeigt. Dort durchlaufen Sie durch Betätigung der *Weiter*-Schaltfläche einen Einrichtungsassistenten, der Ihnen die Verwendung eines Benutzerfotos sowie das Einrichten von Mikrofon, Lautsprecher und Kamera (sofern vorhanden) ermöglicht.

Sobald der Einrichtungsassistent abgeschlossen wurde, ist Skype für Anrufe bereit. Falls Sie Guthaben erwerben, sich vom Skype-Konto abmelden oder die Einstellungen anpassen möchten, ist dies im Skype-Fenster über die Befehle des *Skype*-Menüs möglich.

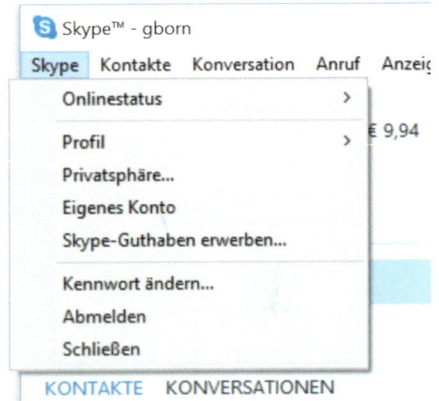

HINWEIS

Um Guthaben auf das Skype-Konto zu laden, wählen Sie im *Skype*-Menü den Befehl *Skype-Guthaben erwerben*. Daraufhin öffnet sich die Webseite des Skype-Kontos, auf der Sie die Schaltfläche zum Erwerb eines Guthabens vorfinden. Die Bezahlung kann per Kreditkarte, über den Zahlungsdienstleister PayPal oder per Sofortüberweisung erfolgen.

Skype verwenden

Nach dem Einrichten und dem Start von Skype erscheint die hier sichtbare Seite mit dem Menü für den Zugriff auf die Skype-Befehle sowie die zweispaltige Darstellung.

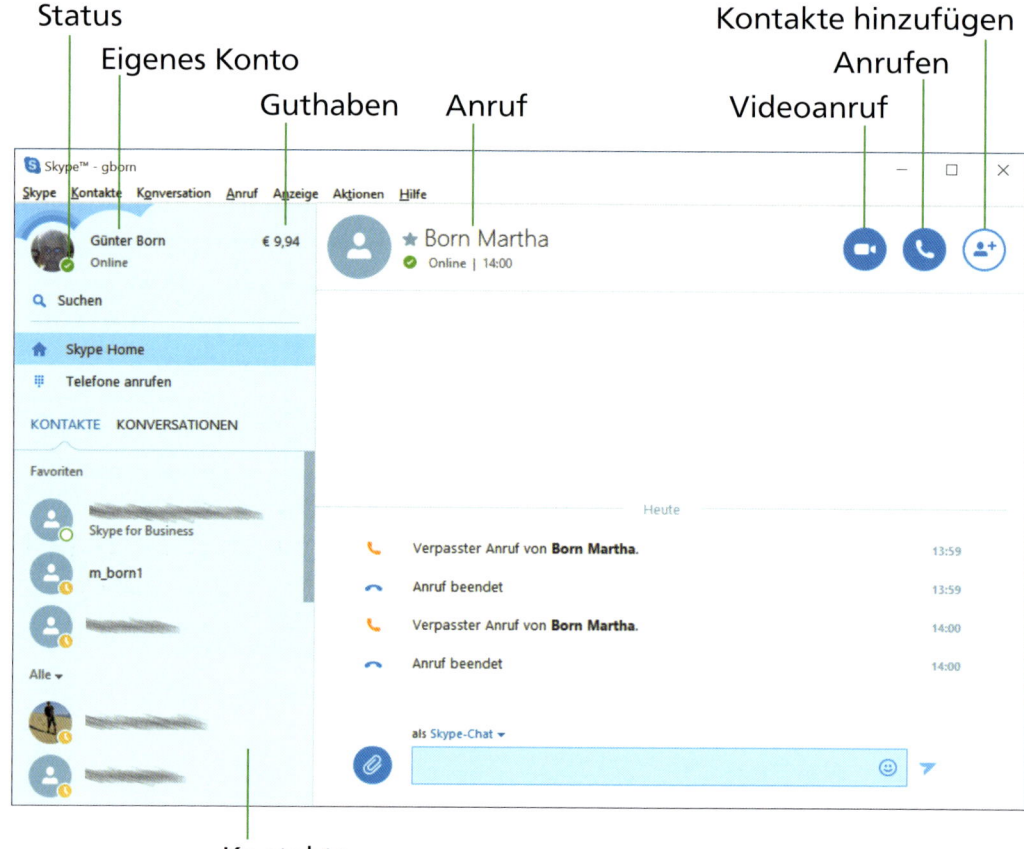

- In der linken Spalte werden oben das eigene Konto samt Kontobild, das Guthaben und der Onlinestatus eingeblendet.

- Darunter finden sich das Feld zum Suchen nach Skype-Teilnehmern sowie die Liste Ihrer Skype-Kontakte. Der Eintrag *Echo* ermöglicht Ihnen einen Testanruf bei einem Microsoft-Server, um Mikrofon und Lautsprecher zu testen.

- Auf der Skype-Startseite sehen Sie in der rechten Spalte die eingegangenen Anrufe sowie ggf. die aktuellen Anrufe und finden zudem oben rechts die Schaltflächen vor, um Teilnehmer mit oder ohne Videoübertragung anzurufen. Über eine weitere Schaltfläche fügen Sie Kontakte hinzu bzw. tragen Teilnehmer mit ihren Handy- bzw. Festnetztelefonnummern ein.

Die Skype-Bedienung zum **Telefonieren** ist denkbar einfach und mit wenigen Worten erklärt.

1 Um einen Teilnehmer anzurufen, wählen Sie dessen Namen in der Kontaktliste an. Ein grüner Punkt vor dem Namen signalisiert, dass der Teilnehmer an Skype angemeldet und damit erreichbar ist.

2 Anschließend wählen Sie in der rechten oberen Ecke des Skype-Fensters entweder die Schaltfläche für Videoanrufe oder Sie tippen/klicken auf das Symbol *Anrufen* mit dem Telefonhörer.

> **HINWEIS**
>
> Der Befehl *Telefone anrufen* in der linken Spalte blendet in der rechten Spalte ein Textfeld zum Eintippen der Rufnummer eines Festnetz- oder Mobilfunkanschlusses ein. Sofern Sie über ein Skype-Guthaben verfügen, können Sie den Teilnehmer über das angezeigte Telefonsymbol anrufen.

Sobald die Schaltfläche mit dem Telefonhörer oder der Videokamera angewählt wird, stellt Skype eine Video- bzw. Sprachverbindung her.

Als Nächstes erscheint dann die hier dargestellte Anzeige. Ist eine Kamera vorhanden, wird das Videobild mit sichtbar. Am unteren Rand finden Sie Schaltflächen zum Ein-/Ausschalten von Kamera und Mikrofon vor. Mit dem roten Telefonhörer können Sie auflegen und den Anruf beenden.

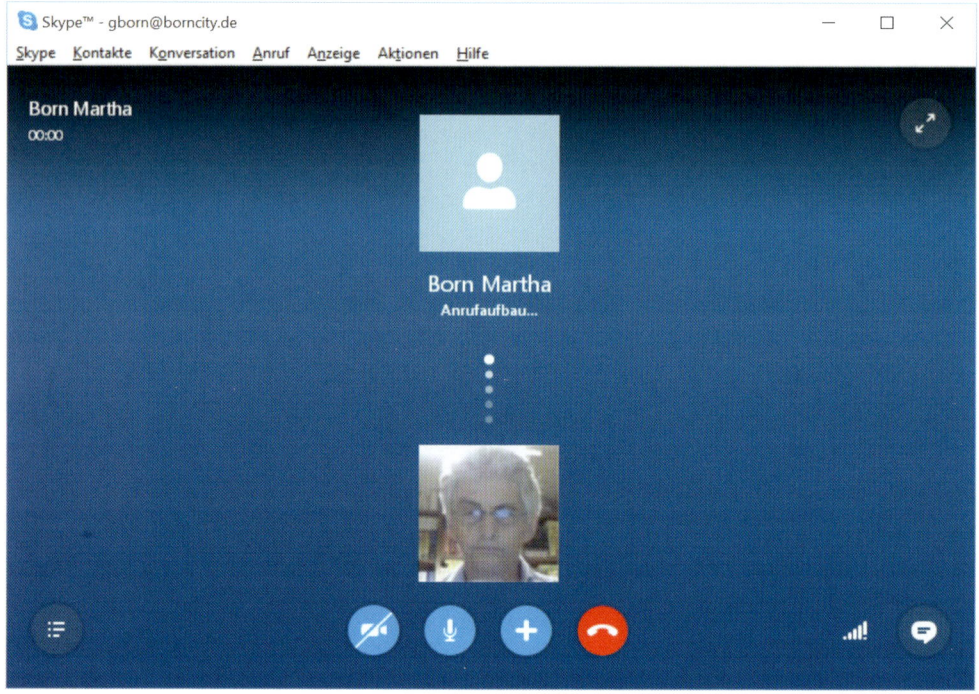

Im Fall eines eingehenden Anrufs klingelt es bei dem angerufenen Teilnehmer und er (oder sie) kann das Gespräch dann durch Anklicken der in Skype angezeigten Schaltflächen mit der Kamera oder dem grünen Telefonhörer annehmen. Die rot gefärbte Schaltfläche ermöglicht das Abweisen des Gesprächs. Reagiert der Angerufene überhaupt nicht, wird dies als Abwesenheit erkannt, und Skype legt irgendwann auf. In Windows sieht das wie nachfolgend gezeigt aus:

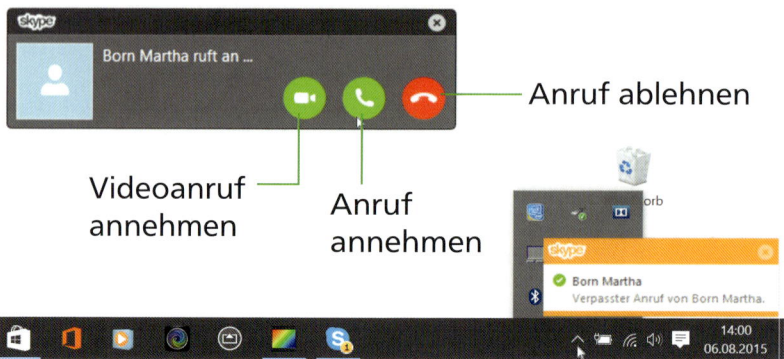

> **HINWEIS**
>
> Wenn Sie im Infobereich der Taskleiste auf *Ausgeblendete Symbole einblenden* klicken und in der angezeigten Palette das Skype-Symbol anwählen, erscheint ein Infofenster, das Sie über verpasste Anrufe etc. informiert.

Wird der Anruf vom Gesprächspartner angenommen, lässt sich ein Telefonat führen. Dazu wird ggf. das Videobild in einem Fenster angezeigt (siehe nachfolgende Abbildung). Zudem wird eine Infoleiste zum Beenden des Gesprächs auf dem Desktop eingeblendet.

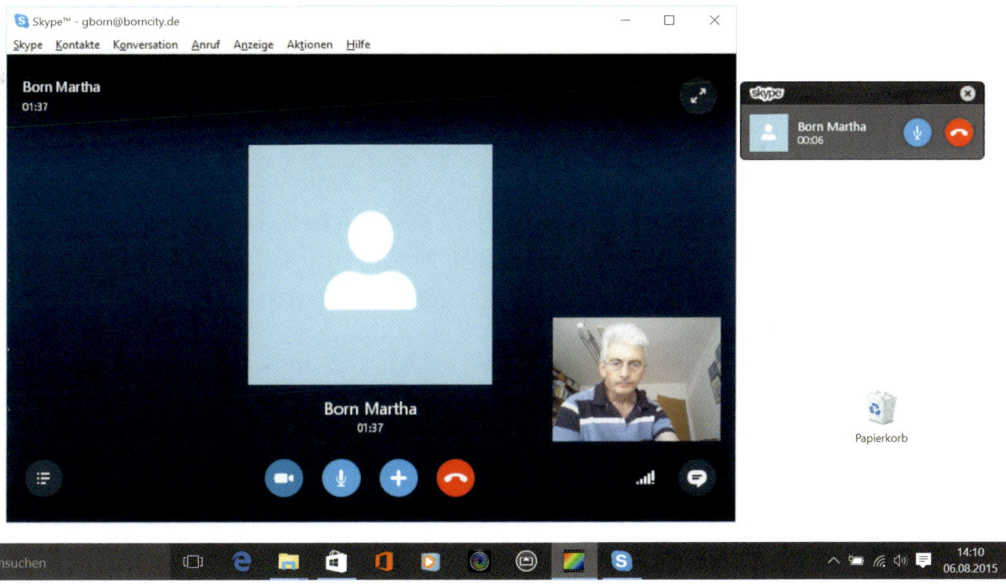

Über die Schaltflächen unterhalb des Teilnehmerfensters können Webkamera und Mikrofon ein-/ausgeschaltet werden. Die Schaltfläche mit dem Pluszeichen öffnet ein Menü, über das Sie Dateien oder Sofortnachrichten versenden oder Wähltasten einblenden können. Die rote Schaltfläche mit dem Telefonhörer beendet ein Skype-Gespräch.

Mithilfe von Skype sind sowohl Videoanrufe als auch normale Telefonate ohne Bild möglich. Interessant ist das Ganze für Anrufe ins

Ausland, da diese sehr günstig oder, falls der Angerufene ebenfalls bei Skype angemeldet ist, sogar kostenlos sind.

> **HINWEIS**
>
> Skype-Kontakte können Sie über den Befehl *Kontakt hinzufügen* im Menü *Kontakte* des Skype-Startfensters aufnehmen. Dort lässt sich das Skype-Nutzerverzeichnis durchsuchen oder eine Telefonnummer speichern.

Texte mit WordPad erfassen

Zum Schreiben von Briefen, Einladungen, Listen etc. gibt es spezielle Programme wie beispielsweise Microsoft Word oder die Windows-Anwendung WordPad. Die grundlegende Vorgehensweise für die Texterfassung und -bearbeitung ist aber bei allen Windows-Programmen gleich. Einige Ansätze zum Umgang mit Texten (z. B. Benennen von Dateien und Ordnern) kennen Sie schon. Nachfolgend möchte ich noch kurz die Techniken zur Texterfassung und -bearbeitung mittels Tastatur und Maus vertiefen.

> **HINWEIS**
>
> Zwar wird im Windows Store die kostenlose App *Word mobile* angeboten, diese ist jedoch ohne Office-365-Konto nur zum Anzeigen von Dokumenten geeignet und wird daher hier nicht besprochen.

WordPad starten und Text eingeben

Im Folgenden verwende ich das in Windows enthaltene Programm WordPad, um Texte zu verfassen. Die hier beschriebenen Techniken können Sie aber auch in Microsoft Word verwenden.

1 Starten Sie WordPad (z. B. im Suchfeld der Taskleiste »Word« eintippen und dann den Treffer *WordPad* wählen).

2 Tippen Sie einen Beispieltext in das auf dem Windows-Desktop angezeigte WordPad-Fenster ein.

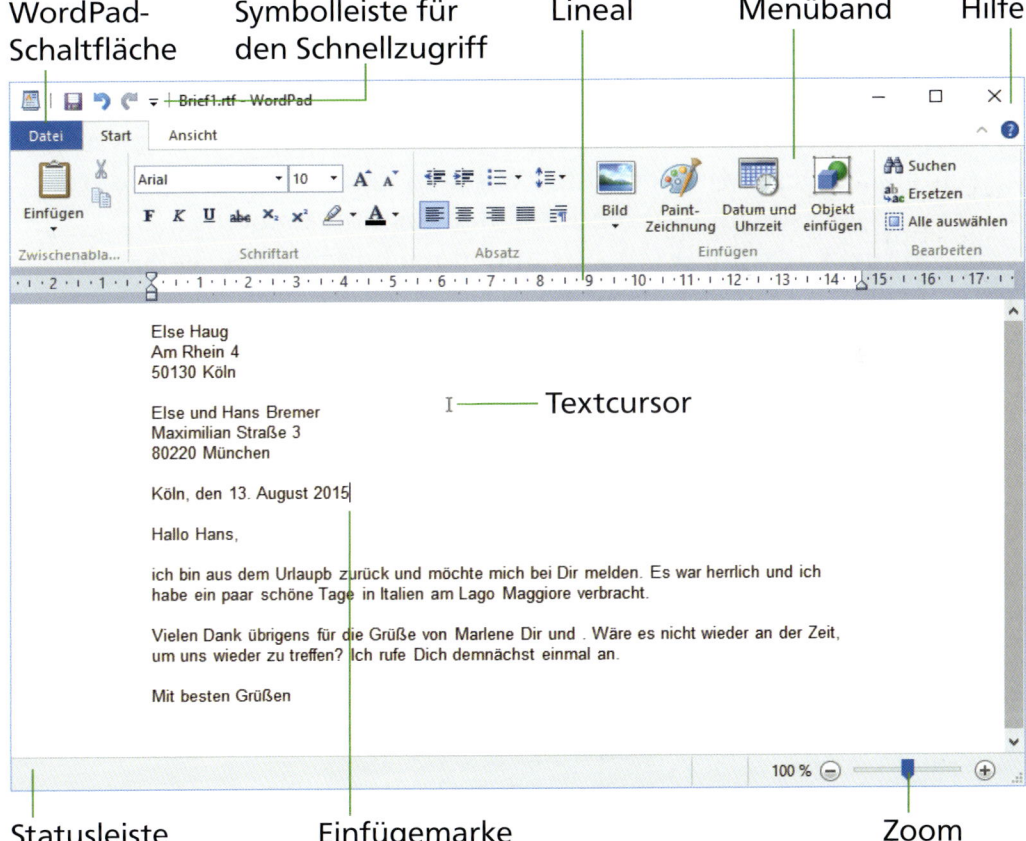

Hier sehen Sie das WordPad-Fenster mit einem Beispieltext. Die benannten Fensterelemente kennen Sie bereits weitgehend aus den vorherigen Kapiteln. Am Lineal oberhalb des Dokumentbereichs lässt sich die Position im Text ablesen. Die Statusleiste am unteren Fensterrand enthält rechts einen Schieberegler, mit dessen Hilfe der Zoomfaktor für die Anzeige des Dokumentbereichs einstellbar ist.

Im Dokumentfenster mit dem Text sehen Sie zudem die Einfügemarke (auch als Schreibmarke bezeichnet) als blinkenden Strich im Text. Diese zeigt an, wo das nächste einzugebende Zeichen auf dem Bildschirm eingefügt wird. Der Mauszeiger nimmt die Form des Textcursors an, sobald Sie mit der Maus auf den Dokumentbereich zeigen.

Sofern Sie sich mit der **Bedienung der Tastatur** sowie der Texteingabe noch nicht auskennen, folgen hier einige Hinweise:

- Tippen Sie einfach die Zeichen, um die betreffenden Wörter zu schreiben. Der Zwischenraum zwischen den Wörtern wird durch die ⎵-Taste am unteren Rand der Tastatur eingefügt. Die ⇥-Taste rückt Text in festen Abständen nach rechts ein, sodass der Text spaltenweise erscheint.

- Normalerweise erscheinen beim Drücken der Buchstabentasten kleine Buchstaben. Für Großbuchstaben halten Sie die ⇧-Taste fest und drücken anschließend die Taste mit dem gewünschten Zeichen. Die oberste Tastenreihe liefert bei gedrückter ⇧-Taste Sonderzeichen wie $, %, &.

- Die ⇩-Taste stellt die Tastatur auf Großschreibung um (dieser Modus wird durch das Wort *GROSS* in der Statusleiste gekennzeichnet). Alle eingetippten Zeichen erscheinen daraufhin als Großbuchstaben. Um wieder in den normalen Modus zurückzukehren, drücken Sie die ⇩-Taste erneut.

- Zahlen können auch über den rechten Ziffernblock der Tastatur eingegeben werden. Dieser Ziffernblock besitzt allerdings eine Doppelfunktion, denn er lässt sich auch zur Cursorsteuerung im Textfenster verwenden. Die Umschaltung erfolgt durch einmaliges Drücken der Num-Taste. Leuchtet die Anzeige *Num* auf der Tastatur auf, ist die Zahleneingabe aktiviert.

- Wenn Sie eine Taste länger festhalten, schaltet der Computer in den Wiederholmodus. In diesem Fall wird die Eingabe des Zeichens automatisch wiederholt.

- Manche Tasten sind mit drei Symbolen versehen. Für das erste Zeichen drücken Sie einfach die Taste. Das zweite Zeichen erscheint bei gleichzeitig gedrückter ⇧-Taste, und das dritte Zeichen wird generiert, wenn Sie die Taste zusammen mit der AltGr-Taste betätigen. Für das Eurozeichen wird demzufolge die Tastenkombination AltGr+E verwendet, für das in E-Mail-Adressen benötigte @-Zeichen die Tastenkombination AltGr+Q.

- Gelangen Sie beim Schreiben normaler Absatztexte an den rechten Rand des Fensters, tippen Sie einfach weiter (der Text wird in die Folgezeile umbrochen). Die von Schreibmaschinen bekannte ↵-Taste wird nur gedrückt, wenn Sie einen Absatzwechsel im Text benötigen. Dies ist der Fall, wenn Sie einen Absatz beenden und den Text in einer neuen Zeile fortsetzen möchten. Absatzwechsel benötigen Sie z. B. auch bei Adressangaben oder Listen, um die betreffenden Zeilen an der gewünschten Stelle zu beenden. Brauchen Sie etwas mehr Abstand zwischen zwei Absätzen, drücken Sie die ↵-Taste zweimal.

- Klicken Sie mit dem Textcursor in den Text, um die Schreibmarke an der betreffenden Stelle zu positionieren. Tippen Sie nun weiteren Text ein, wird dieser an der Schreibmarke eingefügt.

- Ziehen Sie die Schreibmarke bei gedrückter linker Maustaste über den Text, wird dieser markiert (an dem andersfarbigen Hintergrund zu erkennen). Markierte Texte werden z. B. durch das erste eingetippte Zeichen ersetzt. Um eine Markierung aufzuheben, klicken Sie einfach eine andere Textstelle an. Bei Touchbedienung streichen Sie mit dem Finger über den zu markierenden Textbereich.

- Drücken Sie die Taste Entf, um das rechts von der Schreibmarke stehende Zeichen zu löschen. Mit der ⌫-Taste entfernen Sie Zeichen links von der Schreibmarke.

Eine Übersicht über die Tastatur und die Bedeutung der einzelnen Tasten finden Sie am Anfang dieses Buches. Wenn Sie probehalber etwas Text eintippen, bekommen Sie schnell ein Gefühl für die Texteingabe.

> **Etwas rückgängig machen**
>
> Durch Drücken der Tastenkombination [Strg]+[Z] nehmen Sie die letzten Befehle schrittweise zurück. Dies funktioniert nicht nur bei der Texteingabe, sondern auch mit vielen weiteren Befehlen in Textverarbeitungs- und anderen Programmen (z. B. beim Bearbeiten von Grafiken oder beim Kopieren/Löschen von Dateien).
>
> Darüber hinaus findet sich in der Symbolleiste für den Schnellzugriff außerdem die Schaltfläche *Rückgängig*, um Befehle zurückzunehmen. Die rechts daneben sichtbare Schaltfläche *Wiederholen* stellt eine rückgängig gemachte Änderung wieder her.

Texte formatieren und speichern

Sie können in WordPad Texte z. B. mit Fettschrift, größerer Schrift oder durch Unterstreichen gestalten – man spricht dabei auch vom Formatieren.

- Hierzu tippen Sie zunächst den gewünschten Text in Rohform ein und markieren dann die zu formatierenden Textstellen.

- Anschließend wählen Sie auf der Registerkarte *Start* des Menübands die gewünschten Formatelemente und heben danach die Markierung wieder auf.

In der nachstehenden Abbildung sind einige Formatelemente beschriftet. Zeigen Sie mit der Maus auf ein Formatelement, gibt WordPad in einer QuickInfo eine Kurzbeschreibung dazu an.

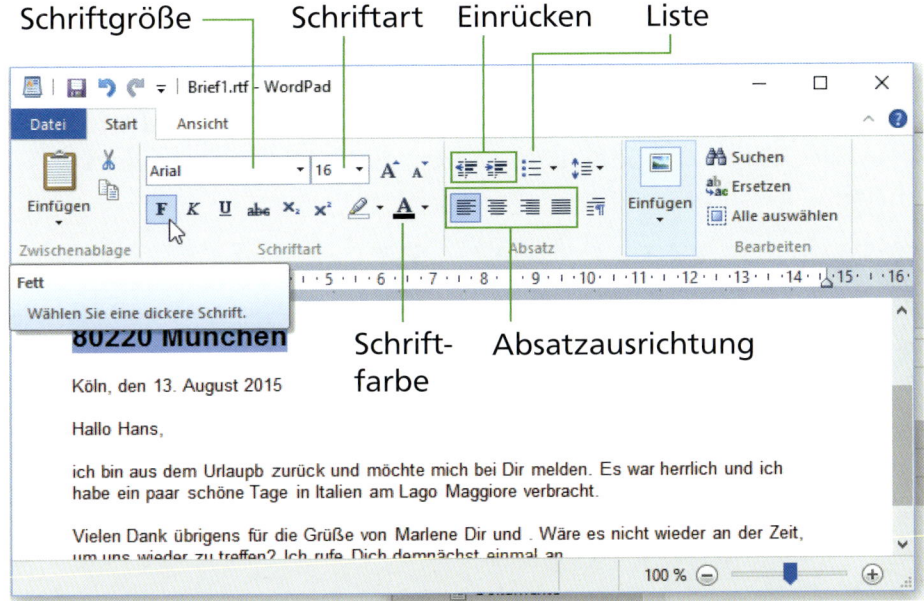

- Über die Gruppe *Schriftart* zeichnen Sie Textstellen fett, kursiv oder unterstrichen aus und passen die Schriftfarbe, Schriftart oder Schriftgröße an.

- Die Schaltflächen der Gruppe *Absatz* gestatten es Ihnen, Absätze einzurücken, mit Aufzählungszeichen zu versehen oder am linken bzw. rechten Rand, zentriert oder auch im sogenannten Blocksatz an den Seitenrändern auszurichten.

Formatierungen heben Sie auf, indem Sie den Text erneut markieren und dann die Formatelemente der Registerkarte *Start* erneut anwählen.

Wählen Sie im Menüband die Registerkarte *Datei*, öffnet sich ein Menü mit verschiedenen Befehlen.

- Mit *Neu* beginnen Sie ein neues leeres Dokument. Der Befehl *Speichern* sichert das Dokument in eine Datei, und mit *Öffnen* können Sie erneut auf die Dokumentdatei zugreifen.

- Der Befehl *Speichern unter* zeigt ein Untermenü zur Auswahl des Speicherformats und dann ein Dialogfeld zum Festlegen des Dokumentnamens und zur Auswahl des Speicherziels (meist die Bibliothek *Dokumente*) an. Textdokumente lassen sich mit dem Dateityp *RTF-Format (RTF) (.rtf)* oder *Office Open XML-Dokument (.docx)* speichern.

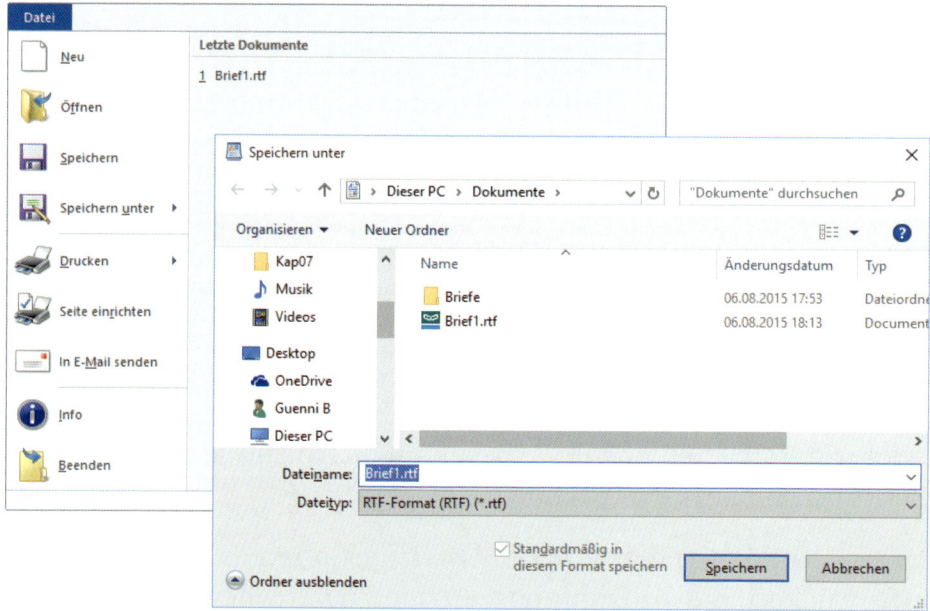

- Mithilfe des Befehls *Drucken* kann das Dokument über ein Untermenü ausgedruckt oder in einer Druckvorschau angezeigt werden.

Haben Sie das Programm Microsoft Word installiert, können Sie das Erlernte auch hier direkt anwenden.

> **HINWEIS**
>
> Ausführlichere Informationen zur Textbearbeitung mit Microsoft Word erhalten Sie in meinem Markt+Technik-Titel »Office 2013 – Sehen und Können«. In Windows 10 wird auch die App *OneNote* mitgeliefert (die App wird hier aber nicht besprochen).

Nützliche Apps im Überblick

Windows enthält noch einige zusätzliche Apps, die mitunter ganz hilfreich sein können. Von einer Wettervorhersage bis zu Kartendiensten ist alles vorhanden.

Wie wird das Wetter?

Die Wetter-App ermöglicht den Abruf einer lokalen Wettervorschau von jedem Ort der Welt per Internet.

- Die App zeigt die wichtigsten Wetterdaten direkt in der Kachel auf der Startseite an. Auf der App-Seite erscheint eine 15-Tage-Vorschau, und auf den Folgeseiten können stündliche Vorhersagen, Reisewetter, Karten sowie weitere Informationen abgerufen werden.

- Die angezeigten Wetterdaten beziehen sich auf den jeweils gewählten Ort (z. B. aktueller Standort). Bei Geräten mit Positionssensor (GPS-Empfang) ermittelt die App den aktuellen Standort automatisch. Blenden Sie über das Zahnradsymbol die *Einstellungen* ein, lässt sich über *Standort* der aktuelle Standort für die Wettervorhersage auch manuell eintragen. Das Feld *Ort oder PLZ* im Kopfbereich der App ermöglicht den Abruf der Wettervorhersage für weitere Orte.

Karten-App für die Reiseplanung

Bing Maps ist ein von Microsoft angebotener Kartendienst, der sich als Pendant zu Google Maps darstellt und sowohl Karten anzeigen als auch Routen planen kann. Mit der Karten-App greifen Sie (bei einer bestehenden Onlineverbindung) auf den Microsoft-Kartendienst zu, um Karten oder Reiseplanungen abzurufen. Es gibt aber auch die Möglichkeit, Offlinekarten herunterzuladen und zu nutzen.

> **HINWEIS**
>
> Beim ersten Aufruf der App wird zunächst nachgefragt, ob die Positionsdienste aktiviert werden dürfen. Dies ist bei Verwendung der Karten-App als Navigationshilfe erforderlich. Die Standortermittlung lässt sich sperren, indem Sie in der linken Spalte über das Zahnradsymbol in die *Einstellungen* gehen und unter *Datenschutz* die Option *Positionseinstellungen öffnen* wählen.

- Sie können per Maus oder Finger im Kartenausschnitt blättern. Zwei eingeblendete Zoom-Schaltflächen mit Plus- und Minuszeichen ermöglichen das Vergrößern oder Verkleinern der Kartenausschnitte. Alternativ ist der Zoom bei Touchbedienung durch das Spreizen oder Zusammenziehen zweier Finger möglich.

- In der eingeblendeten Leiste sowie in der linken Spalte finden Sie Symbole, um den eigenen Standort, Wegbeschreibungen oder den Kartenstil abzurufen. Der eigene Standort ist nur verfügbar, wenn Positionsdaten (z. B. von einem GPS-Sensor) vorliegen. Beim Kartenstil können Sie zwischen dem herkömmlichen Karten- und dem Luftaufnahmen-Modus (erstellt aus Satelliten- und Luftbildern) umschalten.

Nützliche Apps im Überblick

Routenplanung — Suchen — Burger-Menü — Karte — Standort

Favoriten — Einstellungen — Zoom — Feedback
Städte in 3D — Kartenansichten

Eine Routenplanung ist über die Schaltfläche *Routenplanung* der linken Leiste möglich:

- Nach der Anwahl werden in der Seitenleiste zwei Eingabefelder für Start und Ziel eingeblendet.

- Über die rechts neben dem Feld *Von* eingeblendete Schaltfläche lassen sich Start und Ziel vertauschen.

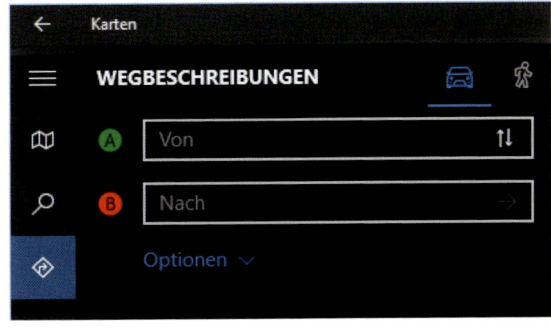

- Mithilfe der *Optionen* können Sie Vorgaben wie *Mautstraßen vermeiden* einstellen.

Zudem lassen sich Routen sowohl für Autofahrten als auch für Fußmärsche planen. Die Fahrtroute wird sofort nach der Eingabe der Wegpunkte berechnet. Diese Wegbeschreibung wird dann farbig in der Karte angezeigt. Zudem finden Sie am Kartenrand eine Wegbeschreibung in Textform.

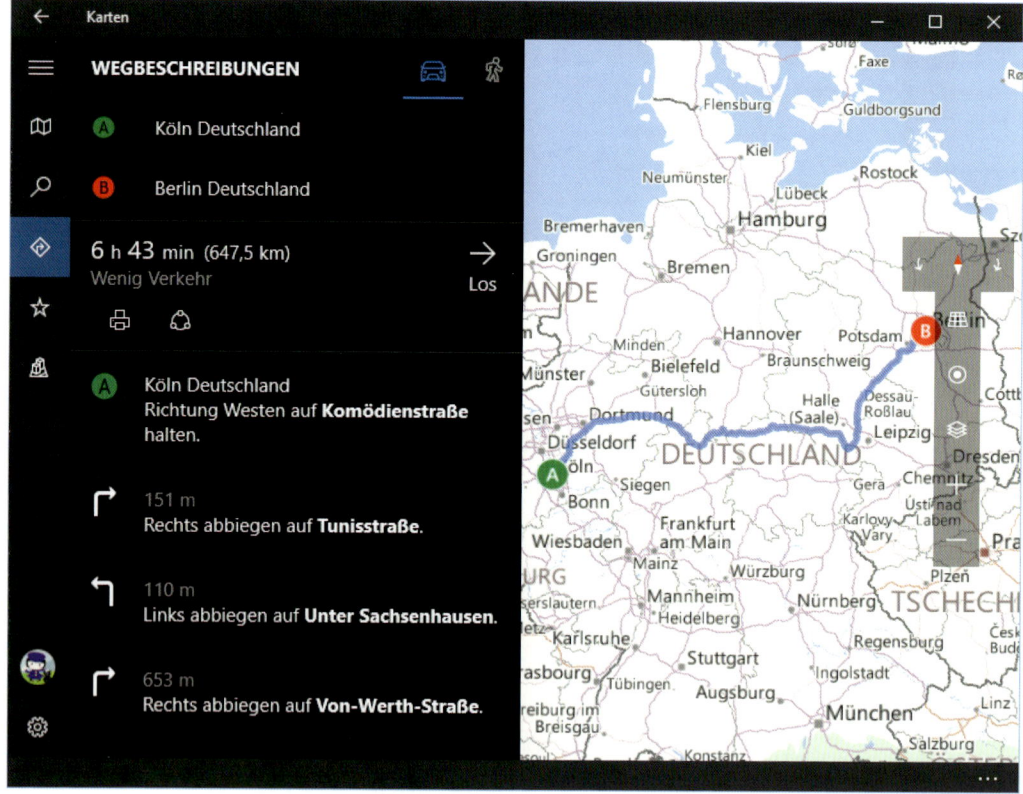

Für die Suche in der Karte klicken Sie auf das Suchfeld und geben den Suchbegriff ein. Das *Suchen*-Symbol in der linken Spalte ermöglicht außerdem das Auffinden von Cafés, Hotels etc.

Nützliche Apps im Überblick

HINWEIS

Die App erfordert eine Onlineverbindung zum Laden der Onlinekarten. Die eigene Position wird nach Betätigung der Schaltfläche *Standort* entweder über einen GPS-Sensor oder aus anderen Angaben (z. B. WLAN-Standort) ermittelt und durch ein Symbol in der Karte gekennzeichnet.

Weitere nützliche Apps

Außerdem gibt es auch noch die Wecker-App, die eine Uhr und eine Stoppuhr bereitstellt. Und über die App *Begleiter für Telefon* können Sie Ihr Smartphone mit Windows synchronisieren. Windows enthält darüber hinaus noch zahlreiche weitere Apps, deren Funktionen ich aber nicht in diesem Buch vorstelle. Beachten Sie auch, dass sich die Funktionen von Apps mit der Zeit ändern können.

Zusammenfassung

In diesem Kapitel haben Sie einen kurzen Einblick in die Apps zur Verwaltung von Kontakten und Terminen erhalten. Weiterhin wissen Sie nun, wie sich Texte mit dem Programm WordPad erfassen lassen. Für den Einstieg reicht dies und Sie kommen mit den gezeigten Funktionen recht weit. Im nächsten Kapitel zeige ich Ihnen noch, wie Sie Windows über die Einstellungen anpassen.

Testen Sie Ihr Wissen

Zur Überprüfung Ihres Wissens können Sie die folgenden Aufgaben lösen.

- **Wozu dient die App Kontakte?**
  (In der Kontakte-App lassen sich eigene Kontakte mit Telefonnummer und E-Mail-Adresse speichern.)

- **Wie legen Sie einen Termin im Kalender fest?**
  (Tippen oder klicken Sie im Kalender auf die Spalte und die Zeile für den Termin und tragen Sie die Daten für den Termin im Pop-up-Fenster ein.)

- **Wie löschen Sie einen Termin im Kalender?**
  (Wählen Sie den Termin im Kalender an. In der Terminseite ist dann die *Löschen*-Schaltfläche in der oberen Leiste anzuwählen.)

- **Wie lässt sich ein Text korrigieren?**
  (Klicken Sie auf die betreffende Textstelle. Anschließend löschen Sie die Texte links oder rechts von der Schreibmarke mithilfe der Tasten [Entf] bzw. [⇐]. Danach können Sie den neuen Text eintippen.)

Windows anpassen

Haben Sie die bisherigen Kapitel durachgearbeitet? Dann verfügen Sie über das notwendige Wissen, um mit Windows, Programmen und Apps zu arbeiten. Viele Einstellungen in Windows lassen sich auf Wunsch anpassen. In diesem Kapitel zeige ich Ihnen, wie Sie auf die Einstellungen zugreifen und bestimmte Funktionen nutzen.

Das lernen Sie in diesem Kapitel
- Einstellungen anpassen
- Weitere Optionen anpassen
- Programme (de-)installieren
- Benutzerkonten verwalten
- Windows-Sicherheit

Einstellungen anpassen

Einstellungen lassen sich zentral über die Windows-Systemsteuerung sowie über die Einstellungen-App anpassen. Nachfolgend werden Ihnen die wichtigsten Funktionen vorgestellt.

Zugriff auf die Einstellungen-App

Der Zugriff auf die wichtigsten Windows-Einstellungen ist direkt über die Elemente der Einstellungen-App möglich.

1 Klicken oder tippen Sie zum Aufruf der App auf das Symbol *Start* (oder das Burger-Menü im Tablet-Modus) und dann im eingeblendeten Menü auf die Option *Einstellungen*.

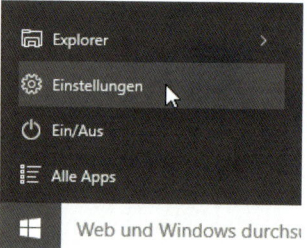

2 Wählen Sie die gewünschte Funktion in der angezeigten App *Einstellungen* aus und passen Sie die gewünschten Einstellungen an.

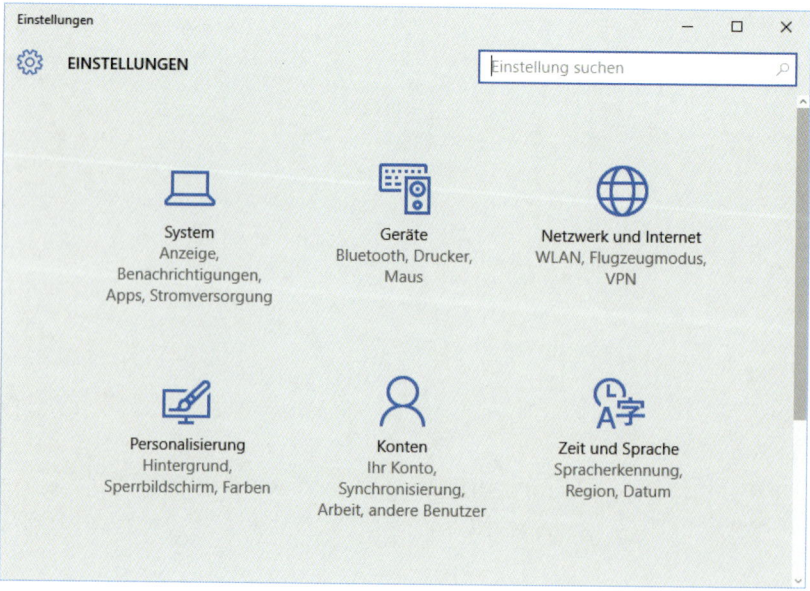

Bei Bedarf können Sie mithilfe der Bildlaufleiste in der Liste der Symbole blättern.

Über das Symbol *System* in der Einstellungen-App öffnen Sie beispielsweise die nachfolgend gezeigte Seite. Diese gewährt Ihnen schnellen Zugriff auf die wichtigsten Systemeinstellungen.

- Wählen Sie in der linken Spalte der Seite zuerst die gewünschte Kategorie aus. Daraufhin erscheinen die Optionen im rechten Teil der Seite und die Einstellungen lassen sich anpassen.

- Geänderte Einstellungen werden sofort wirksam. Grau abgeblendete Optionen stehen auf dem Gerät nicht zur Verfügung.

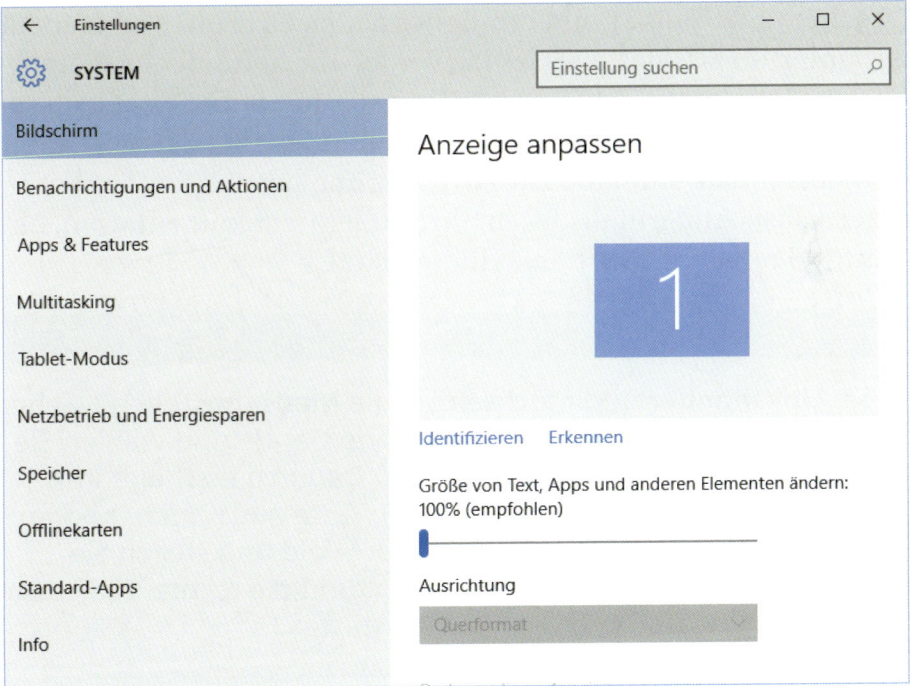

In der hier gewählten Unterkategorie *Bildschirm* finden Sie beispielsweise Einstellungsoptionen, um die Bildschirmausrichtung vorzugeben, den Bildschirm zu identifizieren, die Bildschirmhelligkeit anzupassen oder die Drehung (bei Tablet-PCs) zu blockieren. Über den Hyperlink

Erweiterte Anzeigeeinstellungen gelangen Sie zu einer Folgeseite, auf der sich die Bildschirmauflösung einstellen lässt (das ist meist aber nicht sinnvoll).

Wählen Sie auf der Seite *Einstellungen* beispielsweise das Symbol *Datenschutz*, gelangen Sie zu einer Einstellungsseite, auf der Sie die Verwendung der Kamera, des Mikrofons oder der Position durch Apps und Windows ein-/ausschalten können. Dort finden Sie auch weitere Optionen zur Anpassung der Datenschutzeinstellungen von Windows.

Unter der Hauptkategorie *Geräte* erhalten Sie Zugriff auf Unterkategorien, um beispielsweise Geräte, Maus, Touchpad und mehr anzupassen. Die Unterkategorie *Drucker & Scanner* zeigt die von Windows gefundenen Drucker und Scanner und ermöglicht auch das Hinzufügen neuer Geräte. Unter *Angeschlossene Geräte* werden die gefundenen Geräte aufgeführt. Zur Geräte- oder Druckerinstallation reicht es jedoch meist aus, diese an der USB-Schnittstelle anzuschließen und einzuschalten. Windows installiert dann die zur Ansteuerung benötigten Treiber in der Regel selbst. Andernfalls lesen Sie die Gerätedokumentation, ob sogenannte Treiber selbst zu installieren sind.

> **TIPP**
>
> Sind Sie **Linkshänder** und möchten Sie die **Maus umstellen**? Gehen Sie in der Seite *Einstellungen* zur Kategorie *Geräte* und wählen Sie die Unterkategorie *Maus und Touchpad*. Dadurch erscheint im rechten Teil der Seite die Option *Primäre Taste auswählen.* Klicken oder tippen Sie auf das darunter sichtbare Feld und stellen Sie *Rechts* ein. Die Tasten werden vertauscht und die rechte Maustaste fungiert somit zukünftig als »linke Maustaste«.

Über weitere Kategorien passen Sie z. B. die *Einstellungen der erleichterten Bedienung* an, legen Zeit und Sprache fest, schauen ggf. nach Updates oder versetzen ein beschädigtes Windows in den Auslieferungszustand zurück.

Einstellungen per Systemsteuerung ändern

Manche Einstellungen des Systems (z. B. Programme deinstallieren, Funktionen aktivieren) lassen sich über das Fenster der *Systemsteuerung* vornehmen. Microsoft will diese Optionen erst Schritt für Schritt mit künftigen Windows-Updates zur Einstellungen-App umziehen.

- Zum Aufrufen der Systemsteuerung tippen Sie den Text »Sys« in das Suchfeld ein und wählen anschließend in der Liste der Suchtreffer *Systemsteuerung* an.

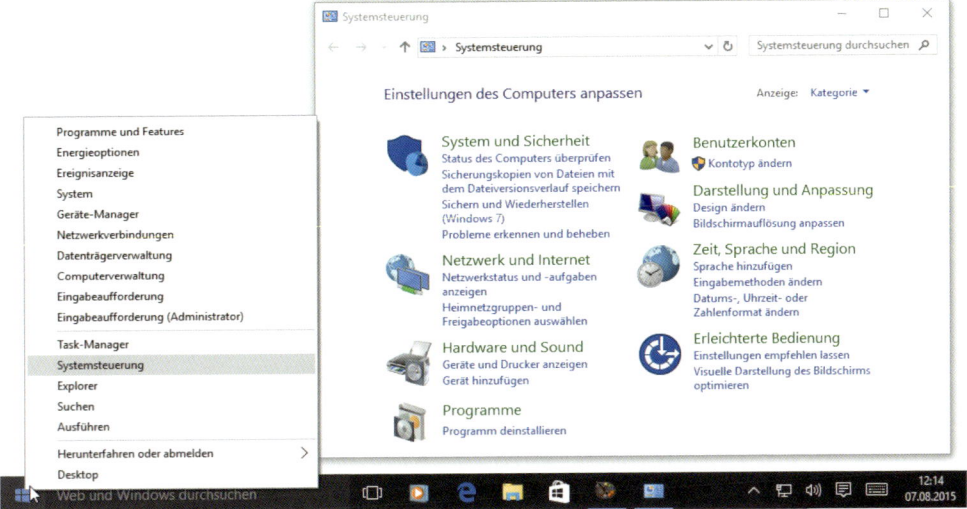

- Oder Sie klicken mit der rechten Maustaste auf *Start* und wählen im Schnellstartmenü den Befehl *Systemsteuerung*.

- Im Fenster *Systemsteuerung* wählen Sie dann einen Befehl und verfeinern die Auswahl in mehreren Schritten. Das Fenster zeigt bei jedem Schritt ein Formular mit Unterkategorien der verfügbaren Befehle an (hier im Hintergrund oben sichtbar).

- Tippen oder klicken Sie auf das Suchfeld in der rechten oberen Fensterecke, können Sie einen Begriff (z. B. »Maus«) eingeben, nach dem Windows die Anzeige filtern soll. Anschließend werden nur noch passende Einträge in der Systemsteuerung eingeblendet.

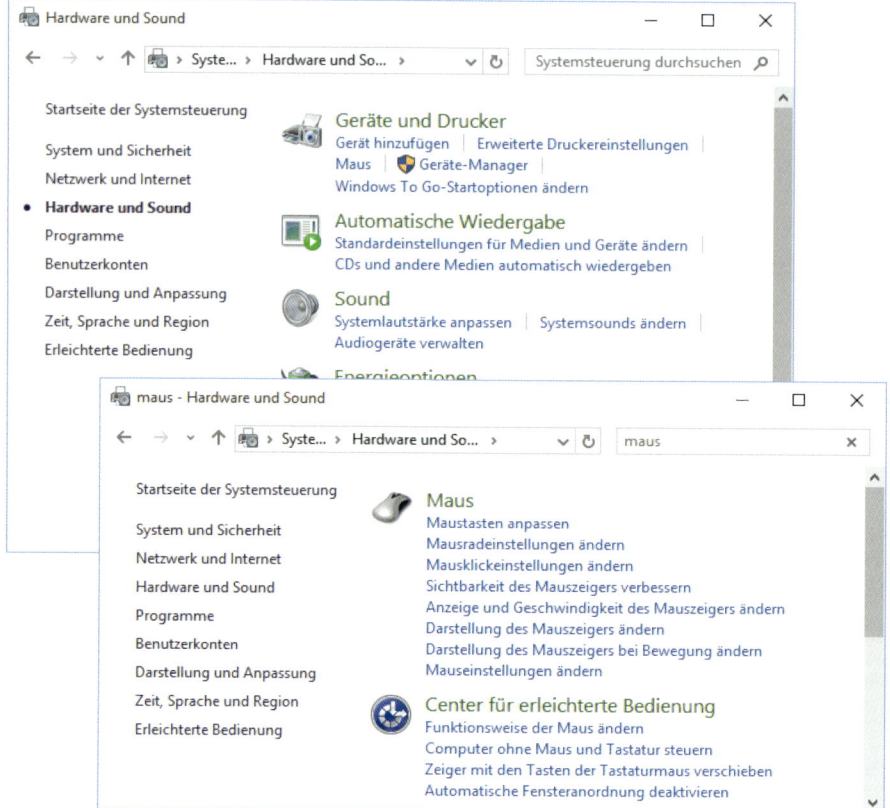

Wählen Sie einen Befehl an, wird die Eigenschaftenseite mit den zugehörigen Optionen geöffnet. Anschließend passen Sie in den angebotenen Eigenschaften- und Dialogfeldern die gewünschten Einstellungen an und bestätigen dies über die angezeigte *OK*-Schaltfläche.

> **Ausschließlich dem Administrator vorbehalten**
>
> Manche Änderungen lassen sich aus Sicherheitsgründen nur von Benutzern mit Administratorrechten durchführen. Die entsprechenden Befehle sind mit einem kleinen Schild Kontotyp ändern gekennzeichnet. Bei Anwahl eines solchen Befehls wird der Desktop ggf. abgedunkelt, und das Dialogfeld mit der Sicherheitsabfrage der Benutzerkontensteuerung erscheint.

Im hier gezeigten Dialogfeld bestätigen Sie die Ausführung über die *Ja*-Schaltfläche. Bei einem Standardbenutzerkonto wird zusätzlich das Administratorkennwort abgefragt. Dies soll verhindern, dass Schadprogramme unbeabsichtigt ausgeführt und die Sicherheitseinstellungen von Windows ungewollt bzw. unbemerkt verändert werden. Solche Funktionen sollten Sie nur ausführen, wenn Sie sich über deren Auswirkungen im Klaren sind.

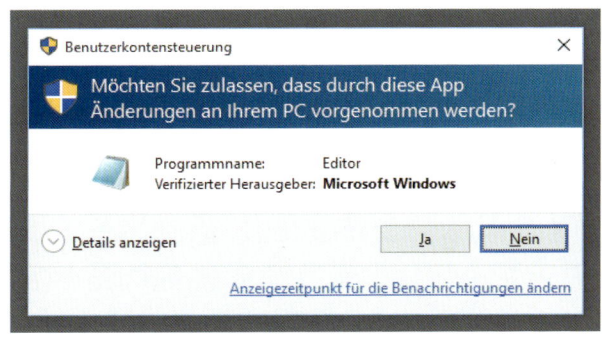

Weitere Optionen anpassen

Windows unterstützt verschiedene Anzeigeoptionen, sodass Sie auch das Aussehen des Desktops anpassen können. Zudem lassen sich Datum und Uhrzeit ändern oder ein WLAN-Zugang einrichten. Die entsprechenden Funktionen können Sie über das Kontextmenü des Desktops oder über die Taskleiste aufrufen.

Den Desktop-Hintergrund ändern

Der Windows-Desktop kann mit verschiedenen Farben oder mit einem Hintergrundbild versehen werden:

1 Klicken Sie mit der rechten Maustaste auf eine freie Stelle des Desktops und wählen Sie im Kontextmenü den Befehl *Anpassen*.

2 Stellen Sie sicher, dass im Fenster *Einstellungen/Personalisierung* die Kategorie *Hintergrund* gewählt ist.

3 Wählen Sie in der rechten Spalte des Fensters über das Listenfeld *Hintergrund* einen Wert (*Bild*, *Volltonfarbe*, *Diashow*).

4 Wählen Sie eins der im Fenster eingeblendeten Motive aus (Farbfeld, Hintergrundbild etc.) und schließen Sie das Fenster.

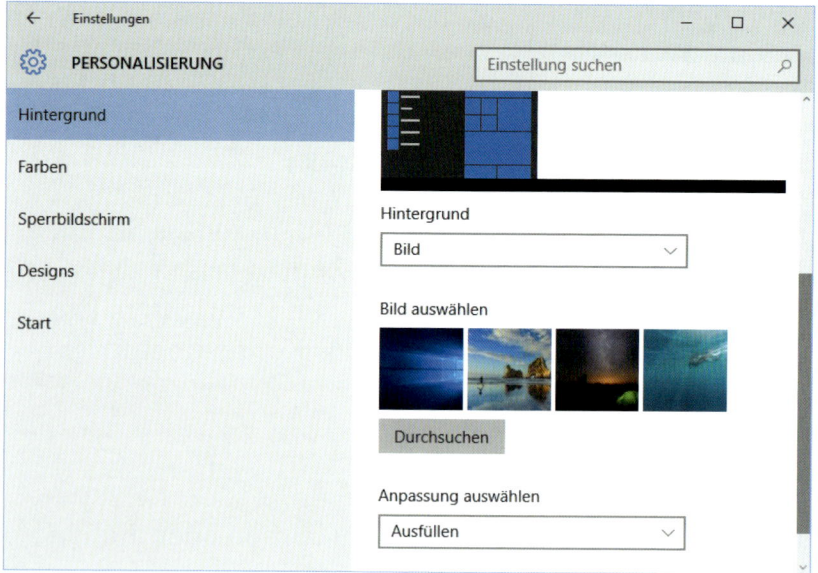

Haben Sie für den *Hintergrund* den Wert *Bild* eingestellt, können Sie über die Schaltfläche *Durchsuchen* ein Dialogfeld zur Auswahl eines Bildordners und einer Bilddatei öffnen. Ist ein Bild als Hintergrund ausgewählt, erscheint am unteren Rand des Dialogfeldes ein Listenfeld *Anpassung auswählen*, über dessen Werte Sie die Lage des Motivs bestimmen können (z. B. Bild ausgefüllt, gekachelt, auf Desktopgröße skaliert oder in Originalgröße zentriert).

HINWEIS

Beachten Sie bei der Auswahl von Hintergrundbildern, dass sich dadurch die Erkennbarkeit von Desktop-Elementen möglicherweise verschlechtert. Besser geeignet sind einfarbige Hintergründe, die sich über den Wert *Volltonfarbe* des Listenfeldes *Hintergrund* durch Anklicken der angezeigten Farbfelder wählen lassen.

Im Fenster *Personalisierung* können Sie die Kategorie *Designs* wählen. Über den Hyperlink *Designeinstellungen* werden Ihnen im Fenster *Anpassung* verschiedene Designs zur Auswahl angeboten. Diese passen nicht nur den Desktop-Hintergrund, sondern auch das Startmenü oder die Taskleiste an. Bei einer Sehschwäche sind Designs mit hohem Kontrast möglicherweise augenfreundlicher.

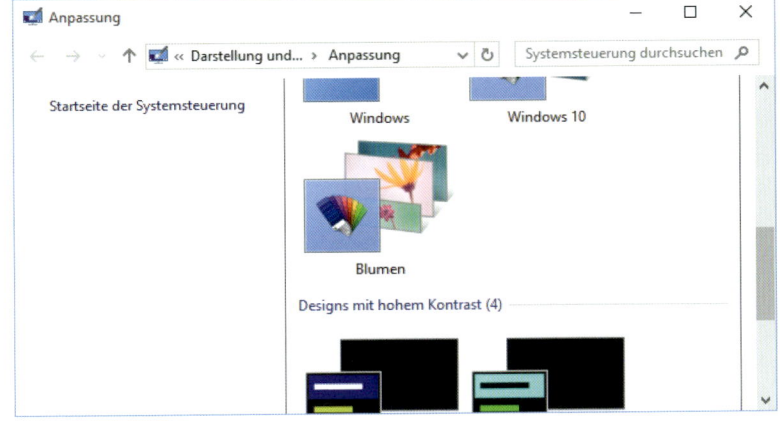

So hilft die Bildschirmlupe

An dieser Stelle noch ein Tipp für Leser mit starker Beeinträchtigung der Sehkraft, denen ein Design mit hohem Kontrast nichts bringt: Es gibt in Windows die sogenannte Bildschirmlupe.

Geben Sie im Suchfeld der Taskleiste den Text »Bi« ein und wählen Sie den Treffer *Bildschirmlupe*. Der Aufruf ist auch über die Tastenkombination ⊞+➕ möglich.

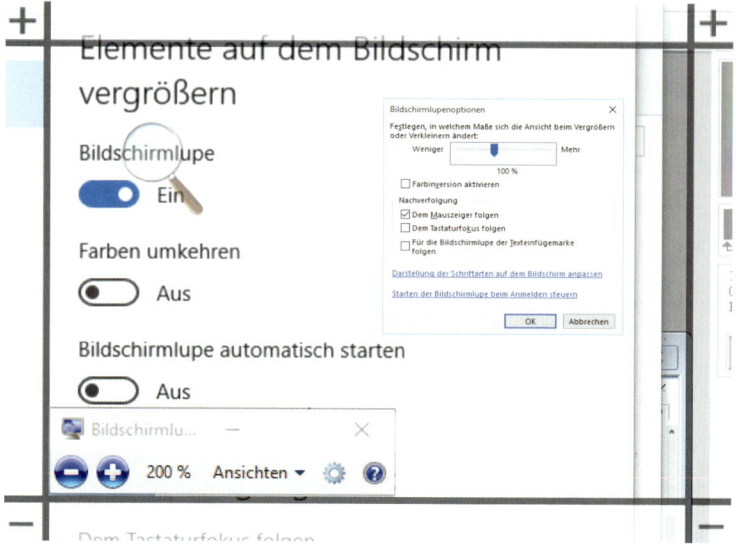

Sobald das Programm startet, wird ein vergrößerter Ausschnitt des Bildschirms angezeigt. Bewegen Sie den Mauszeiger anschließend, passt Windows automatisch den gezeigten Ausschnitt in der Bildschirmlupe an.

- Klicken Sie auf das im Vordergrund angezeigte Lupensymbol, erscheint die Leiste *Bildschirmlupe*.

- Über die mit + und − bezeichneten Schaltflächen der Leiste *Bildschirmlupe* ändern Sie den Vergrößerungsfaktor. Die Tastenkombination ⊞+⊕ erhöht ebenfalls die Vergrößerung.

- Die Menüschaltfläche *Ansichten* ermöglicht verschiedene Darstellungen wie *Lupenbereich*, *angedockt* oder *Vollbild*.

- Die Schaltfläche *Optionen* (das Zahnradsymbol) öffnet das Dialogfeld *Bildschirmlupenoptionen*, in dem Sie die Anzeigeoptionen einstellen können.

Beenden lässt sich die Bildschirmlupe über die *Schließen*-Schaltfläche der Leiste *Bildschirmlupe*.

Weitere Optionen anpassen **315**

Datum und Uhrzeit einstellen

Windows zeigt in der rechten unteren Bildschirmecke des Desktops die Uhrzeit und das Datum an. Standardmäßig wird die Uhrzeit über das Internet synchronisiert und muss nicht angepasst werden.

1 Zum Einstellen des Datums und der Uhrzeit klicken Sie im Infobereich der Taskleiste auf die dort angezeigte Uhrzeit und wählen im eingeblendeten Fenster mit dem Datum den Hyperlink *Datum- und Uhrzeiteinstellungen*.

2 Stellen Sie im Fenster der Einstellungen-App in der rechten Spalte der Kategorie *Datum und Uhrzeit* den Schalter *Uhrzeit automatisch festlegen* auf den Wert *Aus*.

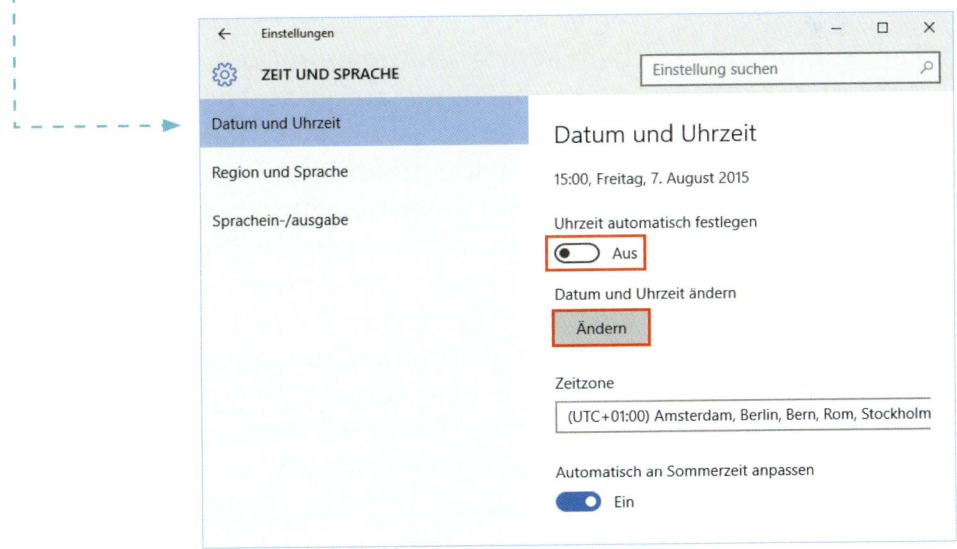

3 Anschließend wählen Sie die Schaltfläche *Ändern*.

4 Passen Sie im angezeigten Fenster *Datum und Uhrzeit ändern* das Datum und/oder die Uhrzeit an und bestätigen Sie dies über die *Ändern*-Schaltfläche.

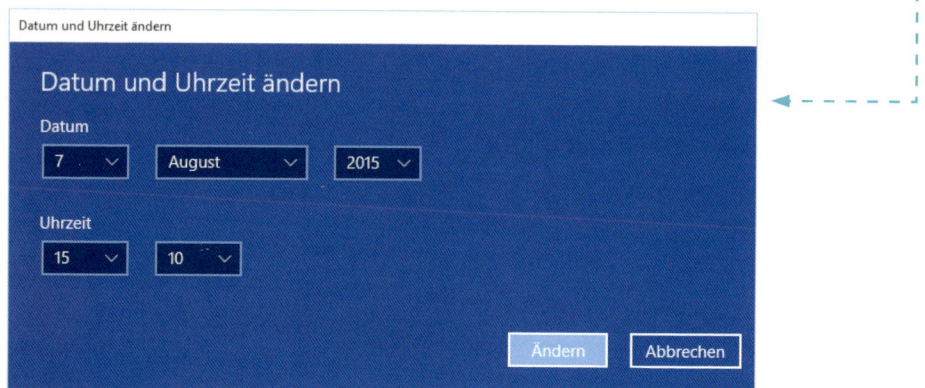

Durch Betätigung der Schaltfläche *Abbrechen* werden die vorgenommenen Änderungen verworfen.

> **HINWEIS**
>
> Die **Zeitzone** lässt sich im Fenster *Datum und Uhrzeit* über das Listenfeld *Zeitzone* anpassen. Für die automatische **Sommerzeit-Anpassung** gibt es ebenfalls einen Schalter, den Sie auf *Aus* stellen können. Blättern Sie über die Bildlaufleiste des Fensters nach unten, lässt sich der Befehl *Zusätzliche Datums-, Uhrzeit - und Ländereinstellungen* auswählen. Daraufhin öffnet sich ein Eigenschaftenfenster, auf dessen Registerkarte *Datum und Uhrzeit* die Zeitanpassung ebenfalls möglich ist. Auf der Registerkarte *Internetzeit* des Eigenschaftenfensters finden Sie die Optionen, um die Uhr automatisch mit dem Internet abzugleichen. Hier können Sie ggf. den voreingestellten Zeitserver *time.windows.com* durch die Adresse einer zuverlässigeren Variante (*ptbtime1.ptb.de*) ersetzen.

WLAN-Zugang einrichten

Ist Ihr Windows-10-Rechner mit einer WLAN-Karte ausgestattet, können Sie per Drahtlosverbindung über einen sogenannten WLAN-Router zu Hause oder an öffentlichen Orten per WLAN ins Internet gehen. Hierzu ist aber das *Drahtlosnetzwerk* (WLAN) auszuwählen und einmalig der Sicherheitsschlüssel für den WLAN-Zugang einzutragen.

1 Wählen Sie im Infobereich der Taskleiste das WLAN-Symbol an, um die hier sichtbare Palette mit den gefundenen WLANs anzuzeigen.

HINWEIS

Steht dort *Verbunden* neben dem Funknetzwerknamen, ist i. d. R. Internet verfügbar. Falls nichts erscheint, prüfen Sie, ob möglicherweise der WLAN-Anschluss deaktiviert oder der Flugmodus eingeschaltet ist. Den Flugmodus schalten Sie über die gleichnamige Kachel ein oder aus.

2 Wählen Sie in der Liste das angezeigte Symbol des Funknetzwerks, markieren Sie ggf. die Option *Automatisch verbinden* und bestätigen Sie dies über die *Verbinden*-Schaltfläche.

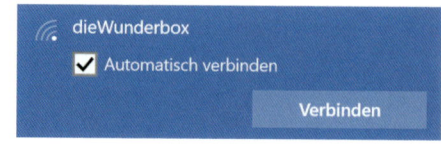

3 Tragen Sie auf Anforderung den Netzwerksicherheitsschlüssel in das angezeigte Textfeld ein und betätigen Sie die mit *Weiter*, *Verbinden* oder Ähnlichem beschriftete Schaltfläche.

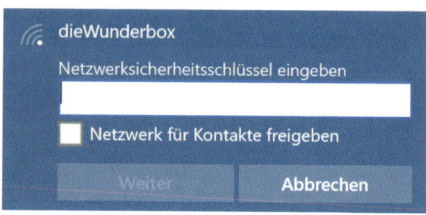

Führen Sie bei Bedarf weitere Schritte aus, in denen Sie aufgefordert werden festzulegen, ob die Netzwerkverbindung privat oder öffentlich ist. Danach sollte die WLAN-Verbindung eingerichtet und die Verbindung mit dem Internet hergestellt werden.

> **HINWEIS**
>
> Die Zugangsdaten in Form eines Netzwerksicherheitsschlüssels werden nur einmal angefordert. Windows merkt sich diesen Schlüssel und kann Sie später, wenn Sie in der Nähe des WLANs sind, automatisch (bei markierter Option *Automatisch verbinden*) mit dem WLAN-Router verbinden. Lassen Sie sich bei Problemen mit dem WLAN- oder Internetzugang von erfahrenen Personen helfen.

Öffentliche Hotspots – das sollten Sie wissen

Bei WLAN-Verbindungen an öffentlichen Plätzen ist oft kein Netzwerksicherheitsschlüssel erforderlich, der WLAN-Zugang selbst ist ungesichert. Die Betreiber dieser auch als **Hotspot** bezeichneten WLAN-Zugangspunkte nutzen eine eigene Authentifizierung für den Internetzugang. Dann erscheint (meist beim Abrufen der ersten Webseite) eine Formularseite, in der die Zugangscodes abgefragt werden. Diese bekommen Sie beispielsweise oft vom Personal des anbietenden Hotels oder Restaurants. An Flughäfen wird häufig ein Gratis-Internetzugang für eine halbe Stunde oder Stunde gewährt, wobei der Zugangscode ggf. auf ein Handy geschickt wird. Die Formularseite sollte entsprechende Hinweise dazu enthalten, wie man an den Zugangscode kommt.

> **ACHTUNG**
>
> Verwenden Sie im öffentlichen Bereich einen Internetzugang, z. B. per WLAN, können Ihre Daten eingesehen werden. Erkennen lässt sich das an einem beim WLAN-Eintrag eingeblendeten Warnsymbol, wie hier ![AndroidAP] beim WLAN-Zugang *AndroidAP*. **Sensitive Daten** (z. B. Bankzugangsdaten) sollten Sie dort nur dann **in Internetseiten** eintragen, wenn die Verbindung über das sogenannte *https*-Protokoll (wird in der eingegebenen Internetadresse angezeigt) abgesichert ist und das eigene Gerät verwendet wird. Onlinebanking oder Ähnliches – in einem **Internetcafé** an einem fremden Rechner ausgeführt – birgt die Gefahr, dass Ihre Zugangsdaten ausgespäht werden.

Programme (de-)installieren

Die Installation bzw. Deinstallation von Apps ist in Kapitel 2 beschrieben. Bei Windows-Desktop-Anwendungen klappt das aber nicht – dort sind folgende Ansätze erforderlich.

Programme installieren

Programme (Windows-Desktop-Anwendungen) werden in der Regel über sogenannte Setup-Programme installiert. Es genügt, die CD oder DVD in das Laufwerk einzulegen und in der anschließenden Benachrichtigung die Funktion zum Ausführen des Installationsprogramms anzuwählen. Oder Sie navigieren im Ordnerfenster zum Laufwerk bzw. (Download-)Ordner mit den Installationsdateien und doppelklicken auf das Installationsprogramm (meist mit *Install* oder *Setup* bezeichnet). Sie werden dann normalerweise von einem Assistenten durch die Schritte der Installation geführt.

> **HINWEIS**
>
> Einem gekauften Programm oder Gerät sollte ein Bedienhandbuch oder eine Anleitung beiliegen, in dem bzw. der die Installation der Software oder des Treibers erklärt wird. Lesen Sie bei Bedarf in der betreffenden Anleitung nach, was es dabei zu beachten gibt. Denken Sie zudem daran, dass Sie für die Installation die Sicherheitsabfrage der Benutzerkontensteuerung bestätigen müssen.

Programm deinstallieren

Möchten Sie ein **Programm** wieder **entfernen** (deinstallieren)? Die meisten Programme bieten zu diesem Zweck eine eigene Funktion an. Wichtig ist, dass Sie mit einem Administratorkonto angemeldet sind.

1 Öffnen Sie das Fenster der *Systemsteuerung* und wählen Sie den Link *Programm deinstallieren*.

2 Markieren Sie im Fenster *Programme und Features* den Eintrag des gewünschten Programms und wählen Sie in der Leiste oberhalb der Programmliste die Schaltfläche *Deinstallieren*.

Anschließend bestätigen Sie die Sicherheitsnachfrage der Benutzerkontensteuerung und befolgen die Anweisungen in den angezeigten Dialogfeldern.

Programme (de-)installieren

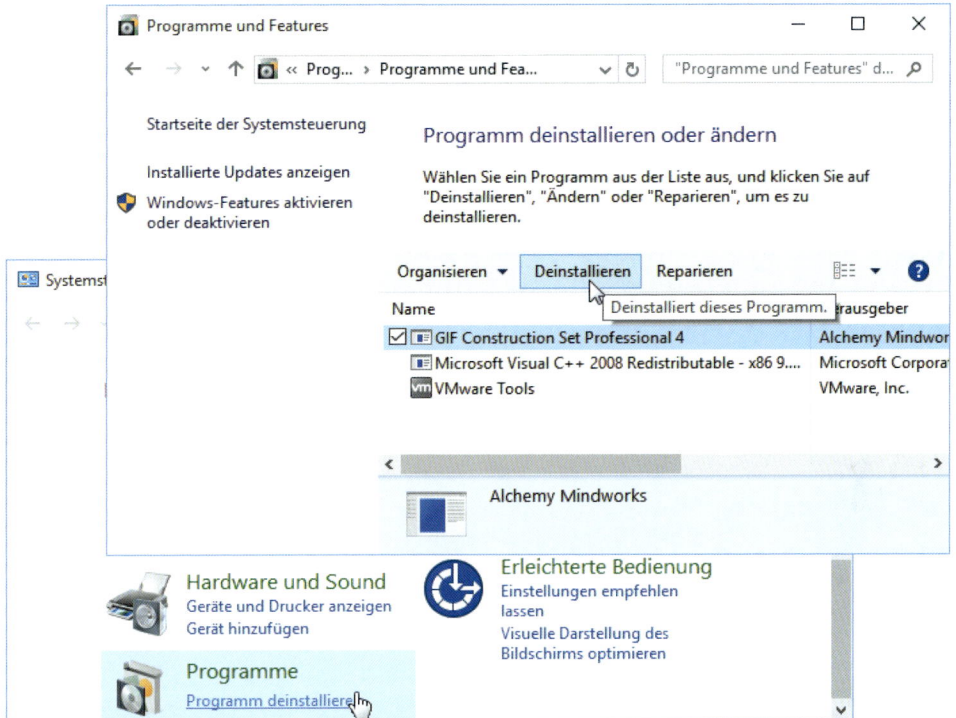

Windows-Desktop-Anwendung reparieren

Bei einigen Programmen (z. B. Microsoft Office) wird bei der Auswahl des Eintrags die Schaltfläche *Ändern* in der Befehlsleiste des Dialogfeldes angezeigt. Diese Schaltfläche startet einen Assistenten, über dessen Dialogfelder Sie oft sowohl den Installationsumfang der Anwendung nachträglich anpassen als auch eine beschädigte Installation reparieren können.

Windows-Features aktivieren und deaktivieren

Wählen Sie in der linken Spalte des Fensters *Programme und Features* den Befehl *Windows-Features aktivieren oder deaktivieren*, erscheint ein Dialogfeld, in dem Sie durch Ein- oder Ausschalten von Kontrollkästchen bestimmte Windows-Funktionen hinzufügen oder entfernen können.

Automatische Wiedergabe anpassen

Beim Einlegen von Medien (CD, DVD, Speicherkarte etc.) erscheint entweder eine Benachrichtigung oder es wird sofort eine Funktion (z. B. Aufruf der Fotos-App) zur Auswertung der Daten auf dem Medium gestartet. Zum Anpassen des Verhaltens tippen Sie in das Suchfeld der Systemsteuerung »auto« ein und wählen den Befehl *Automatische Wiedergabe*. Die angezeigte Seite stellt Ihnen dann für verschiedene Medientypen (DVD, Speicherkarte etc.) Listenfelder bereit, über die Sie vorgeben, was beim Einlegen des Mediums passieren soll (z. B. Ordner öffnen, um Dateien anzuzeigen).

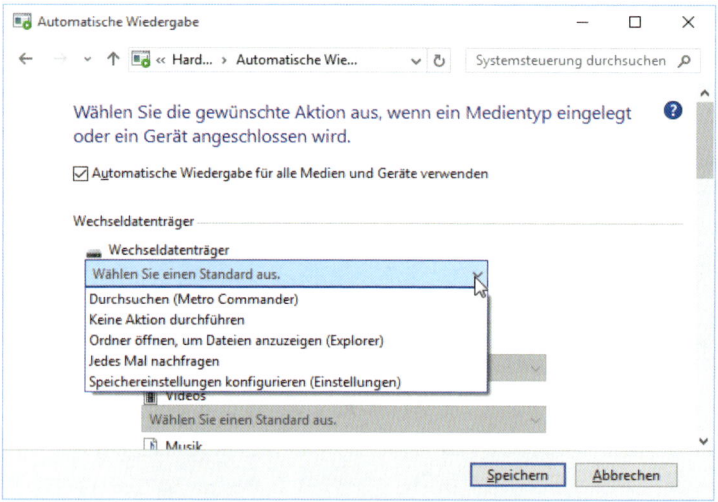

Benutzerkonten verwalten

Benutzerkonten dienen in Windows der Verwaltung der Benutzereinstellungen (z. B. Apps, Desktop, Mauseinstellungen, Benutzerordner *Dokumente*, *Bilder*, *Musik* etc.). Seit Windows 8 werden Benutzerkonten zudem für den Zugriff auf Microsoft-Dienste wie E-Mail-Konto, Windows Store, OneDrive-Speicher, Apps, Store etc. benutzt. Daher gibt es seit Windows 8 neben den (aus früheren Windows-Versionen bekannten) lokalen Benutzerkonten noch sogenannte Microsoft-Konten.

1 Zur Verwaltung der Benutzerkonten oder der Anmeldeoptionen eines Kontos rufen Sie die App *Einstellungen* auf (siehe Kapitelanfang) und wählen die Kategorie *Konten*.

2 Dann wählen Sie die Unterkategorie (z. B. *Ihr Konto*) und passen in deren rechten Spalte die gewünschten Optionen an.

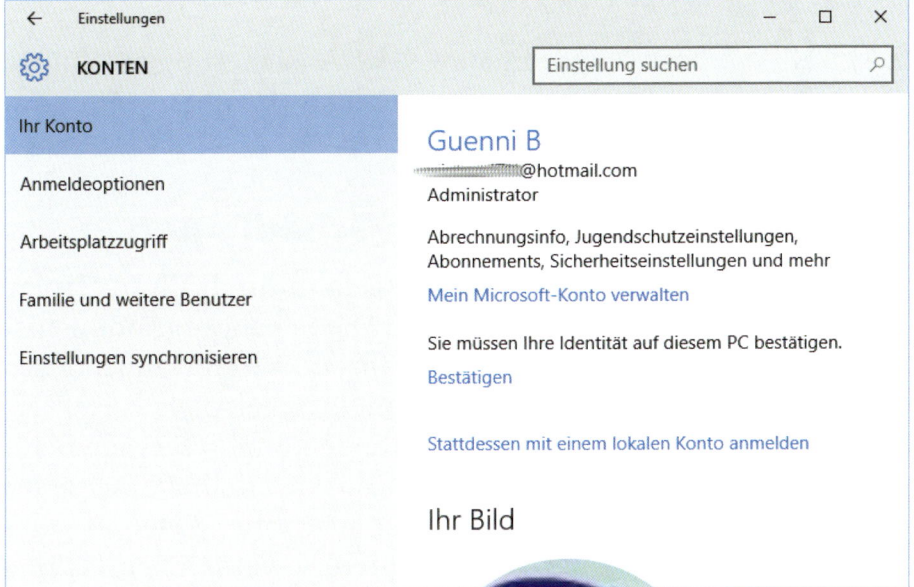

- In der rechten Spalte der Unterkategorie *Ihr Konto* wird das aktuelle Benutzerkonto angezeigt. Dort passen Sie das Profilbild an oder stufen das Konto zwischen einem lokalen Konto und einem Microsoft-Konto (Hyperlink *Stattdessen mit einem lokalen Konto verbinden*) um.

- Die Unterkategorie *Anmeldeoptionen* in der linken Spalte ermöglicht es Ihnen, das Kennwort für ein Benutzerkonto zu ändern oder alternative Anmeldemethoden wie PIN oder Bildcode einzurichten.

- Sind Sie mit einem Administratorkonto angemeldet, können Sie in der Unterkategorie *Familie und weitere Benutzer* mehrere eingerichtete Benutzerkonten verwalten und auch Konten löschen bzw. neu anlegen.

Sofern Sie Windows nur selbst verwenden, richten Sie sich neben dem automatisch angelegten Administratorkonto noch ein Benutzerkonto zum Arbeiten ein und versehen dieses mit einem Kennwort.

Windows-Sicherheit

Der folgende Abschnitt zeigt Ihnen, welche Absicherungen Windows gegen den Befall mit Viren und anderer Schadsoftware bietet und was Sie sonst noch beachten müssen.

Schutz vor Viren und anderen Schädlingen

Computerbenutzer sind einer ständigen Gefahr durch Viren, Trojaner und andere Schadprogramme ausgesetzt. Die Schadprogramme nisten sich unbemerkt auf dem Rechner ein. Während Viren Dateien löschen, spähen Trojaner Ihren Rechner aus und melden beispielsweise Kennwörter per Internet weiter. Solche Schädlinge können Sie sich per Internet einfangen, wenn Sie Programme aus zweifelhaften Quellen herunterladen und dann auf dem Rechner ausführen. Oder sie gelangen als Anhang einer E-Mail in Ihr System und werden beim Öffnen der betreffenden Datei (und nach Bestätigung der Sicherheitsabfrage der Benutzerkontensteuerung) installiert. Hier zwei hilfreiche Regeln, um so etwas zu vermeiden:

- Schützen Sie sich vor Viren, Trojanern oder anderen Schädlingen, indem Sie Programmdateien nur von vertrauenswürdigen Webseiten herunterladen.

- Anhänge in E-Mails von unbekannten Personen sollten Sie keinesfalls öffnen, sondern die Mail im Zweifelsfall löschen.

Windows besitzt zudem verschiedene Funktionen, die Sie vor Schadsoftware und Bedrohungen aus dem Internet schützen:

- **Firewall**: Die in Windows 10 enthaltene Firewall bewirkt, dass Ihr System vor Angreifern aus dem Internet versteckt wird. An der Konfiguration der Firewall brauchen Sie nichts zu ändern – stellen Sie lediglich über das nachfolgend erwähnte Wartungscenter sicher, dass die Firewall eingeschaltet ist.

- **SmartScreen-Filter**: Zum Schutz gegen Schadsoftware, die per Download eingeschleppt wird, sind Microsoft Edge sowie der Internet Explorer mit einem sogenannten SmartScreen-Filter ausgestattet. Dieser gleicht alle Downloads vor dem Öffnen per Internet mit einer Liste auf Microsoft-Rechnern ab und schlägt Alarm, sobald Sie eine unbekannte Anwendung auf den PC heruntergeladen haben und diese zu öffnen versuchen. Als schädlich erkannte Downloads werden sogar komplett blockiert und Sie bekommen eine deutliche Warnung angezeigt.

- **Virenschutz**: Weiteren Schutz gegen Viren und andere Schädlinge (auch als Malware bezeichnet) bietet der Windows Defender, der einen Virenscanner enthält.

Das in Windows enthaltene Virenschutzprogramm (Defender) wird automatisch über das Internet aktuell gehalten. Er blockiert automatisch den Zugriff auf befallene Dateien und zeigt dies auch in einer Meldung an.

1 Die Kontrolle der Defender- und Sicherheitseinstellungen erfolgt in der Einstellungen-App, indem Sie auf das Symbol *Update und Sicherheit* klicken.

2 Wählen Sie in der linken Spalte die Kategorie *Windows Defender* und passen Sie in der rechten Spalte die Einstellungen an.

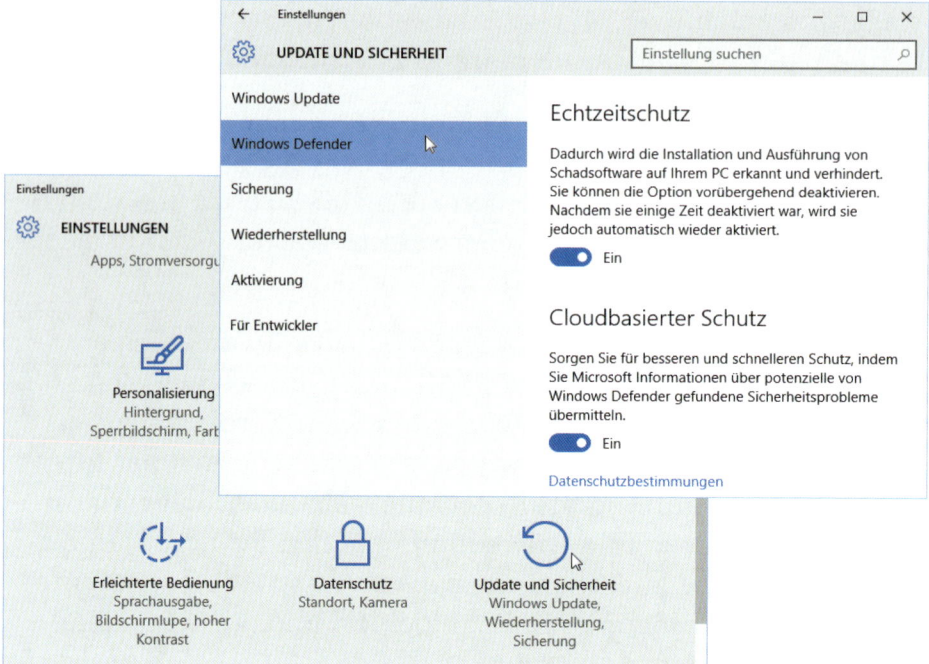

Echtzeitschutz bedeutet, dass der im Windows Defender enthaltene Virenscanner jede heruntergeladene oder geöffnete Datei auf Schadsoftware prüft. Der *Cloudbasierte Schutz* ermöglicht es Windows, Informationen über auf dem System vorhandene Dateien an Microsoft zu übermitteln. Dort erfolgt dann anhand der zugrunde liegenden Dateicharakteristik ein Abgleich im Hinblick auf die Häufigkeit des Schädlingsbefalls auf Windows-Systemen.

Zur Kontrolle können Sie den Windows Defender auch über die Suche der Taskleiste oder über die Systemsteuerung aufrufen (einfach nach »Defen« suchen lassen).

Im Fenster von Windows Defender finden Sie eine Schaltfläche *Jetzt überprüfen*, um Ihren Rechner systematisch auf Schädlinge zu kontrollieren. Sollten die Signaturdateien zum Erkennen von Viren veraltet sein, werden sie automatisch per Windows-Update aktualisiert.

Windows-Sicherheit

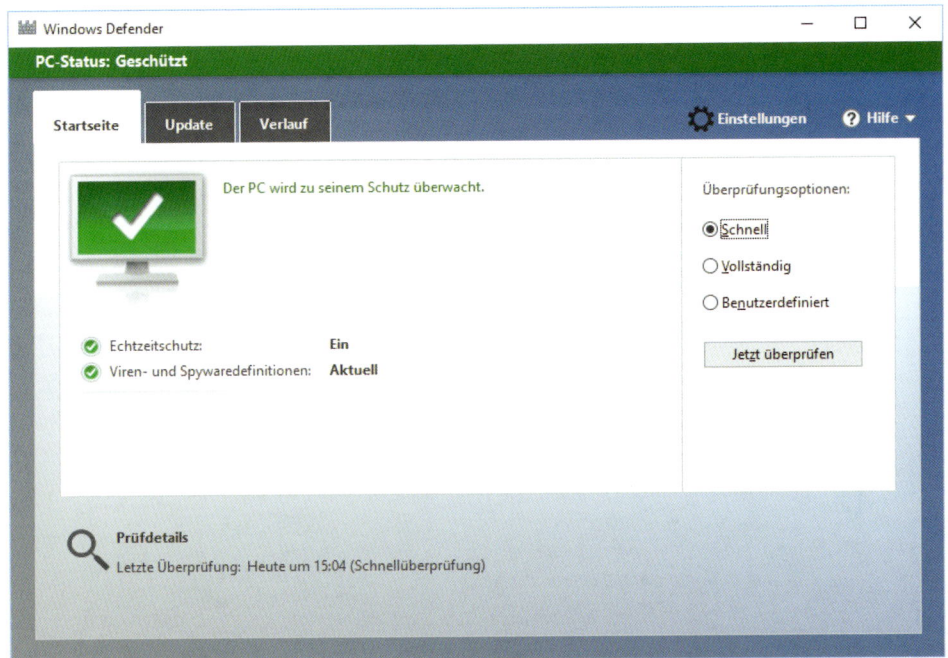

> **HINWEIS**
>
> Die Installation eines separaten Virenscanners oder einer Internet Security Suite ist also nicht unbedingt erforderlich. Falls Sie doch ein Produkt eines Fremdherstellers installieren, achten Sie darauf, dass dieses Windows-10-kompatibel ist. Mir sind zahlreiche Fälle bekannt geworden, in denen solche Sicherheitspakete die Ursache für erhebliche Probleme waren.

Kontrolle auf Updates und Probleme

Windows lädt erforderliche Updates (speziell Sicherheitsaktualisierungen) automatisch per Internetverbindung von Microsoft herunter und installiert sie. Sofern Sie andere Software verwenden (z. B. Browser von anderen Anbietern), achten Sie darauf, dass immer die aktuelle Version verwendet wird. Veraltete Software stellt ein Sicherheitsrisiko dar. Viele moderne Programme besitzen inzwischen eine Update-Funktion, die die Software aktuell hält.

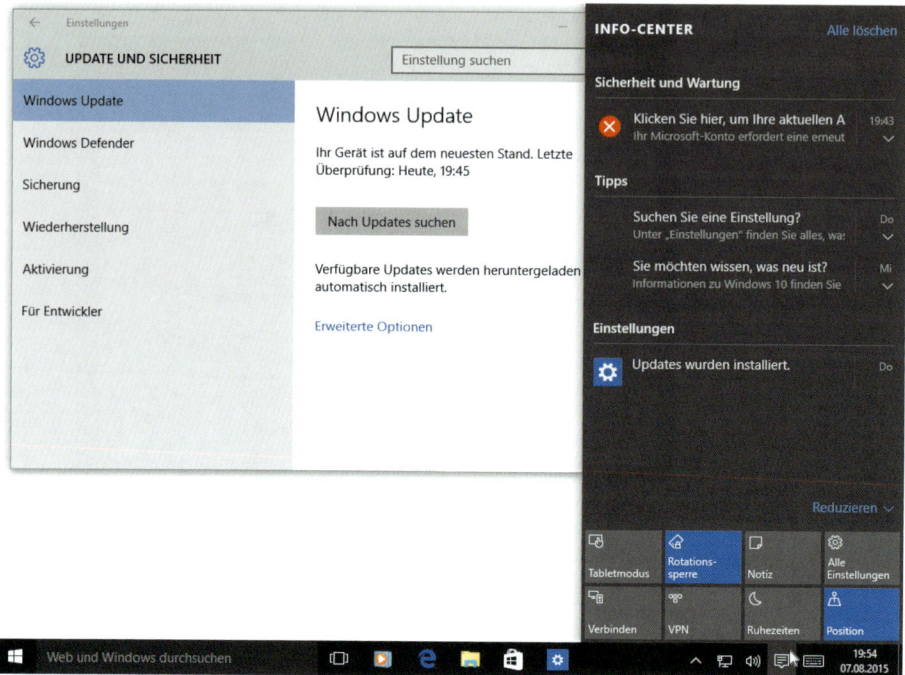

Einen schnellen Überblick dahingehend, ob es Probleme gibt oder ob Aktualisierungen fehlen, erhalten Sie auf dem Windows-Desktop. Im Infobereich der Taskleiste finden Sie das Symbol *Benachrichtigungen*.

- Klicken Sie auf dieses Symbol, zeigt das Info-Center, ob Updates installiert oder Probleme erkannt wurden.

- In der Einstellungen-App können Sie auf *Update und Sicherheit* klicken und dann die Kategorie *Windows Update* wählen. In der rechten Spalte des App-Fensters finden Sie dann Schaltflächen, um manuell nach Updates zu suchen oder die Update-Einstellungen anzupassen.

Weiterhin bietet Ihnen das Wartungscenter einen schnellen Überblick über die Sicherheitslage von Windows. Geben Sie in das Suchfeld der Taskleiste oder der Systemsteuerung »War« ein, lässt sich das Wartungscenter in den Suchergebnissen über *Sicherheit und Wartung* aufrufen.

Windows-Sicherheit

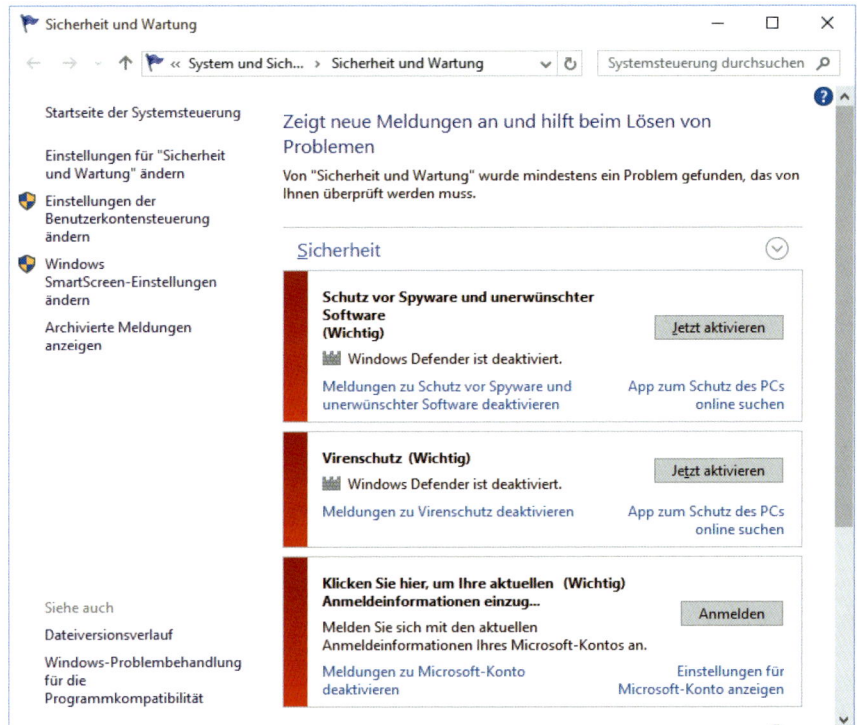

In der Kategorie *Sicherheit* (einfach anklicken) des Wartungscenters erhalten Sie detaillierte Informationen, ob die Firewall eingeschaltet und der Windows Defender aktiv und aktuell ist. Bei Bedarf stehen Schaltflächen zur Verfügung, um die Funktionen wieder zu aktivieren. Das Fenster enthält auch Befehle, um z. B. die Problembehandlung aufzurufen. Die Problembehandlung analysiert Fehler und versucht diese automatisch zu beheben.

Zusammenfassung

Sie kennen nun die wichtigsten Funktionen von Windows und können auch kleinere Anpassungen vornehmen. Hiermit möchte ich den Einstieg in Windows beenden. Für den täglichen Umgang mit dem Betriebssystem reichen die in diesem Buch erworbenen Kenntnisse vollkommen aus.

Testen Sie Ihr Wissen

Zur Überprüfung Ihres Wissens können Sie die folgenden Aufgaben lösen.

- **Wie rufen Sie die Systemsteuerung auf?**
  (Klicken Sie das Symbol *Start* in der Taskleiste mit der rechten Maustaste an und wählen Sie den Befehl *Systemsteuerung*.)

- **Was können Sie im Windows-Wartungscenter erkennen?**
  (Es zeigt vorhandene Sicherheitsprobleme oder potenzielle Schwächen wie eine abgeschaltete Firewall, eine deaktivierte Update-Funktion etc. an.)

- **Wie schützen Sie den Computer vor Schadprogrammen?**
  (Laden Sie Software nur von vertrauenswürdigen Quellen und halten Sie den Windows Defender aktuell.)

Kleine Hilfen

Dieser Abschnitt enthält einige Tipps, um kleine Probleme zu beheben.

Einschalt- und Startprobleme

Gerät tut nach dem Einschalten nichts

Erfolgt beim Versuch, das Gerät einzuschalten, keine Reaktion, prüfen Sie bitte folgende Punkte:

- Sind alle Stecker in Steckdosen eingesteckt?
- Ist eventuell ein Stromkabel am PC oder am Monitor gelockert?
- Ist beim Desktop-PC der Bildschirm eingeschaltet?
- Ist überhaupt Strom vorhanden?
- Kann bei einem Notebook oder Tablet-PC der Akku leer sein?

Bei Notebooks sollten Sie den Akku entnehmen, das Gerät an das Netzteil hängen und dann versuchen, das Gerät einzuschalten. Manchmal hilft es, den Einschalter für ca. zehn Sekunden gedrückt zu halten.

Tastaturfehler wird gemeldet oder eine Taste ist zu drücken

Meldet der Rechner einen Tastaturfehler oder fordert er Sie auf, beim Start eine Taste zu drücken, prüfen Sie bitte folgende Punkte:

- Ist die Tastatur angeschlossen?
- Liegt etwas auf der Tastatur?
- Klemmt vielleicht eine Taste auf der Tastatur?

Drücken Sie nach der Fehlerbehebung ggf. die Funktionstaste [F1]. Fordert der Rechner Sie zum Drücken einer Taste auf, Windows startet aber nicht? Prüfen Sie, ob sich vielleicht eine CD/DVD oder eine Speicherkarte in einem der Laufwerke befindet.

Die Windows-Anmeldung klappt nicht

Sie versuchen, sich mit Ihrem Kennwort am Benutzerkonto anzumelden, dieses wird aber als falsch abgewiesen. Beachten Sie bitte Folgendes:

- Bei der Kennworteingabe wird die Groß-/Kleinschreibung unterschieden.
- Prüfen Sie, ob die Tastatur ggf. über die Tasten [⇩] oder [Fn] umgestellt ist?

Gerade ein aktivierter Fn-Modus ist bei Notebooks häufiger die Ursache, dass einfach falsche Zeichen über die Tastatur geliefert werden. Weiterhin können Sie auf der Anmeldeseite unten rechts kontrollieren, ob dort ein deutsches Tastaturschema eingestellt ist. Bei einem deutschen Windows sollte nichts angezeigt werden.

Zur Not blenden Sie die Bildschirmtastatur über das Symbol für die erleichterte Bedienung (linke untere Ecke der Anmeldeseite) ein und geben dort das Kennwort ein. Wird die Anmeldung an einem Microsoft-Konto verweigert und haben Sie das Kennwort vorher geändert? Dann sieht es schlecht aus, ohne korrektes Kennwort können Sie sich unter Windows nicht mehr anmelden.

Probleme mit Tastatur und Maus

Die Tastatur funktioniert nicht richtig

Am rechten Rand enthalten viele Tastaturen einen Tastenblock (den sogenannten Zehnerblock), über den Sie Zahlen eingeben können.

- **Lassen** sich mit diesen Tasten **keine Zahlen eingeben**, drücken Sie die Taste [Num] in der linken oberen Ecke des Zehnerblocks. Bei

Notebooks sorgt die Taste ⒡ⓝ für die Umschaltung der Tastenbelegung.

- **Erscheinen** beim Eintippen von Text **nur Großbuchstaben**? Dann ist die ⇩-Taste eingerastet. Drücken Sie die ⇩-Taste erneut, um die Tastatur in den normalen Modus zurückzustellen.

- Sind die **deutschen Umlaute** (ä, ö, ü) oder der Buchstabe ß **verschwunden**? Dann ist das Tastaturschema vermutlich verstellt. Klicken Sie in der Taskleiste auf die links neben dem Infobereich angezeigte Buchstabenkombination EN. Im daraufhin geöffneten Menü stellen Sie das Tastaturschema von Englisch auf Deutsch zurück.

- **Erscheinen** beim Drücken einer Taste plötzlich **mehrere Zeichen**? Die Tastatur besitzt eine Wiederholfunktion, die bei längerem Drücken einer Taste aktiv wird. Sie dürfen die Tasten nur kurz antippen. Passiert beim Antippen einer Taste überhaupt nichts? Prüfen Sie in diesem Fall, ob die Taste klemmt.

Funktioniert die Tastatur überhaupt nicht? Prüfen Sie, ob die Tastatur angeschlossen ist. Bei Funktastaturen kann die Batterie leer sein. Manchmal müssen Sie nach dem Batteriewechsel die Tastatur an der Empfangsstation neu anmelden (hierzu gibt es bei der Tastatur und der Empfangsstation spezielle Anmeldetasten).

Der Mauszeiger bewegt sich nicht oder nicht wie gewünscht

Prüfen Sie bitte die folgenden Punkte:

- Ist die Maus korrekt am Rechner angeschlossen?
- Liegt die Maus auf einer Mausunterlage (Mauspad)?
- Ist die Kugel an der (mechanischen) Maus vielleicht verschmutzt?

Bei längerem Gebrauch einer mechanischen Maus verschmutzt das Teil zum Erkennen der Mausbewegungen. Entfernen Sie die Kugel an der Unterseite der Maus. Sie sehen einige kleine Rädchen. Sind diese schmutzig, säubern Sie sie z. B. mit einem Wattestäbchen. Sie sollten die Maus auch nicht auf eine glatte Unterlage stellen, da dann die Kugel nur schlecht rollt. Bei Funkmäusen kann auch eine leere Batterie die Ursache sein. Wechseln Sie die Batterie und melden Sie die Maus an der Empfangsstation neu an.

Springt der Mauszeiger bei der Texteingabe auf Notebooks? Oft ist das Touchpad, das beim Tippen mit den Handballen berührt wird, der Grund für Mauszeigerbewegungen. Das Touchpad lässt sich über eine im Handbuch beschriebene Tastenkombination abschalten.

Probleme mit Apps und Windows

Programm/App lässt sich nicht mehr bedienen

Manchmal lässt sich ein Programm oder eine App nicht mehr bedienen und reagiert weder auf Tastatureingaben noch auf Mausklicks.

- Rufen Sie den Task-Manager (Rechtsklick auf die Taskleiste, Kontextmenübefehl *Task-Manager*) auf. Klicken Sie im Task-Manager auf das Programm oder die App und dann auf die Schaltfläche *Task beenden*.

- Bringt dies nichts, starten Sie Windows neu und versuchen Sie, die App erneut aufzurufen.

Eine App will nicht starten

Erscheint das App-Fenster kurz nach Anwahl der zugehörigen Kachel, verschwindet dann aber wieder?

- Starten Sie Windows neu und prüfen Sie, ob das Problem behoben ist.

- Prüfen Sie im Windows Store, ob Updates vorhanden sind.

- Deinstallieren Sie die App und versuchen Sie, diese danach neu aus dem Store zu installieren.

Oft sind auch installierte Antivirenlösungen von Drittherstellern die Ursache für nicht mehr startende Apps. Deinstallieren Sie zum Testen die Antivirenlösung und schauen Sie auf den Webseiten des Herstellers nach, ob es ein Bereinigungsprogramm für die Beseitigung von Installationsresten gibt. Helfen die obigen Punkte nicht, setzen Sie Windows zurück (siehe folgende Seiten).

Probleme mit dem Microsoft-Konto

Versuchen Sie, sich im Windows Store oder in einer App am Microsoft-Konto anzumelden, diese Anmeldung wird aber verweigert? Oder lassen sich Funktionen nach der Anmeldung nicht nutzen (z. B. Apps können im Windows Store nicht installiert werden)?

- Prüfen Sie, ob die E-Mail-Adresse und das Kennwort korrekt im Anmeldeformular angegeben wurden.

- Stufen Sie das Microsoft-Benutzerkonto zu einem lokalen Konto herunter (siehe Kapitel 8), starten Sie Windows neu und stufen Sie das lokale Konto erneut zum Microsoft-Konto hoch.

Helfen die obigen Punkte nicht, setzen Sie Windows zurück (siehe Seite 338).

Im Fenster sind nicht alle Ordner und Dateien zu sehen

Manchmal ist das Fenster zu klein. Sie können dann über die Bildlaufleisten im Fenster blättern und die nicht sichtbaren Ordner/Dateien anzeigen.

Einige Dateien werden nicht angezeigt

Sind Sie sicher, dass eine bestimmte Datei in einem Ordner enthalten ist, erscheint diese aber nicht im Ordnerfenster? Schauen Sie auf der Registerkarte *Ansicht* des Ordnerfensters nach, ob das Kontrollkästchen *Ausgeblendete Elemente* der Gruppe *Ein-/ausblenden* markiert ist.

Probleme mit Geräten

CD/DVD/BD lässt sich nicht lesen

Beim Zugriff auf das Symbol des Laufwerks erscheint eine Meldung mit dem Hinweis, dass das Laufwerk nicht bereit ist.

- Überprüfen Sie in diesem Fall, ob ein passender Datenträger in das Laufwerk (mit der beschrifteten Seite nach oben) eingelegt wurde.
- Versuchen Sie, das Medium erneut einzulegen. Manchmal erkennt das Laufwerk beim zweiten Versuch das Medium und kann es lesen.

Andernfalls ist das Medium leer, nicht mit dem Laufwerk kompatibel oder so beschädigt, dass der Inhalt nicht mehr lesbar ist. Auch ein defektes Laufwerk kann die Ursache sein.

Der Drucker funktioniert nicht

Die Ausgabe an den Drucker funktioniert nicht. Zum Beheben der Druckerstörung sollten Sie die folgenden Punkte überprüfen:

- Ist der Drucker eingeschaltet und erhält er Strom?
- Ist das Druckerkabel zwischen Rechner und Drucker richtig angeschlossen?
- Ist der Drucker auf Online gestellt?
- Hat der Drucker genügend Papier, Toner, Tinte?
- Gibt es eine Störung am Drucker (z. B. Papierstau)?
- Haben Sie vielleicht einen falschen Drucker gewählt?

Sie können einen Druckauftrag in der Druckerwarteschlange abbrechen. Gehen Sie hierzu zur Systemsteuerung und wählen Sie den Befehl *Geräte und Drucker anzeigen*. Öffnen Sie das Kontextmenü des Druckers und gehen Sie auf *Druckaufträge anzeigen*. Dann können Sie im Fenster vorhandene Druckaufträge über das Kontextmenü abbrechen. Zudem lässt sich eine Problembehandlung für den Drucker im Fenster *Geräte und Drucker* durchführen.

Internetprobleme

Die Verbindung zum Internet klappt nicht

Überprüfen Sie die folgenden Punkte:

- Sind alle Kabel richtig angeschlossen und ist der DSL-Router eingeschaltet?
- Ist der WLAN-Adapter am Notebook eingeschaltet (funktioniert meist über eine Fn-Tastenkombination)?
- Ist der Internetzugang korrekt konfiguriert oder liegt eine Internetstörung vor?

Die angewählte Webseite wird nicht geladen

Schauen Sie nach, ob die Adresse richtig geschrieben wurde – geben Sie ggf. die Adresse einer anderen Webseite zum Test ein. Wird diese Seite angezeigt, liegt eine Störung im Internet vor; probieren Sie es zu einem späteren Zeitpunkt nochmals mit der Adresse. Manchmal stören auch sogenannte Internet Security Suites von Kaspersky, Norton etc., die vom Anwender installiert, aber nicht richtig eingerichtet wurden.

Weitere Probleme

Windows funktioniert nicht mehr

Gibt es gravierende Probleme mit Apps oder Windows-Funktionen? Dann können Sie Windows auf den Werksauslieferungszustand zurücksetzen.

1 Rufen Sie die Einstellungen-App auf und wählen Sie *Update und Sicherheit*.

2 Wählen Sie die Kategorie *Wiederherstellung* und dann auf der rechten Seite *Los geht's* in der Rubrik *Diesen PC zurücksetzen*.

Befolgen Sie dann die angezeigten Anweisungen. Beim Zurücksetzen werden Ihnen Optionen angeboten, um gegebenenfalls Ihre persönlichen Dateien auf dem Rechner zu belassen. Sie werden durch die einzelnen Schritte geführt, wobei Windows neu startet.

Nach dem Zurücksetzen installieren Sie benötigte Windows-Programme und Apps gegebenenfalls neu. Mit Windows 10 ausgelieferte Rechner besitzen häufig eine eigene Funktion, um das Gerät auf den Werksauslieferungszustand zurückzusetzen. Schauen Sie im Gerätehandbuch nach, ob der Gerätehersteller einen sogenannten Factory-Reset zum Zurücksetzen auf den Windows-Werksauslieferungszustand vorgesehen hat, und führen diesen durch.

Die Maus

»Klicken Sie ...«

heißt: einmal kurz auf eine Taste drücken.

Mit der rechten Maustaste klicken ...

Mit der linken Maustaste klicken ...

»Doppelklicken Sie ...«

heißt: die linke Taste zweimal schnell hintereinander ganz kurz drücken.

Doppelklicken

»Ziehen Sie ...«

heißt: auf bestimmte Bildschirmelemente mit der linken Maustaste klicken, die Taste gedrückt halten, die Maus bewegen und dabei das Element auf eine andere Position ziehen.

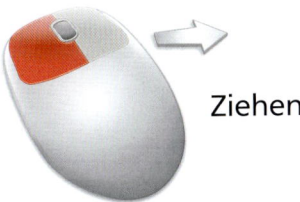
Ziehen

»Zeigen Sie mit der Maus ...«

heißt: einfach die Maus (oder die Kugel des Trackballs) bewegen bzw. mit dem Finger über ein Touchpad streichen, sodass sich der Mauszeiger auf dem Bildschirm bewegt.

Touchscreen-/Touchpad-Bedienung

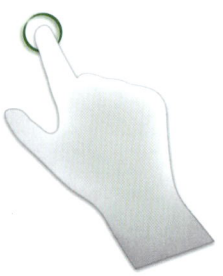

Tippen: etwas auf dem Touchscreen (oder Touchpad) mit dem Finger antippen (entspricht einem Mausklick). Schnelles, zweifaches Antippen entspricht einem Doppelklick per Maus.

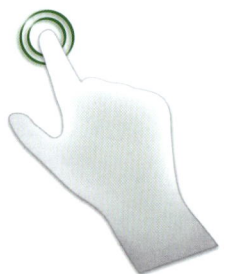

Drücken und halten: einfach den Finger für ein paar Sekunden auf eine Stelle des Touchscreens drücken. Zeigt ggf. eine QuickInfo oder öffnet beim Abheben des Fingers das Kontextmenü (entspricht also dem Rechtsklick per Maus).

Wischen: horizontales oder vertikales Wischen mit dem Finger auf dem Touchscreen (oder mit zwei Fingern am Touchpad), um nach links oder rechts bzw. nach oben oder unten zu blättern.

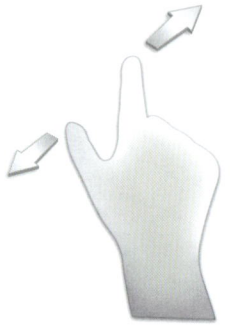

Zoomen: Daumen und Zeigefinger auf dem Touchscreen oder Touchpad zusammenführen oder spreizen. Verkleinert oder vergrößert die Darstellung.

Schreibmaschinen-Tastenblock, Navigationstasten

Diese Tasten bedienen Sie genauso wie bei der Schreibmaschine. Mit der Eingabetaste schicken Sie außerdem Befehle an den Computer ab. Mit den Navigationstasten bewegen Sie sich auf dem Bildschirm.

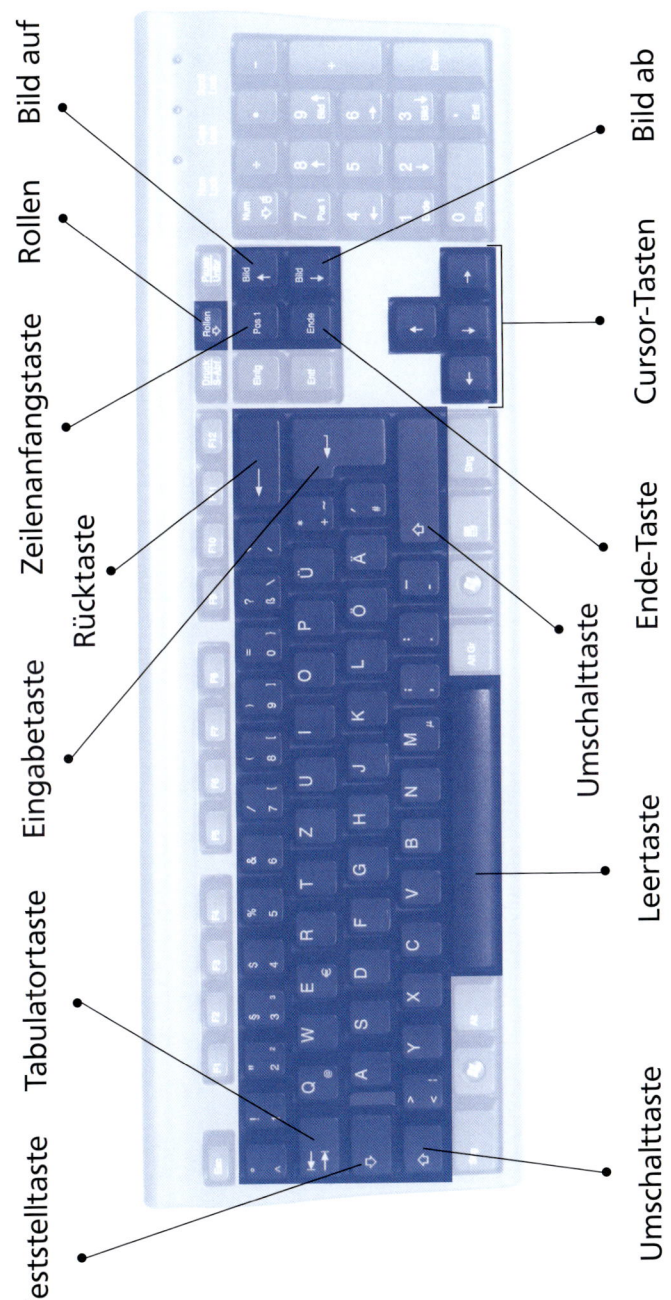

Sondertasten, Funktionstasten, Kontrollleuchten, Zahlenblock

Sondertasten und Funktionstasten werden für besondere Aufgaben bei der Computerbedienung eingesetzt. [Strg]-, [Alt]- und [AltGr]-Taste meist in Kombination mit anderen Tasten. Mit der [Esc]-Taste können Sie Befehle abbrechen, mit Einfügen und Entfernen u.a. Text einfügen oder löschen.

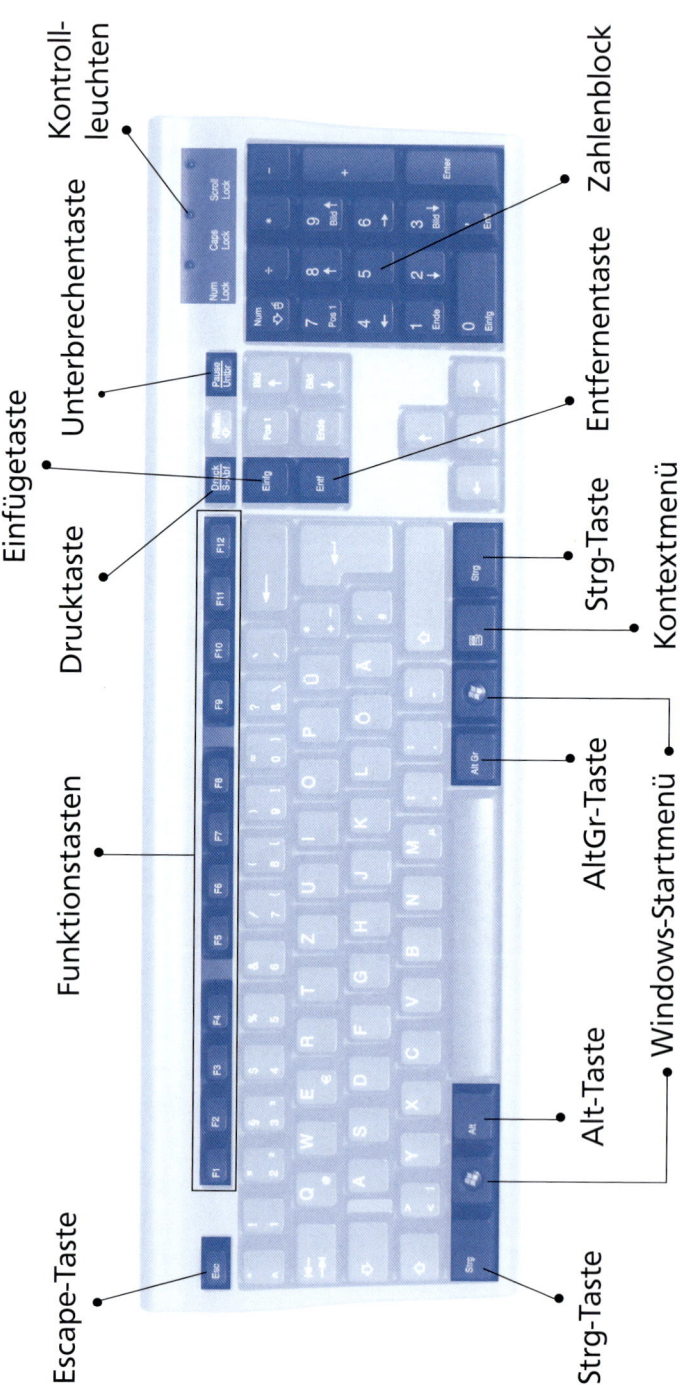

Tastatur und Maus **343**

Bildschirmtastatur

Umschalten

Tastatur einblenden

Stichwortverzeichnis

Symbole
@-Zeichen 265, 295

A
Absatzwechsel 295
Administrator 310, 311
Adressfeld 100
Albumcover hinzufügen 196
Alle Apps 29
All-in-one-PC 11
Anmeldeoptionen verwalten 322
Anmeldeseite 15
Anmeldung unter Windows 14
Anzeigeeinstellungen 308
App 56, 60
   beenden 22, 59
   deinstallieren 59, 80
   erneut installieren 80
   Erste Schritte 83
   Filme & Fernsehen 202
   Fotos 147
   installieren 71
   installiert 79
   Kalender 277
   Kaufübersicht 79
   Kontakte 272
   Mail 249
   markieren und kopieren 247
   Microsoft Mahjong 190
   Musik 194
   starten 59
   suchen 66
   Titelleiste 61
   Updates beziehen 81
   wechseln zwischen Fenstern 64

App-Fenster andocken 61
Arbeitsbereich 18
AT-Zeichen 265
Audiodatei wiedergeben 213
Automatische Wiedergabe 91
   anpassen 322

B
Bcc 264
Bedienelement 17
Befehl rückgängig machen 122
Benachrichtigungen 47
Benutzerkontensteuerung 311
Benutzerkonto 15, 16
   Kennwort ändern 323
   verwalten 322
Betriebssystem 10
Bibliotheken 96, 219
Bibliotheken anzeigen 106
Bildlauffeld 43
Bildlaufleiste 43
Bildschirmhelligkeit 307
Bildschirmhintergrund
   ändern 311
Bildschirmlupe 313
Bildschirmtastatur 16
Bildschirmteilung
   anpassen/aufheben 63
Blu-ray Disc 86, 90
Brennen 90
   CD/DVD/BD 126
   ISO-Dateien 131
Brennvarianten 127

Stichwortverzeichnis

Browser 228
   Anzeigeseite schließen 242
   aufrufen 228
   Bild speichern 248
   Dokument zoomen 243
   Download/Speichern 247
   im Web navigieren 232
   Link in neuer Registerkarte
      aufrufen 246
   Überblick 228
Burger-Menü 34

C

CD 86, 90
CD/DVD/BD
   brennen 126
   RW-Medium löschen 129
Cloud 133
Cortana 33

D

Dateien
   anzeigen 101
   aus Papierkorb holen 124
   Eigenschaften einsehen 111
   Grundlagen 92
   kopieren 117
   kopieren rückgängig machen ... 122
   löschen 122
   mehrere markieren 119
   Namen 92
   neu anlegen 115
   Sortierkriterien 107
   speichern 297
   suchen 109
   umbenennen 115
   verschieben 117
   verschieben rückgängig
      machen 122

Dateinamenerweiterung 93
   anzeigen 107
Dateinamen, Regeln 92
Dateioperationen
   rückgängig machen 122
Dateisymbole sortieren 107
Dateityp 92, 93
Daten
   auf CD/DVD/BD brennen 126
Datenschutzeinstellungen 308
Datenträger löschen 129
Datenträgertitel 130
Datum
   ändern 315
   anzeigen 20
Deinstallation 320
Desktop 18
   Hintergrund ändern 311
   mehrere verwenden 48
   Symbole anordnen 25
   zur Startseite wechseln 19
Desktop-Anwendungen 56, 60
Desktop-Symbole einblenden 24
Dialogfeld 181
Diashow 153
Digital Rights Management
   (DRM) 216
Dock-Anzeige beenden 63
Dokumente
   speichern, laden, drucken 297
   suchen 109
Doppelklick 23
Downloads 95, 248
Drucken, E-Mail 260
Druckerinstallation 308
DVD 86, 90
DVD-Rekorder/-Brenner 126

E

Edge-Browser
    Arbeitstechniken 242
    auf Seite suchen 244
    Download/Speichern 247
    QuickInfo einblenden 246
    Text markieren und kopieren ... 247
    Tooltipp einblenden 246
Eigenschaftenfenster 23
Einfügemarke 116, 294
Einstellungen anpassen 306
Elementkontrollkästchen 107
E-Mail 249
    als ungelesen markieren 258
    Anlagen speichern 260
    beantworten/weiterleiten 268
    drucken 260
    Empfängerfeld An/Cc 264
    Empfängerfeld Bcc 264
    erstellen/senden 263
    im HTML-Format 265
    lesen 256
    löschen 257
    mit Anhang 267
    Priorität festlegen 265
    Text formatieren 265
E-Mail-App einrichten 252
Energie sparen 50
Eurozeichen eingeben 295
Explorer 97

F

Favoriten 238
    abrufen 240
    löschen 241
Fenster 36
    aus-/einblenden 40
    Größe stufenlos verändern 41
    maximieren 39
    maximieren/wiederherstellen 38
    mehrere minimieren 41
    minimieren 40
    schließen 22
    scrollen/blättern 43
    über Symbol öffnen 40
    verschieben 38
    wechseln 44
Fensterelemente 36
Fernsehen 207
Fettschrift 296
Firefox 228
Firewall 325
Foto
    ansehen 151
    ausrichten 159
    Autor eintragen 111
    drehen 155
    drucken 170, 179
    Effekte anwenden 168
    Farbkorrektur/Farb-
        verbesserung 166
    Filter anwenden 163
    Helligkeit/Kontrast
        korrigieren 164
    importieren 142
    löschen 149
    retuschieren 163
    rote Augen korrigieren 162
    selektiver Fokus 168
    teilen 172
    verbessern 155, 157
    Vignette 168
    zuschneiden 158
Fotoabzüge bestellen 172, 179
Fotoanzeige 177
Fotodateien verwalten 146

Fotogalerie 177
Fotoimport, Probleme 145
Fotos-App 147
    Diashow 153
    Einstellungen 148
    Farbton 166
    Farbverbesserung 166
    Foto löschen 149
    Fotos bearbeiten 156
    Fotos/Video ansehen 151
    Foto vergrößern/verschieben ... 152
    Funktion hervorheben 164
    kopieren/löschen 149
    Sättigung 166
    Schatten 164
    Temperatur 166
    Video wiedergeben 153
FreeCell 189
Funktionstasten 342
Funktion suchen 66

G

Geräte 308
Google Chrome 228
Groove-Musik 194
Großbuchstaben eingeben 294
Gruppenschaltfläche 100
Gruppentitel 56

H

Hilfe
    abrufen 82
    aufrufen 82
    verwenden 82
Hintergrundbild 311
Hotspot 318
Hyperlink 231
Hyperlink erkennen 232

I

IMAP 255
Importassistent 142
Infobereich 19
Info-Center 47
    einblenden 65
Inhaltsbereich 99
InPrivate-Modus 243
Installation 320
Internet 227, 229
Internetcafé 319
Internet Explorer 228
Internetradio 201
Internetseiten suchen 235
iPhone, iPod 225
ISO-Datei
    brennen 131
    laden 132
iTunes 225

J

Junk-Mail 257

K

Kacheln 56
    von Startseite entfernen 58
Kalender 277
    Darstellung anpassen 278
    Konten einrichten 280
    Navigation 278
    privater Termin 283
    Serientermine 283
    Termin verschieben/löschen 284
Kalender-App
    Termine eintragen 282
Kamera
    Screenshot anfertigen 175
    Video aufzeichnen 175

Kamera-App 173
　　Helligkeit anpassen 176
Karten-App 300
Kartenspiel
　　FreeCell 189
　　Solitaire 184
　　Spider Solitaire 188
Kennwortfeld 17
Klammeraffe 265
Klicken 16
Komprimierte Ordner 114
Kontakte
　　anlegen/bearbeiten 275
　　bearbeiten/löschen 277
　　löschen 273
　　nach Namen sortieren 273
　　Optionen 273
　　pflegen 277
　　teilen 273
Kontakte-App 272
　　Kontakte einsehen 273
　　Konten hinzufügen 273
　　Konto anpassen 274
Kontextmenü 23
Kontrollkästchen 23
Kontrollleuchten 342
Kopieren/Verschieben
　　Fortschrittsanzeige 120
　　Konflikte 120
Kreditkarte 73
Kursivschrift 296

L

Laptop 11
Laufwerk 86
　　anzeigen 101
　　benennen 87
Laufwerktyp 87

Lesezeichen für Webseiten
　　anlegen 238
Linke Maustaste 339
Livedateisystem 128
Live-Kacheln 56
　　deaktivieren 59

M

Mahjong 190
Mail-App 249
　　E-Mail-Anlagen speichern 260
　　E-Mail drucken 260
　　E-Mail-Konto einrichten 252
　　E-Mail löschen 257
　　E-Mails einsehen 256
　　Kontoeinstellungen anpassen ... 253
　　Nachricht beantworten/
　　　weiterleiten 268
　　Nachrichten verfassen 263
　　Nachrichten verschieben 259
　　Nachricht mit Anhang 267
　　Postfach an Startseite
　　　anheften 260
　　Text formatieren 265
　　verwenden 249, 256
Malware 325
Markieren 116
　　aufheben 295
　　mehrerer Objekte 119
Maus 12, 339
　　doppelklicken 23
　　für Linkshänder umstellen 308
　　Rechtsklick 24, 26
　　Übungen 20
　　ziehen 25
Media Player 209
Media Transfer Protocol (MTP) 145
Medienbibliothek 219
Menüband 37, 99

Menü, Häkchen vor Befehl............... 26
Menüleiste 38
Microsoft Edge................................. 228
Microsoft-Konto................................. 16
   anmelden...................................... 72
   registrieren................................... 76
Microsoft Mahjong.......................... 190
Microsoft Solitaire Collection 184
Microsoft Surface............................... 11
MP3-Datei wiedergeben................ 213
MP3-Format 216
MP3-Player synchronisieren......... 223
Musik
   auf MP3-Player übertragen....... 223
   kaufen 200
   wiedergeben 194
Musik-App... 194
   lokale Dateien abspielen............ 196
   vom Microsoft-Konto trennen.. 201
   Wiedergabeliste anlegen 198
Musik-CD
   brennen.. 218
   Titel auf Festplatte kopieren..... 217
   wiedergeben 216
Musikdateien wiedergeben 213

N

Nachricht
   allen antworten........................... 269
   beantworten/weiterleiten.......... 268
   formatieren 265
   löschen... 257
Navigationsbereich............................ 99
Navigationstasten............................ 341
Netiquette 269
Netzwerk... 96
Notebook 11

O

Objekte, mehrere markieren 119
OneDrive 96
   einrichten................................... 133
   Einstellungen verwalten............ 133
OneDrive-App
   teilen.. 137
OneDrive-Laufwerk 133, 136
OneNote... 298
Ordner
   anlegen 113
   anzeigen...................................... 101
   Grundlagen 93
   komprimieren............................. 114
   kopieren...................................... 117
   löschen.. 122
   mehrere markieren 119
   Namen.. 94
   Sortierkriterien 107
   suchen 109
   umbenennen.............................. 115
   verschieben................................ 117
Ordneranzeige
   anpassen..................................... 105
   sortieren 107
Ordnerfenster
   Detailbereich einblenden........... 106
   Elemente...................................... 99
   Navigationsbereich anzeigen ... 106
   Schnellzugriff im Navigations-
      bereich.................................... 103
   Symbolgröße einstellen 106
   Symbolleiste für den Schnell-
      zugriff 104
   Vorschaubereich einblenden..... 106

P

Papierkorb 19
Papierkorb leeren 126
PayPal 73
PC auffrischen/zurücksetzen 338
Pfad 94
Positionieren im Text 295
Problembehandlung 329
Programme 56, 60
   an Taskleiste anheften 46
   beenden 22
   entfernen 320
   Hilfe abrufen 83
   installieren 319
   suchen 66
   von Taskleiste lösen 46
Programmumschaltung 44

Q

QuickInfo 20

R

Rechner starten 13
Rechte Maustaste 339
Registerkarte 23, 99
Rohlinge 131
Rote-Augen-Korrektur 161

S

Schaltfläche 17
Schiebeschalter 78
Schnellstart-Menü 30
Schnellzugriff 103
Schreibmarke 294
Schreibmaschinen-Tastenblock 341
Scrollen 68
Sehschwäche 313
Sicherheitsaktualisierungen 327
Skype 285
   einrichten 285
   verwenden 287
SmartScreen-Filter 325
Solitaire 184
Sommerzeit-Anpassung 316
Sondertasten 342
Spam 257
Speicherkarte 87
Speichermedium
   korrekt entfernen 88
Speicherorte 94
Sperrbildschirm 14
Spider Solitaire 188
Spiel
   Mahjong 190
   Solitaire 184
   Spider Solitaire 188
Split-Screen 61
Sprachassistent Cortana 33
Sprungliste 45
Startmenü 26
   anpassen 30
   Gruppe umbenennen 30
   Kachel verschieben 30
Startseite 55
   aufrufen 19
   Kachel entfernen 58
   Kachelgröße anpassen 58
   Kachel hinzufügen/entfernen 58
   Postfach anheften 260
   suchen 66
Statusleiste 38, 99, 294
Suche 32
   im Windows Store 69
   Optionen anpassen 110
Suchfeld 32, 100, 109
Suchmaschine 235
Suchmaschine ändern 236

Surfen
im Internet 229
in Webseiten 228
Symbolleiste 37
Symbol Start... 58
Systemeinstellungen anpassen 307
Systemmenü 36
Systemsteuerung aufrufen 309

T
Tablet-Modus 55
Startseite 55
Taskansicht 48
Taskleiste 19
Symbole anheften 46
Taskwechsel 44
Tastatur
auf Großschreibung
umstellen 294
Wiederholmodus 295
@-Zeichen eingeben 265
Telefonieren per Internet mit
Skype 285
Text
Absatzwechsel einfügen 295
bearbeiten 116
einfügen 295
eingeben (WordPad) 292
Einzug 294
formatieren 296
löschen 295
markieren 116
positionieren im 295
unterstreichen 296
Zeilenumbruch 295
Textcursor 294, 295
Texteingabe, Tasten 294
Textfeld 16, 17
Titelleiste 36

Stichwortverzeichnis 351

Touchbedienung 54
Touchpad, Bedienung 12
Touchscreen 11, 54
Trackball 12
Treiber 308
Treiber installieren 320
Trojaner 324
TuneIn 201

U
Uhrzeit stellen 315
Ultrabook 11
Unterstreichen 296
USB-Stick 87
USB-Stick korrekt entfernen 88

V
VHD-Datei laden 132
Video
ansehen 151
kürzen 169
wiedergeben 153
Video-App 202
lokale Videos abspielen 204
Suchleiste 204
Video kaufen 205
Videodateien wiedergeben 213
Video-DVD wiedergeben 217
Videoformate 204
Virenscanner 247, 325
Virenschutz 324
Virenschutzprogramm 325
VLC-Player 217
Vollbildansicht 39

W
Wartungscenter 325, 328
WAV-Format 216
Webcam 173

Webradio 201
Webseite
   abrufen 228
   drucken 244
   merken 238
   suchen 235
   teilen 246
   wird nicht geladen 337
Websurfen 229
Wechseldatenträger, automatische Wiedergabe 91
Wecker-App 303
Wetter-App 299
Wiedergabeliste 221
Wiedergabeliste anlegen 198
Wildcard 112
Windows
   Anmeldung 14, 15, 16
   auffrischen/zurücksetzen 338
   beenden 49
   Einstellungen anpassen 306
   herunterfahren 50
   neu starten 50
   starten 13
Windows 10 Home 11
Windows 10 Mobile 11
Windows 10 Pro/Enterprise 11
Windows-Anwendung 60
Windows Defender 247, 325
Windows-Features aktivieren/
   deaktivieren 321
Windows-Firewall 325
Windows Media Player 209
   Bibliothek 219
   mehrere Titel wiedergeben 215
   Titelliste einblenden 212
Windows-Ordnerfenster 97
Windows Store
   App-Details ansehen 70
   aufrufen 67
   Einstellungen verwalten 77
   Microsoft Konto abmelden 78
   Suchen 69
Windows-Taste 58
Windows Update 327
Windows-Versionen 11
Windows-Zwischenablage 150
WLAN 229
   Router 317
   Zugang einrichten 317
WMA-Datei wiedergeben 213
WMA-Format 216
Wochentag anzeigen 20
WordPad 292
WordPad, Text formatieren 296
World Wide Web 227

Y
YouTube 205

Z
Zahlenblock 342
Zahlen eintippen 294
Zahlungsmethode 73
Zahlungsmethode hinzufügen 73
ZDF-Mediathek 207
Zeichen
   formatieren 296
   löschen 116
Zeilenumbruch 295
Zeilenwechsel 295
Zeit ändern 315
Zeitzone ändern 316
Ziehen mit der Maus 25
Ziffernblock
   auf Zahleneingabe umstellen ... 294
ZIP-Archiv 114
ZIP-komprimierte Ordner 114

SMART SECURITY

Mehrfach ausgezeichnete Technologie. Schnell. Präzise.

90 Tage kostenlos und unverbindlich testen!

- ✔ Antivirus
- ✔ Anti-Phishing
- ✔ Personal Firewall
- ✔ Antispam
- ✔ Kindersicherung

Ihr Aktivierungscode:

DEAS-W336-5AKP-PBT5-GA3X

Hier downloaden: www.ESET.de/WIN-10-SEHEN

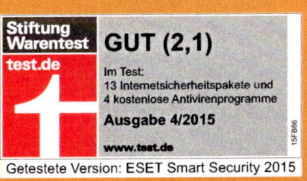